Insurance in daily Life

생활속의 보험

보험의 이론과 상품

김흥기

박영사

머리말

　우리들의 생활속에는 보험거래의 대상인 각종·각양의 무수히 많은 위험들이 잠재하고 있다. 가계의 구성원인 개인은 각종 질병에 걸리거나 스포츠 또는 취미활동 중의 사고, 교통사고 등으로 부상이나 장해를 입기도 하고, 사망에 이르기도 한다. 질병이나 장해는 해고나 실직으로 이어지기도 한다. 또한, 화재나 자동차사고 등은 자신의 재산손실뿐만 아니라 타인의 재산 또는 신체에 손실을 끼쳐 가해자로서 법률상의 손해배상책임을 부담해야 하는 경우도 있다.

　기업도 생산활동이나 영업활동에 수반하여 여러 가지 위험에 노출된다. 종업원이 작업 중에 부상이나 사망사고를 당하기도 하고, 공장이 화재나 폭발사고 등으로 전소되어 재건축비 등의 재산손실을 입기도 한다. 그리고 화재, 폭발, 자동차사고, 제품의 결함 등으로 타인의 인명 또는 재산에 손실을 끼쳐 막대한 손해배상책임을 부담하게 되는 경우도 있다. 이같이 사고들은 위험으로 이어져 금전적 손실을 발생시키므로 개인이나 기업은 위험에 의한 손실과 그 영향을 최소화할 필요가 있다. 따라서 위험관리가 필요하고, 위험관리의 가장 효율적인 방법이 보험이므로 보험은 언제나 우리들의 생활필수품이다.

　현재 저성장·저출산·고령화와 더불어 코로나19 확산 속에서 비대면의 언택트(Untact)와 인슈어테크(Insure Tech), Google, Amazon, Facebook 등 IT기업의 빅테크(Big Tech)는 보험사업의 디지털 전환을 가속화시키고 있다. 인공지능(AI), 빅데이터(Big data), 소물인터넷(IoST: Internet of Small Things)과 사물인터넷(IoT), 가상현실(VR)과 증강현실(AR), 블록체인 등 IT기술과 보험을 융합한 보험상품의 개발·판매가 확대되고 있다.

　자동차보험에서 네비게이션을 활용해 운전속도와 급발진·급제동, 주행거리 등 빅데이터를 토대로 사용량에 따라 보험료를 합리적으로 차등화하는 맞춤형 운전자습관연계보험(UBI: Usage Based Insurance) 또는 자동차와 무선통신의 결합을 통해 보험자가 실시간으로 위험을 측정하여 보험료를 부과하는 텔레매틱스(Telematics)보험과 건강보험에서 웨어러블 기기의 활용실적에 따라 보험료를 할인해 주는 헬스케어형(건강증진형)의 이용량기반보험(UBI)이 판매되고 있다. 그리고 일상생활보험으로 저렴한 보험료와 짧은 보험기간의 펫보험, 원데이레저보험, 차박보험, 귀가안심보험 등 소액단기보험(미니보험)과 해외여행자보험, 시간제 배달업자이륜자동차보험 같은 스위치(On-Off)보험 또는 온디맨드(On-demand)보험을 App, 플랫폼에서 비대면으로 판매하는 소액단기보험사나 디지털보험사를 금융위원회가 허가하고 있다. 한편, 인공지능(AI)설계사(디지털설계사, 로보텔러)의 인정으로 AI음성봇의 전화·녹취 설명의무를 허용하였고, 고객의 상황을 빅데이터를 활용하여 분석한 후 상담과 보장분석 그리고 AI언더라이팅 프로그램을 통한 자동심사와 블록체인기술에 기반한 실손청구의 전산화로 병원진료 후 보험금이 바로 지급되는 One-Stop서비스를 제공하고 있다.

이 책은 기존 보험이론의 이해를 바탕으로 새로운 보험보장내용을 익혀 활용할 수 있도록 온고이지신의 정신에 입각하여 크게 5편으로 구성하였다. 제1편에서는 위험과 위험관리의 이해를 위해 보험거래의 대상인 위험의 정의, 분류 및 위험발생의 원인인 해이, 손인과 손실의 개념을 살펴보았다. 그리고 위험의 발견·확인·측정·평가를 통한 위험처리방법의 선택·실행의 위험관리과정을 고찰하였다. 제2편에서는 위험관리의 가장 효율적인 방법인 보험의 개념과 종류를 살펴보았다. 특히, 각종 보험상품의 개발에 적용되는 대수의 법칙, 수지상등의 원칙 등 보험의 기초이론을 사례 중심으로 상세히 설명하였다. 제3편에서는 보험계약의 기초이론 이해를 위해 보험계약의 의의와 보험계약법의 체계 및 보험계약의 성립을 살펴보았다. 그리고 피보험이익의 원칙, 실손보상의 원칙, 보험자대위의 원칙 등 보험계약의 기본원칙의 법률적 의미와 이들 원칙의 준수·실현을 위한 상법과 약관의 규정들을 살펴보았다. 한편, 보험계약의 법률효과를 보험자의 보험약관의 교부·설명의무, 보험증권의 교부의무, 보험금지급의무 및 보험계약자 측의 고지의무, 보험료지급의무, 각종 통지의무 등을 상법·약관·판례를 바탕으로 살펴보았다.

제4편에서는 보험회사 경영의 이해를 위해 보험업법, 금융소비자보호법을 근거로 보험모집조직과 판매원칙을 살펴보았다. 그리고 보험료 산정의 일반이론을 이해하기 위해 보험요율의 산출방법과 보험료의 구성 및 산정방법을 생명보험과

손해보험으로 나누어 살펴보았고, 보험준비금의 구성과 산출방식 및 재보험의 형태(종류)에 대해서도 살펴보았다. 제5편에서는 생활속 보험상품의 이해와 활용을 위해 손해보험의 자동차보험, 해상보험, 화재보험, 책임보험과 인보험의 생명보험, 제3보험을 상세히 살펴보았다. 또한, 4대 사회보험의 국민건강보험, 국민연금, 산업재해보상보험, 고용보험의 급여내용과 보험료 등의 변동내용을 이해하기 쉽게 설명하였다.

이 책이 보험학 공부를 시작하는 대학생이나 보험업무에 종사하는 실무자들에게 체계적인 보험학의 이해와 일반인이나 비전공자들에게는 교양함양에 특히, 보험전문인(손해사정사, 보험계리사 등) 자격증시험을 준비하는 수험생들에게는 합격과 진로선택에 많은 도움이 되길 희망한다. 이 책은 본인이 저술한 '경제생활과 보험(2019)'을 바탕으로 새롭게 수정·보완·보충한 것으로 더 추가와 보완할 내용이 있으면 조언과 충고를 기대한다. 이 책이 완성되기까지 도움을 준 조종주 교수님, 백혜연 교수님 그리고 학부학생의 입장에서 이해할 수 있는 문장과 내용으로 수정하는 데 수고한 방소용 학생에게 감사의 마음을 전하고 싶고, 새롭게 출판될 수 있도록 도와주신 박영사의 안종만 회장님, 박세기 부장님 그리고 관계자분들께 감사의 인사를 드립니다.

2022년 3월 임인년 호랑이의 해를 맞으면서
김흥기

목 차

제 1 편

위험과 위험관리의 이해

제1장 위험, 손실과 보험

제2장 위험관리

제1장 | 위험, 손실과 보험

제1절 | 생활속의 위험

1. 위험의 정의

위험(risk)이란 보험거래의 대상으로서 '우연한 사고에 의한 손실발생의 가능성'이나 '손실에 관한 불확실성'으로 정의되고 있다. 독일의 법언(법격언)에 "위험 없으면, 보험 없다(Ohne Gefahr, Keine Versicherung., no risk, no insurance)."라는 격언이 있다. 위험의 존재가 보험제도의 전제조건이 된다는 것이다. 위험과 보험은 동전의 앞면과 뒷면의 관계이다. 따라서 보험을 이해하기 위해서는 우선적으로 위험의 의미를 알아야 한다.

우리들의 생활속에는 질병, 부상, 노령, 사망, 화재, 도난, 교통사고 등 각종·각양의 무수한 위험들이 잠재하고 있을 뿐만 아니라 산업사회의 발전과 더불어 기후변화, 환경오염, 희귀병, COVID-19와 같은 전염병, 컴퓨터바이러스, 해킹 등 새로운 위험들이 끊임없이 생성·변화되고 있다. 이들 위험은 금전적 손실을 발생시켜 우리들의 경제생활을 위협하고 있다. 위험에 대비한 대책을 강구하지 않으면 위험은 가계나 기업 그리고 사회 전체에 경제적으로 큰 타격을 줄 것이다.

가계의 구성원인 사람은 요람에서 무덤까지 각종 질병에 걸리거나 스포츠 또는 일상의 취미활동 중의 사고, 교통사고 등으로 부상이나 장해를 입기도 하고, 사망에 이르기도 한다. 질병이나 부상은 휴직을 필요로 하기도 하고, 해고나 실직으로 이어지기도 한다. 또한, 화재나 도난사고 등의 각종 사고로 재산상의 손실을 입기도 한다. 자동차사고나 화재사고 등은 자신의 재산뿐만 아니라 타인의 재산이나 신체에 손해를 끼쳐 가해자로서 법률상의 손해배상책임을 부담하는 경우도 있다. 기업의 경우도 생산활동이나 영업활동에 수반하여 여러 가지 위험이 발생한다. 종업원이 작업 중에 부상을 입거나 공장이 화재로 전소되거나 기계가 파손되어 재건축비나 수리비의 재산손실을 입을 수 있다. 또한, 공장의 화재나 폭발사고, 시설물의 설치·보존상의 결함이나 관리부실, 제품의 결함 그리고 자동차사고로 타인의 인명이나 재산에 손해를 끼쳐 막대한 손해배상책임을 부담해야 하는 위험에 노출되는 경우도 있다.

위험에 대한 인식을 보면, 일반인들은 불안, 근심, 걱정과 같은 부정적인 생각과 도전과 기회라는 일부 긍정적인 생각을 동시에 하고 있는 것으로 조사되었다. 투자자나 기업가는 위험 없이는 기회도 없고, 위험이 클수록 수익률도 높다(high risk, high return)는 긍정적인 생각을 더 많이 가지고 있는 것으로 조사되었다. 보험업계에서는 실무적으로 위험을 손실이 실제 발생하거나 발생하지 않더라도 손실이 발생하는 조건이나 상황에 노출(exposure) 또는 손실노출(loss exposure)로 표현하고 있다.

우리들의 생활 속에 잠재하는 보험거래의 대상인 위험에 대한 정의는 여러 연구자들에 의해 이루어져 왔다. 영국의 보험연구소(The Chartered Insurance Institute; CII)는 연구자들의 연구결과를 바탕으로 위험의 정의를 다음과 같이 요약하였다.

- 불행한 사고의 발생 가능성(possibility of an unfortunate occurrence)
- 위태(hazard)의 결합(a combination of hazard)
  - 위험의 구성이 위태의 결합(조합)으로 이루어짐
- 예측불가능성(unpredictability)
  - 실제결과와 예측결과의 변동(variation of actual from expected results)
- 손실의 가능성(possibility of loss)
- 손실의 불확실성(uncertainty of loss)

이처럼 위험에 대한 정의는 아직도 일의적으로 적용할 수 있는 개념으로 확립되어 있지 않다. 하지만 이들을 종합해 보면, 위험은 크게 손실발생의 가능성(possibility of loss)과 손실에 관한 불확실성(uncertainty as to loss)이라는 학설로 대별할 수 있다. 그리고 이들 학설은 모두 [그림 1-1]과 같이 우연성의 요소와 손실의 요소를 공유하고 있다. 우연성의 요소란 우리가 사고발생의 결과를 예측할 수 있다면 위험은 존재하지 않는다는 의미이고, 손실의 요소란 사고발생의 결과가 경제적인 손실을 수반해야 한다는 것을 의미한다.

보험은 이러한 손실을 수반하는 우연한 사고(보험사고)를 전제로 한 경제제도이므로 보험계약에 있어서 위험은 우연한 사고와 관련해서 파악되고 있다.[1] 이 우연한 사고의 발생은 불확실성 또는 불확정성을 가지고 있으며, 통상적으로 경제적 손실을 유발한다. 여기에서 말하는 우연한 사고란 사고의 발생 가능성은 있지만 그 사고의 발생자체, 발생시기 및 발생정도는 개별 사고별로 예측할 수 없는 사고를 의미한다. 예를 들어 [그림 1-1]에서 사망의 경우 사람은 언젠가는 사망하기 때문에 사망의 발생자체는 확실하지만 몇 살에 사망할지 그 발생시기가 불확실하여 우연한 사고이다. 그리고 상해나 질병은 일생 동안 그 발생자체나 발생시기는 확실하지만 그 발생의 정도, 즉 팔만 상해를 입을지 팔, 다리 모두 상해를 입을지 질병도 암에 걸릴지 감기만 걸릴지 그 발생의 정도(손실규모)가 불확실한 사고이므로 우연한 사고이다. 화재나 교통사고는 발생자체, 발생시기, 발생정도 모두가 불확실한 사고이므로 우연한 사고이다. 따라서 손해보험의 보험사고는 모두 우연해야 하지만 인보험(생명보험)에서는 발생자체나 발생시기 및 발생정도 중 어느 한 가지라도 관련을 가지고 있는 불확실한 사고는 우연한 사고이고, 보험사고이다. 이 같은 '우연한 사고 발생에 의한 금전적 손실발생의 가능성' 또는 '손실에 관한 불확실성'이 보험제도에서의 '위험'이다. 손실발생의 가능성 또는 손실에 관한 불확실성이 크면 클수록 위험은 높은 것이고, 반대로 그것이 적으면 적을수록 위험은 낮은 것이다.

---

1) 보험계약은 우연한 사고의 발생위험을 전제로 보험료와 보험금액의 산정이 이루어지는 특수한 계약으로서 상법 제4편 보험편에서는 우연한 사고를 '불확정한 사고'라고 표현하고 있으며, 이를 보험사고라고도 한다. 즉, "상법에서 보험계약은 당사자 일방이 약정한 보험료를 지급하고 재산 또는 생명이나 신체에 '불확정한 사고'가 발생할 경우에 상대방이 일정한 보험금이나 그 밖의 급여를 지급할 것을 약정함으로써 효력이 생긴다(상법 제638조)." 이 규정에서 불확정한 사고가 보험사고이고 우연한 사고이다.

그림 1-1 위험과 보험사고의 개념

위험은 우연성과 손실요소 공유	
우연성의 요소	**손실의 요소**
사고발생의 결과를 예측할 수 있다면 위험은 존재하지 않는다는 의미	위험은 가능한 결과 중 최소한 하나가 바람직하지 않은 결과인 손실이나 손해를 초래해야 한다는 의미

우연한 사고 = 불확정한 사고 = 보험사고				
구분	손인	발생자체	발생시기	발생정도
인보험	사망	확실	불확실	
	신체 (상해, 질병)	확실	확실	불확실
손해보험	화재, 도난 자동차사고	불확실	불확실	불확실

2. 위험의 분류

(1) 순수위험과 투기적 위험

1) 정의

순수위험(pure risk)은 <표 1-1>과 같이 위험에 노출됨으로써 이익을 취할 가능성은 전혀 없고, 금전적 손실만 입을 가능성이 있는 일방향의 위험이다. 사망, 화재, 교통사고 등이 발생하면, 금전적 손실만 있지 이익은 얻을 수 없는 것이므로 이들은 순수위험이다. 순수에는 손실과 이득이 혼재되어 있지 않다는 의미가 포함되어 있다.

투기적 위험(speculative risk)은 금전적 손실과 이익이 동시에 발생할 수 있는 양방향의 위험이다. 주식이나 부동산 투자는 가격의 변동에 따라 손실의 가능성도 있지만 반대로 이익의 가능성도 있는 것이므로 이들은 투기적 위험이다.

표 1-1 순수위험과 투기적 위험

순수위험(보험): 금전적 손실 가능성만 있고, 이익의 발생가능성은 없는 일방향 위험으로 인위적으로 새로이 만들어 내는 것이 아니라 이미 위험자체가 존재해 있는 위험, 부보가능위험(인적, 재산, 법적 배상책임위험)
예) 사망, 화재, 교통사고 등

이익의 발생가능성 여부

손실

이익

투기적 위험(투자): 손실과 이득이 동시에 발생가능한 양방향 위험
예) 주식투자, 부동산투자, 도박, 경마, 새로운 사업 시작 등

2) 특성

순수위험이나 투기적 위험은 모두 손실발생에 대한 불확실성을 가지고 있다는 공통점이 있다. 그러나 순수위험은 인위적으로 새로이 만들어 내는 것이 아니라 이미 정태적(static)으로 존재하는 위험으로 제어하기 어렵지만 어떤 규칙성을 가지고 있어 대수의 법칙(law of large number)[2])에 의해 손실의 정도를 미리 예측하여 보험에 부보할 수 있다. 하지만 투기적 위험은 인위적 위험이므로 제어는 가능하나 동태적(dynamic)이어서 대수의 법칙을 적용하기 어려워 특수한 경우를 제외하고는 보험의 대상이 될 수 없다. 또한, 순수위험은 개인이나 기업이 손실(손해)을 입으면, 사회는 언제나 같은 손실을 입게 되어 사회전반에 미치는 영향이 강하다. 이에 반해 투기적 위험은 개인이나 기업이 손실을 입었다 하더라도 그 영향은 일부 이해관계자에게만 그치고 사회전반에 미치는 영향은 미미할 뿐만 아니라 사회는 이익을 얻을 수도 있다. 이들 위험의 특징을 요약하면 <표 1-2>와 같다.

---

2) 대수의 법칙이란 확률·통계학에서 평균의 법칙(law of average)이라고도 하며, 어떤 독립적으로 발생하는 사상에 대하여 그 관찰대상을 늘리면 늘릴수록 그리고 관찰횟수를 늘리면 늘릴수록 어떤 사상의 발생확률의 실제결과(경험적 확률)는 점점 예측결과(선험적 확률)에 가까워지는 현상을 말한다. 이를 위험의 측정에 적용하면 위험은 개별적으로는 우연한 것으로 예측할 수 없으나 장기적으로 대량관찰하면 그의 발생빈도와 심도를 측정할 수 있다는 것이다. 오늘날 우리는 빅데이터시대(the age of Big Data) 혹은 제4차 산업혁명시대에 살고 있다고 하지만 보험에서는 오래전부터 빅데이터를 활용하고 있었던 것이다.

표 1-2 순수위험과 투기적 위험의 특징

특징		위험의 종류	
		순수위험	투기적 위험
이득	발생의 가능성	무	유
손실(손해)		유	유
대수의 법칙 적용		가능	불가능
개별손실과 전체손실의 상관관계		강함	약함
예		인적 · 재산 · 배상책임위험	주식, 부동산 투자

3) 순수위험의 종류

순수위험은 <표 1-3>과 같이 인적위험(personal risk), 재산위험(property risk) 그리고 배상책임위험(liability risk)으로 분류할 수 있다. 인적위험은 사망, 질병, 상해, 장수(노령)와 같은 사람의 생명이나 건강과 관련된 위험이다. 재산위험은 화재, 도난 등에 의한 재산의 파괴, 소실, 상실의 직접손해와 이에 부수하는 간접손해 그리고 이들에 의한 수입감소나 경비증가의 순소득상실의 위험이다. 배상책임위험은 형태별 또는 손해별로 세분해 볼 수 있다.

형태별 배상책임위험에는 어떤 사람이 고의나 과실로 자신의 집에 화재를 발생시켜 옆집까지 소실시킨 경우 또는 자동차사고로 타인의 생명이나 재산에 손실을 입혀 가해자로서 피해자에게 법적으로 배상해야 하는 불법행위책임위험이 있다. 이를 보상하는 보험이 화재보험과 자동차보험이다. 그리고 사업상 혹은 직업상의 과실에 의한 배상책임위험이 있으며, 이를 보상하는 보험이 제조물배상책임보험(Product Liability Insurance; PL보험)과 전문직업인(의사, 변호사, 회계사 등) 배상책임보험이다. 또한, 채무자가 채권자에게 채무내용을 이행하지 않는 채무불이행(이행지체, 이행불능, 불완전이행)의 계약위반에 따라 채무자는 채권자에게 부담하여야 하는 채무불이행책임위험도 배상책임위험이다. 보증보험과 신용보험이 이를 보상하는 보험이다. 손해별 배상책임위험에는 재산적 · 비재산적 손해 및 기타 비용손해와 관련된 배상책임위험이 있다.

표 1-3 순수위험의 종류

구 분	위 험	위 험 내 용	비 고
인적위험	사망	가장의 사망에 따른 유가족의 재무적 문제가 발생할 위험	생명보험 영역
	질병 또는 상해	수입 중단+비용 추가 지출	
	장기생존(장수)	은퇴위험(노후소득 불확실성으로부터 발생)	
	실업	재무적 안정성을 위협하는 중요한 요소	
재산위험 (물적위험)	직접손해	화재, 도난 등의 손인으로 인한 손실로 사고 발생 전의 상태로 돌리기 위한 '원상복구비용'을 의미	손해보험 영역
	간접손해	직접적 손실에 따라 파생(추가)되는 손해로 냉동재산의 부패 등	
	순소득상실	직접적 재산손실에 의한 소득감소나 경비증가	
배상책임 위험	형태별 분류	재산 소유에 따른 배상책임(주택, 자동차 등)	
		사업/직업에 따른 배상책입	
		일상 활동에 따른 배상책임	
	손해별 분류	재산적 손해(적극적 손해, 소극적 손해)	
		비재산적 손해	
		기타 비용(소송비용,기회비용)	

(2) 주관적 위험과 객관적 위험

1) 주관적 위험

주관적 위험(subjective risk)은 개개인의 정신적·심리적 상태에 따른 위험으로 개개인의 느낌에 따라 위험의 정도가 다르므로 대수의 법칙을 이용한 통계적인 측정이 불가능하다. 어떤 동일한 상황에 대해서도 인식하는 주관적 위험의 정도가 사람에 따라 상이하기 때문이다.

2) 객관적 위험

객관적 위험(objective risk)은 확률 또는 표준편차와 같은 통계적 수단으로 측정될 수 있는 위험으로서 기대손실과 실제손실의 차이(the relative variation of actual loss from expected loss)로 정의될 수 있다. 예를 들어 <표 1-4>와 같이

10,000채의 가옥 가운데 과거의 여러 가지 자료를 통계적으로 분석한 결과 지난 5년 동안에 연간평균 100채 정도가 화재에 의해 손실을 입었다면, 장래 1년 동안에도 100채 정도의 손실이 발생할 확률은 1%{(100/10,000) × 100}이고, 예상되는 기대손실은 100채이다. 이때 기대손실 100채라는 숫자가 정확하게 산출되더라도 실제로는 어떤 해에는 90채, 어떤 해에는 110채가 화재로 소실될 수도 있다. 이러한 경우에 기대손실(100채)과 실제손실(90채 또는 110채)의 차이는 ±10채이다. 이같이 예상했던 기대손실과 실제로 나타난 실제손실의 차이가 객관적 위험이다. 이것은 대량관찰의 통계적 수단으로 측정이 가능하므로 대수의 법칙을 적용할 수 있는 위험이다.

표 1-4 주관적 위험과 객관적 위험

주관적 위험(subjective risk): 개인의 정신적·심리적 상태에 따른 위험으로 각자의 주관에 따라 다르게 위험을 평가하므로 대수의 법칙 적용 불가

관념상 분류, 측정가능 유무

객관적 위험(objective risk): 확률 또는 표준편차와 같은 수단으로 객관적으로 측정할 수 있는 위험으로 예상했던 기대손실과 실제로 나타난 실제손실과의 차이로 대수의 법칙을 적용한 위험측정 가능

객관적 위험의 예

10,000채의 가옥 중 과거 통계자료로부터 5년간 연간평균 100채 정도가 화재손실을 입을 경우 사고발생확률 1%{(100/10,000)×100}이고, 기대손실은 100채	
실제손실	객관적 위험(기대손실−실제손실)
90채 또는 110채	±10채
80채 또는 120채	±20채

(3) 특정위험과 기본위험

1) 특정위험

특정위험(particular risk)은 <표 1−5>와 같이 손실이 개인적인 원인에 의해 발생하며, 그 영향도 사고 당사자에게 국한되거나 혹은 매우 제한된 범위의 손실을 초래하는 위험이다. 예를 들어 사망이나 부상, 화재나 도난 등은 당사자나

주변 또는 당사자가 속한 가족이나 회사에 영향을 줄 뿐이므로 이런 종류의 위험은 개인에 의해서 통제될 수 있다. 즉, 특정위험에 의한 금전적 손실은 대체로 민간보험을 활용하여 대비할 수 있는 것이다.

2) 기본위험

기본위험(fundamental risk)은 기술혁신이나 경기변동으로 인한 실업, 지진이나 화산의 폭발, 전염병(COVID-19 등) 등과 같이 개인적인 원인에 의한 것이 아니라 사회적, 자연적 원인에 의해서 발생되는 것으로 그 영향도 개인에 국한되는 것이 아니라 사회 전반적으로 파급되는 위험이다. 이러한 위험은 개인이 통제하기 극히 어려운 위험으로 하나 또는 수개의 보험회사가 부담할 수 없을 정도로 손실의 규모가 클 수 있기 때문에 사회보험이나 정부보장과 같은 공적 수단에 의해 대비할 수 있는 위험이다.

표 1-5 특정위험과 기본위험

특정위험(particular risk): 손실의 원인이 특정 개인에게 있으며, 그 영향도 사고당사자에게 국한되는 위험
예) 상해, 사망, 도난, 화재, 배상책임 등
· 개인의 책임이기 때문에 민영보험이나 다른 위험처리방법을 통해 개인이 처리

손실의 원인이 개인인지, 사회인지 여부

기본위험(fundamental risk): 손실의 원인이 개인적인 것이 아니라 사회적인 것으로 그 영향이 개인에 국한되는 것이 아니라 사회전반에 파급되는 위험
예) 기술혁신이나 경기변동에 의한 실업, 지진, 홍수, 전염병(코로나 19) 등
· 개인의 통제를 벗어난 차원에서 일어나기 때문에 이로 인해 피해를 입은 개인에 대한 책임은 사회가 부담(사회보험이나 정부보장사업)

3. 위험의 발생원인과 손실(손해)

위험(risk)은 손실의 가능성 또는 손실에 관한 불확실성 그리고 위태(hazard)의 결합 또는 예상손실과 실제손실의 잠재적 변동 등을 의미하며, 이들을 바탕으로 위험을 우연한 사고(fortuitous event)에 의해 손실을 입을 가능성으로 정의

하였다. 예를 들어 사망, 질병, 화재, 교통사고 등 우연한 사고의 발생으로 소득 상실, 치료비, 재건축비, 법적배상책임비용과 같은 금전적 손실을 입을 가능성이 위험이다. 다시 말해 위험은 사고발생으로 인한 금전적 손실을 의미하며, 보험용 어로는 '위험(risk)을 부담한다.'라고 표현한다. 이러한 위험의 발생원인과 관련된 개념으로 해이(hazard)와 손인(peril)이 있다. 이들은 손실발생과 인과관계를 가지 며, 손실발생의 과정을 보면 해이(hazard) → 손인(peril, 사고) → 위험(risk) → 손 실(loss)로 이어진다.

(1) 해이(위태)

해이(hazard)는 위태라고도 표현하며, 손실의 발생가능성인 위험(risk)의 잠재적 · 확대적 요인으로 손실발생의 횟수를 의미하는 손실빈도[3]와 손실의 크기를 의미하 는 손실심도[4]를 증가시키는 조건 · 행위이다. 다시 말해 위험을 새로이 만들어 내 거나 증가시키는 조건, 상황, 환경 혹은 행위를 의미한다. 손실의 발생과정에서 보 면 해이는 위험(risk)을 유발한 사고(peril)의 전 단계로서 그 사고의 원인을 말한 다. 보험에서 '위험(hazard)의 증가 또는 감소'라는 용어로 사용되기도 한다. 해이 는 <표 1−6>과 같이 물리적 해이, 도덕적 해이 및 정신적 해이로 구분해 볼 수 있고, 법률을 무시하거나 외면하는 법률적 해이(legal hazard)도 있다.

1) 물리적 해이

물리적 해이(physical hazard)란 손실의 발생가능성을 새로이 만들어 내거나 증가시키는 자연적이고, 물리적인 조건으로 사고(peril)의 원인을 말한다. 안개나 폭우, 도로상의 빙판, 커브 길 등은 자동차사고라는 손실발생의 가능성을 증대시

---

3) 손실빈도(loss frequency)란 손실발생의 확률로 일정기간 동안 손실발생건수의 측정으로 산출된다. 예를 들어 매년 1만명의 종업원을 보유한 기업에서 과거 5년 동안 1,500명이 부상을 입었다면 특정 종업원이 향후 부상을 입을 확률의 추정치는 0.03%(부상인원 1,500/연인원 50,000)이다. 이것이 손실빈도이다. 손 실률, 위험률, 순보험요율 등으로 표현하기도 한다.

4) 손실심도(loss severity)란 한 사고 당 손실의 정도로 측정된다. 즉, 한 번의 사고로 발생가능한 최소 또 는 최대 손실액을 의미한다. 예를 들어 부상자 1,500명에 대한 치료비 등 전체 소요비용이 30억원이라면 종업원의 부상에 의한 손실심도의 기대치는 200만원(30억/1,500명)이다. 평균적으로 종업원의 부상으로 200만원의 손실을 기업이 부담하게 되는 것이다. 이것이 손실심도이며 손실강도, 손실규모, 손실크기 등 으로도 칭한다. 손실빈도와 손실심도의 곱은 보험료산정에서 순보험료가 된다. 즉, 0.03 × 200만원 = 60,000원으로 이 60,000원이 손실을 보장하는 보험의 순보험료에 해당한다.

표 1-6 해이(위태)의 구분

구 분	내 용	예
물리적 해이	위태의 자연적이고 물리적인 조건 - 자동차사고, 화재사고의 원인	안전치 못한 제동장치, 빙판(자동차사고) 주유소나 인쇄소의 인화성 물질(화재사고)
도덕적 해이	개인의 부정직, 사기, 범죄행위 등으로 손실 기회를 고의적으로 증가시키는 행위나 상태로 보험회사를 속이려는 피보험자의 개인적 특성	보험금목적의 방화행위 교통사고에 의한 상해과장, 음주운전 - 이를 방지하기 위해 공제조항, 유예기간, 면책조항 규정
정신적 해이	도덕적 위태와 같이 고의성은 없지만 무관심 또는 부주의로 손실발생을 방관하는 행위	차키 꽂아두고 주차(도난사고 증가), 졸음운전(자동차사고 증가), 침대나 공장 내에서 흡연(화재사고 증가)

킬 수 있으며, 주유소 등에 인화성 물질이 흩어져 있는 경우나 목조건물은 청결한 주유소나 벽돌건물에 비해 화재 위험이 새로이 생겨나거나 증가될 가능성이 높다. 이 같은 빙판이나 커브 길 및 인화성 물질의 방치나 목조건물은 자동차사고나 화재사고의 원인으로 물리적 해이에 해당된다.

2) 도덕적 해이

도덕적 해이(moral hazard)란 고의적으로 손실의 발생가능성을 새로이 만들어내거나 증가시키는 개인의 부정직성이나 정신적 행위를 말한다. 보험가입자가 보험금을 받을 목적으로 한 방화행위나 교통사고에 의한 상해를 과장하는 행위 또는 음주운전 등은 도덕적 해이의 좋은 예라고 할 수 있다. 보험시장에서 도덕적 해이는 보험금 누수의 주요한 원인이며, 보험사기로 이어져 보험범죄에 이르기도 한다. 따라서 이를 통제하기 위해 보험약관에 공제조항(deductibles), 유예기간(waiting period), 면책조항(exclusion clauses) 등의 규정을 두고 있다.

3) 정신적(심리적) 해이

정신적 해이(morale hazard)란 도덕적 해이의 경우처럼 고의성은 없지만 개인의 무관심 또는 부주의 등으로 손실발생을 방관하는 정신적·심리적 상태를 말한다. 졸음운전을 하는 것 또는 보험에 가입되어 있으므로 방심 운전하는 것은 교통사고의 원인이 될 수 있으며, 난로 근처에 인화성 물질을 정리하지 않고 방치하는 것 또는 공장 내에서 흡연하는 것은 화재사고 발생의 원인으로 정신적 해이에 해당한다.

(2) 손인(사고)

손인(peril)은 인적손실이나 재산손실을 유발시키는 직접적인 원인 또는 원천을 의미한다. 자동차 충돌, 화재, 폭발, 도난, 폭풍우, 홍수, 지진, 사망, 질병, 과실 등을 사고(peril)라고 하며, 이는 손실발생의 직접적인 원인이 되므로 손인이라고도 한다. 보험계약에서 사고(peril)의 지정 즉, 보험금지급과 관련된 특정 보험사고(담보손인, 비담보손인, 면책손인)의 지정을 의미한다. 그리고 사고인 손인은 그 발생 내용에 따라 <표 1-7>과 같이 자연적 손인, 인적 손인 그리고 경제적 손인으로 구분된다.

표 1-7 손인의 구분

구 분	손인발생의 내용
자연적 손인	자연의 힘과 관련된 태풍, 홍수 등의 자연재해나 전염병(코로나19 등)
인적 손인	사람의 힘과 관련된 질병, 상해, 장수, 사망, 자살, 절도, 부주의 등
경제적 손인	경제의 힘과 관련된 파업, 실업, 불황, 기술진보 등

(3) 손실(손해)

손실(loss)이란 일반적으로 손해, 손상, 훼손, 상실 등 여러 가지 의미로 사용되고 있지만, 보험이론이나 위험관리론에서는 우연한 사고의 결과로 발생하는 재산상의 경제적 가치의 감소나 소실로 정의된다. 손실의 발생과정은 위태(hazard)에서 시작되어 사고(peril)로 이어지고, 그 사고는 손실발생의 가능성인 위험(risk)의 원인이 되고, 그 위험에 노출되면 손실(loss)이 발생된다.

가계나 기업에 있어 보험의 대상인 위험으로 부터 발생하는 손실의 유형은 [그림 1-2]와 같이 사망, 질병, 상해 등 인적위험에 의한 인적손실(personal loss), 화재나 도난 등 재산위험에 의한 재산손실(property loss) 그리고 과실이나 계약위반으로 인한 배상책임위험에 의한 배상책임손실(liability loss)로 구분할 수 있다.

그림 1-2 손실의 유형

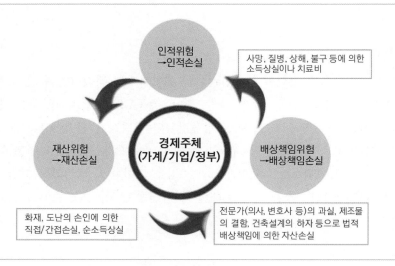

1) 인적손실

인적손실(personal loss)이란 사고나 질병으로 사망, 상해, 후유장해가 발생한 경우 그로 인한 소득상실이나 치료비를 말한다.

2) 재산손실

재산은 일반적으로 물건(부동산, 동산), 채권(기명·무기명채권, 어음, 수표), 준물건(특허·광업·어업권), 형성권(취소·추인·해제·해지)을 의미하며, 보험의 대상이 되는 재산은 물건인 부동산과 동산에 국한된다. 이러한 재산의 손실(property loss)이란 재산의 파손이나 소실, 고장이나 도난 등에 의한 그 재산 자체의 직접적 손실과 그로 인하여 야기되는 육류 같은 냉동재산의 부패나 손상 따위의 간접적인 재산손실 그리고 직·간접적 손실에 따라 이차적으로 입게 되는 수익감소나 비용증가에 의한 순익(수익 – 비용)손실을 말한다. 예를 들어 부품공장이 화재로 인하여 소실된 경우 부품공장 그 자체의 직접적인 손실과 완성품업체가 부품을 조달받지 못해 휴업하게 됨으로써 입은 간접적인 손실 그리고 임대료를 받지 못하거나 생산중단에 따른 시장상실 등으로 수익이 감소되고, 복구되기까지의 추가비용이 발생하여 순익이 감소하게 되는 순익손실을 입게 된다. 때로는 순익손실이 직·간접적인 손실보다 더 많은 경우가 있다.

3) 배상책임손실

배상책임손실(liability loss)이란 의사의 오진과 같이 전문인들이 과실로 자신의 업무를 제대로 수행하지 못한 경우나 건축 설계상의 하자, 임원이나 관리자의 잘못된 의사결정 등으로 발생하는 손실이다. 또한, 상품의 디자인이나 제조과정상의 결함 혹은 적절한 사용법이나 예견될 수 있는 상해를 방지하기 위한 경고문의 미부착으로 소비자에게 물질적 손해나 신체적 손해를 입힘으로써 제조회사가 져야 하는 제조물배상책임에 의한 손실도 하나의 예이다. 이러한 배상책임손실은 불법행위책임위험에 의한 손실이다. 한편, 채권·채무계약에서 채무자가 채권자에 대한 채무불이행의 계약위반에 의한 채무불이행위험에 의한 배상책임손실도 있다.

제2절	해이, 손인, 위험, 손실과 보험

손실(loss)의 직접적 원인인 손인(peril, 사고)을 유발 또는 증가시키는 조건 혹은 행위가 해이(hazard)이고, 손인(peril)에 의한 손실의 발생가능성이 위험(risk)이며, 이 위험에 노출되면 그 결과로 금전적 손실이 발생하게 된다. 보험은 이 손실을 보상해 주는 경제제도이다.

위험(risk)의 발생원인 그리고 그 위험에 의한 손실의 발생과정 및 보험을 이해하기 위해 자동차사고, 뇌졸중사고 등 몇 가지 우연한 사고의 발생을 예로 들어 보자.

먼저 자동차사고의 경우 그 사고의 발생원인에서부터 금전적 손실의 발생까지 손실발생과정에 작용하는 위험요인을 [그림 1-3]에서 보자. 자동차사고가 발생하는 데는 먼저 그 사고의 원인인 해이(hazard)가 작용한다. 빙판도로, 급커브길 등의 물리적 해이와 음주운전, 속도위반 등의 도덕적 해이 또는 법률적 해이 그리고 보험에 가입되어 있다는 이유로 사고에 대한 무관심, 부주의 등의 정신적 해이가 자동차사고의 발생에 영향을 미친 원인이다. 이러한 해이는 금전적 손실의 직접적인 원인이 되는 인적·물적(재산)·배상책임사고인 손인(peril)으로 이어지고, 손인(자동차사고)이 원인이 되어 금전적 손실의 발생가능성인 위험(risk)이 만들어지게 된다. 그 결과 인적·물적(재산)·법적배상책임을 부담해야하는 금전적 손실이 발생한다. 이러한 손실을 보상해 주는 경제제도가 보험이다. 자동차보험은 보험회사가 운전자(피보험자) 자신의 생명·상해위험인 자기신체사고로 발생한 인적손실을 자기신체사고(또는 자동차상해특약) 종목에서, 운전자의 재물위험인 자기차량사고로 입은 물적손실은 자기차량손해(자차) 종목에서, 배상책임위험으로 분류되는 타인신체사고인 대인사고로 타인에게 입힌 배상책임손실은 대인배상Ⅰ,Ⅱ 종목에서, 타인차량사고와 타인재물사고인 대물사고로 타인에게 입힌 배상책임손실은 대물배상 종목에서 각각 보상하는 보험상품이다.

화재사고나 뇌졸중의 질병사고의 손인(peril)도 휘발유의 방치, 낡은 전기시설, 고혈압이라는 해이(hazard)가 원인이며, 그 결과 화재나 질병사고인 손실의 직접적인 원인인 손인이 있게 되고, 그 손인은 위험의 원인이 되며, 그 위험은 경제적 손실을 초래한다. 이 손실을 보상하는 보험상품이 화재보험(손해보험)과 건강보험(생명보험)이다.

우리들의 생활속에는 사고의 원인인 여러 가지 해이(hazard)가 항상 존재하며, 그 해이에 우연한 힘이 작용하여 그 해이를 자극하게 되면 연쇄적5)으로 사고(peril)가 발생하게 되고, 그 사고는 위험으로 이어져 금전적 손실이 발생하게 됨으로 그 손실에 대비한 생활을 해야 되기 때문에 보험은 우리들의 생활필수품이다.

---

5) 미국의 안전 전문가 하인리히(H.W. Heinrich)는 재해발생은 언제나 사고요인의 연쇄반응으로 발생한다는 연쇄성이론(domino's theory)을 제시했다. 재해사고는 1단계의 사회적 환경, 2단계의 개인의 실수, 부주의, 3단계의 불안전한 행동(인적원인) 및 불안전한 상태(물적원인), 4단계의 사고, 이에 의한 5단계의 재해로 이어진다는 것이다. 이 연쇄에서 제3단계가 산업재해 원인의 90% 이상이므로 이를 관리하여 연결고리를 끊으면 재해로 이어지지 않는다고 주장했다. 한편, 헤돈(W. Haddon)은 사고는 특정구조에 견딜 수 없을 정도의 압력이 가해져 팽창된 에너지가 급격히 방출됨으로써 일어난다는 에너지방출이론(energy release theory)을 제시했다. 사고를 막기 위해서는 유해한 에너지의 축적이나 방출을 막는 물리적·기계적 안전시설이 필요하다고 주장했다.

그림 1-3 위험의 발생원인과 손실발생의 과정(예, 자동차, 화재, 뇌졸중 사고)

해이(사고의 원인)	손인(손실의 원인)	위험	손실	보험
빙판길, 과속	전복사고		수리비, 치료비	자동차보험
고혈압, 저혈압	뇌졸중사고	손실 발생 가능성	치료비, 수입감소	건강보험
낡은 전기배선	화재사고		복구비용	화재보험
허술한 방범시설	도난사고		대체비용	도난보험

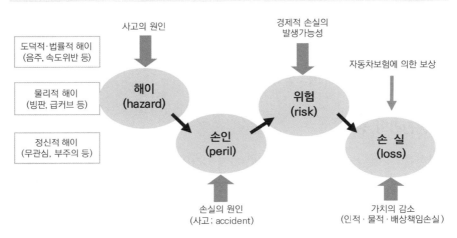

제2장 | 위험관리

제1절 | 위험관리의 정의와 목적

1. 위험관리의 정의

위험관리(risk management)란 개인(가계), 기업 또는 정부를 비롯한 경제주체들이 그들의 목적을 달성하기 위해 여러 가지 순수위험의 악영향과 역효과를 적은 비용으로 최소화시키려는 관리의 과정이다. 개인은 행복추구, 기업은 이윤극대화, 정부는 재정의 효율적 운용이라는 목적을 달성해 가는 과정에서 발생할 수 있는 위험들을 예측하고 조사·확인·분석·측정하여 가장 합리적인 위험처리방법을 찾아 실천하는 관리자의 의사결정과정(decision-making process)이다. 다시 말해 조직에서 발생될 수 있는 위험을 체계적으로 인식·분석하고, 그러한 위험을 처리하기 위한 최적의 방법을 찾아 실천함으로써 조직의 목적을 달성해 가는 과정이다.

2. 위험관리의 목적

위험관리의 일반적인 목적은 [그림 1-4]와 같이 손실발생의 전과 후로 나누어 살펴볼 수 있다. 먼저 손실발생 전의 사전적 목적은 개인이나 조직 등이 생활이나 활동 과정에서 위험에 노출됨으로써 발생될 수 있는 잠재적인 손실에 대비하는 위험처리방법(위험의 회피, 제거, 보유, 전가 등)들의 득과 실을 비교해 가장 경제적인 방법을 선택하여 손실에 대한 근심 및 걱정을 최소화시키는 것이다. 그리고 관리자가 국민이나 근로자를 피해로부터 보호하기 위한 소방안전 규정,

기업의 안전장치 설치의무 등 각종 정부의 규정을 준수하는 것이다. 한편, 손실발생 후의 사후적 목적은 치명적인 손실발생 이후에도 개인이나 조직의 수입을 최대한 안정시키고, 기업의 생존과 더불어 신제품개발, 시장개척, M&A 등과 같은 성장을 위한 계획이 차질 없이 시행되어 지속적인 성장을 할 수 있도록 하여 고객, 근로자, 채권자 등 기업의 이해관계자들이 손실발생에 따른 피해를 입지 않게 함으로써 기업의 사회적 책임을 다하도록 하는 것이다.

그림 1-4 위험관리의 목적

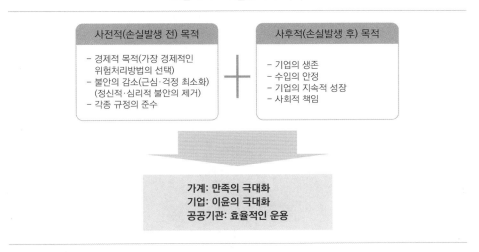

제2절 | 위험관리의 과정

위험관리의 의사결정과정은 그 목적을 경제적·효율적·체계적으로 수행하기 위하여 일정한 절차로 이루어진다.

위험관리 과정의 시작은 어떤 사고, 즉 어떤 위험(인적·물적·배상책임위험)이 개인 또는 조직에 손실을 입힐 수 있고, 그 손실액은 조직에 어느 정도로 심각한 영향을 미칠 것인가 하는 의문을 가지고 조사할 때부터이다. [그림 1-5]에서와 같이 그 위험을 조사(발견)하고 확인하고자 할 때부터가 위험관리의 제1단계이다.

그 다음 조사하여 발견·확인된 위험에 의한 예상되는 손실의 빈도(loss frequency)와 손실의 심도(loss severity)를 분석·측정하고, 그 위험이 조직에 미치는 영향을 평가하는 것이 제2단계이다. 손실에 대한 분석·측정과 평가가 이루어지고 나면 이를 효율적으로 처리하기 위해 위험통제와 위험재무기법의 위험처리방법을 선택하여 실행하는 것이 제3단계이다. 끝으로 위험관리과정을 피드백하기 위하여 실행한 위험관리과정을 정기적으로 재평가할 필요가 있으므로 손실에 대한 기록들을 보관하는 것이 제4단계이다.

그림 1-5   위험관리의 과정

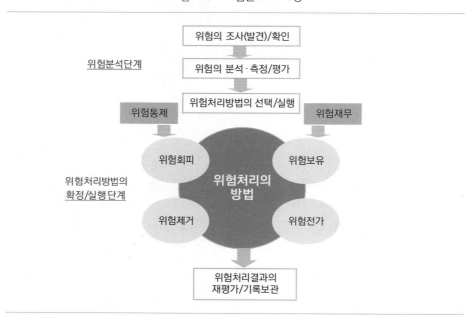

1. 위험의 조사(발견) 및 확인(제1단계)

위험관리의 시작인 제1단계 절차는 위험을 인식·조사(발견)하여 인적·물적·배상책임위험을 구체적으로 확인하는 것이다. 자료 수집을 통해 어떠한 해이(hazard)에 의해 어떠한 사고(peril)가 위험(risk)으로 이어져 손실을 발생시킬 수 있는지를 정확히 파악하는 것으로부터 시작하는 것이다. 예를 들어 노후화된 전기시설(hazard)로 인한 화재나 폭발사고(peril)로 인적 · 물적 · 배상책임손실의 발생가능성(risk)을 조사 · 확인하는 것이다.

개인(가계)의 경우는 개인이 위험관리자로서 가족구성원의 사망, 질병, 장수 등의 인적손실위험, 자동차사고, 화재사고 등의 재산 및 법적배상책임손실위험을 조사하여 확인하는 단계이다.

기업의 경우는 근로자들의 사상에 따른 인적손실위험, 재산의 직 · 간접손실위험, 배상책임손실위험, 기업활동 중단에 따른 순익손실위험 등을 위험관리자가 조사(발견) · 확인하는 단계이다. 이러한 위험을 조사(발견) 또는 확인하는 방법으로는 손실점검표(check–list)나 위험점검표(risk checklist), 재무제표(financial statement), 업무흐름표(flow–chart) 등을 일반적으로 이용하고 있다.

(1) 손실점검표와 위험점검표

기업에서 활용하는 손실점검표(check–list)는 일반적으로 질문표 형식이며, 공장 또는 시설의 명세, 원료, 제품 및 반제품 현황, 이에 대한 부보현황(보험가입현황), 종업원의 복지시설, 기업의 배상책임에 관한 질문 등이 포함되어 있다. 이는 동종업계의 다른 회사의 사고사례를 참고하여 해당 기업과 관련 있는 위험을 발견할 수 있는 좋은 방법이다.

개인(가계)은 위험점검표(risk checklist)나 위험분석질문표를 활용하여 개인 및 가족구성원(직계존속)에게 이미 발생하였던 각종 인적위험, 가입되어 있는 민영보험과 사회보험 그리고 수입과 지출 등 자산항목을 바탕으로 각종 위험을 조사 · 확인할 수 있다.

(2) 재무제표

재무제표(financial statement)의 재무상태표는 작성된 날짜의 모든 자산과 부채 및 자본의 내용이 기재되어 있는 것으로 기업의 재무상태를 정확히 알 수 있고, 손익계산서는 그 시기에 속하는 모든 수익과 이에 대응하는 모든 비용이 기재되어 있어 일정기간 기업의 경영성과를 명확히 알 수 있다. 현금흐름표는 영업활동, 투자활동 및 재무활동에 의한 현금흐름을 기록하고 있으므로 현금조달과 사용을 알 수 있다. 이들 재무제표의 각 항목을 상세히 검토함으로써 기업의 위험상황을 조사(발견) · 확인할 수 있다.

(3) 업무흐름표

업무흐름표(flow-chart)는 기업의 원자재 구매에서부터 생산물이 최종적으로 소비자에게 인도될 때까지의 생산, 유통 혹은 하청기업과의 관계 등을 Flow-Chart화 한 것으로 각 업무단계를 분석하면 잠재된 위험을 조사(발견)하는 데 유용하다.

2. 위험의 분석·측정 및 평가(제2단계)

위험관리의 제2단계는 제1단계에서 조사(발견)·확인된 위험을 대수의 법칙 등을 적용하여 분석·측정하고, 조직에 미치는 영향을 평가하는 것이다. 위험을 적절히 처리하기 위해서는 <표 1-8>과 같은 일정기간 내에 위험에 의한 손실이 얼마나 자주 발생하는지를, 즉 손실이 발생할 확률을 의미하는 손실의 발생빈도(loss frequency)와 한 번의 사고로 예상(추정)되는 예상최대손해액(PML; Probable Maximum Loss)을 나타내는 손실규모인 손실의 심도(강도; loss severity)를 정확히 분석·측정하는 것이 중요하다. 그리고 분석·측정된 손실의 빈도와 심도가 가계나 기업에 미치는 영향을 평가할 필요가 있다. 오늘날 위험의 측정항목에 손실의 빈도와 심도 외에 손실발생 시기의 시간가치와 손실규모의 변동성을 추가하기도 한다.

표 1-8 위험의 분석·측정 및 평가 내용

위험관리 2단계	측정항목	내용 및 의미
위험의 분석·측정	위험(손실)빈도	일정기간 내의 손실발생의 확률(손실률, 위험률)
	위험(손실)심도	추정되는 예상최대손해액(손실규모, 강도)
위험의 평가		손실빈도, 손실심도 또는 손실빈도와 손실심도의 결합이 조직에 미치는 영향

(1) 위험의 분석(예측)

위험의 분석은 위험에 대한 예측을 의미한다. 발생 가능한 손실빈도와 손실심도를 예측하는 것이다. 위험을 분석(예측)하기 위하여 자료를 수집하여 정리하고, 그 자료를 기초로 설문척도법이나 확률분석법을 이용하여 손실빈도와 손실심도에 대한 예측도표를 작성한다. 손실의 빈도는 손실발생의 확률로 손실률(손해율 또는 위험률)이고, 손실의 심도는 손실금액이므로 이를 곱하면 '손실빈도 × 손실심도 = 위험도(위험의 정도)'로서 이는 순보험료를 의미한다. 따라서 이들은 보험료산정, 보험가액의 결정, 보험의 인수여부나 조건결정의 판단기준이 된다.

1) 손실빈도의 분석(예측)

손실빈도에 대한 분석은 실제 자료를 활용하여 확률분석법에 의한 발생확률을 예측하는 것이 가장 바람직하다. 예를 들어 일정기간 동안 화재, 도난, 상해, 질병, 자동차사고 등의 실제 발생건수를 활용하는 것이 가장 좋다. 그러나 실제로 다수의 개인(가계)이나 기업의 경우 대수의 법칙을 적용할 수 있을 만큼 그 사고의 발생건수가 많지도 않을 뿐만 아니라 전혀 없을 수도 있다. 따라서 확률분석법은 일부 위험에 대해서만 분석할 수 있는 방법이다. 그러므로 손실빈도의 분석에 설문척도법을 주로 사용하게 된다. 설문척도법의 설문지 문항을 위험발생건수가 "1 = 전혀 발생하지 않음", "2 = 적게 발생하는 편임", "3 = 보통으로 발생함", "4 = 자주 발생하는 편임", "5 = 매우 자주 발생하는 편임"과 같이 리커트(Rensis Likert) 5점 척도[1]를 사용하여 손실빈도를 분석(예측)하게 된다.

한편, 동등한 표본집단 또는 모집단의 통계자료가 있을 경우 예를 들어 생명표나 화재발생확률(화재위험률), 교통사고발생확률(교통사고위험률) 등에 대한 관련기관의 발행 자료가 있으면 이를 활용하여 간접적으로 손실빈도를 분석하는 동류의 데이터 활용법도 사용한다.

---

1) 리커트척도란 하나의 정성적인 개념을 정량적으로 측정하기 위하여 여러 가지 문항으로 질문지를 만들어 그 개념에 대해 갖는 태도나 성향의 정도를 측정하는 기법으로 랜시스 리커트(Rensis Likert)가 개발하였으므로 리커트척도라고 한다. 예를 들어 어떤 수업의 만족도를 조사할 때 문항을 "1 = 전혀 그렇지 않다.", "2 = 그렇지 않다.", "3 = 보통이다.", "4 = 그렇다.", "5 = 매우 그렇다."와 같이 3 = 보통을 기준으로 5단계 척도를 사용하여 수강자들의 강의 만족도를 조사하는 것이다. 좀 더 세분된 분석을 위해 7단계, 9단계 척도를 사용하기도 한다.

2) 손실심도(강도, 규모)의 분석(예측)

손실심도는 손실강도, 손실규모 또는 손실크기라고도 하며 위험에 의해 발생한 손실액의 정도를 의미한다. 이를 분석하기 위해서는 손실심도를 추정·구분하는 기준을 어떻게 정할 것인가가 중요하다. 일반적으로 그 기준을 <표 1-9>와 같이 개별위험과 총체적 위험으로 나누어 제시하고 있다. 예를 들어 개별 위험의 손실심도를 분석(예측)하는 기준으로 단독건물의 화재사고로 예상되는 손실액(손해액)을 사적·공적 소방시설의 작동여부에 따라 손실액의 크기를 구분하여 이용하는 것이다. 소방시설의 작동여부에 따라 화재사고위험에 의한 손해액의 크기는 MPL>MFL>PML>NLE의 순서가 될 것이다. 보험회사는 위험을 측

표 1-9 위험의 손실심도 구분 기준(예, 화재사고)

	구분 기준	기준의 내용
개별위험 (예, 화재)	통상예상손해액(NLE; Normal Loss Expectancy)	정상적인 상황에서 예상되는 손해액 - 공적·사적 소방시설 모두 정상 작동하에 예상되는 손해액
	예상(추정)최대손해액(PML; Probable Maximum Loss)	최악의 상황에서 예상되는 손해액 - 공적 소방시설은 작동하고, 사적 소방시설은 일부만 작동하는 상태에서 예상되는 손해액 - 위험의 인수조건을 결정하고, 보험료산정의 기초로 사용
	최대예상손해액(MFL; Maximum Foreseeable Loss)	최악의 상황에서 발생할 수도 있는 최대손해액 - 공적 소방시설은 작동하고, 사적 소방시설은 일체 작동하지 않는 상태에서 예상되는 손해액
	최대가능손해액(MPL; Maximum Possible Loss)	발생 가능한 최악의 손해액 - 공적·사적 소방시설 모두 작동하지 않는 상태에서 예상되는 손해액(예, 9.11 테러사건)
총체적 위험	연간예상손해(AEL; Annual Expected Loss)	장기적으로 예상되는 연평균 손해액
	최대추정손해액(MPL; Maximum Probable Loss)	장기간에 한 번 발생할 수 있는 최대손해액
	최대가능손해액(MPL; Maximum Possible Loss)	장기간에 한 번 발생할지도 모를 최악의 손해액, 즉 그 이상의 손해액은 없을 정도

자료: 보험연수원(2009), 위험관리와 보험설계〈상〉, p.17.

정·평가할 때 MPL보다 PML의 개념을 사용하며, 이들 개별위험의 손해액은 보험제도의 보험금과 관련이 있으므로 손실빈도와 더불어 보험료산정, 보험가액결정, 보험인수여부나 조건결정의 판단기준이 된다.

손실심도도 손실빈도와 같이 설문척도법을 이용하여 분석하기도 한다. 예를들어 "1 = 손실심도가 매우 적음", "2 = 손실심도가 적은 편임", "3 = 손실심도가 보통임", 4 = 손실심도가 큰 편임", "5 = 손실심도가 매우 큼"으로 설문을 작성하여 5점 척도로 손실의 심도를 분석한다.

(2) 위험의 평가

위험관리자의 입장에서는 자동차사고의 경우 대물사고보다 대인사고가, 화재사고의 경우 분손보다 전손이 자주 발생하지는 않지만 한 번 발생하면 심각한 손실을 초래하므로 가계, 기업 또는 조직에 미치는 영향이 커 손실발생의 빈도보다 강도를 잘 관리해야 한다. [그림 1-6]과 같이 손실의 발생빈도를 X축에 손실의 심도를 Y축에 놓고, 설문척도법에 의해 구해진 척도 값을 결합(matrix)함으로써 위험도를 추정하여 평가할 수 있다. 결합의 결과를 나타내 보면 ①의 영역은 손실의 빈도와 심도가 모두 작은 경우, ②의 영역은 빈도는 크지만 심도는

그림 1-6   손실빈도와 손실심도의 결합(손실 matrix)

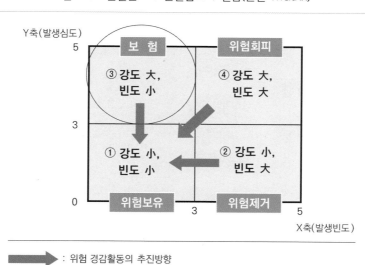

: 위험 경감활동의 추진방향

작은 경우 ③의 영역은 ②의 영역과 반대로 빈도는 작지만 심도는 큰 경우 그리고 ④의 영역은 빈도, 심도 모두 큰 경우로 네 가지 형태의 결합에 의한 위험도를 추정하여 조직에 미치는 영향을 평가할 수 있다.

3. 위험의 처리방법 선택 및 실행(제3단계)

(1) 위험의 처리방법 분류

위험관리자는 발견된 위험을 분석하고, 측정·평가했으면 제3단계로 이러한 위험을 효율적으로 처리할 수 있는 수단과 방법을 선택해야 한다. 위험의 처리방법에는 [그림 1-7]과 같이 크게 위험통제(risk control)와 위험재무(금융)(risk financing)가 있다.

위험통제는 우선 위험에 노출되지 않도록 통제하는 것이고, 만약 위험에 노출되어 손실이 발생한다면 그 손실을 줄이는 방법이다. 여기에는 주로 위험의 회피와 위험의 방지, 경감, 분산, 결합과 같은 위험의 제거가 있다. 한편, 위험재무는 위험통제만으로 사고의 발생을 완전히 방지할 수 없기 때문에 사고에 의한 금전적 손실에 대비하여 사전적으로 자금을 준비해 두는 방법으로 위험의 보유나 전가가 있다. 다시 위험의 보유에는 능동적(적극적) 보유와 수동적(소극적) 보유가 있으며, 위험의 전가(이전)에는 보험과 보험외 전가가 있다.

그림 1-7 위험의 처리방법

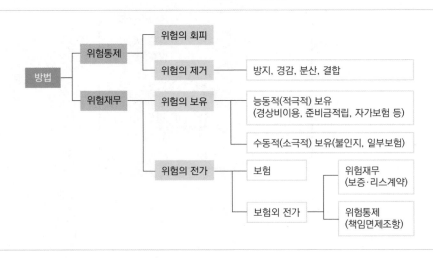

(2) 위험통제에 의한 위험처리

1) 위험의 회피

위험통제수단 중 위험의 회피(risk avoidance)는 처음부터 위험을 발생시키지 않거나 발생한 위험을 제거함으로써 잠재적 손실의 발생빈도(확률)를 '0'으로 만드는 것이다. 예를 들어 홍수의 발생빈도가 높은 지역에 건물을 아예 건설하지 않거나 제조물배상책임위험의 발생빈도가 높은 신제품이나 신약 개발을 포기 또는 중지하는 것이다. 손실의 근본적인 원인이 해이(hazard)에 있으므로 모든 해이를 회피하거나 제거하는 것이다.

위험의 측정 및 평가에서 손실의 발생빈도와 심도가 모두 큰 ④영역 위험의 경우에 실행할 수 있는 위험처리방법이나 기업의 궁극적인 목적인 이윤획득의 기회도 상실하는 것이므로 극히 제한적인 위험의 처리방법일 수밖에 없다.

2) 위험의 제거

위험통제수단 중 위험의 제거는 손실의 발생빈도는 크지만 손실의 심도는 작은 ②의 영역 위험으로 측정·평가된 위험을 처리하는 방법으로 적합하다. 여기에는 빈도통제의 손실방지(loss prevention)와 심도통제의 손실경감(loss reduction), 위험의 분리(risk segregation) 및 위험의 결합(risk combination) 방법이 있다.

① 빈도통제(손실방지)

빈도통제(frequency control)의 손실방지(예방)는 손실이 발생하기 이전에 사전적으로 손실의 발생빈도를 예방하거나 감소시킬 목적으로 행하는 방법이다. 예를 들어 기계에 안전장치 부착, 도난위험에 대비한 경비시스템 설치, 진공포장에 의한 부패방지, 음주단속, 속도제한, 안전교육이나 정기안전점검 등을 하는 방법이다.

② 심도통제

가. 손실경감

손실경감(loss reduction)은 손실빈도통제의 손실방지가 사전적인 대책이라면 이는 이미 발생한 위험에 의해 손실이 진행 중이거나 손실을 입었지만 그 손실액의 크기인 심도를 감소시킬 목적으로 행하는 사후적인 방법이다. 예를 들어 화재나 자동차사고가 발생한 후 손실액의 증가를 막을 목적의 방화벽, 자동스프 링클러장치, 소화기, 비상계단, 자동차의 에어백 등을 설치하는 것이다.

나. 위험의 분리(분산)

위험의 분리(risk segregation)는 위험단위를 보다 작은 여러 단위로 세분화하 여 손실심도를 통제하는 것이다. 예를 들어 생산 공장을 한 곳에 집중시키지 않 고 여러 지역에 분산한다거나 원자재나 상품(완성품)을 분리 보관하거나 회사의 회장과 사장 등 중심인물(key man)이 동시에 해외출장을 가는 경우에 다른 비행 기를 이용하는 방법이다. 이러한 조치는 손실빈도는 증가시키겠지만 손실심도는 줄일 수 있는 것이다.

다. 위험의 결합

위험결합(risk combination)은 손실에 노출되어 있는 위험단위를 증가시키는 방법으로 심도를 통제하는 것이다. 예를 들어 기업의 합병이나 자회사를 두어 경영규모를 확대시켜 사고가 발생할 경우 손실의 심도를 축소시키는 방법이다. 또한, 운송회사가 보유하는 차량을 증가시키거나 다른 운송회사와 합병하여 위 험을 축소 내지는 제거하려는 방법이다.

(3) 위험재무에 의한 위험처리

1) 위험의 보유

위험재무수단의 위험의 보유(risk retention)는 특정위험으로부터 발생가능한 손실의 전부 또는 일부를 가계, 기업 또는 공공기관이 보유하여 부담하는 방법이 다. 위험의 측정 및 평가에서 손실의 빈도와 강도가 모두 작은 ①의 영역 위험 을 처리하는 데 일반적으로 적용하며, 능동적(적극적) 보유(active retention)와 수 동적(소극적) 보유(passive retention)로 나눌 수 있다.

① 능동적(적극적) 보유

능동적(적극적) 보유는 위험에 의한 손실을 알고 있으면서도 손실액이 많지 않아, 즉 손실의 심도가 크지 않아 경상비나 준비금의 적립을 이용하거나 자가 보험(self insurance) 또는 자체보험회사(captive insurance company)의 설립을 통해

의도적으로 보유하는 방법이다.

가. 경상비에 의한 위험보유

기계, 설비 및 자동차의 수리비와 같이 기업의 당기수익으로 감당할 수 있는 경우에 선택가능한 방법이다. 회사 내에 경상비나 준비금을 적립하여 손실을 처리하는 것이다. 이 방법은 적립에 시간이 필요하므로 적립 초기에 위험이 발생하면 자금이 부족할 수 있다.

나. 자가보험에 의한 위험보유

자가보험(self insurance)은 차량 또는 선박 등을 다수 보유한 기업이 보험에 가입해야 할 위험의 일부 또는 전부를 기업이 스스로 보유하는 방법이다. 기업이 제조물배상책임보험에 가입하면서 보험료를 절약하기 위해 보상한도액을 3억원으로 정하고, 그 초과손실은 자신이 부담하거나 공제조항(deductible)을 이용하는 경우 그리고 택시회사가 자동차의 강제보험에만 가입하고, 임의보험 부분은 스스로 책임지는 경우이다.

다. 자체보험회사(Captive)에 의한 위험보유

기업이 대규모화되고 글로벌화되면 여러 관련회사를 자회사(holding company) 형태로 설립하게 되는데 이때 오로지 위험의 보유만을 목적으로 하는 자회사인 자체보험회사를 설립하여 해당기업이 지출하고 있던 보험료를 이 자회사에 적립하여 관련회사의 각종 위험을 보유시키는 것이다.

② 수동적(소극적) 보유

수동적(소극적) 보유는 가계, 기업 또는 공공기관이 스스로의 무지, 무관심 또는 태만으로 위험을 보유하고 있는지 모르기 때문에 무의식적으로 위험을 보유하고 있는 상태이다. 이의 원인은 위험의 발견 및 확인과정에서 발견되지 않았거나 발견되었지만 그 평가 또는 위험처리방법을 모르기 때문이다.

2) 위험의 전가

위험재무수단의 위험의 전가(risk transfer)는 개인, 가계, 기업 또는 공공기관이 가지고 있는 위험을 계약을 통해 계약자가 다른 당사자(보험회사 등)에게 이전(전가)하는 방법이다. 여러 위험통제수단을 선택하여 실행하였음에도 불구하고 사고가 발생함으로써 야기된 경제적 손실에 대비하는 위험재무의 대표적인 방법은 교재의 핵심인 보험이다.

　보험(insurance)은 위험의 전가 방법에서 가장 광범위하게 이용되고 있다. 보험은 개인이나 기업 등이 위험을 발견하여 측정한 결과 손실의 빈도는 작지만 손실의 심도가 큰 ③영역의 위험인 경우 이를 보험회사에 보험료 지불과 함께 전가하는 경제제도이다. 이는 일반적으로 보험료라는 저렴한 비용으로 손실발생 시 보험금을 수취하여 심각한 손실위험을 처리할 수 있으므로 위험처리방법에서 가장 효율적이고, 합리적인 방법이다.

　보험 이외의 전가의 또 다른 방법에는 위험재무방법의 보증, 리스, 공제와 위험통제방법의 책임면제조항 등이 있다. 보증은 자동차회사가 신차 구입자에게 구입 후 3년 또는 주행거리 3만km까지 수리나 부품교환대금 등을 부담하기로 보증하는 것이다. 신차 구입자는 구입에 따르는 많은 위험을 보증계약을 통해 자동차회사에 전가한 것이다. 리스는 리스회사가 자동차, 기계, 전자제품 등의 소유자로서 사용자에게 리스료(사용료)를 받고 빌려주는 것이다. 사용자는 소유에 따르는 비용위험을 리스회사에 전가할 수 있다. 공제는 보험과 유사한 점이 많으나 보험은 불특정인을 대상으로 하지만 공제는 같은 직장 또는 같은 지역에 속하는 특정인을 대상으로 하는 상호구제제도로 농협공제나 수협공제가 있다. 그리고 책임면제조항(hold harmless agreement)은 공사의 하도급계약에서 발주자가 수급자에게 하청하면서 공사와 관련하여 발생할 수 있는 위험도 수급자에게 전가하여 발주자의 책임을 면하고자 하는 계약내용이다.

4. 위험처리과정의 재평가 및 기록보관(문서화)(제4단계)

　위험을 발견하여 측정 및 평가하고, 적절한 위험처리방법을 선택하여 실행한 후 마지막 제4단계로 행하는 위험관리과정은 일련의 위험처리과정이 효율적이고, 타당했는지를 검토하고 재평가하는 것이다. 선택하여 적용한 위험처리방법들에 소요된 비용과 효과를 주의 깊게 재평가하고, 그 내용을 기록·보관하는 것이다. 또한, 예정한 손실의 빈도와 손실의 심도가 실제의 그것들과 비교하여 어떤 변화가 있었는지를 기록·보관해야 한다. 정확한 기록의 보관은 차기의 위험관리계획에 유용할 뿐만 아니라 돌발적으로 발생할 수 있는 위험에 대응하기 위한 정확한 판단자료를 제공해 주기 때문이다.

제 2 편

보험의 기초이론과 분류

제3장 | 보험의 기초이론

제1절 | 보험의 개념

1. 보험의 정의

우리들이 경제활동을 하는 근본적인 이유는 우리들이 가지고 있는 욕구의 충족을 통해 행복을 얻고자 하는 것이다. 우리들은 제한된 소득, 시간 및 환경 속에서 무한한 욕구를 충족시키기 위해 연속적인 재화와 용역(서비스)의 선택이라는 의사결정을 하고 있다. 선택활동인 우리들의 경제생활은 항상 다양한 위험을 수반하며, 인류의 역사는 끊임없이 변화·변동하는 위험을 극복하여 안정적인 생활을 확보하면서 발전해 왔다고 할 수 있다.

우리의 위험에 대한 대처의지의 표현이 위험관리(risk management; RM)이며, 가장 합리적인 위험관리 방법으로 보험제도가 탄생하게 되었다. 오늘날 자동차보험이나 건강보험 없이 생활한다는 것은 상상하기 어려울 정도로 보험은 우리들의 생활 필수품화되어 있다.

여기서 보험(insurance)[1]이란 경제적 측면에서 보면 일반적으로 동일한 위험

---

1) 보험은 영어로 insurance라고 하는 것이 보통이지만, 과거 해상보험뿐이었을 당시에는 assurance가 일반적이었다. 1720년에 설립된 보험회사명도 The London Assurance, The Royal Exchange Assurance였다. 그러나 17세기 후반부터 화재보험에서 insurance라는 용어가 사용되기 시작하여 미국에서는 생명보험에서도 life insurance라고 하고, life assurance라고는 하지 않는다. 영국의 1946년 보험회사법(Assurance Companies Act 1946)도 1958년 보험회사법(Insurance Companies Act 1958)으로 대체되었다. 그러나 해상보험 분야에서는 지금도 전통적으로 assurance 및 그 계통의 문구가 많이 사용되고 있다. 로이즈보험증권에는 make assurance, assurer, assured, policy of assurance 등의 문언이 this insurance, insurer, insured, policy of insurance 등과 같이 사용되고 있다.

에 노출된 다수의 경제주체(가계, 기업, 정부)들이 우연한 사고의 발생으로 인한 경제적 수요에 대비하고자 보험단체(위험단체)를 구성하고, 통계적 기초인 대수의 법칙에 따라 산출된 위험률을 바탕으로 일정한 분담금액인 보험료를 사전에 갹출하여 공동기금을 조성한 후 그 단체의 구성원 중 누군가가 약정된 사고인 보험사고(불확정한 사고)를 당하면, 공동기금에서 일정한 재산적 급여(보험금)를 지급함으로써 경제주체들의 경제적 어려움과 불안을 극복하는 데 도움을 주는 경제제도이다. 그리고 법률적 측면에서 보면 보험은 계약의 일종이다. 계약의 당사자 중 일방인 보험계약자가 상대방인 보험자에게 약정한 보험료를 지급(지불)하고, 재산 또는 생명이나 신체에 불확정한 사고(우연한 사고, 보험사고)가 발생한 경우 보험자가 보험금이나 그 밖의 급여를 통해 보상할 것을 약정함으로써 효력이 발생하는 계약이다.

2. 보험의 성립요건(구성요소)

보험은 위험을 처리하기 위한 여러 가지 방법 중의 하나이다. 따라서 위험이 없다면 보험도 필요 없는 것이다. 보험의 성립요건은 보험계약의 대상이 될 수 있는 위험의 요건이다. 이는 모든 위험이 보험의 대상이 되어 보험으로 처리될 수 있는 것은 아니고, 보험으로 부보가능한 위험이 되기 위해서는 이론적으로 몇 가지 요건이 필요하다는 것이다.

보험의 정의를 기초로 먼저 보험성립을 위한 위험의 요건을 보면 첫째, 보험사고 위험은 고의성이 없는 우연한 사고 위험이어야 한다. 둘째, 대수의 법칙을 적용할 수 있는 다량의 동종·동질위험이어야 한다. 셋째, 동종·동질위험에 노출될 수 있는 다수의 경제주체가 있어야 한다. 넷째, 대수의 법칙에 의한 손실의 빈도와 심도를 측정·평가하여 보험료 산정과 합리적인 보험료부담에 의한 공동기금을 형성할 수 있어야 한다. 다섯째, 손실위험은 심리적인 것이 아닌 금전적으로 측정할 수 있어야 하고, 허리케인이나 지진과 같은 대이변적인 것이 아니어야 한다. 다시 말해 경제제도로서 보험이 성립하기 위해서는 [그림 2-1]과 같은 퍼즐의 제 요소가 모두 충족되는 위험이어야 하고, 이는 판례적·실무적으로 상조나 계모임 등이 보험영업인지 아닌지를 판단하는 기준이 된다.[2]

그림 2-1 보험의 성립요건(구성요소)

우연성	동종위험의 존재	다수경제주체
사고의 발생자체, 발생시기, 발생 정도가 불확정한 것이어야 한다. (우연한 사고=보험사고) 방화, 자살 등 고의사고 제외	대수의 법칙에 의한 공평한 보험료 부과를 위해 보험단체는 동종·동질위험에 노출된 경제주체들의 집단이어야 한다.	손실분담(십시일반)을 위한 다수의 경제주체들에 의한 보험단체의 구성이 이루어져야 한다.

평가(측정) 가능성	합리적 보험료 부담	공동기금(준비금)
보험은 금전적 손실을 보상하는 제도이므로 보험거래의 대상인 위험은 대수의 법칙에 의한 측정·평가가 가능해야 한다.	보험료는 위험에 비례한 합리적이고, 공평하게 부과되어야 한다. $P=w \cdot Z$ (P: 순보험료, w: 사고발생의 확률 (r/n), Z: 보험금)	보험단체 가입자는 사전에 보험료를 지불하고, 단체는 그 보험료로 공동기금(준비금)을 형성하여 우연한 사고로 경제적 손실을 입은 가입자에게 보험급부를 행하게 된다.

(1) 우연성

손실의 발생가능성을 의미하는 위험이 보험의 대상이 되기 위해서는 고의적이거나 확정적이지 않은 우연하고, 불확정한 사고여야 한다. 여기서 우연하고, 불확정한 사고(보험사고)란 화재와 같이 그 발생여부(자체)가 명확하지 않은 경우와 사망과 같이 발생자체는 확실하지만 그 시기가 명확하지 않은 경우 그리고 상해와 같이 발생여부나 시기는 확실하지만 그 정도가 불확실한 경우를 의미한다. 방화나 자살은 보험가입자의 고의에 의한 사고이고, 심장질환이나 고혈압과 같은 기왕증이 있는 자의 사망은 우연성을 결여한 사고이므로 보험의 대상이 될 수 없다. 우연성을 상법에서는 불확정이라고 하고, 보험업법이나 다수의 약관에서는 우연이라고 규정하고 있다.

(2) 동종위험의 존재(위험동질성의 원칙)

보험이 성립하는 보험단체(위험단체)는 단체구성원들의 위험이 동질적이어야 한다(위험동질성의 원칙). 위험을 보험상품화 할 수 있는 것은 대수의 법칙을 활용

---

2) 대법원 1987.9.8. 선고 87도565 판결, 대법원 1989.1.1 선고 87도2172 판결, 대법원 2001.2.24. 선고 2001도205 판결 등에서 이 같은 보험의 구성요소를 기준으로 무허가보험사업인정여부를 판결했다.

할 수 있었기 때문이며, 대수의 법칙은 위험의 동질성을 전제로 한다. 손실발생의 빈도와 손실심도를 측정하여 공평한 보험료를 산정하기 위해서는 위험의 동질성이 필요하다.

예를 들어 건물에는 주택, 상가, 공장, 창고 등 여러 형태가 있다. 구조도 목조건물도 있고, 콘크리트건물도 있어 이들의 화재위험은 서로 다르다. 사망위험도 같은 나이라고 하더라도 남녀가 서로 다르다. 이들 건물이나 사람을 동일한 보험료로 동일한 보험단체에 포함시킨다면 공평성은 낮아질 것이고, 불공평성을 느끼는 가입자들은 보험단체에서 이탈하게 되어 상대적으로 위험도가 높은 가입자들만 남는 역선택(adverse selection)[3] 현상이 초래되어 대수의 법칙의 적용도 어렵게 될 것이다. 따라서 각각의 위험의 종류 및 심도에 따른 공평한 보험료의 산정을 위해서 동종·동질위험의 단체구성이 필요하다.

(3) 다수의 경제주체(보험단체)

보험은 동질적 위험에 노출된 다수의 경제주체의 결합에 의한 보험단체(위험단체)를 구성하여 손실을 분담하는 제도이다. 개개의 경제주체들에게는 우연한 손실이라도 다수의 경제주체가 결합하여 하나의 보험단체를 구성하면, 대수의 법칙을 적용하여 사고의 발생률(위험률, 빈도)과 손실의 크기인 심도(강도)를 객관적으로 측정할 수 있다. 이것을 이용하면 보험단체 구성원들이 납입하는 보험료를 산정하여 공동기금을 마련하는 것이 가능하게 된다. 보험경영에서 판매활동이 강조되는 이유는 다수의 경제주체들의 결합(위험대량의 원칙)이 필요하기 때문이다. 보험단체 구성의 조직자로서 보험회사가 필요한 이유이다.

보험단체의 구성은 상호보험에 있어서는 구성원 자신에 의해 직접적으로 이

---

3) 역선택이란 실제로 보험금을 탈 가능성이 높은 사람들, 즉 위험발생률이 보통 이상인 사람들이 보험에 가입하는 현상을 말한다. 이는 보험사와 보험가입자 간의 위험에 대한 정보의 차이, 즉 정보의 비대칭성이 발생하기 때문이다. 다시 말해서 정보가 비대칭적으로 분포된 상황에서 정보를 갖지 못한 당사자(보험사) 입장에서 볼 때 가장 바람직하지 않은 정보를 가지고 있는 당사자(보험계약자)와 거래할 가능성이 높아지게 되는 현상을 의미한다. 보험사는 처음부터 보험가입자의 사고확률을 알 수 없으나 보험계약자는 자신의 사고확률을 알 수 있을 때 정보의 비대칭현상이 생기고 역선택이 발생한다(M. S. Dorfman (2005), Introduction to Risk Management and Insurance, Prentice Hall, p.32). 역선택이 가장 심하게 발생하는 거래로는 중고차거래가 있다. 중고차거래에서 차를 선택하는 사람은 구매자인데 중고차에 대한 사고나 고장에 대한 정보는 판매자가 더 많이 가지고 있어 정보의 비대칭으로 구매자가 판매자에게 선택되는 역선택이 발생할 가능성이 높은 거래이다.

루어지고, 민영(영리)보험이나 공영보험에서는 보험회사나 국가에 의해 간접적으로 이루어진다.

(4) 측정 · 평가 가능성

보험은 과거의 위험발생과 그것에 의한 손실관련 자료를 기초로 대수의 법칙에 의해 위험률(빈도)과 손실의 심도(강도, 규모)를 측정하여 보험료와 보험금을 산정하게 된다. 보험의 대상이 되는 순수위험은 개개의 경제주체에 있어서는 우연한 것이라도 다수의 경제주체를 결합하면, 그 발생빈도 및 발생한 경우의 손실액인 심도를 측정 · 평가하는 것이 가능하다. 이렇게 보험의 대상이 되는 위험은 측정이 가능해야만 각 경제주체의 분담액인 보험료의 계산도 가능한 것이다. 따라서 정신적 · 심리적 상태에 따른 주관적 위험은 통계적인 측정이 불가능하므로 손실액의 측정 · 평가도 어려워 보험상품화할 수 없다. 보험가능 위험은 그 위험에 의한 손실액을 명확히 객관적 · 금전적으로 측정 · 평가가 가능해야 한다.

(5) 합리적인 보험료의 부담

보험은 불확정한 사고가 발생한 경우 그 불확정한 사고를 당한 가입자에게 보험금을 지급하는 경제제도이다. 경제제도로서 보험은 기본조건으로 가입자의 보험료 지불에 의한 공동기금(준비금)을 형성하는 제도이므로 민영보험에서 가입자가 지불하는 보험료는 합리적이고 공평할 필요가 있다.

예를 들어 화재사고는 건물의 구조, 용도, 소재지에 따라 사고발생 확률이 다르고, 자동차사고는 운전자의 연령, 성별, 운전경력 등에 따라 그리고 사망률은 성별, 연령, 건강상태에 따라 차이가 나기 때문에 보험료는 각각의 위험정도에 따라(맞는) 객관적이고 합리적으로 산정하여 공평하게 부과할 필요가 있다.

(6) 공동의 기금(준비금)

경제주체는 보험단체에 가입하여 경제적 불안을 완화 내지 제거하고, 손실이 발생할 경우 보상을 받기 위해서는 사전에 보험료를 지불하고, 단체는 그 보험료로 준비금(공동기금)을 형성하여 우연한 사고를 당해 금전적 손실을 입은 가입자에게 보험금이나 보험급부를 행하게 된다. 따라서 보험제도는 보험급부를 위한 준비금적립이 있어야 한다.

보험의 기본원리 및 원칙

보험에서 위험을 상품화하기 위해서는 과거의 일정기간 동안 사고발생에 관한 통계를 기초로 대수의 법칙에 의해 특정위험에 대한 사고발생확률(위험률)을 먼저 산출하여야 한다. 그다음 이 위험률을 바탕으로 특정사고가 발생했을 경우에 지급하게 될 보험금을 정하고, 이에 필요한 비용인 보험료를 산정하여 사전에 가입자들로부터 갹출하게 된다. 이때 보험단체(위험단체)의 운영자인 보험회사는 안정적인 회사 경영을 위하여 갹출해야 하는 보험료 총액이 지급해야 할 보험금 총액과 균등해야 한다는 원칙을 수지상등의 원칙이라 한다. 그리고 보험료는 가입자 각각의 위험률에 따라 부과되어야 한다는 원칙을 공평의 원칙(급부·반대급부균등의 원칙)이라 한다. 또한, 보험은 보험가입자가 보험사고를 당해 금전적 손실이 발생했을 때 이를 보상받는 것이 목적이므로 보험가입자가 보험금의 수취를 통해 이득을 얻어서는 안 된다는 원칙이 실손보상의 원칙(이득금지의 원칙)이다. 이상의 원칙은 위험을 상품화하여 보험사업을 운영하는 데 필요한 기본적인 4원칙이다.

I. 대수의 법칙(평균의 법칙)

위험을 보험상품으로 만들 수 있는 가장 기초적인 원리는 확률론에서 말하는 대수의 법칙(the law of large numbers)이다. 이는 평균의 법칙이라고도 한다. "어떤 독립적으로 발생하는 사상에 대하여 그 관찰대상이 많으면 많을수록 그리고 관찰횟수를 늘리면 늘릴수록 어떤 사상의 발생확률의 실제결과(선험적 확률)는 기대결과(예측결과)에 점점 가까워지는 현상"을 말한다.

우리들의 경제생활에 영향을 미치는 특정위험이 누구에게 발생할지는 예측할 수 없지만 일정기간 동안 다수인을 대상으로 대량관찰하면 일정한 사고발생률의 규칙성을 얻을 수 있다. 대수의 법칙이 작용한 것이다. 예를 들어 화재나 교통사고의 발생률(위험률, 빈도) 및 연령별 사망률 등은 개개인에게는 우연이고, 예측할 수 없지만 과거의 일정기간 동안 집단적으로 대량으로 관찰하면, 거의 일정한 확률로 발생하므로 이를 근거로 장래의 발생확률을 비교적 정확하게 예측할 수 있다. 이같이 대수의 법칙은 위험률의 측정과 수량화를 가능하게 하고, 과거의 위험발생확률을 미래의 위험발생확률로 볼 수 있게 하는 보험의 기술적·수리적 기초가 된다. 이렇게 대수의 법칙을 적용하여 측정된 사고의 발생확률(위험률), 즉 보험요율[4]을 기초로 보험사고(불확정한 사고)가 발생했을 때 지급할 보험금과 이를 위한 보험료를 산정하여 보험상품을 만들 수 있다.

화재보험을 예를 들어 구체적으로 설명해 보면, 어떤 지역에 평가액 5억원의 집을 소유한 사람이 1,000명 있다고 가정하자. 이 지역의 과거 일정기간 동안 화재발생률을 대수의 법칙을 적용하여 대량관찰한 결과 평균적으로 1년간 1,000분의 2, 즉 1,000채 중 2채가 전소되었다면 향후 1년간 화재로 인한 직접손해액은 10억원(5억원 × 2채)이 될 것으로 예측가능하다. 이 손해액을 1,000명이 분담한다면 집의 소유주 각자는 1년간 100만원[(화재위험률 = 보험요율: 2/1,000) × (손실금 = 보험금: 5억원)]씩 부담하면 된다. 즉, 대수의 법칙을 이용하여 측정한 위험률을 바탕으로 1,000명의 소유주가 하나의 보험집단을 형성한다면 연간 100만원의 보험료(순보험료)를 부담하는 보험금액 5억원의 화재보험상품을 개발하여 화재위험에 대처할 수 있다.

대수의 법칙은 오늘날 제4차 산업시대에 인공지능 로봇들이 엄청난 속도로 방대한 자료(big data)를 처리할 수 있게 되면서 가설이나 예측의 정확도를 높여 서비스산업(유통, 여론조사 등)이나 금융산업을 비롯한 여러 산업분야에 응용되고 있다. 예를 들어 우리는 각종 선거에서 누가 당선될지 불확실하여 궁금한 경우 여론조사를 실시한다. 여론조사에서 조사대상으로 유권자의 수를 많이 하면 많이 할수록(1,000명에서 2,000명, 10,000명으로), 조사 횟수를 늘리면 늘릴수록(1회에서 2회, 3회로) 실제 선거일에 개표한 실제결과는 여론조사의 예측결과에 더욱 가까워질 것이다. 즉, 대수의 법칙이 작동하여 사전 예측결과와 실제결과가 일치할 가능성이 높아진 것이다.

---

[4] 보험요율은 보험회사가 보험료산정에 적용하는 위험률이며, 그 산출의 원칙은 객관적이고 합리적인 통계자료를 기초로 대수의 법칙 및 통계신뢰도를 바탕으로 해야 한다(보험업법 제129조)고 규정하고 있다.

2. 수지상등의 원칙(보험단체의 수지균형)

보험상품의 보험료나 보험금 산정은 대수의 법칙을 이용하여 측정된 사고의 발생확률(위험률 = 보험요율)에 따라 계산한다. 보험사업을 안정적이고, 지속적으로 운영하기 위해서는 [그림 2-2]와 같이 보험집단의 구성원인 보험계약자들로부터 갹출하는 보험료의 수입총액은 사고발생 시 지급하는 보험금의 지급총액과 균등해야 한다. 이것이 수지상등의 원칙(principle of equivalence)이다. 이같이 보험집단에 있어서 수입보험료의 총액과 지급된 보험금 총액이 상등해야 한다는 것은 개별적으로는 우연이라도 전체적으로는 필연이고, 개별적인 수지는 불균형이라도 집단의 전체수지는 균형을 유지해야 하는 전체적·거시적인 수지상등의 원칙을 의미한다.

그림 2-2 수지상등의 원칙

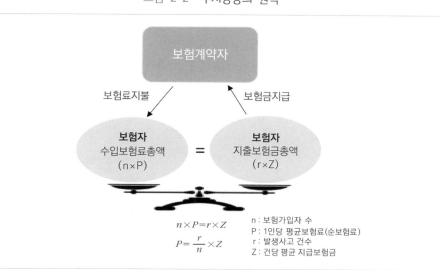

$$n \times P = r \times Z$$

$$P = \frac{r}{n} \times Z$$

n : 보험가입자 수
P : 1인당 평균보험료(순보험료)
r : 발생사고 건수
Z : 건당 평균 지급보험금

대수의 법칙을 설명하면서 예로든 화재보험을 수식으로 정리하여 수지상등의 원칙을 설명해 보면 다음과 같다.

어떤 지역에 평가액이 5억원(1사건당 평균보험금: Z)인 동질위험의 집을 소유한 사람이 1,000명(보험가입자 수: n)이고, 과거의 경험통계로부터 연간 화재발생확률(화재위험률 = 보험요율)이 2/1,000(여기서 2는 화재발생 건수: r)라면 각 보험가입자들이 지불해야 할 보험료(P)는 다음과 같이 계산된다.

$$1,000(n) \times P = 1,000,000,000 \ (r \cdot Z)원$$
$$P = 1,000,000(원)$$

즉, 각자 지불하는 보험료(P)는 1년간 1,000,000원(매월 84,000원 정도)이 된다. 수식으로 $n \cdot P$(갹출보험료 총액) = $r \cdot Z$(지급보험금 총액)와 같이 나타낼 수 있고, 이것이 수지상등의 원칙이다.

$(n \cdot P)$와 $(r \cdot Z)$의 관계에서 $(n \cdot P) > (r \cdot Z)$의 부등식은 보험료가 과다하다는 의미이고, $(n \cdot P) < (r \cdot Z)$의 부등식은 보험료가 부족하여 보험금의 지급이 불가능하게 되어 보험제도를 운영할 수 없다는 의미이다. 수지상등의 원칙은 보험제도를 계속적으로 존속시키기 위해서는 반드시 필요하므로 보험회사 경영의 중요한 원칙이다.

손해보험에서는 화재보험, 해상보험, 자동차보험 등 각 종류별 보험만으로는 수지가 균형되지 않는 경우가 많으므로 서로 다른 종류의 보험과의 사이에 손익상계를 행하고, 모든 종류의 보험에 대하여 전체적으로 수지가 상등하면 된다. 반면에 생명보험은 동일한 보험종류에 대해서 수지상등의 관계가 성립해야 한다. 즉, 사망보험은 사망보험 간, 질병보험은 질병보험 간에 수지상등의 원칙이 성립해야 하는 것이다.

3. 보험료 공평의 원칙(개별수지균형의 원칙, 급부·반대급부균등의 원칙)

보험계약자는 보험료를 지불하고 보험단체에 가입한다. 이때 보험료는 각 보험계약자의 위험률에 따라 많거나 적지 않고 공평해야 한다는 원칙을 보험료 공평의 원칙(principle of equivalence)이라 한다. 위험률이 높은 계약자는 보험료 부담을 높여야 할 것이고, 낮은 계약자는 낮추어야 할 것이다. 예를 들면 자동차보험의 불량할증과 우량할인제도는 공평의 원칙을 적용한 것이다. 그리고 화재보험에서 건물의 용도, 자재, 위치에 따라 위험률이 다르기 때문에 보험료의 차등을 두는 것도 공평의 원칙을 적용한 것이다.

공평한 보험료의 의미는 개개인 마다 위험률에 차이가 있을 수 있으므로 위험의 정도에 따라 보험료를 결정해야 한다는 것이다. 따라서 보험료 공평의 원칙은 보험단체 내의 개별 계약의 수입과 지출의 보험료 결정 원칙, 즉 개별수지 균형의 원칙이고, 수지상등의 원칙은 보험단체 전체의 수입과 지출의 수지균형을 나타내는 원칙이다. 다시 말해 보험료 공평의 원칙은 보험료 산정에 있어서 보험계약자의 개별수지에 관한 미시적 원칙이고, 수지상등의 원칙은 보험자의 수지에 관한 거시적 원칙이다.

손해보험의 화재보험이나 자동차보험 등은 위험관련 통계자료의 정비나 요율 검증이 이루어지고 있어서 순보험료 산정단계에서 보험료 공평의 원칙이 달성되고 있다. 또한, 생명보험도 수리계산에 있어서 통계수치의 정확성 증대나 위험선택에 있어서 위험의 세분화 등 보험요율 산출기술이 고도로 발달되어 있어 순보험료 산정 시에 보험료 공평의 원칙은 거의 달성되고 있다. 그러나 해상보험이나 신종보험에서는 통계자료가 많지 않아 위험인수자(underwriter)의 과거 경험이나 판단을 기준으로 보험료 개별화의 원칙을 적용하는 경우가 많아 엄밀한 보험료 공평의 원칙이 적용되고 있다고는 할 수 없다.

4. 실손보상의 원칙(이득금지의 원칙, 손해보상의 원칙)

손해보험계약에서 보험자는 보험사고로 생길 피보험자의 재산상의 손해를 보상할 책임이 있다(상법 제665조). 보험사고로 피보험자가 입은 실제 손해액만큼만 보상하여 보험사고에 의한 이득을 보게 해서는 안 된다는 것이다. 이러한 손해보험의 보상원칙을 실손보상의 원칙(principle of indemnity, compensation) 또는 이득금지의 원칙(principle of unjust enrichment prohibition), 손해보상의 원칙이라 한다. 이 원칙의 취지는 피보험자의 경제력 유지와 보험계약의 도박화 방지이다. 예를 들어 차량가액이 1,500만원인 차량이 충돌사고로 200만원의 물적 손해를 입었다면 실제손해액 200만원만 보상하여 차량 소유주의 재산상태를 사고발생 이전으로 회복·유지시키면 되는데 만약, 300만원을 보상한다면 고의적 사고의 도덕적 위험이 발생할 수 있다. 실손보상의 원칙에 따라 실제 손해의 범위 내에서만 보상하므로 피보험자의 원상회복과 더불어 보험의 도박화를 방지할 수 있다. 특히, 손해보험에서 이 원칙은 보험경영상의 절대적인 강행법적 원리로서 기본원칙이다.

제4장 │ 보험의 분류(종류)

　　보험의 분류는 현대사회의 복잡성과 새로운 위험들의 생성으로 새로운 종류의 보험상품 들이 계속 출시되고 있어 모든 보험상품을 체계적으로 완벽하게 어떤 특정기준에 따라 분류한다는 것은 어려운 일이다. 그러나 상법상이나 실무적으로 보험계약을 이해하는 데 도움이 될 수 있도록 몇 가지 기준에 의거하여 분류해 본다면 다음과 같다.

제1절 │ 보험정책상의 분류

1. 공보험 및 공영보험

　　공보험(public insurance)은 국가나 공공단체의 정책수행을 목표로 운영하는 보험으로 사회정책보험과 경제정책보험으로 나눌 수 있다. 사회보장제도로 운영되고 있는 우리나라의 국민건강보험, 국민연금, 산업재해보상보험, 고용보험 등과 같은 사회보험이 사회정책보험의 대표적인 것이다. 그리고 산업의 보호 및 육성을 목적으로 하는 수출보험, 농작물재해보험, 풍수해보험, 예금보험 등과 같은 산업보험이 경제정책보험의 대표적인 것이다.

　　공보험은 국가나 공공단체가 보험자가 되어 위험을 인수하므로 대부분 공영보험으로 운영되고 있다. 하지만 우체국보험은 공영보험이면서 의무보험의 공보험은 아닌 사보험으로 예외적이라 할 수 있다. 그리고 공보험은 효율적인 운영을 위하여 특수한 사법인인 공단(국민건강보험공단, 국민연금공단, 근로복지공단 등) 및 공사를 설립하여 간접적으로 위험을 인수하고 운영된다. 한편, 공보험은 그 설립목적을 달성하기 위해 특별법에 의해 대상자의 가입이 강제되는 강제보험

형식으로 운영되는 경우가 많으며, 보험자도 특별한 사정이 없는 한 계약을 거절할 수 없다. 따라서 수지상등의 원칙과 같은 보험의 기본원칙은 적용되지 않으며, 국가의 재정보조를 받는 경우도 있다.

2. 사보험(사영보험, 민영보험)

사보험(private insurance)은 영리를 목적으로 하는 사기업이 운영주체가 되어 개인을 대상으로 운영하는 사영보험(민영보험)이다. 공보험과는 달리 보험업법에 의하여 설립된 주식회사, 상호회사, 외국보험회사의 국내지점에 의하여 운영되는 대부분의 영리보험으로 손해보험, 생명보험, 상해보험 등이 전형적인 예이다. 이들 사보험은 일반적으로 가입이 강제되지 않는 임의보험이며, 국가의 재정적 지원도 없고 보험관계는 사법상의 규율에 따른다.

자동차손해배상책임보험(대인배상Ⅰ과 대물배상 2천만원)은 자동차손해배상보장법 제5조에 의거 가입이 강제되는 강제보험으로 공보험의 사회보험적 성격을 띠고 있으나 운영은 영리법인인 주식회사(보험회사)에 의해 사영으로 이루어지고 있다. 이같이 공보험과 사보험의 구별이 명확하지 않은 경우도 있다.

| 제2절 | 보험법상의 분류 |

1. 상법(보험편)상의 보험

상법은 보험을 손해보험과 인보험으로 분류하고 있다. 손해보험의 종류로는 화재보험, 운송보험, 해상보험, 책임보험, 자동차보험, 보증보험[1])을 규정하고 있

---

1) 보증보험은 각종 거래행위에서 발생하는 신용위험을 감소시키기 위하여 보험에서 취급하는 보증제도로서 보험자는 보험료를 받고 보증인 역할로 채무자인 보험계약자가 채권자인 피보험자에게 계약상의 채무불이행 또는 법령에 의한 의무불이행으로 손해를 입힌 경우에 그 손해를 보상하는 특수한 형태의 손해보험이다. 종류로는 직원이 절도, 강도, 사기, 횡령, 배임 등 불법행위로 고용주에게 입힌 손해를 보상하는 신원보증보험, 각종 허가를 받은 자가 허가조건을 이행하지 아니하거나 관계법규를 위반하여 허가관청이나 제3자에게 입힌 손해를 보상하는 인·허가보증보험 등 여러 가지가 있다.

다. 인보험은 생명보험, 상해보험, 질병보험으로 규정해 놓고 있으며, 생명보험의 종류로는 사망보험, 생존보험, 단체보험을 규정하고 있다. 상해보험과 질병보험은 사람을 대상으로 하는 인보험이면서 피보험자의 치료비 등을 실손보상하는 손해보험적 성격도 가지고 있어 제3보험으로 분류되어 생명보험회사는 물론이고 손해보험회사도 판매할 수 있도록 겸영을 허용하고 있다.[2]

2. 보험업법상의 보험

보험업법은 보험의 종류를 생명보험, 손해보험, 제3보험으로 구분하고 있다. 생명보험업에는 생명보험, 연금보험 및 퇴직보험 등을 규정함으로써 생명보험의 영업범위를 확대시켜 주었다. 손해보험업에는 화재, 해상, 자동차, 보증, 재보험 등을 제3보험업에는 상해보험, 질병보험, 간병보험을 규정하고 있다(보험업법 제4조 제1항).

제3절	보험계약내용상의 분류

상법은 "보험계약을 당사자 일방이 약정한 보험료를 지급하고 재산 또는 생명이나 신체에 관하여 불확정한 사고가 발생할 경우에 상대방이 일정한 보험금이나 그 밖의 급여를 지급할 것을 약정함으로써 효력이 생긴다(상법 제638조)."라고 규정하고 있다. 여기서 [그림 2-3]과 같이 보험계약자의 재산상의 손실을 보상하는 보험은 손해보험을 의미하며, 생명이나 신체상의 손실을 보상하는 보험은 인보험으로 생명보험을 의미한다. 손해보험과 생명보험은 서로 다른 특성을 가지고 있기 때문에 이원적으로 정의하고 있다.

---

2) 보험업법 제10조에서 손해보험과 인보험은 성질이 다르고, 보험사업의 운영방식도 상이하기 때문에 생명보험업과 손해보험업의 겸영을 금지하고 있으나 제3보험인 상해보험, 질병보험, 간병보험과 그 제3보험업의 재보험 등은 예외로 겸영을 허용하고 있다.

그림 2-3 보험계약 내용상의 분류

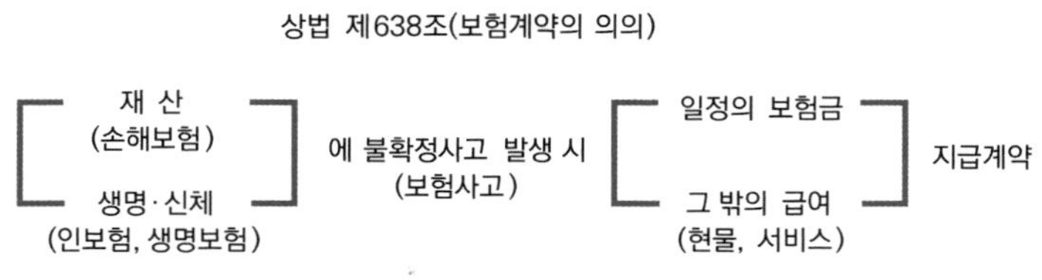

상법 제638조(보험계약의 의의)

재 산
(손해보험)
                에 불확정사고 발생 시   일정의 보험금
생명·신체   (보험사고)   지급계약
(인보험, 생명보험)   그 밖의 급여
                                            (현물, 서비스)

보험금의 성격으로 보면 손해보험은 실손보상보험이고, 생명보험은 정액보험이다. 또한 보험보호의 객체(대상)를 보면 생명보험은 사람의 생명을 대상으로 하고 있어 인보험이므로 손해보험은 물보험 또는 재산보험으로 칭해야 한다.

보험금의 성격이나 보험보호의 객체를 기준으로 손해보험과 생명보험을 분류한다면 특히, 최근 중요성이 증대되고 있는 상해보험, 질병보험, 간병보험과 같은 제3보험은 생명보험과 손해보험의 특성을 모두 가지고 있기 때문에 생명보험사에서도 손해보험사에서도 판매의 겸영이 가능하다. 예를 들어 <표 2-1>과 같이 제3보험은 보험보호 대상이 사람이므로 인보험의 일종인 생명보험이지만, 지급하는 보험금의 성격으로 보면 생명보험과 같은 정액지급 형태(암보험, 중대질병보험 등)도 있지만 보험계약자에게 발생한 실손만 지급하는 소위 실손보상형(입원실비보험, 무보험차상해보험 등)도 있어 이 경우에는 생명보험보다도 손해보험에 더 가까운 성격을 가지게 되기 때문에 겸영을 허용하고 있다. 특히, 상해보험의 상해는 급격하고 외래적이고 우연한 사고라는 개념 자체가 생명보험보다도 손해보험에 가까운 사고 개념이다.

표 2-1 보험의 구분과 특성

구분	생명보험	손해보험	제3보험
보험사고	사람의 생존·사망	재산상의 손해	사람신체의 상해·질병·간병
피보험이익	원칙적으로 없음	0	원칙적으로 없음
중복보험	×	0	실손보상급부에는 존재
보상방법	정액보상	실손보상	정액보상/실손보상

피보험자	보험사고의 대상	보험금청구권자	보험사고의 대상
보험기간	장기	단기	장기·단기

자료: 1. 생명보험협회(2021.11), 2022 생명보험이란 무엇인가, p.280.
  2. 보험연수원(2021.6), 생명보험, p.237.

이상의 보험금의 성격이나 보험보호의 객체와 관련한 보험계약의 내용을 기준으로 분류한 인보험의 생명보험상품과 재산보험의 손해보험상품에 대하여 구체적인 종류를 살펴보면 다음과 같다.

I. 생명보험

(1) 보험사고유형에 따른 종류

1) 생존보험

피보험자가 보험기간 만기일까지 생존한 때에만 보험금이 지급되는 상품으로 피보험자가 보험기간 안에 사망한다면 보험회사는 보험금지급책임이 없다. 연금보험, 교육보험 등이 있다.

2) 사망보험

피보험자가 보험기간 중 사망했을 때 보험금이 지급되는 상품이다. 여기에는 보험기간이 정해져 있어 피보험자가 그 기간 내에 사망하면 보험금을 지급하는 정기보험과 보험기간을 정하지 않고 언제라도 사망하면 보험금을 지급하는 종신보험이 있다.

3) 생사혼합보험(양로보험)

피보험자가 일정기간까지 생존하면 생존보험금을 지급하고, 사망하면 사망보험금을 지급하는 상품이다. 생존보험과 사망보험의 모두의 기능을 가지고 있으며, 일반적으로 양로보험이라고 한다. 교육보험이나 연금보험을 제외한 대부분의 저축성보험은 생사혼합보험이다.

(2) 생명보험사와 손해보험사의 겸영가능여부에 따른 종류(제3보험)

1) 상해보험

우연하고도 급격한 외래의 사고로 사람의 신체에 입은 상해에 대하여 치료에 소요되는 비용 및 상해의 결과에 기인한 사망 등의 위험을 보상하는 상품이다.

2) 질병보험

질병에 걸리거나 질병으로 인한 입원, 수술 등의 위험(질병으로 인한 사망은 제외)을 담보하는 상품이다.

3) 간병보험

활동불능 또는 인식불명 등 타인의 간병을 필요로 하는 상태 및 이로 인한 치료 등의 위험을 보장하는 상품이다.

(3) 보험의 가입목적에 따른 종류

1) 보장성보험

보험의 본질인 경제생활의 안정을 보장하는 상품으로 보험기간 중의 사망이나 질병, 각종 재해 시 큰 보장을 하는 암보험, 종신보험, 상해보험 등이 있다. 여기에는 만기가 되어도 지급되는 금액이 전혀 없이 만료되는 순수보장형 상품과 만기시 납입보험료 전액을 환급해 주는 만기환급형 상품이 있다.

2) 저축성보험

위험의 보장보다는 피보험자가 만기까지 생존했을 때 만기보험금을 수취하여 목돈마련이나 노후대비를 할 수 있도록 개발된 저축기능을 강화한 상품이다. 대표적인 저축성보험이 연금보험이다.

(4) 배당금의 유무에 따른 종류

1) 배당보험

보험료를 산정할 때 예정사망률, 예정이율 및 예정사업비율을 안정적으로 계산하고, 이원별로 이익이 있을 때 이를 보험계약자에게 배당하기로 하는 상품으로 상호회사에서 주로 판매된다.

2) 무배당보험

배당이 약정되어 있지 않은 상품으로 단기이거나 보장성 상품인 경우로 주식회사에서 주로 판매한다.

(5) 신체검사의 유무에 따른 종류

1) 유진단보험

일정 연령 또는 일정 가입금액이상인 계약에서 보험계약 전에 보험의의 건강검진을 받고, 그 결과에 따라 가입할 수 있는 상품이다. 예를 들어 회사별로 차이는 있지만 질병사망 종신보험에서 남자 35세까지 보험금 1억 5천만원, 44세까지 1억원, 50세까지 5천만원 이상은 유진단으로 인수한다.

2) 무진단보험

건강검진 없이 가입할 수 있는 상품으로 보험금액이 소액이거나 단체보험에서 볼 수 있다. 검진비용이 계속적으로 증가함에 따라 언더라이팅 비용의 절감을 위해 도입되었다. 따라서 재무적으로 언더라이팅 비용절감부분이 사고보험금 증액부분을 상쇄할 수 있어야 한다.

(6) 보험금의 지급방법에 따른 종류

1) 자금보험

보험사고 발생 시 보험회사가 보험금의 전액을 일시에 지급하는 상품이다.

2) 연금보험

자금보험과 같이 일시에 보험금을 지급하는 것이 아니라 약정에 따라 보험금을 연금으로 지급하는 상품이다. 여기에는 피보험자가 일정한 연령이 된 때로부터 사망할 때까지 매년 연금을 지급하는 종신연금과 일정기간을 정하여 그 기간만 연금을 지급하는 정기연금이 있다.

3) 변액연금

생명보험상품의 인플레이션 역작용을 상쇄하기 위해 보험료의 일부를 특별계정으로 적립하여 그 적립금을 주식이나 사채 등 유가증권에 투자하여 투자실적에 따라 보험금 또는 해약환급금을 변동시킬 수 있는 상품이다.

(7) 피보험자의 수에 따른 종류

1) 개인보험(단독보험)

피보험자 1인의 생존과 사망을 보험사고로 하는 상품이다.

2) 단생보험과 연생보험

특정한 1인을 피보험자로 지정하는 상품을 단생보험, 피보험자가 주피보험자와 종피보험자로 2인 이상 지정된 상품을 연생보험이라 한다. 연생보험에는 부부형 연금보험이 있다.

3) 단체보험

5인 이상의 직장이나 단체3)에서 대표자가 구성원의 일부 또는 전부를 피보험자로 하여 구성원의 복리를 위하여 체결하는 상품이다.

---

3) 대상 단체는 ① 동일한 회사, 사업장, 관공서, 국영기업체, 조합 등 5인 이상의 근로자를 고용하고 있는 단체 ② 비영리법인단체 또는 변호사회, 의사회 등 동업자단체로서 5인 이상의 구성원이 있는 단체 ③ 그 밖에 단체의 구성원이 명확하여 계약의 일괄적인 관리가 가능한 단체로서 5인 이상의 구성원이 있는 단체이다.

(8) 갱신여부에 따른 상품

1) 갱신형 보험

보험에 가입한 후 일정기간이 지난 후 연령과 위험률을 기반으로 보험료를 재산정하는 것으로 갱신여부를 가입자가 결정하는 상품이다. 실손의료보험 등이 있다.

2) 비갱신형 보험

보험가입시점에 보험료가 확정되어 보험료를 납입하는 기간 동안 보험료의 변동이 없는 보험이다. 이들 보험의 장단점은 <표 2-2>와 같다.

표 2-2 갱신형과 비갱신형 보험의 비교

구분	갱신형 보험	비갱신형 보험
개념	일정주기마다 갱신보험료 재산출	가입시점에 보험료가 확정되어 납입기간 동안 보험료 변동 없음
보험료납입기간	보험 전 기간	보험만기 시까지 납입 또는 특정기간 납입
장점	초기보험료 저렴	보험료가 일정하여 납입 편리
단점	갱신시점에 보험료 상승	갱신형보다 초기보험료가 높게 책정

(9) 심사정도에 따른 종류

1) 무심사보험

보험대상자(피보험자)의 질병여부에 대한 고지와 심사절차도 없고, 무조건 거절 없이 가입이 가능한 보험이다. 심사 없이 누구라도 가입이 가능하지만 보험료가 일반 사망보험보다 2배 이상이고, 사망보험금액이 3,000만원 이하이다. 가입 후 2년 내에 질병으로 사망할 경우 별도의 사망보험금은 없고 납입한 보험료만 반환한다.

2) 간편(한정)심사보험

간편심사보험은 한정심사보험이라고도 하며, <표 2-3>과 같이 질병관련

3개(3개월 내 입원·수술소견, 2년 내 입원·수술, 5년 내 암여부)와 외부환경 3개(직업, 운전여부 및 차종, 월소득) 총 6개의 간편심사청약서로 가입하는 상품이다.

3) 표준심사보험(일반심사보험)

일반심사 상품으로 <표 2-3>과 같은 16개 질문으로 구성된 표준청약서로 가입하는 상품이다.

표 2-3   간편심사보험과 표준심사보험의 청약서

구분	간편심사 상품	일반심사 상품
질병 관련	1. 최근 3개월 이내에 의사로부터 ... 받은 사실이 있습니까? 1) 입원필요소견 2) 수술필요소견 3) 추가검사 필요소견 2. 최근 2년 이내에 질병이나 사고로 인하여 ... 있습니까? 1) 입원 2) 수술(제왕절개 포함) 3. 최근 5년 이내에 진찰 또는 검사를 통하여 암으로 "진단"받거나 암으로 "입원 또는 수술"을 받은 적이 있습니까?	1. 최근 3개월 이내에 의사로부터 ... 받은 사실이 있습니까? 1) 질병확정진단 2) 질병의심소견 3) 치료 4) 수술(제왕절개 포함) 6) 투약 2. 최근 5년 이내에 질병이나 사고로 인하여 ... 있습니까? 1) 입원 2) 수술(제왕절개 포함) 3) 계속하여 7일 이상 치료 4) 계속하여 30일 이상 투약 3. 최근 5년 이내에 진찰 또는 검사를 통해 암, 고혈압, 심근경색 등 10개 질병으로 "진단"받거나 (상동)으로 "입원 또는 수술"을 받은 적이 있습니까? 4. 최근 1년 이내 추가검사(재검사) 받은 사실여부 5. 외관상 신체상의 장애여부 6. 여성의 경우 임신여부
외부 환경	4. 직업 5. 운전여부 및 차종 6. 계약자의 월소득	7. 직업 8. 운전여부 및 차종 9. 계약자의 월소득 10. 위험한 취미, 관련 자격증 11. 부업, 겸업, 계절종사 업무 12. 음주 13. 흡연 14. 위험지역 출국 예정 15. 공제계약 가입여부 16. 키, 몸무게

자료: 보험연수원(2021.6), 생명보험, p.235.

2. 손해보험

(1) 보험실무상의 종류

1) 일반손해보험

일반손해보험은 보험기간이 1년 이내인 단기상품으로 일반화재보험과 특종보험이 있다. 특종보험이란 상해보험과 배상책임보험 중 다른 보험종류로 분류할 수 없는 모두를 의미하며, 상해보험 중에는 보통상해보험, 여행자보험 등이 있고, 책임보험 중에는 자동차보험, 근로자재해보상책임보험, 건설공사보험, 기술보험, 기계보험, 재산종합보험, 원자력보험, 항공보험, 골프보험 등 많은 종류가 있다.

2) 장기손해보험

장기손해보험에는 장기화재보험이나 장기상해보험 등이 있으며, 이들의 보험기간은 3년, 5년, 10년 등 장기로 되어 있어 매년 계약갱신의 불편함이 없다. 그리고 보험기간 중 보험금지급액이 보험가액의 80% 이하일 경우에는 종료되지 않고 계속 유지되며, 보험료 완납 후 보험기간이 만료되었을 때는 만기환급금이 있다.

(2) 가입대상에 따른 종류

1) 재산에 대한 보험(물보험)

건물, 선박, 화물 등 재산(물건)에 대한 보험으로 화재보험, 선박보험, 적하보험, 도난보험, 기계보험 등이 있다.

2) 사람에 대한 보험(인보험)

사람의 신체상의 상해, 질병 치료를 위한 보험으로 상해보험, 해외여행보험, 건강생활보험 등이 있다.

3) 책임에 관한 보험

과실에 의해 제3자에게 부담해야 하는 법률상의 배상책임에 관한 보험이다. 영업배상책임보험, 가스사고배상책임보험, 자동차보험 중 대인, 대물 배상책임보험, 전문직(의사, 변호사, 회계사 등)배상책임보험, 제조물배상책임보험 등 다양하며, 오늘날 그 중요성이 증대되고 있다.

4) 이익에 관한 보험

보험사고로 인한 영업장의 가동 중단으로 상실된 영업이익을 보상하는 보험으로 기업휴지보험이 대표적이다.

제4절 보험가입주체상의 분류

1. 가계보험

보험회사의 상대방인 보험계약자가 개인인지 아니면 기업인지의 보험가입 주체를 기준으로 개인이면 가계보험이고, 기업이면 기업보험인 것이다. 가계보험은 일반인인 보험가입자가 가계생활의 안정을 목적으로 체결하는 보험으로 생명보험, 화재보험, 자동차보험 등이 있다.

2. 기업보험

기업보험은 기업인이 기업경영과정에서 발생하는 위험에 대처하기 위한 보험으로서 화재, 해상, 운송, 항공 및 재보험 등이 있다.

기업보험에서의 보험계약자는 보험자와 대등한 입장의 기업인으로서 경제적 교섭력과 법률적 지식 또는 정보력을 가지고 있다고 할 수 있으므로 계약체결에 있어 사적자치의 원칙을 적용하고 있고, 보험계약자에 대한 법률의 후견적 보호를 내용으로 하는 보험계약자 등의 불이익변경금지의 원칙(상법 제663조)[4]은 적용되지 않는다. 반면에 가계보험의 경우는 계약체결과 입법이나 약관의 해석에 있어서 보험계약자를 법적으로 보호할 필요가 있으므로 사적자치의 원칙은 적용되지 않고, 상법 제663조는 적용되고 있다.

제5절 | 보험계약순서상의 분류

1. 원보험(원수보험)

선박보험, 항공보험 및 대형 화재보험 등에서 보험회사가 1차적으로 자신이 인수한 위험의 크기가 너무 거대한 경우 위험을 분산하기 위해 보험금지급책임의 일부 또는 전부를 다른 보험자에게 2차적으로 전가하는 경우가 있다. 이때 1차적으로 이루어진 최초의 보험회사와 보험계약자 간에 체결된 계약을 원(수)보험(original insurance)이라고 한다.

2. 재보험

보험회사가 1차적으로 인수한 원보험자가 위험(보험금지급책임)의 일부 또는 전부를 다른 보험자에게 2차적으로 전가하는 보험자 상호 간의 계약을 재보험(reinsurance)이라고 한다. 재보험은 대형여객기나 거액의 생명보험 인수 등의 경우에 광범위하게 이용되는 보험자의 위험분산을 위한 최유력수단이다.

보험자가 다른 보험자에게 자신이 인수한 위험(보험금지급책임)의 일부를 재보험에 가입하는 것을 원보험자 입장에서 출재(出再)보험이라 하고, 그 반대로 재보험자 입장에서 이를 수재(受再)보험이라 한다. 또한, 수재보험자인 재보험자가 또 다른 보험자에게 자신이 인수한 보험금지급책임의 일부 또는 전부를 출재한 경우 이를 재재보험(retrocession)이라 해야 하겠지만 이 경우도 재보험이라고 한

---

4) 상법 제663조(보험계약자등의 불이익변경금지) 이 편의 규정은 당사자 간의 특약으로 보험계약자 또는 피보험자나 보험수익자의 불이익으로 변경하지 못한다. 그러나 재보험 및 해상보험 기타 이와 유사한 보험의 경우에는 그러하지 아니하다.

다. 이처럼 국내의 어느 보험회사가 인수한 보험금지급책임의 일부 또는 전부를 국내의 다른 보험자 또는 런던의 로이즈를 비롯한 외국의 보험자들에게 재보험으로서 계속적으로 판매되어 위험이 분산되고 있다.

제6절 　보험사고발생장소상의 분류

1. 해상보험

해상보험(marin insurance)은 보험사고의 발생장소가 해상이며, 보험의 목적물인 선박이나 적하 등에 발생한 손실을 보상하는 보험이다. 해상보험의 가입자는 대부분 기업이므로 기업보험으로도 분류된다. 그리고 해상보험은 14세기 초에 탄생된 이후 지속되어 오고 있으며, 보험의 원조로서 그 원리가 다른 보험에 지대한 영향을 미쳤다.

2. 육상보험

육상보험(land insurance)은 보험사고의 발생장소가 육상이며, 육상에서의 보험목적물의 사고에 대비하기 위한 것으로 화재보험, 운송보험, 자동차보험 및 생명보험이 있다.

3. 항공보험

항공보험(aviation insurance)은 보험사고의 발생장소가 공중이며, 비행기기체보험, 승객배상책임보험, 항공화물운송보험 등이 있다.

| 제7절 | 보험유사제도 |

장래의 경제적 불안에 대한 준비방법으로 보험과 유사한 기능을 가진 저축과 자가보험, 보증 및 공제 등이 있다. 보험을 보다 명확하게 이해하기 위해 보험과 이들의 유사점과 차이점을 비교해 보면 다음과 같다.

I. 저축과 자가보험

(1) 저축

저축은 개별적인 경제주체들이 장래의 경제생활 안정을 위하여 수입의 일부를 적립하는 것이다. 이같이 경제생활의 불안정에 대한 준비라는 점에서 그 목적은 보험과 공통적이다. 그러나 보험은 다수경제주체의 특정한 우연사고에 대비하기 위한 집단적 경제준비인데 비하여 저축은 경제주체가 단독으로 임의의 개별적인 경제준비에 불과하며, 특정사고를 대상으로 하는 것도 아니라는 점에서 차이가 있다. 또한, 보험의 경우에 보험계약자로부터 갹출한 보험료는 보험단체에 속하는 것으로 보험계약자가 이것을 자유롭게 처분할 수 없는 데 비해 저축의 경우는 개인의 전속재산이므로 원칙적으로 자유로운 처분이 가능하다는 차이점도 있다.

(2) 자가보험

자가보험은 다수의 공장, 건물, 선박, 차량 등을 소유하는 부동산회사, 선박회사, 렌터카회사, 또는 운송회사 등이 특정의 손실에 대비하기 위하여 자신들의 위험발생률을 계산하여 산출된 일정한 준비금을 사내에 적립하여 자체적으로 우연사고의 발생에 대비하는 방법이다. 이 방법의 이점은 하나의 기업이 보험료 상당액의 적립금을 자기자금으로 이용할 수 있는 점과 사고의 발생이 예측보다 적을 때는 그만큼 자사의 이익이 되는 점이다. 보험과 자가보험은 특정한 우연사고에 대한 경제준비라는 점에서는 완전히 동일한 기능을 가지지만, 자가보험은 준비금의 적립이 하나의 경제주체 내의 것으로서 다수 경제주체의 참가가 결여되어 있다는 점에서 보험과는 차이가 있다.

2. 도박 및 복권

도박이나 복권도 다수인이 참가하고, 우연한 사건의 발생에 의하여 급여관계
가 성립하며, 수리적 기초율에 의한 다수자로부터 갹출한 금전을 특정 소수자에
게만 분배하는 사행계약의 성질과 수지가 상등하도록 계획되어 있다는 점에서
보험과 매우 유사하다. 그러나 양자는 다음의 점에서 전혀 다르다. 보험은 특정
한 우연사고에 관련되는 경제상의 손실에 대한 보장을 제공하는 것이 목적인 데
비해 도박 또는 복권은 일확천금의 이득을 목적으로 하고 있는 점이다. 더욱이
보험과 도박의 근본적 차이는 도박의 경우는 지금까지 손실의 가능성이 전혀 없
는 곳에 고의로 손실의 가능성(위험)을 새로이 만들어 내는 것인 데 비해 보험은
기존의 위험을 분산·감소시켜 제거한다는 점이다.

3. 보증

보증은 채무자의 채무불이행 또는 피용인의 부정행위 등의 사고에 의한 채권
자 또는 사용인의 손실을 제3자인 보증인이 본래의 채무자나 피용인을 대신하여
보상할 것을 담보하는 것이다. 이 같은 보증은 보증인과 피보증인 간의 개별적
인 거래관계에서 이루어지는 것이고, 대수의 법칙이나 수지상등의 원칙이 적용
되지 않으며 위험을 보증인 혼자 무상으로 부담한다는 면에서 보험과는 차이가
있다. 하지만 보증의 경우에도 채무불이행 위험이나 부정행위 위험을 대수의 법
칙에 따라 위험률을 산출하여 보험료를 산정하고, 보험금을 지급하는 보험방식
으로 운영한다면 단순한 보증의 범위를 벗어나 하나의 보험과 동일하게 된다.
따라서 개정보험법에서 보증보험에 관한 규정을 두게 되었다.

4. 공제

공제(mutual aid)는 같은 직장, 직업 또는 지역에 속하는 사람들이 상부상조를
목적으로 단체인 조합을 설립하여 조합원이나 그 가족들이 사망, 부상, 화재, 교

통사고 등으로 손실을 입을 경우 약정된 공제금을 지급하는 제도이다. 이같이 공제도 단체를 구성하고, 우연한 사고를 입은 조합원에게 약정액을 지급한다는 점에서 보험과 유사하다. 하지만 가입자의 자격을 같은 직장, 직업 또는 지역으로 한정함으로써 불특정 다수를 대상으로 하는 보험과는 차이가 있다.

공제 중에서 농업협동조합, 수산업협동조합, 교직원공제조합, 새마을금고 등의 공제는 대수의 법칙을 적용하여 공제료와 공제금을 산정하고, 보험약관 내용과 대동소이한 공제약관에 의한 생명공제, 화재공제, 어선공제 등을 조합원뿐만 아니라 전국적으로 불특정인들에게도 일반 보험상품과 동일하게 판매하고 있다. 판례도 대형공제에 대하여 상법 보험편이 준용될 수 있다고 해석하고 있다.

제 3 편

보험계약의 기초이론 이해

제1절 | 보험계약의 의의와 특성

I. 보험계약의 의의

보험계약(insurance contract)이란 보험의 정의를 바탕으로 보면 보험자가 동일한 위험에 노출되어 있는 불특정 다수인들이 우연한 사고로 입을 손해에 대비하여 하나의 위험단체(보험단체)를 구성하고, 대수의 법칙을 이용하여 산출된 위험률을 보험요율로 하여 이에 보험금액을 곱한 보험료를 공동기금으로 적립한 후 보험사고를 당한 구성원에게 재산적 급여(보험금)를 할 것을 약정하는 채권계약이다.

상법 제4편 보험편의 제1장 통칙에서는 "보험계약은 당사자 일방이 약정한 보험료를 지급하고 재산 또는 생명이나 신체에 불확정한 사고가 발생할 경우에 상대방이 일정한 보험금이나 그 밖의 급여를 지급할 것을 약정함으로써 효력이 생긴다(상법 제638조)."라고 보험계약을 규정하고 있다. 이같이 제1장 통칙에서 손해보험과 인보험을 구분하지 않고 보험계약을 이원적으로 정의한 후 제2장 통칙에서 보험사고에 의한 피보험자의 재산상의 손해를 보험자가 보상할 책임을 지는 손해보험계약과 제3장 통칙에서 피보험자의 생명이나 신체에 관하여 보험사고에 의한 손해를 보험자가 보상할 것을 약정하는 인보험계약으로 구분하여 일원적으로 각각 규정하고 있다(상법 제665조 및 제727조).[1]

---

[1] 상법 제665조(손해보험자의 책임) 손해보험계약의 보험자는 보험사고로 인하여 생길 피보험자의 재산상의 손해를 보상할 책임이 있다. 상법 제727조(인보험자의 책임) ① 인보험계약의 보험자는 피보험자의 생명이나 신체에 관하여 보험사고가 발생할 경우에 보험계약으로 정하는 바에 따라 보험금이나 그 밖의

손해보험계약의 보험의 목적인 재산은 <표 3−1>과 같이 물건인 부동산과 동산 및 권리(예, 부동산 권원보험)이고, 인보험계약의 보험가입(계약)의 대상은 피보험자의 생명이나 신체이다. 이들 보험의 목적은 자기의 재산 또는 생명이나 신체와 타인의 재산 또는 생명이나 신체로 나눌 수 있고, 자기의 재산에 입은 손해를 보험자가 보상할 것을 약정하는 보험계약을 손해보험(재산보험)계약, 자기의 생명이나 신체에 입은 손해를 보험자가 보상할 것을 약정하는 하는 보험계약을 인보험(생명보험)계약 그리고 타인의 재산 또는 생명이나 신체에 입힌 손해에 대하여 법률상 배상책임액을 보험자가 보상할 것을 약정하는 보험계약을 책임보험계약이라 한다.

표 3-1 보험의 목적과 손해의 형태

보험의 목적 (보험가입 대상)	손해의 원인 (보험사고)	손해의 형태	손해액 (보상액)	보험종목
자기의 재산 - 물건: 부동산, 동산 - 권리	화재, 폭발, 파산, 도난 등	▸ 재산적 손해 • 직접손해(교환가치손해) • 간접손해(사용가치손해) ▸ 비재산적 손해(정신적 손해) ▸ 전세금 등 회수불능손해	실제 손해액	손해보험 (재산보험) 비용보험
자기의 생명이나 신체	부상, 장해, 질병	▸ 무한금액손해(정액보상) • 사망, 후유장해 ▸ 유한 · 불특정금액 (정액 · 부정액보상) • 의료비(진단·수술·입원 등) • 개호비, 상실수익 등	정액 또는 부정액	인보험 (생명보험)
타인의 재산 또 는 생명이나 신 체에 입힌 손해 의 배상책임	배상책임	▸ 민 · 형사상의 손해 • 대인, 대물배상 • 벌과금, 형사합의금, 방 어비용	정액 또는 부정액	책임보험 자동차보험 운전자보험

손해보험의 재산보험에서 보험사고(예, 공장화재사고)로 재산에 가해진 재산적 손해는 재산 그 자체의 직접손해인 교환가치손해와 임대료수입 중단이나 생산중

급여를 지급할 책임이 있다.

단에 따른 시장상실 등의 간접손해인 사용가치손해가 있고, 정신적 손해 같은 비재산적 손해의 형태가 있다. 손해보험계약은 보험금을 통한 피보험자의 원상회복이 목적이므로 보험의 목적인 재산에 가해진 피보험자의 직접적인 교환가치손해만을 주대상으로 실제손해액을 보상하며, 보험사고로 상실된 피보험자의 상실이익이나 보수와 같은 간접적인 사용가치손해는 당사자 간에 특약으로만 보상대상에 산입할 수 있다(상법 제667조).[2] 예를 들어 기업휴지보험에서 보험사고인 공장의 화재사고로 기업 활동이 중단되어 보험사고가 없었다면 얻을 수 있었던 경상이익 등의 간접손해를 추가보험료에 의한 특약으로만 보상한다.

인보험의 생명보험에서 보험가입대상인 피보험자의 보험사고에는 부상, 장해, 질병 등이 있으며, 이에 의한 손해의 형태는 사망, 후유장해, 의료비, 개호비 등이 있다. 여기서 사망이나 후유장해로 발생하는 손해액은 무한이기 때문에 추정최대손해액을 근거로 정액보상을 하게 된다. 의료비, 개호비, 상실소득, 위자료 등은 정액 또는 부정액의 실손보상을 하게 된다. 그리고 타인의 재산 또는 생명이나 신체에 입힌 손해에 대한 배상책임을 보상하는 자동차보험의 대인·대물배상과 같은 책임보험이나 운전자보험 및 전문직인 의사, 회사임원 등의 전문직 배상책임보험에서는 민·형사상의 손해를 보상하게 된다.

2. 보험계약의 특성

보험계약은 보험제도의 특수한 성격이 반영되어 있으므로 법형식상 계약 일반의 특성은 물론 보험계약만이 가지는 특성이 있다. 보험계약의 개념을 정확하게 이해하기 위해 보험계약이 법적으로 어떠한 특성을 가지고 있는지를 살펴볼 필요가 있다.

(1) 낙성·불요식계약성

보험계약은 당사자 간 의사표시의 합치만으로 이루어진다. 보험자와 보험계약자 간의 청약과 승낙이라는 의사의 합치만으로 성립하며, 특별한 요식을 필요

---

2) 상법 제667조(상실이익 등의 불산입) 보험사고로 인하여 상실된 피보험자가 얻을 이익이나 보수는 당사자 간에 다른 약정이 없으면 보험자가 보상할 손해액에 산입하지 아니한다.

로 하지 않는다. 보험계약은 불요식의 낙성계약(consensual contract)인 것이다. 보험의 목적, 피보험자, 보험사고, 보험료 및 보험금액 등에 관하여 합의만 있으면 계약은 성립한다. 당사자 간의 합의 이외에 다른 형식을 요하는 요물계약[3]이 아니다. 요물계약성이 필요 없으므로 보험계약자의 보험료 지급은 보험자의 책임개시 요건이지 보험계약의 성립요건이 아니며, 보험증권의 작성과 교부도 계약의 성립과는 무관하다.

실무적으로 보험계약을 체결할 때 정형화된 보험계약청약서를 사용하고, 보험자가 보험을 인수하면서 승낙에 갈음하여 보험증권을 작성·교부하는 것을 의무화하고 있으므로 사실상 보험계약이 요식계약화되어 가는 경향을 나타내고 있지만 이는 거래상의 편의를 위한 것이지 보험계약의 성립과는 무관하다.

(2) 유상·쌍무계약성

보험계약은 보험계약자가 먼저 약정한 보험료를 지불하고, 보험자는 보험사고가 생길 경우에 일정한 금액 또는 그 밖의 급여를 지급할 것을 약정하는 계약이므로 대가관계의 채무가 있는 유상계약(onerous contract)이며, 무상계약이 아니다. 또한, 보험자의 보험금지급의무에 대하여 보험계약자의 보험료지급의무가 있으므로 쌍무계약(bilateral contract)이라 할 수 있다. 한 당사자만 의무를 부담하는 편무계약이 아니다.

(3) 조건부 계약성

보험계약에서 보험자의 보험금지급책임은 보험기간 내에 보험사고의 발생을 조건으로 하고 있으므로 조건부 계약(conditional contract)이다. 이것뿐만 아니라 보험계약자나 피보험자의 약정된 보험료지급과 보험약관에 규정되어 있는 고지의무, 통지의무 등 여러 가지 의무의 준수를 조건으로 보험금을 지급하므로 조건부 계약인 것이다.

---

3) 요물계약이란 요식계약이라고도 하며 당사자 간의 의사표시 이외에 다른 요건을 필요로 하는 계약을 말한다. 예를 들어 부동산 양도계약은 당사자 간에 양도에 관한 의사표시의 합치 이외에 등기라는 요식을 요하므로 요물(요식)계약이다.

(4) 사행(요행)계약성

보험계약은 보험자가 사전에 보험료를 수령하였어도 보험자의 보험금지급책임은 우연한 사고에 달려 있으며, 보험계약자가 지급하는 보험료와 보험자가 보상하는 보험금은 등가교환이 아닌 계약이므로 도박과 같이 사행(요행)계약성(aleatory contract)을 가진다. 하지만 도박은 선량한 미풍양속에 어긋나는 것이므로 법률상 허용될 수 없다.

보험계약의 사행성 때문에 보험범죄나 인위적 사고유발과 같은 도덕적 위험을 방지하기 위하여 상법 제651조(고지의무위반으로 인한 계약해지)[4]나 상법 제659조(보험자의 면책)[5] 등의 규정을 두고 있다.

(5) 최대선의계약성

보험계약의 사행계약성으로부터 보험의 도박화를 방지하기 위하여 일반계약에서 사법상 요구되는 신의성실원칙의 선의(good faith)보다 강도가 높은 최대선의(utmost good faith)가 요구되므로 보험계약은 최대선의성의 계약이다. 이의 기원은 영국 해상보험법 제17조이다. 여기서 "해상보험은 최대선의를 기초로 하는 계약이다(A contract of marine insurance is a contract based upon the utmost good faith)"라고 규정한 데서 유래하였고, 그 이후 해상보험뿐만 아니라 모든 보험계약에서 기초로 삼고 있다.

일반계약과는 달리 보험계약의 한 당사자인 보험계약자에게 자신에게 불리한 내용까지 보험자에게 계약 전에 알려야 하는 상법 제651조의 "고지의무"나 계약 후에도 알려야 하는 상법 제652조의 "위험변경증가의 통지의무"[6], 보험계약자

---

4) 상법 제651조(고지의무위반으로 인한 계약해지) 보험계약 당시에 보험계약자 또는 피보험자가 고의 또는 중대한 과실로 인하여 중요한 사항을 고지하지 아니하거나 부실의 고지를 한 때에는 보험자는 그 사실을 안 날로부터 1월 내에, 계약을 체결한 날로부터 3년 내에 한하여 계약을 해지할 수 있다. 그러나 보험자가 계약 당시에 그 사실을 알았거나 중대한 과실로 인하여 알지 못한 때에는 그러하지 아니하다.

5) 상법 제659조(보험자의 면책사유) ① 보험사고가 보험계약자 또는 피보험자나 보험수익자의 고의 또는 중대한 과실로 인하여 생긴 때에는 보험자는 보험금액을 지급할 책임이 없다.

6) 상법 제652조(위험변경증가의 통지와 계약해지) ① 보험기간 중에 보험계약자 또는 피보험자가 사고발생의 위험이 현저하게 변경 또는 증가된 사실을 안 때에는 지체 없이 보험자에게 통지하여야 한다. 이를 해태한 때에는 보험자는 그 사실을 안 날로부터 1월 내에 한하여 계약을 해지할 수 있다. ② 보험자가 제1항의 위험변경증가의 통지를 받은 때에는 1월 내에 보험료의 증액을 청구하거나 계약을 해지할 수 있다.

등의 고의에 의한 보험사고의 발생에 대한 보험자면책을 규정한 상법 제659조 등은 보험계약의 사행성뿐만 아니라 이 특성에 근거를 둔 것이다.

(6) 상행위성

보험계약에서 보험자는 보험업법상의 자격을 갖추고, 금융위원회의 허가를 얻은 보험회사로서 보험의 인수를 영업으로 하고 있다. 이는 기본적 상행위의 일종이다. 영리를 목적으로 하는 민영보험회사가 체결하는 보험계약은 상행위성이 인정되며, 보험의 인수를 영업으로 하는 보험회사는 당연히 상인이다. 또한, 상법은 보험계약에 관한 규정을 제4편에 규정함으로써 보험계약법은 상법과 일체를 이루고 있다. 따라서 보험계약의 당사자인 보험계약자도 상행위에 관한 규정이 적용된다. 그러나 보험계약은 기술성, 전문성 등 특수한 성질을 가지고 있어 보험계약자의 보호가 필요하므로 상행위성과 계약자유의 원칙을 상법 제663조(보험계약자 등의 불이익변경금지)[7]와 같이 제한하고 있다.

(7) 계속계약성

일반 매매계약에서 매도자는 물품대금회수와 동시에 물품인도로 책임이 끝나지만 보험계약에서 보험자의 책임은 보험기간 동안 계속되므로 보험계약은 계속적인 성질을 가지고 있다. 보험기간을 보면 일반적으로 손해보험은 1년이고, 생명보험계약은 장기이다. 이와 같이 당사자 간의 보험관계가 보험기간 동안 계속되므로 보험계약자나 피보험자 등은 상법의 제652조(위험변경증가의 통지와 계약해지), 제657조(보험사고발생의 통지의무)[8], 제680조(손해방지의무)[9] 등의 의무를 부담하게 된다. 그리고 보험계약의 소멸 시에도 장래에 대해서만 효력을 상실시

---

7) 상법 제663조(보험계약자 등의 불이익변경금지) 이 편의 규정은 당사자 간의 특약으로 보험계약자 또는 피보험자나 보험수익자의 불이익으로 변경하지 못한다. 그러나 재보험 및 해상보험 기타 이와 유사한 보험의 경우에는 그러하지 아니하다.

8) 상법 제657조(보험사고발생의 통지의무) ① 보험계약자 또는 피보험자나 보험수익자는 보험사고의 발생을 안 때에는 지체 없이 보험자에게 그 통지를 발송하여야 한다. ② 보험계약자 또는 피보험자나 보험수익자가 제1항의 통지의무를 해태함으로 인하여 손해가 증가된 때에는 보험자는 그 증가된 손해를 보상할 책임이 없다.

9) 상법 제680조(손해방지의무) ① 보험계약자와 피보험자는 손해의 방지와 경감을 위하여 노력하여야 한다. 그러나 이를 위하여 필요 또는 유익하였던 비용과 보상액이 보험금액을 초과한 경우라도 보험자가 이를 부담한다.

키는 해지가 원칙이다.

(8) 부합(附合)계약성(부종계약성)

보험계약은 위험단체를 전제로 하여 보험자가 다수의 보험계약자를 상대로 동일한 계약내용이 포함된 정형적인 보험약관에 의하여 반복적으로 체결된다. 보험계약 조항의 작성과 이해는 전문적인 지식이 필요하고, 보험자는 다수의 보험계약자와 개별 협상을 통해 한 건 한 건 체결할 수 없으므로 보험자가 다수계약의 공통된 계약조항을 일방적으로 작성하여 금융위원회에 제출·인가를 받은 표준적이고, 정형화된 보험약관에 따르는 것이기 때문에 보험계약은 부합계약의 성질을 가진다. 다시 말해 보험계약자는 보험자가 사전에 인가를 받은 약관조항에 따라 계약을 체결할 것인지 말 것인지 둘 중 하나만 선택해야 하므로 계약을 체결하고자 한다면 무조건 약관조항에 따라야 하는데 이를 부합계약성(contract of adhesion)이라 한다. 가스나 전기공급약관 또는 여객운송약관 등도 부합계약성을 가진다.

보험계약의 부합계약성 때문에 보험계약자를 보호할 필요가 있으므로 상법의 제638조의3(보험약관의 교부·설명의무), 제663조(보험계약자 등의 불이익변경금지) 및 약관의 규제에 관한 법률의 규정을 두고 있다. 하지만 모든 보험계약이 부합성을 갖는 것은 아니다.

부합계약성은 주로 가계성보험인 자동차보험이나 생명보험과 같이 불특정 일반인을 대상으로 한 보험계약에서는 일반적이지만 재보험이나 해상보험과 같은 기업보험은 각 기업의 위험특성이 달라 한 종류의 보험증권으로 다른 기업의 위험을 담보하기에는 무리가 있다. 따라서 기업보험의 경우에는 보험중개사나 그 기업의 위험관리자에 의해 보험약관이 작성된 후 보험자의 승낙을 얻게 된다. 이 같은 보험계약은 보험계약자와 보험자가 대등한 입장에서 상호 합의하에 보험약관 내용을 결정하므로 부합계약의 성격을 지니지 않는다고 할 수 있다.

(9) 독립계약성

보험계약은 민법상의 전형계약인 보증계약과 같이 주계약의 일부나 보조적 수단으로 체결되는 것이 아니라 상법상의 규정에 의하여 독자적으로 체결되는 것이므로 독립계약적 성질을 가진다.

도급계약에서 교량 공사자가 교량공사의 도급과 동시에 10년 동안 교량에 대한 붕괴위험을 인수한다든지, 운송계약에서 운송인이 운송과정에서 나타나는 위험을 인수하는 것은 주계약의 부대약관에 의해 이루어지는 것으로 독립계약성이 없으므로 도급계약이나 운송계약은 보험계약이 아니다.

제2절	보험계약법의 체계(구성)

l. 보험법과 보험계약법의 체계

(1) 보험법과 보험계약법의 의의

법은 국가의 사회질서를 유지하기 위한 목적의 공법과 개인 간의 분쟁발생 시 이를 해결하기 위한 목적의 사법으로 나눌 수 있다.[10] 보험에 관한 보험법도 광의로 보면 보험거래의 질서를 유지하기 위해 국가와 개인(보험자) 간의 명령과 복종의 [그림 3-1]과 같이 수직관계를 규정한 보험공법과 개인과 개인(보험계약자와 보험자) 간의 수평관계를 규정한 보험사법이 있다. 보험법은 넓은 의미로 보험관계 또는 보험제도를 규율하는 법규 전체를 의미한다.

보험공법은 보험에 관한 공법적 법규로서 공영보험에 관한 법(국민건강보험법, 국민연금보험법, 고용보험법, 산업재해보상보험법 등)과 보험업법 중 보험사업의 감독과 관련된 법(보험감독법)을 말하며, 보험사법은 보험에 관한 사법적 법규로서 보험사업의 주체에 관한 법과 보험계약의 당사자 간의 분쟁해결에 적용되는 보험계약법을 말한다. 이는 실질적인 영리목적의 보험계약에서 보험자와 보험계약자 간 권리·의무의 법률관계를 규율하는 법이다. 좁은 의미의 보험법이란 보험사법 중 보험계약법을 의미한다. 보험사업의 감독과 보험사업의 주체(주식회사, 상호회사, 외국보험사)에 관한 법규는 보험공법과 보험업법에 규정되어 있다. 이같

---

[10] 법은 공법과 사법으로 나눌 수 있으며, 공법은 국가의 사회질서를 유지하기 위한 것으로 대부분 국가와 개인 간의 수직관계인 명령과 복종관계나 불평등관계를 규율하는 법으로 헌법, 형법, 행정법 등이 이에 속한다. 그리고 사법은 개인 간에 분쟁발생 시 그 분쟁을 해결하기 위한 것으로 개인 간의 수평적인 평등관계를 규율한 법으로 민법과 상법이 이에 속한다.

이 보험업법은 보험공법인 보험감독규정과 보험사법인 보험사업주체의 설립·운용 등에 관한 규정이 혼재되어 있는 규정이다.

그림 3-1 보험법의 구분

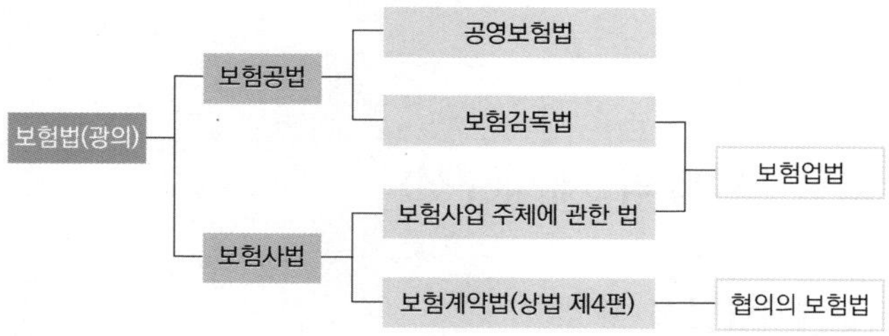

(2) 보험계약법의 체계(구성)

보험계약법은 상법 제4편에 규정[11]되어 있으며, 그 체계(구성)는 <표 3-2>와 같이 제1장 통칙, 제2장 손해보험, 제3장 인보험으로 3개의 장으로 이루어져 있다. 제1장 통칙은 제2장 손해보험인 화재, 운송, 해상, 책임, 자동차, 보증보험과 제3장 인보험인 생명, 상해, 질병보험 모두에 적용되는 규정이다. 보험계약법은 실질적으로 영리를 목적으로 경영하는 보험에서 보험자와 보험계약자 사이의 보험계약에 관한 사법적인 법률관계인 권리와 의무관계를 규정하는 계약법으로 거래법에 속한다. 이같이 보험계약법은 영리보험의 인수에 관한 거래법으로 상행위에 속하나 보험계약은 상인이 아닌 일반대중의 이익과 밀접히 관계되는 사회성, 공공성, 단체성, 선의성 등과 보험제도 자체의 기술성 등 몇 가지 특성으로 말미암아 상행위의 체계 가운데서 특별한 지위를 차지하여 상법의 상행위편에 규정하지 않고, 독립적으로 상법의 제4편에 <보험편>으로 입법화하고 있다. 보험계약법은 기본적인 상행위에 해당하는 영리보험을 규율하기 위한 것이나 영리보험 이외의 비영리보험인 상호보험이나 공제제도에도 준용하게 된다. 그리고 보험계약법은 일반적이고, 표준적인 보험계약조건을 규정한 법으로 보험

---

11) 우리나라 상법의 체계는 제1편 총칙, 제2편 상행위, 제3편 회사, 제4편 보험, 제5편 해상, 제6편 항공운송으로 구성되어 있다. 제4편 보험편을 보험계약법이라고 칭하며, 독립된 법전이 아니고 상법의 일부로 규정하고 있다.

약관의 대부분 내용에 원용된다.

표 3-2 보험계약법(상법 제4편 보험)의 체계

제 1 장	통 칙	상법 제638조 ~ 제664조
제 2 장	손해보험 제1절 통 칙 제2절 화재보험 제3절 운송보험 제4절 해상보험 제5절 책임보험 제6절 자동차보험 제7절 보증보험	상법 제665조 ~ 제682조 상법 제683조 ~ 제687조 상법 제688조 ~ 제692조 상법 제693조 ~ 제718조 상법 제719조 ~ 제726조 상법 제726조의2 ~ 제726의4 상법 제726조의5 ~ 제726조의7
제 3 장	인보험 제1절 통 칙 제2절 생명보험 제3절 상해보험 제4절 질병보험	상법 제727조 ~ 제729조 상법 제730조 ~ 제736조 상법 제737조 ~ 제739조 상법 제739조의2 ~ 제739조의3

2. 보험계약법의 법원 및 특성

(1) 보험계약법의 법원

법원이란 분쟁해결을 위해 적용되는 법의 타당한 근거 또는 법의 존재형식을 말한다. 보험계약법의 법원이란 보험계약의 당사자 간에 보험계약이나 보험사고에 대하여 분쟁이 발생할 경우 이를 해결하기 위하여 적용되는 법률의 순서(법원)이다.

보험계약 또는 보험사고와 관련한 분쟁은 다양하며, 이들 분쟁을 해결하기 위하여 적용될 수 있는 근거규정을 찾아야 하는데 가장 먼저 적용되는 근거규정이 보통보험약관이다. 만약에 보통보험약관에서 분쟁해결을 위한 근거규정을 찾을 수 없을 경우 다음으로 보험계약법이 적용된다. 이같이 분쟁해결의 근거규정을 찾을 때까지 보험약관 → 보험계약법 → 상법(또는 보험업법) → 상관습법 → 민사특별법 → 민법 → 민사관습법 → 조리에 이르기까지 순차적으로 적용하여 분쟁을 해결하게 된다.

(2) 보험계약법의 특성

1) 단체성 · 기술성

보험계약은 동질의 위험에 노출되어 있는 다수인을 결합하여 위험단체(보험단체)를 구성하고 그 구성원 1인에게 보험사고가 발생할 경우 위험단체에서 그 손해를 보상해 주는 경제제도이므로 보험계약법은 단체법적 성질을 가진다. 또한, 보험계약은 대수의 법칙을 적용할 수 있는 위험단체를 전제로 하는 것이므로 단체법적 성질이 있는 것이다. 보험업법 제98조의 특별이익제공금지, 제140조의 보험계약의 포괄적 이전허용이나 보험약관 해석에서 보험계약자 평등대우의 원칙 등은 보험계약의 단체법적 성질을 반영한 것이다.

보험제도는 대수의 법칙을 적용하여 보험사고 발생의 위험률을 산출하고, 이를 기초로 수지상등의 원칙에 따라 보험료와 보험금을 산정하는 기술적 구조를 가지고 있으므로 이를 규율하는 보험계약법도 기술적 특성을 가진다. 상법 제651조 고지의무, 상법 제652조 위험변경증가의 통지의무는 위험측정과 관련된 보험계약의 기술적 특성을 반영한 규정이다.

2) 공공성 · 사회성

현대 경제생활에 존재하는 다양한 위험에의 노출로 인한 경제적 손실에 대비하여 개인이나 기업은 보험제도를 이용하지 않을 수 없다. 보험계약에서 다수의 보험계약자가 지불한 보험료는 금융시장에서 자금공급원의 역할을 하는 등 국가경제에 중요한 기능을 가지므로 이를 규율하는 보험계약법은 공공성과 사회성을 가진다.

보험사업을 규율하는 보험업법에서 보험자의 자격제한, 보통보험약관이나 보험요율에 대한 인가제 등 보험사업의 국가감독주의는 이를 반영한 것이다. 특히, 상법 제663조의 보험계약자 등의 불이익변경금지 규정은 대표적인 예이다.

3) 선의성 · 윤리성

보험계약은 보험기간 중에 불확실한 사고(보험사고)가 발생하게 되면 납입한 보험료에 비해 받게 되는 보험금은 거액인 사행계약적 성격을 가진다. 따라서 보험계약에는 도덕적 위험이나 보험범죄에 악용될 소지가 본질적으로 존재하게 된다. 보험계약의 선의성과 윤리성을 전제하지 않고는 건전한 운용이 어려운 구조이다. 보험계약의 도박화나 투기화를 방지하기 위하여 선의성과 윤리성에 기반을 둔 <표 3-3>과 같은 규정이 필요하다.

표 3-3 선의성·윤리성과 관련한 규정

구분	선의성·윤리성 유지를 위한 상법 규정
통칙	· 보험사고 객관적 확정의 효과로 보험계약 무효(상법 제644조) · 고지의무위반으로 인한 계약해지(상법 제651조) · 위험변경증가의 통지와 계약해지(상법 제652조) · 보험사고발생의 통지의무(상법 제657조) · 보험자의 면책사유(상법 제659조)
손해보험	· 사기적 초과보험의 무효(상법 제669조) · 중복보험에 대한 비례보상(상법 제672조) · 손해방지의무(상법 제680조) · 보험자대위제도(상법 제681조, 682조)
인보험	· 타인의 사망보험 시 피보험자의 동의요건(상법 제731조) · 15세 미만자, 심신상실자 등에 대한 사망보험계약금지(상법 제732조)

4) 상대적 강행법규성

① 취지(보험계약자 등의 불이익변경금지원칙)

보험계약은 일반적으로 보험자가 일방적으로 작성한 보험약관을 이용하는 부합계약성을 가진다. 보험약관이나 상법에 관한 전문지식이나 정보력·협상력·이해력에서 보험자에 비해 상대적으로 약자인 보험계약자를 보호할 필요가 있다. 따라서 상법은 "이 편의 규정은 당사간의 특약으로 보험계약자 또는 피보험자나 보험수익자의 불이익으로 변경하지 못한다(상법 제663조 본문)."라고 규정하고 있다. 이를 보험계약자 등의 불이익변경금지의 원칙이라고 한다. 상법규정이 보험계약자 측에게 불리하게 변경되어 보험약관에 규정되는 것을 막아 보험계약자 등을 보호하기 위한 조건을 법정한 것이다.

<표 3-4>에서 보는 바와 같이 보험약관의 규정내용이 상법규정보다 보험계약자 등에게 유리한 조건인 경우에는 보험약관이 유효하게 적용되고, 상법은

적용되지 않는 임의법이 되지만 불리한 경우에는 무효가 됨을 선언한 것이다. 약관내용이 상법규정보다 보험계약자 등에게 불리한 경우 약관내용은 무효가 되고, 상법규정이 적용되는 것을 상대적 강행법규성[12]이라고 한다.

표 3-4 보험약관과 상법(보험계약법)의 유·불리 관계

보험계약자의 유·불리	상법규정의 효력
• 약관규정내용이 상법규정보다 보험계약자에게 유리	약관규정이 적용되고, 상법규정은 적용되지 아니함(상대적 강행규정)
• 약관규정내용이 상법규정보다 보험계약자에게 불리	약관규정은 무효이고, 상법규정만 적용 (절대적 강행규정)
• 약관규정내용과 상법규정의 일치	약관규정과 상법규정 모두 적용

② 적용범위(적용제외)

보험계약자 등의 불이익변경금지의 원칙에 의거 상대적 강행법규성을 인정하는 입법취지는 보험계약에서 상대적 약자인 보험계약자 측을 보호하는 데 있으므로 개인보험인 가계보험에 적용되는 것이고, 기업보험은 적용제외된다.

상법 제663조 단서에서 "재보험 및 해상보험 기타 이와 유사한 보험(예, 항공보험, 수출보험 등)의 경우에는 그러하지 아니하다." 즉, 기업보험의 경우에는 적용제외되어 당사간의 합의에 의해 약관규정내용을 상법의 규정내용보다 보험계약자 측에 불리한 내용으로도 변경할 수 있다. 불이익변경금지원칙의 적용제외인 것이다.

기업보험의 경우에는 보험계약자인 기업인(기업을 운영하는 자)은 보험자에 비해 약자의 지위에 있는 것도 아니고, 계약내용을 대등한 입장에서 교섭할 수 있는 능력을 가지고 있다고 볼 수 있으므로 상법규정이 기업인의 후견적 역할을 할 필요성이 적기 때문이다. 그리고 상법 제638조의2 제1항에서 "보험자가 보험계약자로부터 보험계약의 청약과 함께 보험료 상당액의 전부 또는 일부의 지급

---

12) 상대적 강행법규성이란 경우에 따라 법규정을 준수해야 하는 때도 있고, 준수하지 않아도 될 때도 있는 경우에 법 적용의 방식이다. 상법규정을 보험계약자 등에게 불이익하게 변경하지는 못하지만 유리하게 변경하는 것은 허용한다는 의미에서 상대적(또는 반면적) 강행법규성이라고도 한다. 이에 반해 어떤 경우에나 법규정을 준수해야 하는 경우를 절대적(또는 전면적) 강행법규성이라 한다.

을 받은 때에는 다른 약정이 없으면 30일 내에 그 상대방에 대하여 낙부의 통지를 발송하여야 한다.”고 규정하고 있다. 여기서 “다른 약정이 없으면”이라는 표현은 당사자 간의 다른 약정(예, 보험료 후불)으로 보험약관에 상법규정을 변경하여 규정할 수 있는 것이므로 상대적 강행법규성이 없는 것이다.

제6장 | 보험계약의 체결

제1절 | 보험계약의 요소

보험계약의 요소란 다른 계약에서 볼 수 없는 보험계약의 특별한 구성요소로서 보험계약의 종류에 따라 차이가 있다. 보험계약의 체결이 손해보험인가 아니면 인보험인가에 따라 보험계약의 요소와 그 의미가 동일하기도 하고 차이가 나기도 한다. 보험계약의 요소 중 [그림 3-2]와 같은 보험계약의 관계자로서 보험계약의 당사자인 보험자와 보험계약자가 있고, 이들은 양 보험에서 동일한 의미를 가지지만 피보험자나 보험수익자는 다른 의미를 가진다. 피보험자는 손해보험에서는 보험금청구권자를 의미하고, 인보험에서는 보험사고의 객체인 보험계약의 대상자를 의미한다. 보험수익자는 인보험에서의 보험금청구권자로서 인보험에서만 사용되는 용어이고 손해보험에서는 없다. 그리고 보험계약체결을 위한 보험자의 보조자로서 보험설계사, 보험대리점, 보험의, 보험중개인이 있다. 또한, 양 보험계약의 공통요소인 보험의 목적, 보험료, 보험금액과 보험금, 보험사고, 보험기간 등이 있다.

I. 보험계약의 관계자

(1) 보험계약의 당사자

보험계약의 당사자는 [그림 3-2]와 같이 보험계약을 직접 체결하는 자로서 보험회사인 보험자와 보험계약자이다.

그림 3-2 보험계약의 당사자 및 관계자

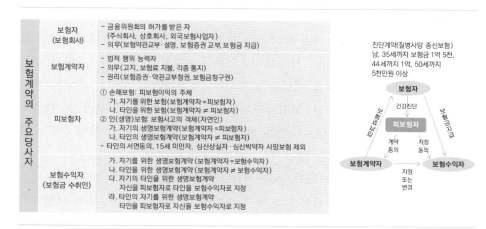

1) 보험자(보험회사)

보험자(insurer, underwriter)는 보험계약자와 함께 보험계약의 주요 당사자로서 보험사고가 발생할 경우 보험금지급의무를 지는 자이다. 보험업법에서의 보험회사를 의미하며, 금융위원회의 허가를 받아 보험업을 경영하는 자이다.

보험사업은 다수의 보험계약자를 상대로 위험을 인수하여 이를 효율적으로 관리해야 하므로 보험자가 사업을 영위하기 위해서는 보험업법 제4조(보험업의 허가), 제5조(허가신청서 등의 제출), 제6조(허가의 요건 등)에 따라 사전에 금융위원회의 사업허가를 얻어야 한다. 즉, 보험자는 손해보험이든 인보험이든 300억원 이상의 자본금 또는 기금을 가지고 있는 주식회사 또는 상호회사로서 금융위원회로부터 보험사업의 허가를 받아야 한다. 개인이나 합명, 합자, 유한회사 형태로는 보험자가 될 수 없다. 또한, 외국의 보험사업자도 30억원 이상의 영업기금을 가지고 금융위원회의 허가를 받아야 우리나라에서 보험사업을 할 수 있다.

보험자가 허가를 받지 아니하고 보험사업을 영위한 때에는 5년 이하의 징역 또는 3,000만원 이하의 벌금에 처하고, 또 허가가 없는 보험자와 보험계약을 체결한 자도 1,000만원 이하의 과태료의 제재를 받게 된다.

2) 보험계약자

보험계약자(contractor, policy holder)는 보험계약의 당사자로서 자기명의로 보험자와 보험계약을 체결하고, 보험료지급의무를 부담하는 자이다. 그리고 보험계약자는 보험계약을 체결할 때에는 고지의무, 보험계약이 성립한 후에는 통지의무를 지게 되고, 보험증권·보험약관교부청구권이나 보험금청구권 등 각종의 권리를 가진다. 보험계약자는 자기는 물론이고 타인을 위해서도 보험계약을 체결할 수 있다.

보험계약자의 자격에는 보험자와는 달리 제한이 없다. 자연인이든 법인이든 또는 1인이든 복수이든 상관이 없으며 민법상의 권리능력자이면 모두 보험계약자가 될 수 있다. 그러므로 미성년자, 피한정후견인, 피성년후견인도 법정대리인의 동의를 얻어 보험계약자가 될 수 있는 것이다. 단, 19세 미만의 미성년자라도 정식으로 혼인한 자는 법정대리인의 동의가 필요 없다. 대리인으로 하여금 보험계약을 체결하게 하는 경우에는 계약의 당사자는 그 대리인이 되지만 그 계약으로부터 생기는 법률효과는 대리인에게 미치지 않고, 본인인 보험계약자에게 미치게 된다.

(2) 피보험자

피보험자(insured, assured)의 개념은 손해보험과 인보험에서 각각 다른 의미로 쓰여진다.

1) 손해보험계약(보험금청구권자)

손해보험에서 피보험자는 보험사고가 보험의 목적(자동차, 선박, 건물, 항공기 등)에 발생함으로써 손해를 입는 이해관계(피보험이익)를 가지는 자이다. 즉, 피보험이익의 주체로서 보험사고가 발생한 경우에 실손보상이라는 형식으로 보험금을 청구할 수 있는 자이다.

손해보험에서 보험계약자와 피보험자가 동일인일 수도 있고, 그렇지 않은 경우도 있다. 양자 동일인인 경우 그 계약을 '자기를 위한 손해보험계약'이라 하고, 그렇지 않은 경우 '타인을 위한 손해보험계약'이라 한다(상법 제639조). 예를 들어 화재보험에서 주택소유주가 자기의 집을 보험의 목적으로 보험계약을 체결할 경우 주택소유주는 보험계약자 겸 피보험자이므로 '자기를 위한 보험'이 되는 것이고, 적하보험에서는 수출업자가 보험계약자가 되어 수입업자를 피보험자로 보험계약을 체결할 경우 보험계약자와 피보험자는 다르므로 '타인을 위한 보험'이 되는 것이다. 타인을 위한 손해보험계약에서 피보험자의 자격에는 제한이 없으나 피보험자는 보험계약상의 이익을 가지고 있는 피보험이익의 주체로서 보험계약의 당사자는 아니지만 보험금청구권이나 보험료지급의무 등 보험계약상 일정한 권리와 의무를 가진다.

2) 인보험계약(보험계약의 대상)

인보험계약에서 피보험자란 사망, 장해, 질병 또는 생존 등의 조건에 관하여 보험계약이 체결된 대상자를 말하며, 자연인에 한정된다. 피보험자는 1인이거나 복수이거나 단체보험에서와 같이 수인이라도 상관이 없다. 그러나 15세 미만자, 심신상실자, 심신박약자는 이성적 판단이 약해 죽음의 의미를 모를 수 있어 이들은 사망보험의 피보험자가 될 수 없다(상법 제732조).[1] 단, 심신박약자의 경우 단체보험에서는 피보험자가 될 수 있다. 그리고 생명보험계약에서 피보험자에게는 보험수익자의 지정·변경 동의권만이 주어질 뿐이고, 보험계약에 의해서 어떠한 권리도 주어지지 않는다.

인보험계약에서 피보험자는 보험계약자 자신이 될 수도 있고, 타인(제3자)의 서면동의를 받아 그 타인으로 할 수도 있다. 보험계약자 자신을 피보험자로 하는 경우 즉, 보험계약자와 피보험자가 동일인인 경우를 '자기의 생명보험계약'이라 하고, 보험계약자 이외의 타인(제3자)을 피보험자로 하는, 즉 보험계약자와 피보험자가 다른 경우를 '타인의 생명보험계약'이라 한다. 타인의 생명보험계약인 사망보험이나 생사혼합보험의 경우 도덕적 위험이 발생할 수 있으므로 계약 체결 이전에 타인인 피보험자의 서면동의를 반드시 얻도록 규정하고 있다(상법

---

1) 제732조(15세 미만자 등에 대한 계약의 금지) 15세 미만자, 심신상실자 또는 심신박약자의 사망을 보험사고로 한 보험계약은 무효로 한다. 다만, 심신박약자가 보험계약을 체결하거나 제735조의3에 따른 단체보험의 피보험자가 될 때에 의사능력이 있는 경우에는 그러하지 아니하다. 여기서 심신상실자 또는 심신박약자란 심신이 상실상태에 있거나 박약하여 스스로의 판단에 따라 자유로운 의사결정(또는 법률행위)을 할 수 없는 자이다. 구체적으로 심신상실자는 의사능력이 결여되어 스스로 경제적 활동을 할 수 없어 피부양자의 지위에 있게 되는 자이고, 심신박약자는 일시적으로 때때로 의사능력이나 법률적 판단능력이 있어 정상적인 경제활동이 가능한 자이다.

제731조).[2]

(3) 보험수익자

보험수익자(beneficiary)란 보험금수취인이라고도 하며, 인보험(생명보험)에만 있는 것으로 보험계약자로부터 보험금청구권을 지정받은 사람을 말한다. 보험수익자의 인원 수나 자격에는 제한이 없다.

보험계약자와 피보험자가 동일한지 여부에 따라 자기 또는 타인의 생명보험계약으로 구분하는 데 비해 보험계약자와 보험수익자가 동일한지 여부에 따라서는 동일하면 '자기를 위한 생명보험계약', 다르면 '타인을 위한 생명보험계약'으로 구분하고 있다. 보험계약자 이외의 제3자를 보험수익자로 하는 경우를 '타인을 위한 생명보험계약'이라고 하는 것이다. 이 경우 보험계약자가 보험수익자의 지정·변경권을 가지는데 특히, 타인을 위한 생명보험의 경우에는 피보험자의 동의를 얻어 그 지정·변경권을 행사할 수 있다(상법 제733조).[3] 그리고 보험계약자가 자신을 피보험자로 타인을 보험수익자로 지정한 경우를 '자기의 타인을 위한 생명보험계약'이라고 하고, 보험계약자가 타인을 피보험자로 자신을 보험수익자로 지정한 경우를 '타인의 자기를 위한 생명보험계약'이라고 한다.

(4) 보험계약의 보조자

보험자의 보험모집업무를 보조하는 보험계약의 보조자에는 보험설계사, 보험대리점, 보험의 그리고 보험중개사가 있다.

---

2) 제731조(타인의 생명의 보험) ① 타인의 사망을 보험사고로 하는 보험계약에는 보험계약 체결시에 그 타인의 서면(「전자서명법」 제2조 제2호에 따른 전자서명이 있는 경우로서 대통령령으로 정하는 바에 따라 본인 확인 및 위조·변조 방지에 대한 신뢰성을 갖춘 전자문서를 포함한다)에 의한 동의를 얻어야 한다.〈개정 2020.6.9.〉 ② 보험계약으로 인하여 생긴 권리를 피보험자가 아닌 자에게 양도하는 경우에도 제1항과 같다.

3) 상법 제733조(보험수익자의 지정 또는 변경의 권리) ① 보험계약자는 보험수익자를 지정 또는 변경할 권리가 있다. ② 보험계약자가 제1항의 지정권을 행사하지 아니하고 사망한 때에는 피보험자를 보험수익자로 하고, 보험계약자가 제1항의 변경권을 행사하지 아니하고 사망한 때에는 보험수익자의 권리가 확정된다. 그러나 보험계약자가 사망한 경우에는 그 승계인이 제1항의 권리를 행사할 수 있다는 약정이 있는 때에는 그러하지 아니하다. ③ 보험수익자가 보험존속중에 사망한 때에는 보험계약자는 다시 보험수익자를 지정할 수 있다. 이 경우에 보험계약자가 지정권을 행사하지 아니하고 사망한 때에는 보험수익자의 상속인을 보험수익자로 한다. ④ 보험계약자가 제2항과 제3항의 지정권을 행사하기 전에 보험사고가 생긴 경우에는 피보험자 또는 보험수익자의 상속인을 보험수익자로 한다.

1) 보험설계사(보험모집인)

보험설계사(financial consultant, financial planner)란 보험자, 보험대리점 또는 보험중개사에 소속되어 보험자를 위하여 계속적으로 보험계약의 체결을 중개하는 자로서 일정한 자격을 갖추어 금융위원회에 등록된 자를 말한다(보험업법 제2조 제9호). 보험외판원이나 생활설계사 등으로 불리다가 최근에는 보험업법에서 보험설계사로 규정하였다.

보험자의 구체적인 지휘감독을 받지 않으며 각자의 재량과 능력에 따라 업무를 처리하므로 보수는 보험자로부터 부여받은 모집실적에 따라 일정 비율의 수당을 받을 뿐이고, 고정으로 정해진 기본급이나 상여금이 있는 것은 아니다. 보험자에 종속되어 있으나 근로기준법 제14조 소정의 근로자도 아니고 고용된 직원도 아니다. 오로지 고객에게 보험상품의 안내와 가입권유의 중개 행위만을 하므로 계약체결권(대리권), 고지 및 통지수령권이 인정되지 않는다. 그러나 실무적으로 판례에서 보험자가 작성한 보험료영수증을 교부하는 경우에만 보험료 수령권과 보험증권교부권은 인정하고 있다.

2) 보험대리상

보험대리상(insurance agent)이란 마케팅 경로조직상 회사 외부조직으로서 상시 보험사업자를 위하여 보험계약의 체결을 대리하거나(보험체약대리상) 중개하는 것을 영업으로 하는(보험중개대리상) 독립된 상인이다. 보험업법에서는 보험대리점이라고 한다(보험업법 제2조 제10호). 일반적으로 보험기간이 단기인 손해보험에서는 체약대리상이 이용되고, 보험기간이 장기인 생명보험에서는 보험인수의 특수한 성격으로 인해 중개대리상이 이용된다.

보험계약자의 입장에서는 이들을 구분할 수 없으므로 상법은 양 보험대리상모두에게 보험료수령권, 보험증권교부권, 청약·고지·통지·해지·취소 등의 수령권, 보험계약의 체결·변경·해지 등의 권한을 인정하고 있다(상법 제646조 제1항). 이러한 보험대리점은 개인이든 법인이든 제한이 없으나 일정한 자격을 구비한 자로서 금융위원회에 등록하여야 하고, 보험자와의 사이에 보험대리점위임계약에 의하여 보험모집을 하게 된다.

3) 보험의(진단의, 진사의)

보험의(medical examiner)란 진단의 또는 진사의라고도 하며, 생명보험계약에서 보험자의 의뢰를 받아 피보험자의 신체검사나 건강상태를 검사하여 의학적 소견을 보험자에게 제공하여 주는 의사이다. 보험의는 보험자의 고용(사의) 또는 위임(촉탁의)에 의하여 피보험자의 신체검사를 거쳐 건강상태 등을 조사하여 그 자료를 보험자에게 제공하여 주는 보조자로서 고지수령권만을 가진다.

4) 보험중개사

보험중개사(insurance broker)란 특정 보험회사에 소속되지 않고, 독립적으로 보험계약자를 대리하여 보험계약체결을 중개하는 자로서 금융위원회에 등록된 자를 말한다(보험업법 제2조 제11호). 보험중개사는 개인인 보험중개사와 법인인 보험중개사로 구분되고, 각각 생명보험중개사, 손해보험중개사 및 제3보험중개사로 구분된다. 이들은 보험계약자를 위하여 요율협상을 비롯한 보험상품의 선택을 돕고, 보험사고발생시 보험금청구업무를 돕는 역할을 하지만 영업수수료는 보험자로부터 수수한다.

보험계약의 보조자들의 상법상 권리를 비교해 보면 <표 3-5>와 같다. 한편, 보조자 중에서 보험설계사나 보험대리점이 보험모집 과정에서 보험계약자에게 손해를 입힌 경우 모집을 위탁한 보험회사는 손해배상책임을 지도록 규정하고 있다(보험업법 102조).

표 3-5 　보험계약 보조자들의 권한 비교

구분	보험설계사	보험대리상	보험의	보험중개사
보험료수령권	O	O	X	X
계약체결권	X	O	X	X
고지수령권	X	O	O	X

2. 보험의 목적과 보험계약의 목적

보험의 목적(subject-matter of insurance or insured)이란 보험계약의 대상이 되는 경제상의 재산이나 자연인을 말한다. 손해보험분야에서는 피보험자의 경제상의 재화이고, 인보험에서는 피보험자의 생명 또는 신체이다. 보험자는 이러한 대상(객체)에 대하여 보험사고가 발생한 경우에 책임을 지는 것이므로 보험계약에서는 구체적으로 그 목적이 무엇인가를 정하여 보험증권에 기재하여야 한다.

보험계약의 목적이란 보험계약자나 피보험자가 보험의 목적에 대하여 가지는 경제적 이해관계로 손해보험계약의 중심요소인 피보험이익을 말하는 것이다. 보험의 목적과는 다른 개념이다. 예를 들어 하나의 동일 보험의 목적인 건물에 대해서도 소유자, 임차인, 저당권자는 각각의 다른 경제적 이해관계인 피보험이익을 가질 수 있어 독립적인 화재보험계약체결이 가능하다.

3. 보험료

(1) 영업보험료(순보험료와 부가보험료)

보험료(premium)란 보험금지급의무를 부담하는 보험자에게 그 대가로 보험계약자가 지급하는 금액이다. 보험료는 대수의 법칙을 적용하여 산출한 위험률 또는 손해발생가능성의 정도 등에 따라 변화한다.

보험료는 순보험료(net premium)와 부가보험료(loading charges)로 구성되는데 이를 합친 것을 실무에서 영업보험료라 한다. 순보험료는 보험금의 지급에 충당되는 위험보험료와 만기보험금의 지급에 충당되는 저축보험료이고, 부가보험료는 회사의 경비, 인건비, 대리점수수료, 광고비 등의 사업비에 충당되는 것이다.

(2) 제1회(초회) 보험료, 최초보험료, 계속보험료

상법 제650조[4]에서 보험료를 제1회(초회) 보험료, 최초보험료, 계속보험료라

---

4) 상법 제650조(보험료의 지급과 지체의 효과) ① 보험계약자는 계약체결 후 지체 없이 보험료의 전부 또는 제1회 보험료를 지급하여야 하며, 보험계약자가 이를 지급하지 아니하는 경우에는 다른 약정이 없는 한 계약성립 후 2월이 경과하면 그 계약은 해제된 것으로 본다. ② 계속보험료가 약정한 시기에 지급되

는 용어로 구분하여 사용하고 있다. 제1회(초회) 보험료는 보험계약의 성립과 보험자의 책임을 시작하게 하는 전부(일시납) 또는 일부(분납) 보험료의 최초보험료이다. 계속보험료는 제1회(초회) 보험료지급 이후의 보험료로서 보험자의 책임을 계속 유지시키기 위한 보험료이다. 계속보험료의 미지급은 계약해지의 사유이다.

4. 보험가액과 보험금액

(1) 보험가액

1) 의의와 취지

보험가액(insurable value)이란 '보험자가 보상하게 될 법률상의 최고한도액'으로 피보험이익을 금전으로 평가한 금액이다. 보험가입의 대상물인 주택이나 자동차와 같은 보험목적물의 시장가격(사가)을 의미한다. 사람의 시장가격은 산정할 수 없으므로 인보험에서는 인정될 수 없고, 손해보험에서만 인정되는 개념이다. 예를 들어 시가 10억원인 주택 소유주가 화재로 손실을 입을 최고가능손실금액은 10억원일 것이고, 이것이 보험가액인 것이다.

보험가액은 손해액을 산정하는 기준이 됨과 동시에 보험자가 부담하게 되는 지급보험금을 결정하는 요소이다. 보험계약을 체결할 때에 약정되는 보험금액은 원칙적으로 보험가액을 초과할 수 없다. 실손보상의 원칙(이득금지의 원칙)에 의하여 피보험자는 손해액 이상으로 보상을 받을 수 없기 때문이다. 보험가액은 경제상황이나 보험사고 발생의 시기와 장소에 따라 변동될 수 있다. 따라서 보험가액을 산정하는 방법은 보험계약체결 당시에 당사자 간에 보험가액에 대한 사전 협정의 여부에 따라 기평가보험과 미평가보험으로 나누어진다.

지 아니한 때에는 보험자는 상당한 기간을 정하여 보험계약자에게 최고하고 그 기간 내에 지급되지 아니한 때에는 그 계약을 해지할 수 있다. ③ 특정한 타인을 위한 보험의 경우에 보험계약자가 보험료의 지급을 지체한 때에는 보험자는 그 타인에게도 상당한 기간을 정하여 보험료의 지급을 최고한 후가 아니면 그 계약을 해제 또는 해지하지 못한다.

2) 보험가액의 평가방법

① 기평가보험(신가보험)

기평가보험(valued policy)이란 보험계약체결 당시에 미리 당사자 간에 협정하여 보험가액을 정해 두는 방법이다. 따라서 기평가보험에서의 보험가액을 협정보험가액이라고 하며 보험증권에 기재하여야 한다(상법 제685조 3, 제690조 3, 제695조 3, 제726조3의 3). 그러나 판례는 보험증권에 기재되지 않았다고 하더라도 당사자 간에 보험계약을 체결하게 된 경위와 보험증권의 기재내용 등을 통해 보험가액을 미리 협정한 것으로 인정할 수 있으면 되는 것으로 판시하고 있다.

손해보험계약에서 보험자가 보상할 손해액은 그 손해가 발생한 때와 곳의 가액에 의하여 산정하는 미평가보험이 원칙이지만 보험사고가 발생한 후 보험가액을 산정할 경우 목적물의 멸실이나 훼손으로 가액산정이 어려울 뿐만 아니라 분쟁이 일어날 소지가 많기 때문에 이를 해결하기 위해 예외적으로 당사자 간에 특약으로 미평가보험의 시가보험으로 하지 않고 기평가보험의 신가보험[5]으로 할 수 있게 한 것이다. 한편, 운송보험, 선박보험 및 적하보험 같은 해상보험에서 보험기간이 짧아 가격변동이 적거나 보험목적물의 사고 장소가 어디인가에 따라 가액의 변동이 심한 경우 미평가보험원칙의 예외로서 보험가액불변경주의를 특칙으로 적용한다. 보험목적의 이동으로 손해발생의 시간과 장소를 명확히 확정하는 데 애로가 있는 경우에 <표 3-6>과 같이 일정한 시점을 정하고 그 때의 보험가액을 보험기간 전체의 보험가액으로 적용하는 것이다.

표 3-6 해상보험의 보험가액 평가방법(보험가액불변경주의)

종류	보험가액산정의 시기·장소 및 대상
운송보험	· 운송물을 발송한 때와 곳의 가액과 도착지까지의 운임, 기타 비용 (상법 제689조)
선박보험	· 보험자의 책임이 개시될 때의 선박가액(상법 제696조)
적하보험	· 선적한 때와 곳의 적하가액과 선적과 보험에 대한 비용(상법 제697조)

---

5) 신가보험이란 보험사고 발생 시 피보험자의 실제 손해액의 평가와 보험자의 지급보험금의 결정기준이 되는 보험가액을 보험목적의 시가 대신에 당사자 간의 합의에 의해 신품재조달가액을 보험가액으로 하는 보험이다. 예를 들어 기계보험이나 유리보험에서 기계와 유리의 동일 성능과 형태를 재구입할 수 있도록 재조달가액을 보험가액으로 하는 것이다.

② 미평가보험(시가보험)

미평가보험(unvalued policy)이란 보험계약의 체결 당시 당사자 간에 보험가액에 대하여 아무런 합의를 하지 않고, 보험증권에도 보험가액을 기재하지 않은 보험이다.

손해보험에서 보험가액의 산정은 이득금지의 원칙상 보험사고가 발생한 때와 곳의 가액인 시가(actual cash value)로 결정하여야 한다. 따라서 실제 손해액도 보험사고가 발생한 때와 장소에서의 객관적인 보험목적의 시가에 기초하여 산정해야 하므로 손해보험계약은 미평가보험의 시가보험이 원칙이다. 상법 제671조(미평가보험)에서 "당사자 간에 보험가액을 미리 정하지 아니한 때에는 사고발생시의 가액을 보험가액으로 하는 것이다."라고 규정하고 있다. 보험사고가 발생해야 그 시점과 장소가 정해지고 이를 기초로 보험가액을 산정할 수 있게 됨과 동시에 피보험자의 실손해를 평가하여 보상함으로써 이득금지의 원칙을 준수하고자 하는 것이다.

(2) 보험금액과 보험금

보험금액(sum insured)이란 보험계약에서 '당사자가 약정한 보험자의 급여의무의 약정최고한도액'이다. 보험자의 '보상책임의 법률상 최고한도액'인 보험가액한도 내에서 당사자가 정한 금액이다. 그리고 보험금(claim paid, insurance benefit)이란 보험사고 발생 시 보험금액의 범위 내에서 실제로 지급하는 보상액이다. 따라서 보험금은 손해보험에서 전손의 경우 보험금액과 같게 되므로 동일 개념이지만 분손의 경우는 보험금액보다 적으므로 다른 개념이 된다. 생명보험은 정액보험이므로 보험금액과 보험금은 동일 개념이다.

(3) 보험가액과 보험금액의 관계

보험금은 보험사고 발생 시 보험가액의 범위 내에서 보험금액을 한도로 실제 손해액을 산출하여 결정하게 된다. 보험가액, 보험금액 및 보험금의 관계에 따라 구별되는 보험에는 [그림 3-3]과 같이 보험금액이 보험가액보다 적은 일부보험, 일치하는 전부보험과 그 반대로 보험금액이 보험가액을 현저하게 초과하는 초과보험 및 중복보험이 있다.

그림 3-3 보험가액과 보험금액(보험가입금액)의 관계

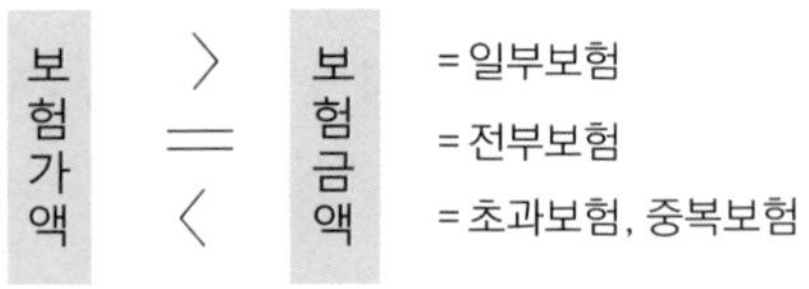

1) 일부보험과 전부보험

일부보험(under insurance)이란 보험금액이 보험가액보다 적은 보험으로 보험료를 절약하고, 피보험자의 손해방지 의식을 높이기 위해 보험가액의 일부만 의식적으로 부보하는 것이다. 하지만 보험기간 동안에 물가의 변동으로 일부보험이 될 수도 있다. 일부보험의 보상방식은 비례분담의 원칙에 따라 보험금액의 보험가액에 대한 비율로 한다(상법 제674조). 예를 들어 화재보험계약에서 보험가액이 10억원인 건물을 보험금액 5억원으로 약정한 경우 전손이 발생하면 보험금액 5억원 전액을 지급하고, 4억원의 분손이 발생했다면 4억원에 부보비율(보험금액 5억원/보험가액 10억원 = 1/2)을 곱한 금액 2억원을 지급하는 것이다.

전부보험(full insurance)이란 보험가액 전액을 보험금액으로 약정하여 부보하는 것으로 보상은 손해액 전액이다.

2) 초과보험

초과보험(over insurance)이란 보험금액이 보험가액을 현저하게 초과하는 보험으로 상법 제669조의 제1항에서 "보험금액이 보험계약의 목적(피보험이익)의 가액을 현저히 초과는 보험"으로 규정하고 있다. 초과보험의 판단은 원칙적으로 보험계약 당시의 보험가액을 기준으로 하지만 보험기간 중에 경제상황의 변동으로 보험가액이 현저하게 감소하여 당사자의 의도와는 관계없이 초과보험이 된 경우 감소된 때 그 보험가액을 기준으로 한다(상법 제669조 제2, 3항).

초과보험의 처리방법은 당사자가 의도하지 않은 선의의 단순한 초과보험의 경우 보험자 또는 보험계약자는 보험료와 보험금액의 감액을 청구할 수 있다. 당사간의 감액청구권은 형성권이며, 보험료불가분의 원칙에 따라 보험료의 감액은 장래에 대해서만 효력이 있다(상법 제669조). 그리고 보험계약자의 악의의 사기적 초과

보험이 체결된 때에는 그 계약은 전체를 무효로 한다. 초과부분만 무효가 되는 것이 아니라 보험계약 전체가 당연히 무효로 되어 보험금은 일체 지급되지 않는다. 보험계약의 선의성과 윤리성에 근거하여 악의의 보험계약자를 제재할 목적으로 보험자는 기망사실을 알 때까지의 보험료를 청구할 수 있다(상법 제669조의 제4항).

3) 중복보험

중복보험(double insurance)이란 보험계약자가 동일한 보험의 목적에 대해 동일한 보험계약의 목적(피보험이익) 및 동일한 보험사고에 관하여 수개의 보험계약이 동시 또는 순차로 체결된 경우이다. 이렇게 하여 그 보험금액의 총액이 보험가액을 초과한 보험이다.

초과중복보험이 동시든 순차적이든 각 보험계약의 체결시점과는 관계없이 보험자는 피보험자에 대하여 각자의 보험금액 한도 내에서 연대책임을 가지지만 개별 보험자의 보상책임의 범위는 각자의 보험금액의 비율에 따른다(상법 제672조 제1항). 예를 들어 보험가액 10억원인 건물에 대해 A, B, C 보험회사와 보험금액 10억원, 6억원, 4억원으로 약정한 화재보험에서 전손이 발생하면 보험가액에 대한 보험금액의 비율에 따라 A는 5억원, B는 3억원, C는 2억원씩 지급책임이 있다. 하지만 각 보험회사는 피보험자가 10억원의 전손보상을 받을 때까지는 자신의 보험금액인 10억, 6억, 4억원의 한도내에서 연대책임을 진다. 한편, 중복체결의 결과 보험금액의 합계가 보험가액을 초과하지 않는 경우는 수개의 유효한 일부보험이 병존하는 병존보험이라고 하고, 이 경우의 각 보험자는 일부보험자로서 보험가액의 한도 내에서 책임을 분담하게 된다.

중복보험의 보험계약자는 각 보험자에 대하여 각 보험계약내용을 통지하여야 한다(상법 제672조 제2항). 이는 사기에 의한 보험계약체결을 방지하고, 통지를 받은 보험회사가 다른 보험회사들과 함께 보험사고를 조사하여 책임의 범위와 손해액 산정을 할 수 있도록 하기 위해서다.

5. 보험사고

보험사고(risk covered, insurable risk)란 보험계약에서 보험자가 그 발생에 대해 보험금지급을 약속한 우연한 사고이다. 보험사고의 종류는 보험계약체결 당시에 특정되어 약정하여야 하고, 약정된 보험사고가 발생한 경우에만 보험자는 보험금지급책임을 진다. 일반적으로 특정 또는 약정된 보험사고가 무엇인지는 보험약관이나 보험증권에 기재된다. 예를 들어 손해보험계약의 경우는 화재, 지진, 교통사고 등 보험증권에서 담보된 위험이 우연히 현실화된 사고를 말한다. 인보험에서는 피보험자의 생사, 상해, 질병 등으로 보험자가 일정한 보험금을 지급할 의무가 있는 사고로서 보험금지급사유라고도 한다.

6. 보험기간과 보험료기간

보험기간(term of insurance, period of insurance, duration of risk)이란 보험자가 보험금지급에 대한 책임이 개시되어 종료될 때까지의 기간으로 책임기간 또는 위험기간이라고도 한다.

보험기간은 소급보험을 제외하고 일반적으로 보험계약이 성립하여 존속하는 기간인 보험계약기간과 일치하는 것이 일반적이다. 그리고 보험료납입기간이 보험기간과 동일한 경우를 전기납(全期納)이라 하고, 짧은 경우를 단기납이라 한다. 한편 보험료기간이란 위험을 측정하여 보험료를 산출하는 기초가 되는 기간을 말한다. 보험료기간은 위험측정에의 기초가 되는 기간이기 때문에 이 기간이 1년인 경우에는 중도에 계약의 효력이 소멸되더라도 보험자는 1년이란 보험료기간의 보험료를 전부 취득하는데 이를 보험료 불가분의 원칙이라 한다. 이들 관계를 보면 [그림 3-4]와 같다.

보험계약은 [그림 3-5]와 같이 보험계약자의 청약과 보험자(보험회사)의 승낙으로 이루어진다. 청약은 보험계약자가 보험자에게 일정한 보험계약을 체결하

그림 3-4 보험기간의 관계

겠다는 의사표시이고, 이를 보험자가 승낙하면 합의에 의한 계약이 성립한다. 이같이 보험계약은 당사자 간의 임의적 의사표시의 합으로 성립하는 것이 원칙이지만, 예외적으로 보험자가 청약과 함께 보험료를 지급받았고, 거절할 사유가 없는 경우 보험자의 의사와는 상관없이 법률에 의한 강제승낙을 인정하는 승낙의제에 의하여 성립하기도 한다.[6]

그림 3-5 보험계약의 성립

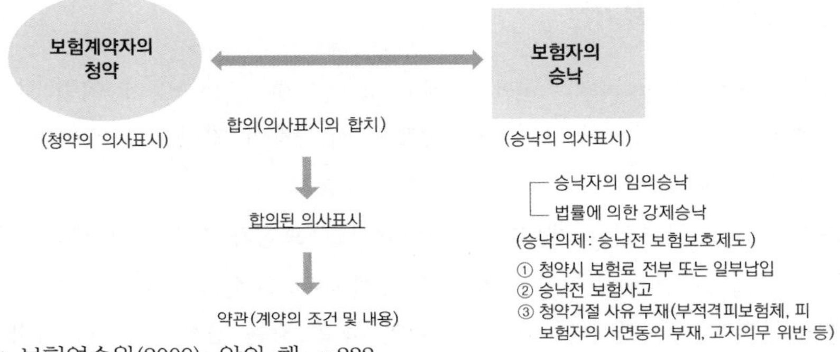

자료: 보험연수원(2009), 앞의 책, p.232.

| 제2절 | **보험계약의 성립** |

1. 보험계약자의 청약과 청약철회

(1) 청약

1) 의의

보험계약의 청약이란 청약자인 보험계약자가 보험자에 대하여 일정한 보험계

---

6) 상법 제638조의2(보험계약의 성립) ① 보험자가 보험계약자로부터 보험계약의 청약과 함께 보험료 상당액의 전부 또는 일부의 지급을 받은 때에는 다른 약정이 없으면 30일 내에 그 상대방에 대하여 낙부의 통지를 발송하여야 한다. 그러나 인보험계약의 피보험자가 신체검사를 받아야 하는 경우에는 그 기간은 신체검사를 받은 날부터 기산한다. ② 보험자가 제1항의 규정에 의한 기간내에 낙부의 통지를 해태한 때에는 승낙한 것으로 본다.

약을 체결할 것을 목적으로 하는 일방적인 의사표시이고, 이를 보험자가 승낙하면 보험계약이 성립한다.

보험계약은 낙성·불요식 계약이므로 특별한 청약방식은 없음이 원칙이나 실무상으로 대량의 거래를 신속·정확하게 처리하기 위하여 보험계약청약서를 사용한다. 청약서에는 보험계약관계자, 보험기간, 보험금액과 보험료 등을 기재하도록 되어 있고, 위험과 관련된 고지사항의 질문표가 있다. 보험계약자는 질문표의 질문사항에 대해 사실대로 기재하게 되면, 고지의무를 이행한 것으로 해석된다. 상법의 고지의무는 질문표의 질문사항외에도 보험계약의 인수여부에 영향을 미칠 수 있는 사항이 있으면 고지해야 하는 자발적·탐지적 고지의무로 해석되지만 실무 약관에서는 질문사항에 대해서만 사실대로 답변하면 되는 답변의무 또는 수동의무(수동화)로 고지의무가 변화하여 보험소비자를 보호하고 있다.

일반적으로 청약서와 제1회 보험료를 보험계약자가 보험설계사에게 지급하면, 보험설계사는 보험료가수증을 교부한다. 이는 보험설계사에게 보험료수령권을 인정함과 보험자가 추후 승낙한 때에 보험료납입의 효력이 생기는 조건부 영수증적인 성질을 가진다.

2) 청약시 보험자의 의무

보험자는 보험계약자가 청약을 한 경우 보험약관 및 계약자보관용 청약서인 청약서 부본을 교부하고, 약관의 중요한 내용을 설명하여야 한다. 다만, 통신판매의 경우 계약자의 동의를 얻어 인터넷홈페이지에서 약관을 읽거나 내려 받게 하고, 이를 확인하거나 전화를 이용하여 청약내용, 보험료납입, 보험기간, 고지의무 등 약관의 중요한 내용을 질문 또는 설명을 하고, 그에 대한 계약자의 답변 및 확인내용을 음성녹음함으로써 약관의 중요한 내용을 설명한 것으로 본다.

(2) 청약철회

보험상품은 제조상품에 비해 당사자 간에 정보의 비대칭성이 높아 보험계약이 체결된 후에도 보험계약자가 청약을 철회할 수 있는 기간을 부여하고 있다.

청약철회기간은 청약일로부터 30일 이내, 보험증권을 교부받은 날로부터 15일 이내 청약철회가 가능하고, 지급한 보험료는 철회접수일로부터 3영업일 내에 보험자는 반환하여야 한다. 그러나 진단계약, 단체계약, 보험기간이 1년 미만인 계약은 청약을 철회할 수 없다.

2. 보험자의 승낙 및 거절과 보험계약의 효력

(1) 보험자의 승낙 및 거절

보험자의 승낙이란 보험계약자의 특정한 청약에 대해 보험계약의 성립을 목적으로 하는 보험자의 의사표시이다. 보험자가 보험계약자의 청약을 승낙한 때에는 보험증권을 교부한다. 보험증권은 계약의 성립과 내용을 증명하기 위하여 보험자가 보험계약자에게 교부하는 증거증권이다. 보험증권에는 증권번호, 보험종목, 보험기간 등 보험계약의 주요한 내용이 기재되어 있다.

보험자는 [그림 3−6]과 같이 보험계약의 청약과 제1회 보험료를 받은 경우 30일 이내에 승낙 또는 거절하여야 하며, 이 기간 내에 이를 통지하지 않으면 승낙의제에 의해 승낙된 것으로 본다. 생명보험의 진단계약은 청약과 제1회 보험료를 받은 때부터가 아니고 진단일로부터 30일 이내이다. 만약 보험자가 제1회 보험료를 받고 승낙을 거절한 경우에는 거절통지와 함께 지급받은 보험료를 반환한다.

그림 3-6   보험계약의 청약과 승낙과정

계약자	보험자(30일 안에 승낙여부 결정) 진단계약은 진단일로부터 30일 이내		효 과
청 약 제1회 보험료지급 →	승 낙 승낙의제(법률에 의한 승낙강제)	→	계약성립 보험증권교부
	거 절	→	납입보험료 반환 및 이자지급

(2) 보험계약의 효력

보험자는 청약시에 제1회 보험료를 받고 청약을 승낙한 경우에는 제1회 보험료를 받은 때[7]부터 약관의 규정에 따라 보장을 한다. 다만, 진단계약에서는 건

---

7) 자동이체 및 신용카드로 보험료를 납입하는 경우에는 자동이체신청과 신용카드매출승인에 필요한 정보를 제공한 때를 제1회 보험료를 받은 때로 한다.

강진단을 받기 이전에 청약과 제1회 보험료의 납입이 있었던 경우라도 보험자의 보장개시는 제1회 보험료의 납입일이 아니라 건강진단을 받은 때부터이다(상법 제638조2의 제1항 단서). 진단을 받지 않은 경우 보험자는 보장을 하지 않는다. 하지만 진단의 목적인 질병과 인과관계가 없는 재해로 보험금지급사유가 발생한 경우는 보장한다.

(3) 승낙전 보험보호(보상)제도

1) 의의 및 취지

승낙전 보험보호(보상)제도란 승낙의제가 인정되기 전의 보험사고에 대한 보험금을 지급하는 제도이다(상법 제638조의2 제3항). 보험계약자가 청약과 함께 보험료 전부 또는 일부(제1회 보험료)를 지급하였으나 보험자가 승낙의 통지를 발송할 때까지인 승낙의제기간 30일 동안 보험계약자는 보험보호를 받을 수 없는 문제가 발생한다. 이러한 불합리함을 해결하기 위해 신설되었다.[8] 보험자는 제1회 보험료를 받고 청약을 승낙하기 전에 보험사고가 발생하였을 경우에도 제1회 보험료납입일을 보험개시일로 하여 약관이 정하는 바에 따라 보장을 한다. 단, 신체검사를 받아야 하는 유진사보험의 경우에는 신체검사를 받기 전까지는 승낙전 보험보호제도가 적용되지 않는다.

2) 성립요건 및 효과

승낙의제제도의 적용을 위해서는 승낙의제기간과 더불어 다음과 같은 요건의 충족이 필요하다. 이들 요건이 충족된다면 보험자의 승낙전 보험사고라도 보험자는 보험금지급을 부담한다.

① 청약시 보험료 상당액의 전부 또는 일부납입

보험자는 보험계약자로부터 청약시 보험료 상당액의 전부 또는 일부(제1회 보

---

8) 상법 제638조의2(보험계약의 성립) ③ 보험자가 보험계약자로부터 보험계약의 청약과 함께 보험료 상당액의 전부 또는 일부를 받은 경우에 그 청약을 승낙하기 전에 보험계약에서 정한 보험사고가 생긴 때에는 그 청약을 거절할 사유가 없는 한 보험자는 보험계약상의 책임을 진다. 그러나 인보험계약의 피보험자가 신체검사를 받아야 하는 경우에 그 검사를 받지 아니한 때에는 그러하지 아니하다.

험료)를 받아야 한다. 다시 말해 보험계약자의 최초보험료의 지급이 있어야 한다.

② 승낙전 보험사고

보험자가 청약을 승낙하기 전에 보험계약에서 약정한 보험사고가 발생하여야
한다.

③ 청약을 거절할 만한 사유부재

청약에 대한 승낙을 거절할 사유인 부적격피보험체, 타인의 사망을 보험사고
로 하는 계약에서 타인인 피보험자의 서면동의 부재 또는 고지의무위반 등이 없
어야 한다. 이때 거절사유 존재여부에 대한 입증책임은 보험자에게 있다(다수설
및 판례).

제7장 | 보험계약의 법적 원칙

| 제1절 | 피보험이익의 원칙 |

1. 피보험이익(보험계약의 목적)의 개념

(1) 의의

피보험이익(insurable interest)이란 [그림 3−7]과 같이 보험계약자나 피보험자가 보험가입대상인 보험의 목적에 보험사고의 발생여부에 따라 손해와 이익의 영향을 받게 되는 적법한 경제상의 이해관계를 말한다. 상법에서는 보험계약의 목적이라고 규정하고 있다.

예를 들어 건물의 소유주 A가 보험의 목적인 건물이 화재로 소실 또는 손상을 입은 경우 소유주인 A는 재산상의 손실을 입게 된다. 그러나 이웃집의 소유주인 B는 A의 집의 화재로 인한 재산상의 손실이 없다. 이때 A는 화재가 발생한 집과 이해관계가 있어 화재가 발생한 보험의 목적(건물)에 피보험이익이 있는 것이고, B는 피보험이익이 없는 것이다. 이는 피보험이익이 없는 B는 화재보험에 가입할 수 없다는 의미이며, A는 피보험이익을 가지고 있으므로 화재보험에 가입할 수 있다는 의미이다. 이 예는 피보험이익의 가장 대표적인 소유이익을 말하는 것이고, 이 외에도 담보이익, 사용이익, 물권적·채권적 취득의 기대이익도 피보험이익에 포함된다.

그림 3-7 보험계약의 목적(피보험이익)

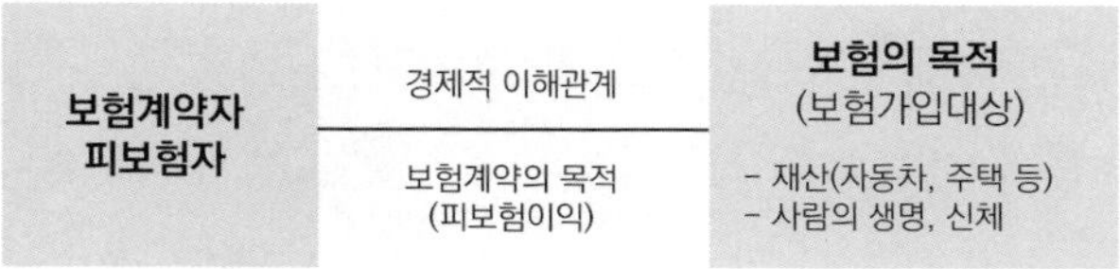

보험계약자
피보험자 | 경제적 이해관계 ―――― 보험계약의 목적 (피보험이익) | 보험의 목적 (보험가입대상) - 재산(자동차, 주택 등) - 사람의 생명, 신체

보험계약에서 피보험이익의 원칙(principle of insurable interest)은 보험계약자나 피보험자는 보험의 목적에 대하여 반드시 피보험이익을 가져야 한다는 원칙이다. "이익 없으면 보험 없다(no insurable interest, no insurance)."라는 말은 보험계약에서 피보험이익은 보험계약의 중심요소라는 것을 표현한 것이다. 특히, 손해보험계약에서 절대적으로 필요한 요소이다. 따라서 피보험이익이 소멸되면 그때부터 손해보험의 효력은 상실된다.

(2) 상법상의 규정(보험의 목적과의 구별)

상법 제668조는 피보험이익을 보험계약의 목적이라고 규정하고 있으며, 금전적으로 산출할 수 있는 이익으로 한정하고 있다.[1] 보험의 목적은 보험계약의 대상인 자동차, 주택, 선박, 화물이나 사람의 생명, 신체 등이고, 피보험이익은 그 목적에 대해 피보험자가 가지고 있는 이해관계를 의미하기 때문에 보험의 목적과 보험계약의 목적은 구별된다. 따라서 한 건물에 대해 소유자는 소유이익을 담보권자는 담보이익을 가진다면 동일한 보험의 목적물(건물)에 대해서 피보험이익이 서로 다르므로 별개의 보험계약이 가능하다.

우리나라는 독일이나 일본과 같이 피보험이익의 개념을 주로 손해보험의 중심요소로 삼고 있는 것이 통설이며, 생명보험에서는 이익주의가 아닌 동의주의[2]

---

1) 상법 제668조(보험계약의 목적) 보험계약은 금전으로 산정할 수 있는 이익에 한하여 보험계약의 목적으로 할 수 있다.

2) 동의주의란 생명보험에서 보험계약의 대상인 피보험자의 동의만 있으면 보험계약자와 피보험자 그리고 보험수익자 사이에 아무런 경제적 · 사회적 이해관계가 없다 하더라도 보험계약이 성립할 수 있도록 하는 것이다. 이것은 인보험이 정액보험으로서 보험사고가 발생하면 손해발생여부에 관계없이 무조건 보험수익자에게 약정한 금액을 지급하는 것이라는 데 논거를 두고 있다. 따라서 이 논리에 의하면 인보험에서는 피보험이익의 문제가 발생하지 않는다. 그러나 이러한 규정은 도덕적 위험(moral hazard)을 증대시킬 소지가 있다고 하겠다. 외국에 있어서는 인보험계약 성립에 있어서 피보험자와 보험수익자 혹은 보험계약자 간에 피보험이익이 존재할 것을 필수적인 요소로 요구하고 있으며, 최근 국내 일부 학자들

를 채택하고 있다.

(3) 피보험이익의 본질에 대한 학설

일반적으로 피보험이익의 본질에 대한 학설은 크게 이익설과 관계설로 대립되어 있다. 그러나 이들은 표현방식과 이해방법에 차이가 있을 뿐이다.

1) 이익설

이익설은 일정한 보험사고가 발생하면 피보험자에게 재산상의 손실이 따를 것이고, 역으로 발생하지 않으면 피보험자는 그만큼의 이익을 얻게 될 것이라는 측면에서 피보험이익의 개념을 설명하는 것이다.

2) 관계설

관계설은 보험의 목적에 대하여 보험사고의 발생여부에 따른 피보험자가 갖는 경제상의 이해관계가 피보험이익이라는 것이다. 피보험이익을 피보험자와 보험의 목적과의 이해관계로 보는 견해이다. 영미나 독일에서의 다수설이다. 이는 손해보험계약에서 일반적으로 인정되는 피보험이익이고, 생명보험계약에서는 보험계약자가 피보험자에 대해 가지는 경제적 이해관계로 해석하고 있다.

2 피보험이익의 요건

(1) 적법성(적법한 이익)

피보험이익은 법의 보호를 받을 수 있는 적법한 이익이어야 한다. 밀무역, 절도, 도박, 음란물 등과 같이 법의 규정을 위반하거나 공공질서에 위배되는 행위와 관련되어 얻을 수 있는 이익은 피보험이익이 될 수 없다. 이러한 적법성이 없는 것을 대상으로 하는 보험계약은 무효이고, 보험료를 청구할 수 없지만 이미 수령한 보험료는 반환할 필요가 없다. 그러나 운전자보험에서 벌금, 형사합의금

사이에서는 인보험계약에서도 피보험이익을 인정할 수 있고, 이익주의 도입이 필요하다고 주장하고 있다.

또는 변호사비용 등을 보상해 주는 경우와 같이 질서법규의 위반행위나 과실로 인한 위법행위에 대한 책임보험이 인정되는 경우도 있다.

(2) 경제성(금전으로 산정할 수 있는 이익)

피보험이익은 금전으로 산정할 수 있는 이익이어야 한다. 금전으로 평가할 수 없는 피보험이익은 손해액의 산정이 불가능할 뿐만 아니라 이러한 피보험이익을 인정한다면 피보험자는 보험을 악용하여 실손해액 이상의 손해배상을 받을 가능성이 있기 때문이다. 따라서 미술품, 골동품, 가보(家寶) 등 개인적인 특별한 가치밖에 없는 감정적 · 신앙적 이익은 피보험이익이 될 수 없다. 객관적으로 금전적 · 경제적 가치로 산정할 수 있으면 가능하나 산정할 수 없는 이익은 피보험이익으로 인정될 수 없다는 것이다. 그리고 우리나라의 생명보험계약에서 피보험이익의 개념을 인정하지 않는 것도 사람의 생명가치를 금전으로 평가하기 어렵기 때문이며, 동의주의를 채택하고 있는 이유이다.

(3) 확정성(확정적 이익)

피보험이익은 계약체결 당시 아니면 늦어도 사고발생 시까지는 객관적으로 그 존재 및 귀속이 확정되어 있어야 한다. 이익을 확정할 수 없다면 손해를 확정할 수 없고, 또 보험자는 손해액이나 피해자인 피보험자를 정할 수 없기 때문이다. 피보험이익의 존재를 보험기간 중에 언제든지 확정할 수만 있다면, 현재의 이익이건 장래 발생하는 이익(희망이익)이건 상관하지 않는다. 또한, 보험의 목적이 장래에 특정될 총괄보험[3]의 경우라도 보험사고발생 시에 피보험이익이 특정될 수 있다면 피보험이익은 확정된 것으로 본다. 따라서 피보험이익의 존재는 보험계약의 유효한 요건인 것이다.

---

3) 총괄보험이란 동산보험의 목적이 집합물로서 보험에 가입할 경우 보험기간 동안에 보험금액의 범위 내에서 집합물을 구성하는 개별물건의 교체성을 인정하면서 화재위험을 인수하는 보험이다. 예를 들어 창고의 보관물건이 보험기간 동안 수시로 교체·변동되어 특정되지 않는 경우에도 집합물로 부보가능한 예정보험의 형태로 보험사고발생 시 피보험이익의 존재와 주체를 확정할 수 있으면 되는 것이다. 총괄보험은 상법에서 "집합된 물건을 일괄하여 보험의 목적으로 한 때에는 그 목적에 속한 물건이 보험기간 중에 수시로 교체된 경우에도 보험사고의 발생 시에 현존한 물건은 보험의 목적에 포함된 것으로 한다(상법 제687조)."라고 규정하고 있는 집합보험의 일종이다.

3. 피보험이익의 존재시기

피보험이익이 있어야 하는 시점은 손해보험과 생명보험에서 다르다. 손해보험의 경우에는 계약체결 시뿐만 아니라 늦어도 손실발생시점에서는 반드시 있어야 한다. 손해발생 시 피보험이익이 존재하지 않으면 피보험자를 확정할 수 없기 때문이다.

예를 들어 화재보험에서 보험기간 내에 화재가 발생했지만 보험계약자인 A가 B에게 주택을 매도하였다면, A는 그 주택에 대한 피보험이익이 계약체결 시에는 있었지만 손해발생 시점에서는 없기 때문에 보험금을 수취할 수 없다. B도 보험증권에 피보험자로서 지정되지 않았기 때문에 보험금을 수취할 수 없다.

한편, 생명보험의 경우 피보험이익이 인정된다면 피보험이익은 계약체결 시에만 있으면 된다. 생명보험은 정액보험으로 사망 시에는 미리 약정된 보험금을 지정된 보험수익자에게 지급하기 때문에 손해보험에서와 같이 손실발생 시 피보험이익이 반드시 존재할 필요는 없다. 하지만 우리나라는 이익주의가 아닌 동의주의를 채택하고 있어 계약체결 시 피보험이익과는 관계없이 피보험자의 동의만 있으면 보험계약체결이 가능하다.

4. 피보험이익의 유형(종류)

피보험이익은 재산과 사람의 관계에 따라 여러 가지 유형이 있으며, 보험거래의 관행으로서 일반적인 부보대상이 되고 있는 가장 대표적인 이익은 소유이익이다. 그러나 이러한 소유이익과 같은 적극적인 이익만을 부보하는 손해보험도 있지만, 소유이익을 중심으로 다른 여러 소극적 이익까지도 부보하는 손해보험도 많이 있다. 피보험이익의 유형에 따른 보험상품의 종류를 보면 <표 3-7>과 같다.

표 3-7 피보험이익의 유형과 보험상품

피보험이익의 유형		보험상품
적극적 이익	소유이익	화재보험, 선박보험, 화물보험, 자차보험, 동산종합보험 등
	수익이익	해상보험의 선박불가동손실보험, 화재보험의 휴업손실보험
	채권이익	채권보전화재보험, 신용보험, 보증보험 등
	대상이익	해상보험의 운임보험, 선박수선비보험, 희망이익보험
소극적 이익	비용이익	해상보험의 손해방지비용, 화재보험의 잔존물처리비용보험
	책임이익	선박충돌손해배상책임보험, 제조물배상책임보험 등

(1) 적극적 이익

1) 소유이익(소유권이익)

소유이익은 재산의 소유권과 관련한 피보험이익이다. 소유이익은 각종 피보험이익 중에서도 가장 일반적인 이익이라 할 수 있으며, 재산에 대한 소유권은 다른 물권이나 채권에 의해 제한되어 있는 경우이든 장래 그 취득이 기대되고 있는 경우이든 관계없다. 대표적인 보험으로 화재보험, 선박보험, 화물보험, 자차보험, 도난보험, 동산종합보험 등을 들 수 있다.

2) 수익이익(대여이익)

수익이익은 보험의 목적인 물건을 소유하여 얻는 사용이익을 대여함으로써 얻을 수 있는 수익을 의미한다. 건물이나 선박을 타인에게 대여함으로써 얻는 임대료나 용선료 등을 의미한다.

3) 채권(자)이익

채권(자)이익은 채권이나 대부금에 대하여 채권자가 가지는 피보험이익을 의미한다. 이는 채무자의 불성실, 도산, 지급불능, 담보물의 멸실 등에 의한 채권취득불능으로 인하여 채권자가 입을 지도 모르는 피보험이익을 말한다. 관련된 보험으로는 채권보전화재보험, 신용보험,[4] 보증보험[5] 등이 있다.

4) 대상이익

대상이익은 어떤 대상(운임, 이익 등)의 취득을 목적으로 비용을 지출하였으나 그 물적 대상에 위험이 발생하여 취득이 곤란하게 된 경우의 피보험이익이다. 예를 들면 선주가 선비(선원비, 수선비, 선용품비 등)를 지출하였으나 해상위험의 발생으로 인하여 후불의 착불운임을 취득할 수 없게 된 경우나 화주가 운임을 선불하였으나 해상 위험의 발생에 의하여 희망이익을 얻을 수 없게 된 경우 등이다.

(2) 소극적 이익

1) 비용이익

보험사고의 발생으로 피보험자가 법률상의 의무나 일반사회규범에 의거하여 비용의 지출이 불가피한 경우의 피보험이익을 의미한다. 예를 들면 해상보험에 있어서의 손해방지비용, 임의구조료, 회항비용, 손해증명비용 등과 화재보험에 있어서의 일시비용과 잔존물 처리비용 등이 이에 속한다.

2) 책임이익

피보험자가 제3자의 재산 또는 신체나 생명에 손상을 입힌 경우에 피보험자가 피해를 입은 제3자에게 부담해야 하는 손해배상책임에 대한 피보험이익을 의미한다. 책임이익의 보험은 최근 권리의식의 고양, 손해배상액의 고액화, 컨슈머리즘에 대한 높은 지각, 피해자구제를 위한 법이념의 출현으로 그 중요성이 점점 높아지고 있다.

---

4) 신용보험은 채권자(보험계약자 겸 피보험자)의 채권미회수에 대한 위험과 손실을 보증보험회사가 담보해 주는 자기를 위한 보험이다. 대출기관이 대출원(리)금의 상환을 받지 못하는 경우에 보상하는 개인금융신용보험, 신용카드사업자가 카드대금 미회수 시 보상하는 신용카드신용보험, 할부판매업자가 할부판매대금 미회수 시 보상하는 할부신용보험 등 많은 종류가 있다.

5) 보증보험은 채무자가 자신의 채무이행을 보증하기 위하여 보험계약자가 되고, 채권자를 피보험자로 하여 보험계약자인 채무자의 채무불이행이나 불법행위로 인한 채권자가 입은 손해를 보상하는 보험이다. 상법에서 "보증보험계약의 보험자는 보험계약자가 피보험자에게 계약상의 채무불이행 또는 법령상의 의무불이행으로 입힌 손해를 보상할 책임이 있다(상법 제726조의5)."고 규정하고 있다. 신용보험이 자기를 위한 보험이라면, 보증보험은 타인을 위한 보험이다. 보증보험에는 신원보증보험, 입찰·공사·하자·계약·상품판매대금 등의 이행보증보험이 있다.

5. 피보험이익의 효용과 기능

(1) 보험자의 책임범위 결정과 도덕적 위험방지

손해보험계약에서 보험자의 책임(보험금액)은 이득금지의 원칙에 의해 피보험이익의 가액(보험가액)을 초과할 수 없다. 보험자는 피보험자가 보험의 목적에 가지는 피보험이익의 범위 내에서 입증이 가능한 손실을 한도로 책임을 진다. 예를 들어 보험가액(시가)이 10억원인 보험목적물에 대해 보험금액을 10억원 이상의 12억원으로 하여 보험계약을 체결하여 초과보험이 되었을 때 보험사고 시 보험금으로 12억원을 받을 수 있는 것이 아니라 보험가액 10억원의 범위 내에서 지급되는 것이다. 그러므로 피보험이익은 보험자의 책임범위를 결정하는 기준이 됨과 동시에 인위적 보험사고의 도덕적 위험을 방지할 수 있다.

(2) 보험계약의 동일성 판단기준

보험계약의 동일성을 구별하는 기준은 보험의 목적물이 아니라 피보험이익이다. 하나의 동일한 보험의 목적물에도 다수의 보험계약의 목적(피보험이익)이 존재할 수 있다. 예를 들어 동일건물에 대하여 소유권자와 저당권자는 각자 자신이 가지는 소유권과 저당권과 관련된 별개의 피보험이익을 가지므로 각자는 별도의 보험계약을 체결할 수 있다. 동일한 보험의 목적에 대해서도 피보험이익(보험계약의 목적)이 다르다면 별도로 복수의 보험계약이 체결될 수 있는 것이다. 따라서 피보험이익은 보험계약의 동일성 여부를 판단하는 기준이 된다.

(3) 초과보험, 중복보험 및 도박화의 방지

손해보험계약에서 보험금액은 실손보상의 원칙(이득금지의 원칙)에 의해 보험가액을 초과해서는 안 되는 것이다. 따라서 피보험자의 피보험이익의 평가액인 보험가액을 초과하는 초과보험[6]이나 동일한 피보험이익과 관련하여 여러 건을

---

6) 상법 제669조(초과보험) ① 보험금액이 보험계약의 목적의 가액을 현저하게 초과한 때에는 보험자 또는 보험계약자는 보험료와 보험금액의 감액을 청구할 수 있다. 그러나 보험료의 감액은 장래에 대하여서만 그 효력이 있다. ② 제1항의 가액은 계약당시의 가액에 의하여 정한다. ③ 보험가액이 보험기간 중에 현저하게 감소된 때에도 제1항과 같다. ④ 제1항의 경우에 계약이 보험계약자의 사기로 인하여 체결된 때

중복 계약함으로써 보험금액의 총액이 피보험이익의 가액을 초과하는 중복보험[7]을 규제하고 있다. 이같이 피보험이익의 가액은 보험금액과의 관계에 의하여 초과보험 및 중복보험의 판단기준을 제공하여 이러한 보험을 방지하며, 보험의 도박화도 방지할 수 있다. 그리고 일부보험과 전부보험의 판정기준이 된다.

<table>
<tr><td>제2절</td><td>실손보상의 원칙(이득금지의 원칙)</td></tr>
</table>

I. 실손보상의 개념

(1) 의의

실손보상의 원칙(principle of indemnity)이란 손해보험계약에서 보험자는 피보험자가 보험사고로 입은 재산상의 손해 가운데 실제로 입은 손실만을 보험금액 한도 내에서 보상한다는 원칙이다. 보험을 통해 재산적 이득을 취할 수 없도록 하는 이득금지의 원칙을 말한다.

예를 들어 A라는 건물의 소유주가 보험의 목적인 건물에 대해 보험금액 10억원의 화재보험에 가입한 후 보험기간 내에 화재로 2억원의 손실이 발생했다면, 보험회사는 보험금액 10억원을 보상하는 것이 아니라 실제로 입은 경제적 손실인 2억원만 보상하게 된다. 이같이 실제로 입은 손해액을 조사하여 그 손실만을 보상하며, 그 이상은 보상하지 않는 원칙이다. 보험의 도박화와 보험범죄를 방지하는 근간이 되므로 절대적인 강행법 원리로서 손해보험계약의 중요한 원칙이다.

에는 그 계약은 무효로 한다. 그러나 보험자는 그 사실을 안 때까지의 보험료를 청구할 수 있다.
7) 상법 제672조(중복보험) ① 동일한 보험계약의 목적과 동일한 사고에 관하여 수개의 보험계약이 동시에 또는 순차로 체결된 경우에 그 보험금액의 총액이 보험가액을 초과한 때에는 보험자는 각자의 보험금액의 한도에서 연대책임을 진다. 이 경우에는 각 보험자의 보상책임은 각자의 보험금액의 비율에 따른다. ② 동일한 보험계약의 목적과 동일한 사고에 관하여 수개의 보험계약을 체결하는 경우에는 보험계약자는 각 보험자에 대하여 각 보험계약의 내용을 통지하여야 한다. ③ 제669조 제4항의 규정은 제1항의 보험계약에 준용한다.

(2) 실제로 입은 경제적 손실

실손보상의 원칙의 기본이 되는 실제로 입은 경제적 손실은 손실의 실제현금 가액(actual cash value)을 말하는 것으로서 일반적으로 손실을 입은 재물의 대체 비용에서 경제적 감가상각을 차감한 금액이다.

실제현금가액 = 대체비용(replacement cost) − 감가상각(depreciation)

위에서 말하는 대체비용이란 실손보상을 하는 시점에서 손실을 원상태로 복 구하는 데 드는 비용을 말한다. 따라서 실제현금가액은 인플레이션과 감가상각 을 모두 고려한 개념이다.

2. 실손보상원칙의 준수ㆍ실현을 위한 규정

실손보상의 원칙을 준수ㆍ실현하기 위해 즉, 실손 이상의 보상을 제한하기 위 해 상법과 약관에 <표 3−8>과 같은 규정 들을 두고 있다. 상법은 앞에서 설 명한 피보험이익제도(상법 제668조), 뒤에 설명할 보험자대위제도(상법 제681조, 682조), 중복보험의 비례주의(상법 제672조), 손해액의 산정기준(상법 제676조)과 기 평가보험(상법 제670조) 등을 규정하고 있고, 약관은 타보험조항(타보험 존재 시 분 담제도), 과실상계 및 신구교환공제제도 등을 규정하고 있다. 한편, 실손보상원칙 의 예외가 있다. 보험계약 당시의 가액이 사고발생 당시의 가액을 현저하게 초 과하지 않는 기평가보험(상법 제670조), 대체비용보험(상법 제676조), 정액형의 생 명보험과 손해보험 등이다.

표 3-8 실손보상원칙의 준수ㆍ실현을 위한 상법(보험계약법)과 약관의 규정

	규정조항	규정내용 및 취지
상법	제668조(보험계약의 목적)	보험계약의 목적(피보험이익)을 기준으로 초과보험 이나 중복보험 시 실제손액이상의 보상을 방지하고, 피보험이익이 없는 계약은 무효로 하여 보험의 도박 화 방지

약관	제681조(보험목적의 대위) 제682조(제3자의 대위)	잔존물대위와 청구권대위를 통해 이중이득 방지
	제672조(중복보험)	중복보험으로 보험금액총액이 보험가액을 초과할 때 연대비례보상
	제676조(손해액 산정기준) 제670조(기평가보험)	- 보상손해액은 손해가 발생한 때와 곳의 가액으로 산정함 - 기평가보험의 경우라도 그 가액이 사고발생 시의 가액을 현저하게 초과할 때는 사고발생 시의 가액으로 정함
	타보험조항	하나의 손해에 둘 이상의 보험자가 있을 때 각 보험자의 분담지급
	과실상계, 신구교환 공제	형평의 원칙에 의해 과실비율만큼 또는 손해와 함께 이익을 얻었다면 그 이익만큼 공제

(1) 상법(보험계약법)과 약관상의 규정

1) 상법(보험계약법)상의 규정

① 피보험이익제도(상법 제668조 보험계약의 목적)

피보험이익이란 피보험자가 보험의 목적에 대하여 갖고 있는 경제상(금전상)의 이익이다. 보험계약의 목적으로 표현되며, 보험자의 보상책임의 최고한도액인 보험가액을 정하는 기준이다. 피보험이익의 값인 보험가액은 일부보험, 초과보험, 중복보험의 판단기초가 되어 피보험자가 이들 보험을 통해 실제손해액이상의 보상을 받아 이득을 보는 것을 방지할 수 있다. 또한, 피보험이익이 없는 보험계약은 무효로 규정하여 손해보험계약의 도박화를 방지할 수 있다.

② 보험대위제도(상법 제681조 잔존물대위, 상법 제682조 청구권대위)

보험대위란 보험자가 보험금을 지급한 경우 보험계약자 또는 피보험자가 보험의 목적(잔존물)이나 제3자에 대한 권리(손해배상청구권)를 보험자가 법률상 당연히 취득하도록 하는 규정이다. 보험자가 보험금을 지급한 후에도 피보험자에게 경제적 가치가 남아 있는 잔존물을 소유하게 한다거나 보험사고를 유발한 제3자에 대한 손해배상청구권을 갖게 한다면 피보험자는 이득을 볼 수 있으므로 보험대위제도는 이득금지의 원칙을 실현하기 위한 규정이다.

③ 중복보험의 비례주의(상법 제672조 중복보험)

중복보험으로 보험금액의 총액이 보험가액을 초과할 때에는 보험자는 각자의 보험금액의 한도 내에서 연대책임과 비례주의에 의해 보상함을 규정하여 이중보상에 의한 이익을 방지하고 있다.

④ 손해액의 산정기준(상법 제676조)과 기평가보험(상법 제670조)

보상손해액의 산정은 손해가 발생한 때와 곳의 가액을 기준으로 정한다. 기평가보험이라도 그 가액이 사고발생 시의 가액을 현저하게 초과한 때는 사고발생 시의 가액으로 산정하여 초과이익을 방지하기 위한 규정이다.

2) 약관상의 규정

① 타보험조항

타보험조항이란 하나의 손해에 보상책임이 있는 둘 이상의 보험자가 있을 때 각 보험자 간에 분담여부 및 보상방법을 사전에 약관에 규정하여 실손해액 이상을 지급받는 것을 방지하고 있다.

② 과실상계, 신구교환공제

형평성의 원칙에 의해 과실비율만큼 또는 손해와 더불어 이익을 얻었다면 그 이익만큼을 공제하는 규정을 두어 이득을 방지하고 있다. 예를 들어 분손사고 시 새로 수리하거나 새 부품으로 교환한 경우 보험목적물의 가치가 증가했다면 그 증가액만큼 공제하고 지급한다는 규정이다.

(2) 실손보상원칙의 예외

1) 기평가보험(협정가액보험)

기평가보험이란 골동품, 예술품, 가보(家寶) 등과 같은 손실발생 시점에서 실제의 현금가액을 정확히 산정하기 어려운 보험의 목적물에 대해 보험계약자와 보험자가 미리 평가하여 합의한 금액을 보험가액으로 계약을 체결하는 보험으로 협정가액보험이라고도 한다. 실제 보험사고로 보험금을 지급할 때 사고 당시 실제가액과 관계없이 합의하에 계약된 금액(face amount of insurance)을 지급하는 보험계약이다. 단, 당사자 간에 정한 보험계약 당시의 가액을 사고발생 시의 가액으로 추정하여 인정하지만 그 가액이 보험사고발생 시의 가액을 현저하게 초과하지 않을 때만 인정된다(상법 제670조).[8]

2) 대체비용보험(복원보험 또는 신가보험)

대체비용보험(replacement cost insurance)은 보험사고가 발생했을 때 실손보상액을 결정하는 데 있어 신자재 대체비용에서 감가상각비를 공제하지 않고, 보험의 목적물과 동종, 동형, 동질의 신품을 구입하는 데 소요되는 비용을 지급하는 보험으로 복원보험(reinstatement insurance) 또는 신가보험[9]이라고도 한다.

대체비용보험은 실손보상의 원칙의 예외로 이용되기 때문에 도덕적 위험이 발생할 수도 있다. 따라서 가동유지를 목적으로 하는 기계보험이나 현물보상을 주로 하는 유리보험과 같이 도덕적 위험이 우려되지 않는 보험에 한하여 사고로 인한 실제 소요비용이나 현물을 지급하는 것으로 보험정책적인 측면에서 인정한 것이다.

3) 정액형의 생명보험과 손해보험

생명보험계약의 부보대상인 인체는 보험사고가 발생했을 때 그 당시의 실제 현금가액을 계산한다는 것은 불가능하므로 계약을 체결할 때 사망보험금을 미리 정하는 정액보험의 형태로 계약이 이루어진다. 생명보험계약에 실손보상의 원리를 적용한다는 것은 어렵다. 그리고 손해보험의 상금보험이나 방어비용보험도 소요비용에 관계없이 정액의 보험금이 지급되므로 실손보상의 예외에 해당된다.

---

8) 상법 제670조(기평가보험) 당사자 간에 보험가액을 정한 때에는 그 가액은 사고발생 시의 가액으로 정한 것으로 추정한다. 그러나 그 가액이 사고발생 시의 가액을 현저하게 초과할 때에는 사고발생 시의 가액을 보험가액으로 한다.

9) 상법 제676조(손해액의 산정기준) ① 보험자가 보상할 손해액은 그 손해가 발생한 때와 곳의 가액에 의하여 산정한다. 그러나 당사자 간에 다른 약정이 있는 때에는 그 신품가액에 의하여 손해액을 산정할 수 있다. ② 제1항의 손해액의 산정에 관한 비용은 보험자의 부담으로 한다.

I. 보험자대위의 개념

(1) 의의, 종류 및 취지

보험자대위의 원칙(principle of subrogation[10])이란 보험자가 보험사고로 인한 피보험자의 손해에 대해 보험금을 지급했을 때에는 보험계약자 또는 피보험자가 보험의 목적물(잔존물) 또는 사고를 야기한 제3자[11])에 대하여 가지는 권리(손해배상청구권)를 보험자가 법률상 당연히 취득해야 한다는 원칙이다. 상법 제681조[12])는 보험자가 보험의 목적물에 대한 권리를 대위하는 잔존물대위(salvage)를 상법 제682조[13])는 보험자가 제3자에 대한 권리를 대위하는 청구권대위(subrogation)를 각각 규정하고 있다.

보험자로부터 보험금을 지급받은 피보험자가 잔존물이나 제3자에 대한 권리

---

10) subrogation은 대위로 번역되며 민법 또는 상법에서 사용하는 법률상의 용어로서 권리의 주체 또는 객체인 지위에 갈음하는 뜻이다. 즉, 보험자·채권자대위권은 대위자(보험자·채권자)가 피대위자(피보험자·채무자)의 지위에서 그 권리를 행사하는 것이다. 피대위자가 가지는 일정한 물건 또는 권리가 법률상 당연히 대위자에게 이전한다는 뜻이다.

11) 제3자란 보험사고를 일으켜 피보험자에게 손해배상의무를 지는 자로서 보험계약자나 피보험자 이외의 자이며, 피보험자와 함께 생활하는 가족이나 피용자는 고의로 손해를 발생하게 한 경우가 아니면 제3자에 포함되지 않는다(대법원 2000.9.29. 선고 2000다33331 판결, 2001.6.1. 선고 2000다33089 판결). 우리 판례에서는 보험사고가 보험계약자, 피보험자, 보험수익자 본인뿐만 아니라 이들과 특수한 관계에 있는 자 예를 들어 동거가족 또는 동거피용자의 고의나 중과실에 의해 발생한 경우도 보험자면책을 인정하는 대표자책임이론을 인정하지 않고 있다. 또한, 상법 제682조(제3자에 대한 보험대위)에는 "보험계약자나 피보험자의 제1항(손해배상청구권)에 따른 권리가 그와 생계를 같이 하는 가족에 대한 것인 경우 보험자는 그 권리를 취득하지 못한다. 다만, 손해가 그 가족의 고의로 인하여 발생한 경우에는 그러하지 아니하다."고 규정하고 있다. 만약 가족이나 피용자도 제3자에 포함시켜 보험자의 대위가 인정된다면, 피보험자는 이들과 특수 관계에 있으므로 사실상 보험의 효용이 없어지기 때문이다.

12) 상법 제681조(보험목적에 관한 보험대위) 보험의 목적의 전부가 멸실한 경우에 보험금액의 전부를 지급한 보험자는 그 목적(잔존물)에 대한 피보험자의 권리를 취득한다. 그러나 보험가액의 일부를 보험에 붙인 경우에는 보험자가 취득할 권리는 보험금액의 보험가액에 대한 비율에 따라 이를 정한다.

13) 상법 제682조(제3자에 대한 보험대위) ① 손해가 제3자의 행위로 인하여 생긴 경우에 보험금을 지급한 보험자는 그 지급한 금액의 한도에서 그 제3자에 대한 보험계약자 또는 피보험자의 권리(손해뱀상청구권)를 취득한다. 다만, 보험자가 보상할 보험금의 일부를 지급한 때에는 피보험자의 권리를 해하지 아니하는 범위 내에서 그 권리를 행사할 수 있다.

를 그대로 보유하게 하여 행사할 수 있도록 한다면 실제로 입은 손해 이상으로 이득을 얻게 되는 것이므로 실손보상(이득금지)의 원칙에 정면으로 반하기 때문이다. 보험사고에 의한 피보험자의 이중이득을 방지하고, 보험사고에 책임이 있는 제3자가 피보험자의 보험금 수령으로 그 책임을 면하게 되는 것을 막기 위한 제도이다.

(2) 인정근거와 법적 성질

1) 인정근거

보험자대위제도의 인정근거는 실손보상의 원칙(이득금지의 원칙) 준수·실현과 가해자인 제3자가 피보험자의 보험금 취득으로 손해배상책임을 면하게 되는 것을 방지하기 위한 것이다. 보험자대위의 인정에 대한 대표적인 주장에는 손해보상계약설과 보험정책설이 있다. 판례는 어느 하나의 설에 한정할 실익이 없으므로 통설적으로 해석하고 있다.

① 손해보상계약설(이득금지설)

손해보험의 목적은 보험사고로 인하여 입게 된 피보험자의 손실을 보상하는 것이지 피보험자에게 어떤 이득을 주려는 것이 아니라는 이중이득금지의 원칙에 근거를 두는 입장이다(다수설).

② 보험정책설

피보험자에 의한 보험계약의 도박화를 방지하고, 보험사고의 유발을 저지하기 위한 것이 보험자대위의 인정근거가 될 수 있다는 설이다. 손해보험에서 신가보험이 인정되고 있고, 인보험은 그 성질상 보험자대위를 금지하고 있지만 상해보험이나 국민건강보험에서 이를 허용하고 있는 경우가 있으므로 보험자대위를 인정하는 근거를 보험정책설로 보는 것이 타당할 것이다. 그러나 판례는 보험자대위의 근거를 이득금지라는 실손보상계약적 성질과 보험정책적인 면 모두에서 찾는 통설적 입장을 취하고 있다.

2) 법적 성질(법률상 당연히 피보험자의 권리이전)

보험자대위를 민법 제399조(손해배상자의 대위)[14]와 같은 성질의 것으로 보는 것이다. 보험금지급 등 대위의 요건만 충족되면 당사자의 의사표시와 상관없이 보험계약자나 피보험자가 보험의 목적물 또는 제3자에 대하여 가지고 있던 권리가 보험자에게 당연히 이전된다.

보험자는 잔존물대위의 경우에는 등기 또는 인도 등 물권변동의 절차를 거치지 않고도 그 권리를 주장할 수 있으며, 청구권대위의 경우에는 민법 제450조(지명채권 양도의 대항요건)[15]에 관한 절차 없이 제3자에게 대항할 수 있는 것이다.

2. 보험목적에 관한 보험자대위(잔존물대위)

(1) 의의와 요건

1) 의의와 취지

보험의 목적물에 전손사고가 발생한 경우 보험금액의 전부를 지급한 보험자는 그 목적물에 대한 피보험자의 권리를 법률상 당연히 취득하는 제도이다. 상법 제681조는 보험목적에 관한 보험대위라고 규정하고 있고 실무적으로 잔존물대위라고 부른다.

[그림 3-8]과 같이 전손의 보험사고가 발생하여 보험계약자의 보험금청구에 의한 보험자의 손해액 전액의 보험금지급이 이루어지고 나면 금전적 가치가 남아 있는 잔존물에 대한 권리가 물권이동의 절차 없이 보험자에게 이전되는 것이다. 예를 들어 화재, 자동차 및 해상사고 후 잔존하는 석재, 엔진, 침몰된 선박 등 잔존물에 대한 권리가 보험금을 지급한 보험자에게 법률상 당연히 이전되는 제도이다.

---

14) 민법 제399조(손해배상자의 대위) 채권자가 그 채권의 목적인 물건 또는 권리의 가액전부를 손해배상으로 받은 때에는 채무자는 그 물건 또는 권리에 관하여 당연히 채권자를 대위한다. 채권자의 이중이득을 방지하기 위한 것이다.

15) 민법 제450조(지명채권양도의 대항요건) ① 지명채권의 양도는 양도인이 채무자에게 통지하거나 채무자가 승낙하지 아니하면 채무자 기타 제3자에게 대항하지 못한다. ② 전항의 통지나 승낙은 확정일자 있는 증서에 의하지 아니하면 채무자 이외의 제3자에게 대항하지 못한다.

그림 3-8   잔존물대위의 과정

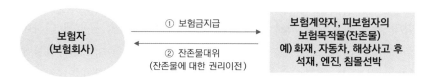

전손으로 처리하여 보험금 전액을 지급받은 피보험자가 잔존물에 대한 소유권을 그대로 가지고 잔존물을 처리하여 실손 이상의 이득을 얻는 것을 방지하기 위한 것이다. 또한, 잔존물의 가액을 계산하는 데 많은 시간과 비용이 소요되고, 피보험자가 잔존물을 매각처분해야 하는 불편을 주게 되므로 피보험자의 권익을 보호하기 위한 것이다.

2) 요건

① 보험목적(보험의 목적, 보험의 목적물)의 전부멸실

잔존물대위가 성립하기 위해서는 보험목적의 전부가 멸실되어야 한다. 전부멸실이란 보험계약 체결 당시에 보험의 목적물이 가진 경제적 가치가 전부 멸실한 것으로 전손과 같은 의미이다. 따라서 분손은 잔존물대위가 불가하다.

② 보험금액의 전액지급

보험금액의 전액지급이란 피보험자가 보험의 목적물에 입은 손해에 해당하는 보험금뿐만 아니라 보험자가 부담하는 손해방지비용(상법 제680조)이나 손해액산정에 관한 비용(상법 제676조 제2항)까지 지급한 것을 말한다. 따라서 보험자가 보험금액의 일부만을 지급한 때에는 그 지급액부분만큼만 권리가 이전되는 것은 아니다.

(2) 효과

1) 보험의 목적에 대한 권리의 이전

① 당연이전 및 이전범위

보험의 목적물에 전손이 발생한 경우에 보험금액의 전부를 지급한 보험자는 보험의 목적(잔존물)에 가지는 피보험이익에 관한 모든 피보험자의 권리를 취득하게 된다.

보험의 목적물에 대한 피보험자의 권리의 이전은 법률의 규정에 의하여 당연히 이루어지는 것이므로 보험자가 보험금액을 전부 지급하면, 그 목적물에 대한 권리이전 절차인 등기나 인도(점유이전)와 같은 물권변동의 절차 없이 보험의 목적에 대한 피보험자의 권리가 보험자에게 이전하게 된다. 따라서 피보험자는 그 목적물에 대하여는 특약이 없는 한 아무런 권리를 가지지 못하기 때문에 잔존물을 임의로 처분할 수 없고, 보험약관에 따라 보전의무만 부담하게 된다.

② 권리이전의 시기

보험자의 보험목적에 대한 대위권 취득의 시기는 보험사고의 발생시기가 아니고, 보험금과 비용을 전부 지급한 때이다. 그러므로 피보험자가 보험금을 지급받기 전까지는 그 목적물을 임의로 처분할 수 있으며, 만약 임의처분하였다면 보험자는 보험금에서 그만큼을 공제할 수 있고, 보험금을 지급받은 후에 이를 처분한 때에는 보험자는 피보험자에 대해 그로 인한 손해배상을 청구할 수 있다.

③ 피보험자의 협조의무

피보험자는 보험금의 지급을 받아 보험의 목적에 대한 권리가 보험자에게 이전된 후에도 그 보험의 목적을 점유하고 있는 것이 일반적이다. 또한, 그 내용을 가장 잘 알고 있는 위치에 있기 때문에 보험자의 권리행사를 위해 피보험자의 협조가 필요하다. 만약, 위반했을 경우 손해배상책임을 부담하게 된다.

2) 일부보험의 경우

일부보험에서 보험금액의 전부를 지급한 보험자가 취득할 권리는 보험금액의 보험가액에 대한 비율에 따라 취득하게 된다(상법 제681조 단서). 이에 따라 일부보험의 경우에는 잔존물에 대한 권리가 그 비율에 따른 부분만이 보험자에게 귀속하게 되므로 보험자와 피보험자는 그 잔존물에 대하여 공유관계가 성립하게 된다. 예를 들어 보험가액이 5억원인 선박을 보험금액 4억원으로 부보한 경우에는 피보험자는 1억원에 대하여 자가보험자가 되어 구조물의 1/5에 대한 권리를 가지게 되고, 보험자는 4/5에 대한 권리만을 취득하게 되는 것이다.

3) 대위권의 포기

보험자는 대위권의 취득으로 공법상의 잔존물제거의무를 부담해야 하는 경우에 보험대위권을 포기하고, 보험목적에 따른 공법상 또는 사법상의 부담을 피보험자에게 귀속시킬 수 있다. 예를 들어 화재보험이나 해상보험에서 석재나 난파물 같은 잔존물을 제거해야 하는 공법상의 의무를 부담하게 될 때 제거비용이 잔존물가액을 초과할 경우 보험자는 잔존물대위권을 취득하는 것이 불이익하므로 대위권을 포기할 수 있다.[16] 포기할 때에는 즉시 그 사실을 피보험자에게 통지하여 공법상 혹은 사법상의 채무이행 금액을 피보험자가 부담하게 할 수 있다. 그리고 보험자의 잔존물취득의 의사표시는 피보험자의 권익보호와 법적 안정성을 위하여 보험금을 지급한 후에는 할 수 없다고 본다.

(3) 해상보험의 보험위부와의 비교

해상보험에서의 보험위부(abandonment)제도는 현실전손은 물론이고, 현실전손과 동일시할 수 있는 선박 또는 적하의 점유상실이나 수선비 과다 및 행방불명[17]과 같은 추정전손이 발생한 경우에도 손해액 산정에 소요되는 시간과 비용을 줄이기 위하여 피보험자가 보험목적물에 가지고 있는 모든 권리를 보험자에게 특별한 의사표시인 위부(권한포기)를 하여 보험금액의 전부를 청구할 수 있는 해상보험 특유의 제도이다.[18]

---

16) 주택화재보험 보통약관 제13조(잔존물)에서 보험자는 공·사법상의 부담을 면하기 위하여 대위권포기를 전제로 회사가 제3조(보상하는 손해) 제1항의 "보험금을 지급하고 잔존물을 취득할 의사표시를 하는 경우에는 그 잔존물은 회사의 소유가 됩니다."라는 조항을 두어 보험자의 잔존물취득의 의사표시가 없는 한 원칙적으로 잔존물에 대한 모든 권리가 피보험자에게 속하게 되므로 잔존물에 대한 공법상 또는 사법상의 모든 의무도 피보험자가 부담하게 된다.

17) 상법 제711조(선박의 행방불명) ① 선박의 존부가 2월간 분명하지 아니한 때에는 그 선박의 행방이 불명한 것으로 한다. ② 제1항의 경우에는 전손으로 추정한다.

18) 상법 제710조(보험위부의 원인) 다음의 경우에는 피보험자는 보험의 목적을 보험자에게 위부하고, 보험금액의 전부를 청구할 수 있다. 1. 피보험자가 보험사고로 인하여 자기의 선박 또는 적하의 점유를 상실하여 이를 회복할 가능성이 없거나 회복하기 위한 비용이 회복하였을 때의 가액을 초과하리라고 예상될 경우 2. 선박이 보험사고로 인하여 심하게 훼손되어 이를 수선하기 위한 비용이 수선하였을 때의 가액을 초과하리라고 예상될 경우 3. 적하가 보험사고로 인하여 심하게 훼손되어서 이를 수선하기 위한 비용과 그 적하를 목적지까지 운송하기 위한 비용과의 합계액이 도착하는 때의 적하의 가액을 초과하리라고 예상될 경우이다.

잔존물대위는 피보험자에게 현실전손이 발생하고, 보험자가 그 손실의 전부를 보상하면 피보험자의 의사표시와 관계없이 잔존물에 대한 권리를 당연히 보험자가 취득하는 것이다. 그러나 보험위부제도는 추정전손까지도 처리 가능하지만 보험목적물에 대한 모든 권리를 포기(위부)한다는 의사표시가 반드시 필요하다. 그리고 잔존물대위는 실손보상의 원칙(이득금지의 원칙)의 실현에 그 취지가 있지만 보험위부는 손해액 산정의 시간과 비용의 절약에 그 취지가 있다.

3. 제3자에 대한 보험자대위(청구권대위)

(1) 의의, 취지와 요건

1) 의의와 취지

보험사고에 의한 손해가 제3자[19]의 행위로 인하여 발생한 경우에 보험금을 지급한 보험자는 제3자의 귀책사유를 입증할 필요 없이 그 지급한 금액의 한도 내에서 제3자에 대한 보험계약자 또는 피보험자의 권리(손해배상청구권)를 취득하는 것을 말한다(상법 제682조 본문).

[그림 3-9]와 같이 제3자의 불법행위 또는 계약위반으로 손해를 본 피해자인 피보험자는 가해자인 제3자의 과실에 대하여 손해배상청구권과 보험계약에 근거한 보험금청구권을 동시에 취득하게 되고, 이를 모두 행사하게 한다면 피보험자는 이득을 보게 될 것이다.

예를 들어 자동차보험에서 보험계약자가 자동차사고로 500만원의 손해가 발생했을 경우에 피해자인 보험계약자는 피보험자로서 보험자에게 보험금청구로 500만원을 보상받을 수 있음과 동시에 가해자인 제3자에게 손해배상청구로도 500만원을 배상받을 수 있다. 이를 모두 인정한다면 보험사고의 피해자인 피보

---

19) 제3자란 보험계약에서 보험자와 보험계약자 또는 피보험자는 계약의 당사자이므로 그 외의 자를 의미한다. 여기서 유의할 점은 화재보험에서 피보험자와 생계를 같이하는 가족구성원이나 자동차보험에서 기명피보험자의 친족피보험자, 승낙피보험자, 사용피보험자, 운전피보험자도 피보험자의 범주에 속하므로 제3자에 해당되지 않는 것으로 보는 것이 판례의 입장이다. 한편 상법 제682조에서도 피보험자가 이들 제3자에 대하여 손해배상청구권을 취득한다고 하여도 일반적으로 이들에게 행사하지 않을 것이고, 이중이득의 가능성도 없기 때문에 이들의 고의에 의한 보험사고가 아닌 이상 이들은 보험자대위의 객체인 제3자가 되지 않는다고 규정하고 있다.

험자는 500만원의 이득을 보게 되는 것이다. 이를 방지하기 위해 보험자가 피보험자에게 보험금을 지급한 후 피보험자의 제3자에 대한 손해배상청구권에 대하여 대위를 인정하여 구상권을 행사할 수 있도록 함으로써 실손보상의 원칙을 준수하고자 하는 것이다. 또한, 배상의무자(가해자 등)인 제3자가 피보험자의 보험금 수령으로 그의 책임을 면하는 것도 불합리하므로 이를 방지하려는 데 그 목적이 있다.

그림 3-9 보험자대위(청구권대위)의 개념

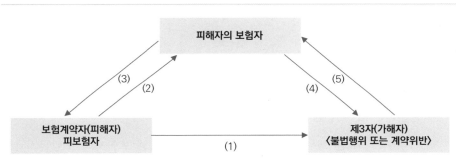

주: (1) 제3자의 과실에 대한 손해배상청구권 (2) 보험금청구권 (3) 보험금지급(대위권취득) (4) 손해배상청구(구상권행사) (5) 손해배상

청구권대위는 실손보상의 원칙(이득금지의 원칙)의 적용과 권한의 발생시기가 보험금을 지급한 때라는 점은 잔존물대위와 동일하지만, 전손뿐만 아니라 분손도 포함하며, 보험금의 전액을 지급할 필요 없이 일부만 지급하여도 그 범위 내에서 대위권을 행사할 수 있다는 것은 잔존물대위와 다른 점이다.

2) 요건

① 제3자의 행위에 의한 보험사고 발생

제3자에 대한 청구권대위를 인정하기 위해서는 보험사고가 제3자의 행위로 인해 발생하고, 피보험자가 제3자에 대하여 손해배상청구권을 가질 것을 필요로 한다. 여기서 제3자의 행위는 불법행위뿐만 아니라 채무불이행으로 인한 손해배상의무를 부담하는 경우를 포함한다. 또한, 선장의 공동해손처분처럼 적법행위에 의한 경우도 포함된다.

② 보험금 지급

보험자는 제3자의 행위로 인한 피보험자의 손해를 보험계약의 조건에 따라 적법하게 보험금을 지급하여야 한다. 보험금 이외에 손해방지비용도 지급해야 할 경우 이 비용도 지급해야 한다. 보험금의 지급은 보험자의 의무로서 지급하는 것으로 반드시 보험계약에서 정한 한도의 모든 금액을 지급하여야 하는 것은 아니고, 일부만을 지급하여도 그 지급한 범위 내에서 그 대위권을 행사할 수 있다. 이 점은 잔존물대위와 다르다.

(2) 효과

1) 권리의 이전

① 당연이전 및 이전범위

제3자의 책임 있는 행위로 보험사고가 발생한 때에는 보험자의 보험금지급에 의하여 보험계약자나 피보험자가 가지는 제3자에 대한 권리인 손해배상청구권은 당연히 보험자에게 이전된다. 이러한 제3자에 대한 손해배상청구권을 대위하는 청구권대위의 행사는 바로 피보험자가 보험사고로 말미암아 제3자에게 가지고 있던 권리를 행사하는 것이므로 피보험자의 권리의 범위에 의해 제한된다. 다시 말해 보험자는 피보험자가 제3자에 대하여 가지는 권리보다 더 큰 권리를 가질 수 없다.

② 권리취득의 제한

보험자가 보상할 보험금액의 일부만을 지급한 때에는 보험자는 피보험자의 권리를 침해하지 아니하는 범위 내에서 그 권리를 행사할 수 있다. 이러한 이유는 손해를 완전히 보상받지 않고 있는 피보험자의 배상청구권을 방해하지 않도록 하기 위한 것이다.

③ 권리이전의 시기와 피보험자의 협조의무

보험자의 제3자에 대한 청구권대위의 취득의 시기는 보험사고의 발생시기가 아니고, 보험금액을 지급한 때이다. 그리고 보험자가 보험금의 지급 이후에 제3자에 대한 피보험자의 권리를 취득하더라도 제3자와 관계가 유지되고 있는 보험계약자 또는 피보험자의 협조가 없으면 대위권을 행사하기가 곤란하다. 따라서 피보험자는 보험금을 지급받은 후에는 보험자가 그 권리를 행사할 수 있도록 협조해야 할 의무를 가지게 된다.

2) 피보험자에 의한 권리의 처분

피보험자는 보험자로부터 보험금을 수령하기 전까지는 제3자로부터 자유롭게 손해배상을 받거나 포기 또는 면제할 수도 있다. 그리고 피보험자 등이 제3자로부터 손해배상을 받았을 때는 보험자는 그 한도 내에서 면책되며, 완전히 변제를 받았을 때는 이중이득금지의 법리에 따라 보험자에게 보험금을 청구할 수 없다. 한편, 피보험자가 보험금을 지급받은 후에는 제3자에 대한 청구권은 당연히 보험자에게 이전되므로 피보험자가 이 청구권을 임의로 행사하거나 처분할 수 없다. 따라서 제3자는 피보험자의 청구에 따를 법률상의 의무가 없다.[20]

3) 공동불법행위자에 대한 구상권

공동불법행위자 중의 1인과 보험계약을 체결한 보험자가 피해자인 자기의 피보험자에게 보험금을 모두 지급함으로써 다른 공동불법행위자들이 공동면책되었다면 보험금을 지급한 보험자는 상법 제682조의 보험자대위의 법리에 따라 그 공동불법행위자의 다른 공동불법행위자에 대한 구상권[21]을 취득하여 그의 보험자에게 행사할 수 있다.[22] 그리고 각 공동불법행위자의 보험자들 상호 간에도 보험금액을 한도로 하여 직접청구권을 행사할 수 있다.[23] 예를 들어 자동차의 연쇄충돌로 둘 이상의 자동차가 공동으로 사고에 관여하게 된 경우 적용할 수 있다.

---

20) 박세민(2021), 보험법, 박영사, pp.543-544.
21) 구상권이란 연대 채무자·보증인·물상보증인 중에서 누군가가 자기의 채무액 이상을 변제한 경우에 다른 연대채무자 또는 주된 채무자에게 상환을 청구할 수 있는 권리이다.
22) 대법원 1994.10.7. 선고 94다11071 판결, 대법원 1995.7.14. 선고 94다36698 판결, 대법원 1998.7.10. 선고 97다17544 판결.
23) 대법원 2002.9.4. 선고 2002다4429 판결.

제4절 | 금반언의 원칙

1. 의의와 취지

금반언의 원칙(principle of estoppel)이란 이미 표명한 자기의 언행에 대하여 이와 모순되는 행위를 할 수 없다는 원칙이다. 민법 제2조 신의성실의 원칙(신의칙)에서 파생된 법리로서 '선행행위와 모순되는 후행행위의 금지', 즉 모순행위금지의 원칙이다. 권리자의 권리행사가 그의 종전의 행동과 모순되는 경우에 그러한 권리행사는 허용되지 아니한다는 원칙이다. 보험계약에서 보험자가 보험계약자나 피보험자의 요구에 동의하여 믿게 하는 선행행위를 한 후 향후 계약이행을 거절하는 모순된 후행행위를 금지하는 것이다.

예를 들어 생명보험계약에서 보험계약자 또는 피보험자가 보험가입 시 과거 질병에 대해 고지하려고 하였으나 보험자는 중요한 사실이 아니라고 하며 계약을 인수한 후 보험사고가 발생하자 보험금을 청구했을 때 고지의무위반을 이유로 보험금지급을 거절한다면 금반언의 원칙에 위배되어 거절할 수 없다. 보험자의 모순된 행동으로부터 보험계약자나 피보험자를 보호하고자 하는 것이다.

2. 요건

금반언의 원칙이 적용되기 위해서는 다음과 같은 요건이 필요하다. 첫째, 권리자의 선행행위가 있을 것 둘째, 권리자가 자신의 선행행위와 모순되는 후행행위를 하였을 것 셋째, 상대방의 보호가치 있는 신뢰가 있을 것 넷째, 후행행위에 원래대로의 효력을 인정하면 상대방의 정당한 신뢰를 침해하게 될 경우이다.

제8장

보험계약의 법률효과

일반적으로 계약의 법률효과란 계약당사자나 관계자 간의 계약상의 권리와 의무관계를 말한다. 보험계약의 효과는 보험계약의 당사자인 보험자와 보험계약자 간의 권리와 의무가 근간이고, 그 외 보험금청구권자인 손해보험의 피보험자, 인보험의 보험수익자와 당사자 간의 권리와 의무를 의미한다.

[그림 3-10]과 같이 보험계약자의 청약 후 보험자의 승낙으로 보험계약이 체결되기 전까지 보험자의 주요 의무는 보험약관교부·설명의무이고, 보험계약자의 주요 의무는 위험관련 내용의 고지의무와 제1회 보험료지급의무이다. 보험계약이 체결된 이후 보험자의 주요 의무는 보험계약과 계약내용을 증명하기 위한 보험증권의 교부와 보험기간 중에 발생한 보험사고에 대한 보험금지급의무가

그림 3-10 보험기간 동안 보험계약의 법률효과(보험약관의 보험계약조건)의 흐름

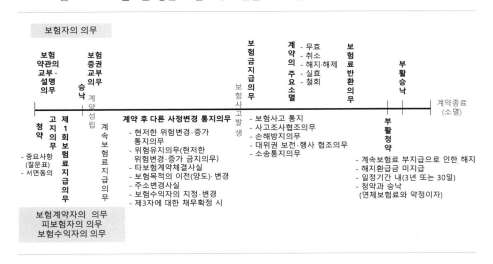

있고, 보험계약자 측은 계속보험료지급의무, 위험유지의무, 통지의무(현저한 위험 변경·증가, 타보험계약체결사실, 보험목적의 양도·변경사실, 보험사고 등) 그리고 손해방지, 대위권 보전·행사협조의무 등이 있다.

제1절 **보험자의 의무**

I. 보험약관과 이의 교부·설명의무

(1) 보험약관(보험계약의 내용)

1) 약관과 보험약관의 의의

약관이란 "그 명칭이나 형태 또는 범위를 불문하고 계약의 일방 당사자가 다수의 상대방과 계약을 체결하기 위해 일정한 형식에 의하여 미리 마련된 계약의 내용이 되는 것(약관규제법 제2조 제1항)"이라고 정의하고 있다.[1] 이에 따르면 보험약관(insurance policy)이란 보험자가 동질적인 다수의 보험계약을 체결하기 위하여 일방적으로 미리 작성한 보험계약의 내용을 이루는 정형적인 보험계약조항으로 약관규제법의 적용을 받는 것이다. 보험자의 일방에 의하여 작성된 보험약관은 보험계약자의 반대의사표현이 없는 한 계약당사자 쌍방을 구속하는 것이다.

① 보험약관의 조항내용

보험약관의 조항내용은 상법 제4편 보험(보험계약법)의 규정을 그대로 원용한 원용조항이 대부분이고, 변경한 변경조항(상충조항) 그리고 상법의 규정에는 없는 것을 약관에 보충한 보충조항인 신설조항들로 규정되어 있다. 보험계약법의

---

[1] 다수의 계약을 체결하기 위하여 당사자 일방이 사전에 미리 작성한 것이라면 그 명칭이나 형태에 관계없이 약관으로 분류할 수 있고, 약관규제법의 적용을 받는다. 예를 들어 은행의 대출약관, 카드사의 카드약관은 물론이고, 한전의 다수 전기 수요자에게 전기를 공급하는 공급조건에 관한 공급규정이나 예탁금 회원제로 운영되는 골프클럽의 운영과 관련된 당사자의 권리와 의무에 관한 규정들도 약관으로서의 부합계약성을 가진다.

조항과 보험약관의 조항을 비교한다면 원용조항, 변경조항(상충조항) 그리고 보충조항(신설조항)으로 구분할 수 있다. 단, 약관조항의 내용이 보험계약법의 규정 내용보다 보험계약자 등에게 불리하게 규정한 약관조항은 무효가 된다(상법 제663조 본문).

② 보험약관 필수기재사항(설명의무의 대상인 중요한 내용)

보험자가 약관을 작성할 때 보험약관에 필수적으로 기재해야 할 사항으로 보험업감독규정 제7-59조에 다음의 것을 규정하고 있다. 이들은 설명의무의 대상이 되는 중요한 사항(내용)이다.

1. 보험회사가 보험금을 지급하여야 할 사유
2. 보험계약의 무효사유
3. 보험회사의 면책사유
4. 보험회사의 의무의 범위 및 그 의무이행의 시기
5. 보험계약자 또는 피보험자가 그 의무를 이행하지 아니한 경우에 받는 손실
6. 보험계약의 전부 또는 일부의 해지의 원인과 해지한 경우의 당사자의 권리의무
7. 보험계약자, 피보험자 또는 보험금액을 취득할 자가 이익 또는 잉여금의 배당을 받을 권리가 있는 경우에는 그 범위
8. 적용이율 또는 자산운용 실적에 따라 보험금 등이 변동되는 경우 그 이율 및 실적의 계산 및 공시 방법 등
9. 예금자보호 등 보험계약자 권익보호에 관한 사항

③ 특별약관과의 구별

보험약관은 보험업법시행규칙 제6조에서 보통보험약관과 특별보험약관으로 구분하였으나 현재는 폐기하고 보험약관이라는 명칭 하나로만 사용되고 있다. 다만, 보험사업의 허가신청 시 기초서류를 제출할 때 보험약관은 보통약관, 추가약관, 특별약관 및 추가 특별약관으로 구분되어 있다.

보통약관은 정형적인 일반적·보편적·표준적인 계약조항이므로 특수한 보험의 경우 보통약관으로는 불충분하여 여기에 상세한 약정을 추가할 때가 있는데 이를 특별약관 또는 추가(부가)약관이나 추가 특별약관(특약)이라고도 한다. 예를

들어 보통약관의 담보범위에는 없는 전쟁위험을 개별적으로 담보위험에 특별히 포함시킨 약관을 특별약관이라고 한다. 이는 해상보험 등 기업보험에서 보험단체의 이익을 해치지 아니하는 범위 내에서 예외적으로 이용되고 있다.

2) 보험약관의 존재이유

보험은 위험단체의 개념을 기초로 동질적 위험을 가진 다수의 가입자를 전제하고 있는 기술적인 측면에서 가입자인 보험계약자들을 평등하고 동일하게 취급하여야 하고, 보험계약내용에 대한 정보의 열위에 있는 보험계약자들을 보호할 필요가 있다. 그리고 다수의 보험계약자들과 동일한 내용으로 계약을 체결하면서 일일이 협상한다면 시간이나 노력 등의 각종 경비가 늘어나 보험료 인상으로 이어질 수 있으므로 각종 거래비용을 절감하기 위해서도 정형적인 보험약관이 필요하다.

3) 보험약관의 구속력 근거

보험약관의 내용이 보험계약에서 당사자를 구속하는 근거에 대한 견해는 규범설과 의사설로 대별된다. 약관해석을 규범설에 따른다면 그 해석은 법규해석의 원칙으로 해석해야 할 것이고, 의사설에 따른다면 약관해석의 원칙으로 해석해야 할 것이다. 의사설이 다수설이다.

① 규범설(법규설)

보험약관은 국가기관인 감독관청의 인가·감독을 받고 있으므로 규범적 성질의 법원성을 인정할 수 있다는 해석이다. 따라서 보험약관은 독자적·자생적 효력을 가지는 법규범으로서 당사자의 의사와 관계없이 당사자를 구속한다는 것이다. 보험계약자 측의 보험약관에 대한 지·부지와 상관없이 당사자를 구속하는 것이라는 해석이다. 상법 제638조의3(보험약관 교부·설명의무)의 위반을 이유로 보험계약자 측이 제척기간 3개월 이내 취소하지 않으면 보험자가 설명하지 않은 약관내용이라도 당연히 약관규제법 제3조(약관의 작성 및 설명의무 등)와 관계없이 보험계약자를 구속할 수 있다는 것이다.

② 의사설(합의설, 계약설)

보험약관이 보험계약의 내용으로 되어 당사자를 구속하는 이유는 당사자가 그 보험약관에 대해 합의의 의사일치로 계약체결을 하였기 때문이라는 것이다. 만약, 당사자가 알지 못하였거나 다른 내용의 보험약관은 당사자 간의 보험관계를 규율할 수 없는 것으로 보험약관 자체의 법원성을 인정하지 않는 견해이다. 이 견해가 판례의 다수설이다. 약관규제법 제3조 제4항 "보험자가 약관의 교부·설명의무를 위반한 경우 당해 약관을 계약의 내용으로 주장할 수 없다."는 조항의 법적 근거가 된다.

4) 보험약관에 대한 규제

보험계약의 내용인 보험약관은 보험자가 보험계약자와 협상하여 작성하는 것이 아니라 일방적으로 미리 만들어 놓는 것이므로 보험자는 보험계약자에게 여러 가지 불리한 조건을 보험약관에 삽입할 수 있다. 따라서 상대적으로 기술적·법률적 지식이 부족한 보험계약자를 보호하고, 건전한 보험관계를 유지하기 위해 약관에 대한 규제가 필요하다.

보험약관의 규제에 대해서는 <표 3-9>와 같이 입법적, 행정적, 사법적인 것으로 분류할 수 있다.

표 3-9   보험약관규제의 방법 및 내용

규제방법	규 제 내 용
입법적 규제	상법 제663조 불이익변경금지원칙: 보험자가 보험약관에 상법의 규정보다도 보험계약자 등에게 불이익 조항을 두게 되면 그 한도 내에서 그 규정은 무효이다. 재보험, 해상보험과 같은 기업보험은 제외하고, 보험자 등이 동 원칙을 선언하여 이를 상대적 강행법으로 하고 있다.
	약관규제법 제17조, 19조: 공정거래위원회는 보험사업자에 대하여 불공정약관조항의 삭제·수정 등 시정에 필요한 조치의 권고 및 명령을 할 수 있다.
행정적 규제	보험업법 제5조, 131조: 보험사업의 허가신청 시 기초서류로서 보험약관을 제출하여야 하고, 약관을 변경하고자 할 때에는 미리 금융위원회에 신고해야 한다. 그리고 금융위원회는 보험자에 대해 그 업무 및 재산상황 기타의 사정변경에 의하여 필요하다고 인정한 때는 보험약관의 변경을 명령할 수 있다.

사법적 규제	보험약관은 금융위원회의 인가와 공정거래위원회의 공정결정을 받은 경우라도 법원은 그 약관의 내용이 불공정하거나 불합리한 경우에 강행법규나 선량한 사회질서 또는 신의성실에 반한다는 이유로 이를 무효로 해석하여 내용을 통제할 수 있다. 보험약관의 유효성에 대한 최종적인 판단은 사법부가 하여 보험계약자 등의 이익을 도모한다.

5) 보험약관의 해석원칙

① 기본원칙(개별약정우선의 원칙)

보험약관을 해석함에 있어서 약관의 내용과 다른 합의사항인 개별약정이 있을 경우 계약의 당사자인 보험자와 보험계약자의 의사를 존중하여 개별약정을 우선한다는 원칙이다. 즉, 인쇄조항과 수기조항 간에 충돌이 발생하는 경우에 개별약정인 수기조항을 우선한다. 그리고 개별약정은 수기의 서면이 아니고 구두로도 가능한데 만약, 약관내용과 다른 내용을 구두로 설명하였다면 이는 개별약정으로 우선 적용한다.

② 작성자 불이익의 원칙

보험약관의 내용이 애매하여 하나의 조항이 두 가지 이상의 뜻으로 해석이 가능한 경우에 작성자인 보험자에게 엄격하고 불리하게 보험계약자에게 유리하게 해석해야 한다는 원칙이다(약관규제법 제5조 제2항).

③ 객관적·통일적 해석의 원칙(공정성의 원칙)

보험약관은 객관적으로 해석되어야 하고, 보험계약자에 따라 다르게 해석되어서는 안 된다는 원칙이다. 보험약관은 불특정 다수인과 반복적인 거래를 정형적으로 처리하기 위해 작성한 것이므로 상대방의 지위나 개별적인 이해관계에 따라 해석해서는 안 된다는 원칙이다(약관규제법 제5조 제1항).

④ 신의성실의 원칙

약관은 신의성실의 원칙에 따라 공정하게 해석되어야 한다는 것이다(약관규제법 제5조 제1항). 이는 거래상의 신의에 어긋난 행동을 하면 안 된다는 것으로 일반적인 모든 법률행위의 해석원칙이다.

(2) 보험약관의 교부 · 설명[2]

1) 의의와 취지

보험자의 보험약관 교부·설명은 [그림 3-11]과 같이 보험계약이 체결되기 전[3]에 보험계약자가 보험약관의 중요한 내용[4]을 미리 알고, 청약하여 계약을 체결할 수 있도록 하여 계약의 약자인 보험계약자가 불이익을 받지 않도록 하기 위해 보험자에게 부과되는 '계약전 알릴의무'이다. 보험자가 일방적으로 작성한 보험약관의 중요한 내용에 대한 정보의 비대칭성으로 보험계약자 측이 불이익을 당하는 것을 방지하여 보험소비자를 보호하고자 하는 것이다.

그림 3-11   보험약관 교부 · 설명의무 이행시기

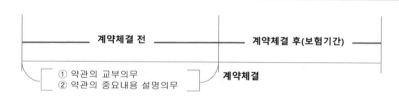

자료: 보험연수원(2009), 앞의 책, p.213.

---

2) 상법 제638조의3(보험약관의 교부 · 설명의무) ① 보험자는 보험계약을 체결할 때에 보험계약자에게 보험약관을 교부하고 그 약관의 중요한 내용을 설명하여야 한다. ② 보험자가 제1항을 위반한 경우 보험계약자는 보험계약이 성립한 날부터 3개월 이내에 그 계약을 취소할 수 있다.

3) 보험약관의 교부 · 설명의무의 이행시기에 대해 상법 제638조의3 제1항에 보험계약을 체결할 때로 규정되어 있어 보험자는 본인이 승낙할 때까지 본 의무를 이행하면 되는 것으로 해석할 수 있다. 그러나 실무적으로 청약자가 청약서를 작성할 때 보험자로부터 보험약관을 교부받고, 약관상의 중요한 내용에 대한 설명을 들으므로 생명보험표준약관 제18조 제1항에서 회사는 계약자가 청약할 때에 계약자에게 약관의 중요한 내용을 설명하여야 하며, 청약 후에 지체 없이 약관 및 계약자 보관용 청약서를 드립니다. 라고 규정하고 있다.

4) 판례에서 중요한 내용이란 "보험료 금액과 그 지급방법, 보험금액, 보험기간, 보험사고의 내용, 보험계약의 해지사유, 보험자의 면책사유 등 고객의 이해관계에 중대한 영향을 미치는 사항으로 사회통념상 그 사항의 지·부지가 계약체결 여부에 영향을 미칠 수 있는 사항"을 말한다(대법원 선고 2005다28808 판결)라고 판시하였다.

2) 관련 법규

보험약관의 교부 · 설명의무와 관련하여 <표 3-10>과 같이 상법 제638조의3(보험약관의 교부 · 설명의무)의 제1항에서 중요한 내용을 설명해야 한다고 규정하고 있고, 약관규제법 제3조(약관의 작성 및 설명의무 등)에서도 설명의무를 규정하고 있다. 특히, 2021. 12. 30.시행 금융소비자보호에 관한 법률(약칭: 금융소비자보호법 또는 금소법)에서는 금융상품판매업자등을 직접판매업자(보험사, 은행, 저축은행 등), 판매대리 · 중개업자(보험설계사, 보험중개업자, 법인보험대리점, 투자권유대행인 등) 그리고 투자자문업자로 분류하고, 이들은 금융상품별 중요한 사항을 일반금융소비자의 연령, 재산상황, 상품취득경험, 상품이해도 등을 감안하여 이해할 수 있도록 설명하여야 한다고 규정하고 있다. 그리고 계약서류(계약서, 약관, 보험증권 등)에 서명(전자서명), 기명날인, 녹취 또는 그 밖의 방법으로 확인받아야 하고, 이를 소비자에게 지체 없이 서면, 우편(전자우편), 문자 등으로 제공하여야 한다고 규정하고 있다.

표 3-10 보험약관 교부 · 설명의 관련법규

관련법규	조 문 내 용
상 법 제638조의3	보험자는 보험계약을 체결할 때에 보험계약자에게 보험약관을 교부하고, 그 약관의 중요한 내용을 설명하여야 한다.
약관규제법 제3조	사업자는 약관의 내용을 부호, 색채, 큰 문자로 작성하여 계약의 종류에 따라 일반적으로 예상되는 방법으로 명시해야 하고, 고객이 요구할 때는 당해 약관의 사본을 교부하여야 한다. 또한, 약관에 정하여져 있는 중요한 내용을 고객이 이해할 수 있도록 설명해야 한다.
금소법 제19조 제1항	금융상품판매업자등이 설명하여야 할 상품별 중요한 사항은 보장성상품의 경우 상품내용, 보험료(공제료), 보험금(공제금)의 지급제한사유 및 지급절차, 위험보장범위, 투자성상품의 경우 상품내용, 투자에 따른 위험(위험등급), 예금성상품의 경우 상품내용, 이자율, 수익률 등, 대출성상품의 경우 금리 및 변동여부, 중도상환수수료 및 방법 등이다.

3) 설명대상인 중요한 내용(필수기재사항)

보험약관의 교부 · 설명의무의 이행에서 보험자는 약관내용 전체를 설명해야 하는 것은 아니고, 그 중요한 내용을 설명하면 된다. 약관상의 중요한 내용이란 보험계약자가 계약을 체결하기 전에 알았다면 그 계약을 체결하지 않았을 것으로 여겨지는 사항을 말한다.

보험약관내용 중 다음과 같은 필수기재사항이 설명의무의 대상이 되는 중요한 사항이다(보험업감독규정 제7-59조).

① 보험회사가 보험금을 지급하여야 할 사유

보험기간 중에 보험계약에서 정한 보험사고 발생

② 보험계약의 무효 사유

보험사고가 이미 발생하였거나 발생할 수 없는 보험계약(상법 제644조), 사기에 의한 초과·중복보험(상법 제669조 제4항, 제672조 제3항), 타인의 사망보험체결 시 그 타인의 서면동의 결여(상법 제731조), 15세 미만자, 심신상실자 또는 심신박약자를 피보험자로 하는 사망보험(상법 제732조).

③ 보험회사의 면책사유

보험계약자 등의 고의 또는 중대한 과실(상법 제659조), 전쟁 기타 변란으로 발생한 사고(상법 제660조), 보험의 목적의 성질, 하자 또는 자연소모로 인한 손해(상법 제678조) 등의 법정면책사유와 각 보험상품의 종류에 따른 증권상의 약관면책사유. 특히, 판례에서 법정면책사유는 상법규정을 부연·되풀이하는 것에 불과하므로 약관교부·설명의무의 대상이 아니지만 약관에서 정하는 약관면책사유는 약관교부·설명의무의 대상이라고 판시.

④ 보험회사의 의무의 범위 및 그 의무이행의 시기

보험약관의 교부·설명의무(상법 제638조의3), 보험증권의 교부의무(상법 제640조), 보험금의 지급의무(상법 제658조), 보험계약 무효의 원인으로 인한 보험료반환의무(상법 제648조), 보험계약해지 시의 보험료적립금의 반환의무(상법 제736조), 약관대출 및 계약자배당의무.

⑤ 보험계약자 또는 피보험자가 그 의무를 이행하지 아니한 경우에 받는 손실

고지의무(상법 제651조), 보험료의 지급과 지체의 효과(상법 제650조), 위험변경증가의 통지와 계약해지(상법 제652조), 보험사고발생의 통지의무(상법 제657조), 손해방지의무(상법 제680조).

⑥ 보험계약의 전부 또는 일부의 해지5)의 원인과 해지한 경우의 당사자의 권리의무

보험료의 전부 또는 제1회 보험료를 계약성립 후 2월이 경과하여도 납입하지 아니하는 경우(상법 제650조).

⑦ 보험계약자 · 피보험자 또는 보험금액을 취득할 자가 이익 또는 잉여금의 배당을 받을 권리가 있는 경우에는 그 범위

유배당 상품의 1차적인 권리자는 보험계약자이고, 2차적인 권리자는 권리를 양수받은 자.

⑧ 적용이율 또는 자산운용 실적에 따라 보험금 등이 변동되는 경우 그 이율 및 실적의 계산 및 공시 방법 등

⑨ 예금자보호 등 보험계약자 권익보호에 관한 사항

4) 설명의 면제사항

판례는 보험계약자나 그 대리인이 충분히 잘 알고 있는 약관내용, 거래상 일반적이고 공통된 것이어서 당사자가 알고 있다고 예상되는 약관내용 그리고 법령에 규정된 사항을 구체적으로 부연하는 정도에 불과한 약관내용은 설명하지 않아도 계약내용이 된다고 설명의무의 면제사항을 판시하고 있다.

---

5) 해제와 해지는 효과에 차이가 있다. 해제는 해제발생 시점 이전으로 소급효가 생겨서 계약성립 시로 돌아가 계약이 처음부터 모든 것이 없었던 것으로 하는 것이고, 해지는 소급효가 없고 계약성립 시점에서 해지 시점까지의 계약은 인정하지만 해지 시점 이후 미래 시점에서의 효과는 인정하지 않는 것이다.

5) 위반의 효과

① 약관조항의 계약내용 인정불가

약관규제법 제3조 제4항은 보험자가 약관의 명시·설명의무를 위반하여 계약을 체결한 경우에 그 약관조항을 계약의 내용으로 주장할 수 없다고 규정하고 있다.

② 보험계약자의 취소권(상법 제638조의3, 약관규제법 제3조)

보험자가 보험약관의 교부·설명의무를 위반할 경우 상법 제638조의3 제2항은 보험자가 설명의무를 위반한 때에는 보험계약자는 보험계약이 성립한 날로부터 3개월 내에 취소할 수 있다고 규정하고 있는 반면에 약관규제법 제3조 제4항은 당해약관을 계약내용으로 주장할 수 없다고 규정하고 있다. 여기서 보험계약자가 3개월 내에 취소권을 행사하지 않은 경우에 그 약관의 구속력 인정여부가 문제이다. 상법 단독만 적용된다는 견해와 상법과 약관규제법이 중첩적으로 적용된다는 견해로 나뉜다.

가. 상법단독적용설

상법 제638조의3이 적용되는 경우에 약관규제법 제3조 제4항은 배제된다는 것이다. 그러므로 보험계약자가 3개월의 제척기간 내에 보험계약을 취소하지 않는 한 이 기간이 경과하게 되면 취소권은 소멸되며, 비록 교부·설명의무가 이행되지 않은 약관조항이라도 보험제도의 단체성에 입각하여 그 구속력이 인정된다는 것이다.

나. 중첩적용설

상법에서 보험계약자의 제척기간내의 취소권은 권리일 뿐 의무가 아니고, 약관규제법과 아무런 모순이나 충돌이 없다. 또한, 상법은 약관규제법을 배제하는 특별규정이라고 할 수 없으므로 보험약관이 상법의 적용대상이라고 하더라도 약관규제법에 의한 적용이 중첩적으로 인정된다는 것이다. 설명의무위반을 이유로 제척기간 3개월 내에 취소하지 아니하여도 약관규제법에 의해 그 의무위반이 치유되는 것이 아니다. 즉, 보험계약자는 약관규제법에 근거하여 보험자의 설명의무위반의 법률효과를 주장할 수 있다는 것이다. 판례도 중첩적용설의 입장이다.

③ 보험업법 제102조 및 금소법 제44조, 제45조의 손해배상

보험자 또는 보험설계사 등 보험모집인이 보험약관의 교부·설명의무를 이행하지 아니하여 타인의 사망보험에서 타인인 피보험자의 서면동의 요건을 구비하지 못해 보험계약자가 보험금을 지급받지 못하게 되었다면 보험자는 보험업법 제102조(모집을 위탁한 보험회사의 배상책임)에 따라 그 보험금 상당액의 손해를 배상할 손해배상책임이 있다(대법원 1999.4.27. 선고 98다54830 판결). 하지만 본 조항은 삭제(2020. 3. 24.)되었다. 그 대신 금융소비자보호법 제44조 및 제45조에 금융상품판매업자등이 설명의무, 불공정영업행위금지, 부당권유행위금지 및 허위·과장광고금지의 주요 판매원칙 위반 시 보험사, 법인보험대리점(General Agency; GA) 등의 관리책임으로 관련 수입 등의 50%까지 징벌적 과징금과 최대 1억원 이하의 과태료 및 손해배상책임을 규정하고 있다.

④ 약관설명의무와 고지의무위반과의 관계

보험계약자가 고지의무를 위반했을 경우에 보험자가 그 고지사항에 대한 설명의무를 이행하지 않았다면 보험자는 고지의무 위반을 이유로 계약을 해지할 수 없다. 보험자는 보험계약을 체결할 때 보험약관에 대한 설명의무를 이행하지 않은 보험약관의 내용은 보험계약의 내용으로 주장할 수 없기 때문이다. 약관규제법 제3조 제4항의 사업자(보험자)의 약관교부·설명의무가 상법 제651조(고지의무)보다 우선 적용된다. 예를 들어 자동차보험계약에서 보험계약자가 주운전자에 관한 고지의무를 위반하였으나 보험자가 이에 대한 설명의무를 위반한 경우이로 인해 주운전자에 관한 내용이 계약에 편입되지 않았다면 보험계약자의 고지의무위반을 이유로 보험자는 보험계약을 해지할 수 없다.[6]

---

6) 박세민(2021), 앞의 책, p.208.

2. 보험증권의 교부의무

(1) 보험증권의 의의와 기재사항

1) 의의

보험증권(insurance policy)이란 보험계약이 성립한 이후에 보험계약의 내용을 증명하기 위해 보험자가 기명날인 또는 서명하여 보험계약자에게 교부하는 일종의 증거증권이다.[7] 상법 제640조 제1항은 "보험자는 보험계약이 성립한 때에는 지체 없이 보험증권을 작성하여 보험계약자에게 교부하여야 한다."고 규정하고 있다.[8] 이외에 보험증권 관련 규정으로 보험증권의 기재내용이 실제 계약내용과 다를 경우 이의를 제기하여 정정할 수 있는 이의약관이라고 칭해지는 상법 제641조(증권에 관한 이의약관의 효력)[9], 보험증권이 멸실 또는 훼손되었을 때 재교부 청구할 수 있는 상법 제642조(증권의 재교부청구)[10]가 규정되어 있다. 그리고 "기존의 보험계약을 연장하거나 변경하는 경우에는 보험자는 기존 보험증권에 보험기간, 보험료 등 변경내용을 기재하고 배서함으로써 보험증권의 교부에 갈음할 수 있다(상법 제640조 제2항)."고 규정하고 있다.

보험증권의 이면에는 일반적으로 보험계약의 내용을 규정하고 있는 보통보험약관이 기재되어 있으며, 이는 해당 보험계약이 약관내용에 따라 체결되었다는 것을 의미한다.

2) 기재사항

상법 제666조에서 손해보험증권은 1. 보험목적 2. 보험사고의 성질 3. 보험금

---

7) 보험증권은 계약당사자의 일방인 보험자만이 기명날인 또는 서명하는 것이므로 계약서는 아니다.

8) 상법 제640조(보험증권의 교부) ① 보험자는 보험계약이 성립한 때에는 지체 없이 보험증권을 작성하여 보험계약자에게 교부하여야 한다. 그러나 보험계약자가 보험료의 전부 또는 최초의 보험료를 지급하지 아니한 때에는 그러하지 아니하다. ② 기존의 보험계약을 연장하거나 변경한 경우에는 보험자는 그 보험증권에 그 사실을 기재함으로써 보험증권의 교부에 갈음할 수 있다.

9) 상법 제641조(증권에 관한 이의약관의 효력) 보험계약의 당사자는 보험증권의 교부가 있은 날로부터 일정한 기간 내에 한하여 그 증권내용의 정부에 관한 이의를 할 수 있음을 약정할 수 있다. 이 기간은 1월을 내리지 못한다.

10) 상법 제642조(증권의 재교부청구) 보험증권을 멸실 또는 현저하게 훼손한 때에는 보험계약자는 보험자에 대하여 증권의 재교부를 청구할 수 있다. 그 증권작성의 비용은 보험계약자의 부담으로 한다.

액 4. 보험료와 그 지급방법 5. 보험기간을 정한 때에는 그 시기(始期)와 종기 6. 무효와 실권의 사유 7. 보험계약자의 주소와 성명 또는 상호 7의2. 피보험자의 주소와 성명 또는 상호 8. 보험계약의 연월일 9. 보험증권의 작성지와 그 작성연월일 사항을 기재하고, 보험자가 기명날인 또는 서명해야 한다고 규정하고 있다. 이들 사항은 손해보험증권의 공통적인 법정 기재사항이고, 이 외에 보험계약의 종류에 따라 <표 3-11>과 같이 추가로 더 기재할 사항들을 규정하고 있다.

표 3-11 상법 제666조의 기재사항 이외의 추가기재사항

보험종류	추가기재사항
화재보험	1. 건물을 보험의 목적으로 한 때에는 그 소재지, 구조와 용도 2. 동산을 보험의 목적으로 한 때에는 그 존치한 장소의 상태와 용도 3. 보험가액을 정한 때에는 그 가액
운송보험	1. 운송의 노순과 방법 2. 운송인의 주소와 성명 또는 상호 3. 운송물의 수령과 인도의 장소 4. 운송기간을 정한 때에는 그 기간 5. 보험가액을 정한 때에는 그 가액
해상보험	1. 선박을 부보한 경우 그 선박의 명칭, 국적과 종류 및 항해의 범위 2. 적하를 부보한 경우 선박의 명칭, 국적과 종류, 선적항, 양륙항 및 출하지와 도착지를 정한 때에는 그 지명 3. 보험가액을 정한 때에는 그 가액
자동차 보험	1. 자동차소유자와 그 밖의 보유자의 성명과 생년월일 또는 상호 2. 피보험자동차의 등록번호, 차대번호, 차량년식과 기계장치 3. 차량가액을 정한 때에는 차량가액
인보험	1. 보험계약의 종류 2. 피보험자의 주소·성명 및 생년월일 3. 보험수익자를 정한 때에는 그 주소·성명 및 생년월일

(2) 보험증권의 법적 성질

1) 요식증권성

보험증권은 상법 제666조에서 규정하고 있는 공통의 기재사항과 보험상품의 종류에 따라 추가되는 기재사항을 기재해야 하므로 요식증권성을 가진다고 할 수 있다. 그러나 보험계약은 낙성·불요식계약성을 가지고 있으므로 보험증권의 작성·교부는 계약성립의 전제조건이 아니고, 계약성립의 효과로서 보험자가 부

담하는 의무에 불과하다. 따라서 보험증권에 일부 법정기재사항이 누락되거나 법정사항 이외의 내용이 추가 기재되어 있어도 그 보험증권은 유효하다(효력이 없는 것은 아니다).

2) 증거증권성

보험증권은 보험계약의 성립을 증명하기 위한 증거증권으로서 보험계약자가 아무런 이의 없이 수령하게 되면, 보험증권상의 기재내용은 보험계약의 성립과 내용에 관하여 사실상의 추정력을 가지게 되어 일반적으로 보험계약의 성립과 내용에 대한 증거가 된다. 하지만 보험증권은 계약내용에 대한 추정력을 가지는 데 불과하므로 보험증권의 기재내용과 사실상의 계약내용에 차이가 있을 때에는 일방 당사자는 차이가 나는 사실에 대해 입증하여 진실한 계약의 내용에 따라 그 권리를 주장할 수 있다. 예를 들어 보험증권의 기재내용과 보험약관의 내용이 차이가 있을 때에는 보험청약서, 상품안내서, 사업방법서 등으로 보험계약의 내용을 증명할 수 있다.

3) 면책증권성

보험자는 보험금 등을 지급할 때 보험증권 제시자의 자격유무를 조사할 권리는 있으나 의무는 없기 때문에 보험증권은 면책증권이다. 따라서 보험자는 보험증권을 제시한 자에게 악의 또는 중대한 과실 없이 보험금을 지급하였다면, 그 보험증권을 제시한 자가 비록 권리가 없는 자라고 하여도 그 책임을 면하게 된다.

4) 상환증권성

보험자는 보험사고의 발생으로 보험금을 지급할 때에는 보험계약자가 소지하고 있는 보험증권과 상환하는 것이 원칙이다. 그러나 실무적으로 보험계약자가 보험금을 청구할 때 보험증권을 제출할 수 없을 때에는 보험청약서나 보험료 지급내용 등 다른 방법으로 그 권리를 입증하면, 보험금을 청구할 수 있다. 따라서 보험증권이 유가증권으로 인정되지 않는 한 상환증권성은 원칙적으로 인정되지 않는 것이다.

5) 유가증권성

유가증권은 어음, 수표, 운송증권(화물상환증, 선하증권)과 같이 권리의 주체로부터 권리를 분리시켜 이를 유통의 대상으로 할 수 있도록 만들어진 제도이다. 재산적 가치가 있는 사권을 표창(表彰)하는 증권으로서 이를 소지하면 권리를 행사할 수 있는 것이다.

보험증권의 이러한 유가증권성 인정여부는 인보험과 손해보험에서 차이가 있다. 인보험의 보험증권은 보험수익자의 성명이 지정되어 기재된 기명식으로 발행되어 기명된 보험수익자만이 보험금청구권이 있는 것이 원칙이고, 보험수익자를 변경하고자 할 때에는 피보험자의 동의와 보험자에게 통지하여야 하는 등의 특성으로 유가증권성을 인정할 수 없다는 것이 통설이다. 특히, 인보험의 성질상 보험의 목적인 피보험자의 생명이 시장에 유통될 수 없는 것이다. 예를 들어 생명보험계약자가 은행에서 대출을 받으면서 본인이 보험수익자로 기재된 생명보험증권을 은행에 양도하더라도 보험증권은 유가증권성이 인정되지 않으므로 은행은 보험금을 청구할 수 없다.

손해보험에서는 기명식이외에 지시식 또는 무기명식으로 보험증권을 발행할 수 있으므로 유가증권성 인정에 대한 견해가 부정설과 일부긍정설로 나뉜다.

① 부정설

손해보험에서의 보험금청구권은 보험증권의 소지 이외에 보험료지급이나 각종 의무이행과 깊은 관계가 있을 뿐만 아니라 보험증권의 점유이전만으로 권리가 이전되는 것이 아니라 보험목적물의 양도에 수반하여 이전됨을 근거로 유가증권성을 부정하는 견해이다.

② 일부긍정설

보험의 목적인 물건이 선박이나 화물과 같이 유통성이 있고, 그 물건에 대한 권리가 선하증권이나 화물상환증에 화체(化體)되어 유통되는 운송보험이나 해상적하보험에서 계약상의 권리이전을 위하여 보험증권이 지시식 또는 무기명식으로 발행되는 경우 유가증권성을 인정하는 견해이다. 예를 들어 CIF가격조건에서 수출업자가 보험회사에서 지시식 보험증권을 교부받아 수입업자에게 배서양도

한 경우에 수입업자는 보험증권을 제시하고 보험금을 청구할 수 있다.

3. 보험금지급의무

(1) 의의

보험계약에서 보험계약자 측의 재산 또는 생명이나 신체에 약정한 보험사고가 발생한 경우에 보험계약자 측은 보험금청구권을 가지며, 보험자는 보험금지급의무를 진다. 보험자는 보험계약자로부터 최초의 보험료를 지급받고, 보험기간 중에 약정한 보험사고가 발생하여 피보험자나 보험수익자의 보험금청구가 있으면 면책여부를 확인하고 보험금이나 그 밖의 급여를 지급할 의무가 있다는 것이다.[11] 보험계약자의 보험료지급의무와 대립되는 것으로 보험자가 부담하는 의무 중 가장 중요한 의무라고 할 수 있다. 보험금은 손해보험의 경우에는 약정최고한도액인 보험금액의 한도내에서 실제 손해액이 될 것이고, 인보험의 경우에는 약정금액이 될 것이다. 보험자의 보험금지급책임의 발생요건을 보면 다음과 같다.

(2) 보험금지급책임의 발생요건

1) 보험계약자 측의 보험료지급

보험계약은 유상계약이므로 보험계약자 등의 보험료지급이 먼저 있어야 보험자의 보험금지급책임이 발생한다. 보험계약이 성립한 후에 보험기간 중에 보험사고가 발생하더라도 최초의 보험료 지급이나 당사자 간의 외상보험 등과 같은 다른 약정이 없으면 보험자의 보험금지급책임은 개시되지 않는 것이다.[12]

보험자가 보험계약의 청약과 함께 보험료 상당액의 전부 또는 일부를 지급받

---

11) 제727조(인보험자의 책임) ① 인보험계약의 보험자는 피보험자의 생명이나 신체에 관하여 보험사고가 발생할 경우에 보험계약으로 정하는 바에 따라 보험금이나 그 밖의 급여를 지급할 책임이 있다. ② 제1항의 보험금은 당사자 간의 약정에 따라 분할하여 지급할 수 있다.

12) 상법 제656조(보험료의 지급과 보험자의 책임개시) 보험자의 책임은 당사자 간에 다른 약정이 없으면 최초의 보험료의 지급을 받은 때로부터 개시한다.

앉으나 아직 승낙하기 전인 상태에서 보험사고가 발생한 경우에 고지의무위반과 같은 청약을 거절할 사유가 없는 한 승낙의제제도에 의해 보험자는 보험계약상의 책임을 진다. 다만, 인보험의 유진단보험의 경우에 신체검사를 받지 아니한 때에는 보험료지급이 이루어졌거나 건강에 이상이 없었다 하더라도 보험자의 보험금지급책임이 없다.[13] 계속보험료의 부지급으로 최고기간이 지나 보험계약이 해지된 이후에 보험사고가 발생한 경우에도 보험금지급책임이 없다.

2) 보험기간 중의 약정 보험사고 발생

보험자의 보험금지급책임은 보험기간(책임기간) 중에 보험계약에서 약정한 보험사고가 발생하여야 한다. 예를 들어 주택 화재보험에서 화재가 보험기간 내에서 시작되어 그 기간이 지난 뒤에 최종 손해액이 확정되었더라도 발화시점이 보험기간 내이므로 보험자의 보험금지급책임은 있지만 홍수로 주택이 멸실되었다면 약정한 보험사고가 아니므로 보험자의 보험금지급책임은 없다.

보험기간이 개시되기 전 또는 경과 후에 약정한 보험사고가 발생하면 원칙적으로 보험자는 면책이지만 보험계약이 성립하기 전의 어느 시기를 보험기간의 시기로 하는 소급보험의 경우에는 계약이 성립하기 전의 보험사고에 대해 보험금지급이 가능하다.[14] 승낙전 보험보상제도 역시 예외적으로 보험기간 개시 전 보험사고를 보상하는 것이다.

3) 면책사유 부존재

보험계약에서 약정한 보험사고가 보험기간 중에 발생했다고 하더라도 보험자의 보험금지급책임을 면하게 하는 사유를 면책사유라고 한다. 따라서 보험자의 보험금지급의무는 보험사고가 면책사유와 관계가 존재하지 않아야 발생한다. 면책사유는 법정면책사유와 약관면책사유로 구분된다.

---

13) 상법 제638조의2(보험계약의 성립) ③ 보험자가 보험계약자로부터 보험계약의 청약과 함께 보험료 상당액의 전부 또는 일부를 받은 경우에 그 청약을 승낙하기 전에 보험계약에서 정한 보험사고가 생긴 때에는 그 청약을 거절할 사유가 없는 한 보험자는 보험계약상의 책임을 진다. 그러나 인보험계약의 피보험자가 신체검사를 받아야 하는 경우에 그 검사를 받지 아니한 때에는 그러하지 아니하다.
14) 상법 제643조(소급보험) 보험계약은 그 계약 전의 어느 시기를 보험기간의 시기로 할 수 있다.

① 법정면책사유

상법 제659조(보험자의 면책사유) 제1항에서 "보험사고가 보험계약자 또는 피보험자나 보험수익자의 고의[15] 또는 중대한 과실[16]로 인하여 생긴 때에는 보험자는 보험금액을 지급할 책임이 없다."고 규정하고 있다. 그리고 법정면책사유로 상법 제660조(전쟁위험 등으로 인한 면책)[17]와 손해보험의 특수한 법정면책사유인 상법 제678조(보험자의 면책사유)[18]가 있다. 그러나 보증보험은 그 특성상 보험계약자의 고의 또는 중과실에 의한 책임불이행이 보험사고이므로 고의나 중과실은 면책사유가 아니며(상법 제726조의6), 인보험은 보험계약자 측의 중과실은 물론 다수의 수익자 중 일부 수익자의 고의가 있어도 그 고의의 수익자를 제외한 나머지 수익자에 대한 면책은 인정하지 않고 있다(상법 제732조의2).

② 약관면책사유

보험상품의 종류에 따라 지진, 태풍, 홍수, 해일 등의 천재지변으로 인한 사고를 상법에서는 면책사유로 규정하고 있지 않지만 약관에서 이들을 책임지는 부책사유로 규정하기도 한다.

전쟁이나 천재지변과 관련하여 손해보험의 약관에서는 전쟁은 대부분 면책사유로 규정하고 있고, 천재지변은 상품별로 면책사유를 달리 규정하고 있다. 생명보험의 약관에서는 전쟁이나 변란 등은 재해사망 특약을 통해서 그리고 천재지변은 부책으로 처리하여 보험금지급책임을 부담하고 있다.

---

15) 고의란 피보험자가 책임능력(심신)에 장애가 없는 상태에서 자신의 행위에 의하여 어떠한 결과가 발생할 것이라는 것을 알면서 이를 행하는 심리상태를 말한다. 고의에는 확정적 고의는 물론이고 미필적 고의도 포함된다. 예를 들어 화재보험의 방화, 생명보험의 피보험자 자살, 상해보험이 자해행위 등이다. 생명보험표준약관은 이러한 자해행위나 자살과 관련하여 피보험자가 심신상실 등의 상태에서 고의로 자신을 해쳤거나 보험기간이 2년이 경과한 후의 자살한 경우 보험금지급책임을 부담한다고 규정하고 있다.

16) 중대한 과실(중과실)이란 고의에 이를 정도로 현저하게 주의를 태만히 한 상태를 말한다. 상법 제732조의2 제1항과 제739조에서 인보험의 사망보험이나 상해보험에서는 중과실로 인한 보험사고도 보험금지급책임을 부담한다고 규정하고 있다.

17) 상법 제660조(전쟁위험등으로 인한 면책) 보험사고가 전쟁 기타의 변란으로 인하여 생긴 때에는 당사자 간에 다른 약정이 없으면 보험자는 보험금액을 지급할 책임이 없다.

18) 상법 제678조(보험자의 면책사유) 보험의 목적의 성질, 하자 또는 자연소모로 인한 손해는 보험자가 이를 보상할 책임이 없다.

③ 제3자(가족, 사용자 등)의 고의 중과실(대표자책임이론)

대표자책임이론이란 보험계약자, 피보험자 또는 보험수익자와 아무런 관계가 없는 제3자의 고의 또는 중과실에 의한 보험사고는 보험자의 면책사유가 당연히 아니다. 그러나 제3자이지만 보험계약자 측과 밀접한 관계에 있는 가족이나 사용인 또는 피용자 등 대표자의 고의 또는 중과실에 의한 보험사고는 보험자가 면책된다는 독일 판례상의 이론이다.

이 이론을 적용하게 되면 보험자의 면책범위가 확대되어 보험계약자 측에 불리할 수도 있으므로 우리나라의 판례는 보험계약자나 피보험자·보험수익자가 제3자와 적극적인 공모, 교사 또는 방관 등 감독상의 과실이 없다면 면책을 인정하지 않고 있으므로 이 이론을 수용하지 않고 있다.

④ 보험자의 계약해지에 의한 면책

보험계약자나 피보험자가 상법 제650조(보험료지급의무), 상법 제651조(고지의무), 상법 제652조(위험변경증가 통지의무) 등의 위반을 이유로 보험자가 계약을 해지하였을 경우 보험자는 보험금지급책임이 없다. 다만, 이들 의무위반과 보험사고 간에 인과관계가 없음을 보험계약자가 입증한다면 보험자는 보험금을 지급할 책임이 있다.[19]

⑤ 면책사유의 개별적용

복수의 피보험자 또는 보험수익자가 있는 경우에 이들 중 일부에게만 면책사유가 있을 때에는 면책사유를 개별적으로 적용한다. 예를 들어 인보험에서 보험수익자가 둘 이상인 경우에 그중 1인에 대한 면책사유(고의)는 다른 보험수익자에게는 영향을 미치지 않는다.[20]

---

19) 상법 제655조(계약해지와 보험금액청구권) 보험사고가 발생한 후에도 보험자가 제650조, 제651조, 제652조와 제653조에 따라 계약을 해지한 때에는 보험금액을 지급할 책임이 없고 이미 지급한 보험금액의 반환을 청구할 수 있다. 다만, 고지의무를 위반한 사실 또는 위험의 현저한 변경이나 증가된 사실이 보험사고의 발생에 영향을 미치지 아니하였음이 증명된 경우에는 계약이 해지되더라도 보험금을 지급할 책임이 있다.

20) 상법 제732조의2(중과실로 인한 보험사고) ② 둘 이상의 보험수익자 중 일부가 고의로 피보험자를 사망하게 한 경우 보험자는 다른 보험수익자에 대한 보험금 지급책임을 면하지 못한다.

(3) 보험금의 지급시기와 방법

보험자는 보험계약자 측(피보험자 또는 보험수익자)으로부터 보험사고발생의 통지를 받게 되면 상법 제658조에 따라서 "약정기간이 있을 경우에는 그 기간 내에 약정기간이 없는 경우는 통지를 받은 후 지체 없이 보험금액을 정하고, 그날부터 10일 내에 지급하여야 한다."고 규정하고 있다. 생명보험표준약관에서는 서류를 접수한날부터 3영업일 이내에 보험금을 지급하며, 다만, 지급사유의 조사나 확인이 필요한 때에는 접수 후 10영업일 이내에 지급한다고 규정하고 있다.

보험금의 지급방식은 현금의 일시금이 원칙이지만 현물이나 기타의 급여도 가능하고, 당사자 간의 약정에 따라 분할지급도 가능하다.[21] 현금지급방식 이외의 손해를 입은 보험의 목적물을 새로운 것으로 대체하는 현물지급이나 치료, 간병인의 서비스 제공방식도 가능한 것이다. 그리고 연금방식의 분할지급도 가능한 것이다.

(4) 보험금청구권자의 청구권 소멸시효

1) 시효기간

보험금청구권자는 손해보험에서는 피보험자이고, 인보험에서는 보험수익자이다. 보험금청구권자인 이들이 사망하게 된 경우에 그 사망이 보험사고가 발생한 이후면 보험금청구권자의 상속인들이 청구권자가 되고, 보험사고가 발생하기 이전이라면 손해보험에서는 그대로 상속인이고, 인보험에서는 보험계약자가 다시 지정할 수 있다. 그리고 청구권자가 미성년자일 경우에 공동의 친권이 있는 부모가 청구권자이므로 보험금청구는 공동명의로 하여야 한다. 만약, 부모가 이혼한 상태라면 단독 친권행사자로 지정된 자가 청구권자가 된다. 단독 친권자도 사망한 경우에 전 배우자(미성년자의 부 또는 모)는 자동적으로 친권을 가질 수 있는 것이 아니다. 양육능력, 양육상황 등에 대한 법원의 자격심사를 받아야 한다. 심사결과에 따라 전 배우자에게 친권을 줄 수도 있고, 4촌 이내의 친족이나 제3

---

21) 상법 제727조(인보험자의 책임) ② 제1항의 보험금은 당사자 간의 약정에 따라 분할하여 지급할 수 있다.

자를 후견인으로 지정할 수도 있다. 이 청구권자들의 보험금청구권은 3년간 행사하지 않으면 소멸시효가 완성된다.[22]

2) 소멸시효의 기산점

상법은 시효기간만 3년으로 규정하고 있고, 시효기간의 기산점에 대한 규정은 없다. 따라서 민법 제166조의 제1항의 "소멸시효는 권리를 행사할 수 있는 때로부터 진행한다"(권리행사가능설)는 일반원칙에 따를 수밖에 없다. '권리를 행사할 수 있는 때'의 해석에 대해 두 가지 학설이 있다.

① 보험사고발생시설

보험금청구권은 보험사고의 발생에 의해 구체적인 권리로 확정될 때부터 행사할 수 있으므로 소멸시효는 보험금을 청구할 수 있는 시점인 보험사고가 발생한 날로부터 진행된다는 것이다. 이 설은 보험금청구권자가 과실 없이 보험사고의 발생을 모르고 있는 경우에도 소멸시효가 진행된다는 것은 청구권자에게 가혹하다는 비판이 있다.

② 보험사고요지시설

보험금청구권자의 과실 없이 보험사고발생을 알 수 없었던 사정이 있는 경우에 소멸시효의 기산점은 보험금청구권자가 보험사고의 발생을 알았거나 알 수 있었던 때로부터라는 견해이다. 판례는 원칙적으로 보험사고발생시설을 따르면서 예외적으로 보험사고요지시설을 취하고 있다.

4. 보험료반환의무

보험계약자와 피보험자 또는 보험수익자의 중대한 과실 없이 보험계약이 전부 또는 일부가 무효가 되었을 때는 보험자는 보험료의 전부 또는 일부를 반환하여야 한다.[23] 그리고 보험자의 보험약관 교부·설명의무위반을 이유로 보험계

---

22) 상법 제662조(소멸시효) 보험금액의 청구권과 보험료 또는 적립금의 반환청구권은 3년, 보험료의 청구권은 2년간 행사하지 아니하면 소멸시효가 완성한다.
23) 상법 제648조(보험계약의 무효로 인한 보험료반환청구) 보험계약의 전부 또는 일부가 무효인 경우에

약자가 보험계약이 성립한 후 3월 이내에 그 계약을 취소한 경우에도 보험료 전액을 반환하여야 한다. 또한, 보험사고가 발생하기 전에 보험계약자가 계약을 해지한 경우에는 미경과보험료나 생명보험의 보험료적립금을 반환하여야 한다.

보험료나 적립금의 반환청구권은 보험금청구권과 같이 3년간 행사하지 아니하면 시효의 완성으로 소멸한다.

제2절 # 보험계약자, 피보험자, 보험수익자의 의무

I. 고지의무(약관상 계약전 알릴의무)

(1) 개념

1) 의의, 취지 및 법적 성질

고지의무(duty of disclosure)는 보험계약자 또는 피보험자가 보험계약을 체결할 당시에 보험자가 보험사고의 발생가능성을 판단할 수 있는 중요한 사항을 고지하지 아니하거나(non-disclosure) 또는 이러한 사항에 대해 부실고지(misrepresentation)를 하지 아니할 것을 요구하는 상법상의 특유한 의무이다(상법 제651조).[24] 생명보험표준약관에서는 이를 '계약전 알릴 의무'로 규정하고 있다. 고지의무자인 보험계약자 또는 피보험자가 고의 또는 중대한 과실로 중요한 사항을 알면서 고지하지 않거나 사실과 다르게 부실고지하게 되면 고지의무위반이 된다.

보험자가 보험계약자나 피보험자의 위험을 선택하는데 필요한 위험관련 정보가 보험계약자 측에 편재되어 있어 보험자는 쉽게 알 수 없고, 단독으로 조사하기도 어렵기 때문에 법적으로 보험계약자 측에 위험측정상의 중요한 사항을 고

보험계약자와 피보험자가 선의이며 중대한 과실이 없는 때에는 보험자에 대하여 보험료의 전부 또는 일부의 반환을 청구할 수 있다. 보험계약자와 보험수익자가 선의이며 중대한 과실이 없는 때에도 같다.

24) 상법 제651조(고지의무위반으로 인한 계약해지) 보험계약 당시에 보험계약자 또는 피보험자가 고의 또는 는 중대한과실로 인하여 중요한 사항을 고지하지 아니하거나 부실의 고지를 한 때에는 보험자는 그 사실을 안 날로부터 1월 내에, 계약을 체결한 날로부터 3년 내에 한하여 계약을 해지할 수 있다. 그러나 보험자가 계약 당시에 그 사실을 알았거나 중대한 과실로 인하여 알지 못한 때에는 그러하지 아니하다.

지하도록 하여 정보의 비대칭성을 완화하려는 것이다.

고지의무는 고지의무자인 보험계약자 또는 피보험자가 고지의무를 위반한 경우 보험자가 고지의무이행을 강제하거나 불이행에 대한 손해배상을 청구할 수 있는 직접의무는 아니다. 단지, 보험자는 보험계약을 해지할 수 있을 뿐이므로 고지의무의 법적성질은 자기의무이고, 간접의무이다. 물론 보험계약이 고지의무 위반으로 해지되면 그 결과 보험금은 지급되지 않고, 이미 납입한 보험료도 반환되지 않으며, 해약환급금이 있으면 지급될 뿐이다. 상법의 고지의무는 상대적 강행규정적 성질을 가지므로 보험계약자 측에 불리한 내용으로 변경할 수 없다.

2) 고지의무의 인정근거

① 위험측정설(기술설)

보험제도는 과거의 일정기간 동안에 위험의 발생 빈도와 심도를 측정·평가하여 보험사고의 발생률(위험률)을 산출하고, 이를 기초로 보험료와 보험금을 산정하여 수지상등의 원칙을 확보하기 위해 고지의무가 필요하다는 견해이다. 보험자가 위험률을 측정함에 있어서 위험관련 중요한 정보를 보험계약자 또는 피보험자가 보험자보다 더 많이 가지고 있어 정보의 비대칭이 발생하므로 중요한 정보를 더 가지고 있는 보험계약자 또는 피보험자는 그 정보를 보험자에 정직하게 고지하여 위험측정에 협조할 의무가 있다는 것이다.

② 선의계약설(사행계약설)

보험계약은 우연한 사고를 전제로 하는 사행계약의 특성상 다른 계약관계에 비해 계약 당사자들의 최대선의성(the utmost good faith)이 요구된다. 보험계약자의 역선택을 막고, 도덕적 해이를 방지하기 위해 위험관련 중요한 정보를 상대적으로 더 가지고 있는 보험계약자 또는 피보험자의 최대선의성이 요구되므로 보험계약자 측은 자기에게 불리한 사실(정보)이라도 보험자에게 고지할 의무가 있다는 주장이다.

(2) 고지의무 당사자

고지의무 당사자에는 <표 3-12>와 같이 고지의무자와 고지수령권자가 있다.

표 3-12 고지의무 당사자

	내 용
고지의무자	고지의무자는 보험계약자(정확하게는 보험계약자가 될 청약자)와 피보험자이다. 보험계약이 대리인이나 보험중개사에 의하여 체결되는 경우는 그 대리인과 보험중개사도 고지의무자가 될 수 있다. 인보험의 보험수익자는 고지의무자가 아니다.
고지수령권자 (고지의 상대방)	고지수령권자는 보험자, 체약대리점 그리고 보험의이다. 보험의는 보험계약 체결권은 없으나 고지수령권은 가진다. 보험설계사, 보험중개인 및 중개대리인은 보험가입을 권유하여 보험계약의 체결을 중개하는 사실행위만을 할 수 있으므로 고지수령권은 없다.

(3) 고지의무의 내용

1) 고지의 시기

상법의 고지 시기는 청약 시뿐만 아니라 승낙 시인 계약체결 당시까지이다. 표준약관에서는 청약시, 제1회 보험료 납입 시 또는 보험의의 건강진단 시까지로 되어 있다. 표준약관에서 이와 같이 고지시기를 상법보다 앞의 날로 정하는 이유는 보험자가 고지의무위반을 이유로 한 해지권을 지나치게 악용하는 것을 방지하여 보험가입자를 보호하기 위해서다.

2) 고지방법

고지방법은 상법상 아무런 제한이 없어 서면, 구두, 이메일 등 어느 방법으로도 가능하다. 또한, 명시적이든 묵시적이든 상관이 없다. 그러나 실무상으로는 청약서에 질문표를 만들어 질문사항에 대해 사실대로 고지하도록 하고 있다. 질문표의 질문사항만 정직하게 답변하면, 고지의무를 이행한 것으로 해석하므로 고지의무는 보험자의 질문에 대한 수동적 답변의무로 수동화되고 있다.

3) 고지사항(중요한 사항)과 질문표

① 고지사항(중요한 사항)

중요한 사항(material facts)은 고지의무의 대상이 되는 고지사항이고, 위험관련 정보이며 고지의무위반을 판단하는 핵심적 기준이다. 판례들에서 중요한 사항은 "신중한 보험자가 보험사고의 발생과 그로 인한 책임부담의 개연율을 측정하여 그 위험의 인수여부 또는 보험료 산정이나 면책조항의 부가와 같은 보험계약의 내용을 결정하는 데 영향을 미칠 수 있는 사항을 말한다."고 판시하고 있다(대법원 2004.6.11. 선고 2003다18494 판결 등). 다시 말해 신중한 보험자가 그 사실을 알았더라면 당해 계약을 체결하지 아니하였거나 적어도 동일한 조건으로는 계약을 체결하지 않았을 것으로 생각되는 객관적인 사정으로 해석된다. 어떠한 사항이 중요한 사항인가는 사실의 문제(matter, question of fact)로서 보험종류에 따라 상이하므로 당사자의 주관적 판단이 아닌 객관적으로 관찰하여 판단해야 한다는 것이다.

② 구체적 사례

가. 절대적 위험사항

표 3-13 보험종목별 중요한 사항(고지사항) 사례

구 분	중요한 사항(고지사항)
화재보험	· 보험의 목적인 건물의 구조 · 재질 · 사용목적 · 건물 내 인화물의 장치
자동차보험	· 주운전자의 연령 · 직업 · 사고경력 · 차량의 모델 · 용도(유상운송 여부 등)
이행보증보험	· 주계약상의 거래조건 · 공사금액 · 공사기간 · 실제 착공일
인보험	· 피보험자의 나이 · 성별 · 직업 · 기왕증(유전병, 암, 고혈압 등) · 임신여부

나. 관계적(환경적) 위험사항

표 3-14 보험종목별 중요한 사항(고지사항) 사례

구 분	중요한 사항(고지사항)
화재보험	· 건물 부근의 상황(주요소 등 인화물질 취급업소 유무) · 건물을 7-8개월 비워 두는 것
자동차보험	· 오토바이 또는 스쿠터의 소유 · 운전 여부
인보험	· 피보험자와 보험계약자의 관계 · 피보험자 부모의 생존 · 사인 · 건강여부

③ 질문표와 질문사항의 효력

법률지식이 없는 고지의무자인 보험계약자나 피보험자는 어떤 것이 고지하여야 할 중요한 사항인지를 알기가 어렵다. 따라서 보험계약의 당사자 간에 이해가 상반되어 분쟁이 생기기 쉬워 중요한 사항을 담은 질문표를 작성하여 활용하고 있고, 상법 제651조의2에서 "서면으로 질문한 사항은 중요한 사항으로 추정한다."고 규정하고 있다.[25]

질문표의 질문사항은 중요한 사항이므로 불고지하거나 부실고지하게 되면 보험계약자나 피보험자의 고지의무위반이 된다.

④ 고지의무의 판단기준과 수동화

고지의무의 중요한 사항에 대한 판단기준(the test of materiality)을 결정할 때 보험자의 판단에 어느 정도 영향을 미쳐야 중요한 사항인가에 관한 우리나라와 영국의 판례에서 결정적 영향론과 비결정적 영향론으로 해석과 견해가 대립되고 있다. 결정적 영향론은 보험자의 보험계약체결에 결정적 영향을 미칠 수 있는 사항만이 고지대상에 포함되어 중요한 사항으로 인정될 수 있다는 것이다. 이 해석에 따르면 '질문표'를 사용하는 경우에 질문표의 질문한 사항에 대해서만 고지의무가 있는 것이고, 질문사항 이외의 사항은 불포함된다는 것이다. 이에 반해 비결정적 영향론은 질문표의 질문사항 이외에도 보험계약에 영향을 미칠 수 있는 사항은 고지대상에 포함되는 것으로 자발적으로 탐지하여 고지해야 한다는 것이다. 이는 보험계약자에게 막중한 책임을 부담하게 하는 것이므로 불합리한 해석이라는 지적이 많다. 따라서 판례는 결정적 영향론의 불포함설을 바탕으로 고지의무를 자발적 고지의무에서 질문표에 대한 질의응답의무(답변의무)로 수동화되고 있다.

(4) 고지의무위반의 성립요건과 효과

1) 고지의무위반의 성립요건(주관적·객관적 요건)

고지의무위반으로 판정하기 위해서는 <표 3-15>와 같은 고지의무자의 고

---

25) 상법 제651조의2(서면에 의한 질문의 효력) 보험자가 서면으로 질문한 사항은 중요한 사항으로 추정한다.

의 또는 중대한과실의 주관적 요건과 불고지와 부실고지의 객관적 요건이 충족되어야 한다. 판례에서 고의란 청약서 질문표상의 기재사항에 대하여 허위로 답변한 경우라고 판시하고 있다. 예를 들어 자동차보험계약에서 보험계약자가 보험계약체결 당시에 향후 계속적으로 유상운송에 이용할 것을 알면서 보험청약서의 질문란에 '유상운송 및 공동사용하지 않음'이라고 고지했다면 고의에 해당한다고 판시하였다(대법원 1993.4.13. 선고92다52085, 52092 판결). 그리고 중대한 과실이란 "어떤 고지하여야 할 사실은 알고 있었지만 현저한 부주의로 인하여 그 사실의 중요성의 판단을 잘못하거나 그 사실이 고지하여야 할 중요한 사실이라는 것을 알지 못하는 것을 말한다."라고 판시하였다(대법원 1996.12.23. 선고 96다27971 판결 등). 예를 들어 냉동창고 건물의 화재보험계약에서 잔여공사가 계속되는 건물은 완성된 건물에 비하여 화재위험에 노출될 가능성이 높다는 것을 보험계약자의 경력으로 보아 충분히 알 수 있었을 텐데 현저한 부주의로 인하여 이를 알지 못하고 고지하지 않았다면 중대한 과실을 인정할 수 있다는 것이다(대법원 2012.11.29. 선고 2010다38663 판결). 객관적 요건의 불고지란 고지의무자가 어떤 중요한 사실을 알고 있으면서도 보험자에게 알리지 않는 것이며, 부실고지는 사실과 다르게 진술(허위고지)하는 것이다.

표 3-15 고지의무위반의 성립요건

요건 및 입증책임	내 용
주관적 요건	고지의무위반이 성립 되려면 보험계약자 또는 피보험자의 고의 또는 중대한 과실로 중요한 사항에 대해 불고지(non-disclosure) 또는 부실고지(misrepresentation)가 행해져야 한다.
객관적 요건	고지의무자가 알고 있는 중요한 사항을 고지하지 않거나 사실과 다르게 진술(허위고지)를 하여야 한다. 따라서 질문표의 질문사항에 대하여 불고지 또는 부실고지를 한 때는 객관적으로 고지의무의 위반이 된다.
입증책임	고지의무위반에 대한 입증책임은 이를 주장하는 보험자에게 있다. 보험자는 주관적, 객관적 요건을 입증함으로써 고지의무위반을 근거로 보험계약을 해지할 수 있다.

2) 고지의무위반의 효과

보험자는 주관적 요건과 객관적 요건을 입증함으로써 고지의무위반을 이유로 보험계약을 해지할 수 있다. 하지만 보험자가 계약을 체결할 당시에 상대방의 고지의무위반 사실을 알았거나 중대한 과실로 알지 못했다는 사실을 보험계약자가 입증하면 해지할 수 없다. 그리고 고지의무위반의 사실을 보험자가 안 때로부터 1월이 경과하거나 계약을 체결한 날로부터 3년의 제척기간이 경과하면 보험자는 고지의무위반을 이유로 더 이상 해지권을 행사할 수 없다(상법 제651조). 한편, 판례는 고지의무위반 사실과 보험사고 사이에 인과관계가 없음을 보험계약자나 피보험자가 입증하면 보험자는 보험계약을 해지할 수 없다고 판시하고 있다.

3) 전부면책의 원칙과 비례감액의 원칙

우리나라와 일본은 현재 고지의무위반의 주관적 요건으로서 고의와 중대한 과실을 구분하지 않고 이들과 고지의무위반의 인과관계가 100% 또는 0%인가에 따라 보험자의 책임이 결정된다. 고지의무위반이 고의는 물론 중대한 과실에 의한 경우도 보험계약자가 보험금을 전부 받든지 아니면 보험자의 급부의무를 전적으로 면책하던지 양자택일적인 전부 또는 전무원칙(all or nothing principle)을 채용하고 있다. 보험계약자 측의 귀책정도와는 관계없이 보험자가 면책된다. 판례에서 보험기간 중 전동휠을 구입하여 운전 중의 사망사고에 대한 보험금청구소송에서 보험계약중의 고지의무라고 할 수 있는 통지의무위반을 이유로 보험자의 면책이 인정(대법원 2019. 6. 13. 선고 2019다221154 판결)되어 보험계약자 측은 보험금을 한 푼도 받지 못하였다. 성실히 보험료를 지불하면서 계약을 유지해 온 보험계약자 측의 입장에서는 전동휠 운전에 대한 통지의무위반을 하게 된 사유에는 보험자의 약관설명의무위반 등도 있을 수 있는데 전적으로 보험계약자 측의 중과실로 전부면책원칙을 적용하는 것은 부당한 것이다.

전부면책의 원칙에 대한 비판을 수용하기 위해 주관적 요건의 중대한 과실을 중과실, 경과실, 무과실 등으로 다양하게 구분하고, 이에 따라 보험금청구권을 부분적으로 인정하여 감액 보상하는 감액원칙(pro-rata principle)의 비례보상제도가 프랑스를 시작으로 영국, 독일 등에서 도입되어 입법화되었다. 보험계약자의 중과실의 정도에 따라 보험자의 비례감액보상을 인정한 것이다. 우리나라도 이의 도입이 필요하다.

(5) 고지의무위반과 사기

보험자의 중대한 과실이 있거나 제척기간이 경과하면, 보험계약자의 고지의무위반을 이유로 보험자는 보험계약을 해지할 수 없다. 그러나 고지의무위반이 보험계약자의 사기에 의한 경우에 상법의 해지권 이외에 민법을 적용하여 보험계약을 취소할 수 있는가가 문제이다.

상법만 단독 적용된다면 제척기간이 경과한 경우에는 보험자는 보험계약을 해지할 수 없는 것이고, 민법도 적용된다면 보험자는 민법에 의해 보험계약을 취소할 수 있고(민법 제109조, 제110조), 계약은 처음부터 무효가 된다(민법 제141조). 판례는 보험계약자의 사기의 경우에는 민법의 사기규정도 적용된다고 판시하고 있다.

2. 보험료지급의무

(1) 보험료지급의 의의

보험계약은 유상계약으로서 보험계약자는 위험을 인수하려는 보험자에게 보험료를 지급할 의무를 진다. 보험계약자의 보험료지급의무는 보험자의 보험금지급의무와 쌍무계약으로서 대가관계를 이루는 중요한 의무이다. 그리고 보험제도는 보험금액의 총액과 보험료의 총액이 균형을 이루는 수지상등의 원칙을 전제로 하기 때문에 보험계약자의 보험료지급의무는 보험계약의 효력과 유지를 위한 중요한 요건이다.

(2) 보험료의 지급의무자와 수령권자

1) 보험료지급의무자

보험료지급의무자는 자기를 위한 보험이든 타인을 위한 보험이든 보험계약자이다. 다만, 타인을 위한 보험에서 보험계약자가 파산선고를 받거나 보험료지급을 지체한 때에는 그 타인인 피보험자나 보험수익자도 자신의 권리를 포기하지

아니하는 한 제2차적인 보험료지급의무자이다.[26]

2) 보험료수령권자

보험료를 수령할 수 있는 자는 보험자 또는 그 대리인과 체약대리점이다. 보험설계사도 실무상 관행적으로 제1회 보험료를 수령하여 보험자에게 지급하므로 보험료수령권자로 인정하고 있다. 그러나 보험중개사나 보험의에게는 보험료수령권이 인정되지 않는다.

(3) 지급보험료의 금액

1) 보험계약자의 보험료감액청구권

보험료는 일반적으로 과거의 위험률을 반영한 기준요율에 따라 보험계약을 체결하기 전에 결정하게 된다. 따라서 보험기간 중에 계약체결 시 예정한 위험이 소멸한 경우에는 위험률이 낮아졌으므로 보험계약자의 보험료감액청구권을 인정한다.[27] 예를 들어 인보험계약에서 계약 당시 고혈압으로 할증보험료를 적용받았으나 보험기간 중에 정상화 되었거나 손해보험계약에서 보험가액의 변화로 초과보험이 발생한 경우 보험료감액을 청구할 수 있다.

2) 보험자의 보험료증액청구권

보험자는 보험기간 중에 보험계약자 등의 고의 또는 중대한 과실로 인한 위험의 현저한 변경·증가가 발생한 경우에 그 사실을 안날로부터 1월 내에 보험료의 증액을 청구할 수도 있고, 계약을 해지할 수도 있다.[28]

---

26) 상법 제639조(타인을 위한 보험) ① 보험계약자는 위임을 받거나 위임을 받지 아니하고 특정 또는 불특정의 타인을 위하여 보험계약을 체결할 수 있다. 그러나 손해보험계약의 경우에 그 타인의 위임이 없는 때에는 보험계약자는 이를 보험자에게 고지하여야 하고, 그 고지가 없는 때에는 타인이 그 보험계약이 체결된 사실을 알지 못하였다는 사유로 보험자에게 대항하지 못한다. ③ 제1항의 경우에는 보험계약자는 보험자에 대하여 보험료를 지급할 의무가 있다. 그러나 보험계약자가 파산선고를 받거나 보험료의 지급을 지체한 때에는 그 타인이 그 권리를 포기하지 아니하는 한 그 타인도 보험료를 지급할 의무가 있다.

27) 상법 제647조(특별위험의 소멸로 인한 보험의 감액청구) 보험계약의 당사자가 특별한 위험을 예기하여 보험료의 액을 정한 경우에 보험기간 중 그 예기한 위험이 소멸한 때에는 보험계약자는 그 후의 보험료의 감액을 청구할 수 있다.

(4) 보험료의 지급방법

1) 현금, 자동이체 및 신용카드

보험료의 지급은 현금지급이 원칙이나 오늘날 금융거래실무를 반영하여 자동이체 및 신용카드 납입도 약관으로 규정하고 있다. 자동이체의 경우에 보험자의 책임개시는 자동이체 시점이고, 신용카드 납입은 카드회사의 매출승인(거래승인)을 받은 시점이다. 하지만 일부 약관에서 자동이체신청 및 신용카드매출승인에 필요한 정보를 제공한 때 제1회(초회) 보험료를 지급받은 것으로 규정하고 있다. 이는 매출승인에 앞선 정보제공 시점을 제1회 보험료지급 시점으로 인정하는 것은 보험계약자에게 유리하기 때문에 가능한 것이다. 단, 보험계약자의 귀책사유(예, 잔고부족)로 승인이 불가한 경우는 제외된다.

2) 어음·수표의 교부

보험료를 어음·수표로 지급한 경우에 그 지급시기를 어음·수표의 교부시점으로 볼 것인지 아니면 결제시점으로 볼 것인지가 보험자의 책임개시와 관련하여 해석의 견해들이 다르다. 어음·수표는 교부한 후 결제시점에 결제의 거절이라는 부도의 문제가 남아 있기 때문이다.

어음·수표에 의한 보험료의 지급시기를 당사자 간에 약정이 있으면 그것에 따르면 된다. 약정이 없는 경우에 그 지급시기에 관한 견해로 해제조건부 대물변제설과 유예설이 있다.

① 해제조건부 대물변제설

어음·수표의 교부시점을 대물변제로 보아 일단 '지급에 갈음하여'로 해석하여 교부만으로 보험료의 지급이 인정되어 보험자의 책임이 개시되거나 계속된다. 만약, 나중에 지급거절(부도)이 되면 해제조건이 성취되어 대물변제의 효과가 교부시점으로 소급하여 소멸한다는 견해이다. 다시 말해 보험자는 어음·수표

---

28) 상법 제653조(보험계약자 등의 고의나 중과실로 인한 위험증가와 계약해지) 보험기간 중에 보험계약자, 피보험자 또는 보험수익자의 고의 또는 중대한 과실로 인하여 사고발생의 위험이 현저하게 변경 또는 증가된 때에는 보험자는 그 사실을 안 날부터 1월 내에 보험료의 증액을 청구하거나 계약을 해지할 수 있다.

를 교부받은 때부터 보험금지급책임을 부담하고, 그 후 지급거절이 되면 보험료 지급을 전제로 한 각종 법률효과가 교부시점부터 소멸하여 발생하지 않은 것으로 해석하는 것이다. 이 설에 따른다면 어음·수표를 교부한 후 결제시점 사이에 보험사고가 발생한 경우 보험자는 일단 보험금을 지급하여야 한다는 것이다.

② 유예설

어음·수표의 교부는 '지급을 위하여' 행한 것으로만 보고, 교부시점에 보험료 지급이 현실적으로 이루어진 것으로 해석하지 않는 견해이다. 결제시점까지 당사자 간에 보험료지급을 유예(외상)하기로 합의한 것으로 해석하는 것이다. 따라서 교부시점에 유예, 즉 외상거래를 추인한 것이므로 해제조건부 대물변제설에서와 같이 교부시점부터 보험자는 보험금지급책임을 부담한다. 다만, 결제시점에 지급거절(부도)되어 해제조건이 성취되었을 때 법률효과는 해제조건부 대물변제설에서는 소급효로 처리하지만 유예설에서는 부도시점부터 장례효를 인정한다는 차이가 있다.

(5) 보험료지급의 시기와 장소

1) 지급시기

보험계약자는 계약체결 후 지체 없이 보험료의 전부(일시납으로 할 경우) 또는 제1회 보험료(분할납으로 할 경우)를 지급하여야 한다.[29] 보험자의 책임은 최초보험료를 지급받은 때로부터 시작되므로 보험료는 선급이 원칙이다.

계속보험료는 약정한 시기에 지급하여야 하고, 보험계약자가 이를 지체하면 보험자는 그 계약을 해지할 수 있다.[30]

---

29) 상법 제650조(보험료의 지급과 지체의 효과) ① 보험계약자는 계약체결 후 지체 없이 보험료의 전부 또는 제1회 보험료를 지급하여야 하며, 보험계약자가 이를 지급하지 아니하는 경우에는 다른 약정이 없는 한 계약성립 후 2월이 경과하면 그 계약은 해제된 것으로 본다.

30) 상법 제650조(보험료의 지급과 지체의 효과) ② 계속보험료가 약정한 시기에 지급되지 아니한 때에는 보험자는 상당한 기간을 정하여 보험계약자에게 최고하고 그 기간 내에 지급되지 아니한 때에는 그 계약을 해지할 수 있다.

2) 지급장소

당사자 간에 지급장소에 대한 약정이 있으면 그에 따르면 되고, 약정이 없으면 민법상의 지참채무의 지급장소 원칙이 준용되어 채권자인 보험자의 영업소를 지급장소로 해석한다. 지로 또는 인터넷뱅킹으로 납부하는 경우도 지참채무로 해석하고 있다. 특약이나 약관에서 자동이체나 신용카드에 의한 지급 그리고 방문수금을 정하였다면 이는 추심채무로 해석하고 있다.

(6) 보험료지급지체(해태)의 효과

1) 최초보험료의 부지급

보험자의 책임은 당사자 간에 다른 약정이 없으면 최초보험료를 지급받은 때로부터 개시한다.[31] 보험계약은 유상계약이므로 계약이 성립한 후에 보험계약자의 최초보험료지급이 없으면 보험자의 보험금지급책임도 없는 것이다.

상법은 제650조 제1항에서 "보험계약자는 계약체결 후 지체 없이 보험료의 전부 또는 제1회 보험료를 지급하여야 하며, 보험계약자가 이를 지급하지 아니하는 경우에는 다른 약정이 없는 한 계약성립후 2월이 경과하면 그 계약은 해제된 것으로 본다."고 규정하고 있다.

2) 계속보험료의 부지급

제2회 이후의 보험료인 계속보험료가 "약정한 기일 내에 지급되지 아니한 때에는 보험자는 바로 보험계약을 해지할 수 있는 것이 아니라 [그림 3－12]와 같이 상당한 기간(납입기일이 속하는 달을 포함하여 그 다음 달 말일까지)을 정하여 보험계약자에게 최고(독촉)하고, 그 기간 내에 지급되지 아니한 때에는 그 계약을 해지할 수 있다."고 상법 제650조 제2항에 규정하고 있다. 한편, 타인을 위한 보험의 경우 타인인 피보험자나 보험수익자에게도 상당한 기간을 정하여 보험료의 지급을 최고한 후가 아니면 그 계약을 해제 또는 해지하지 못한다고 상법 제650

---

31) 상법 제656조(보험료의 지급과 보험자의 책임개시) 보험자의 책임은 당사자 간에 다른 약정이 없으면 최초의 보험료의 지급을 받은 때로부터 개시한다.

조 제3항에 규정하고 있다.[32]

그림 3-12   계속보험료의 납입연체와 계약해지(예시)

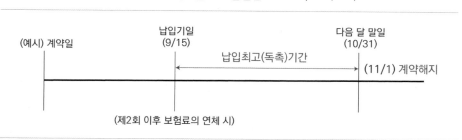

3) 해지권행사의 요건

① 계속보험료의 납입불이행

계속보험료가 약정한 기간에 보험계약자 측의 귀책사유로 납입되지 않아야
한다.

② 상당한 기간의 최고와 해지의사 표시

보험자는 최고와 해지의 의사표시 모두를 해야 한다. 그러나 실무적으로 판
례에서 보험자가 납입최고를 할 때 최고기간(생명보험표준약관에서 14일 이상 또는
보험기간이 1년 미만인 경우에는 7일)을 충분히 주고 그 안에 계속보험료가 납입되
지 않으면, 별도의 의사표시 없이 그 기간이 경과하면 당연히 보험계약은 해지
된다는 해지예고부최고약관은 유효하다고 판시하였다.

(7) 보험료청구권 소멸시효

보험자의 보험료청구권은 2년간 행사하지 아니하면 시효의 완성으로 소멸한
다(상법 제662조). 라고 규정하고 있다. 보험계약자 측의 보험료 또는 적립금의
반환청구권과 보험금청구권의 소멸시효는 3년이다.

---

32) 상법 제650조(보험료의 지급과 지체의 효과) ③ 특정한 타인을 위한 보험의 경우에 보험계약자가 보험
료의 지급을 지체한 때에는 보험자는 그 타인에게도 상당한 기간을 정하여 보험료의 지급을 최고한 후
가 아니면 그 계약을 해제 또는 해지하지 못한다.

3. 통지의무(약관상 계약후 알릴의무)

(1) 위험의 현저한 변경·증가 통지의무[33]

1) 의의, 취지 및 법적 성질

상법 제652조(위험변경증가의 통지와 계약해지)에 "보험기간 중에 보험계약자 또는 피보험자가 위험이 현저하게 변경 또는 증가된 사실을 안 때에는 지체 없이 보험자(혹은 통지수령권을 갖는 대리인이나 체약대리점)에게 통지하여야 한다." 그리고 "보험계약자 측이 이를 해태한 때에는 보험자가 그 사실을 안 날로부터 1월 내에 한하여 계약을 해지할 수 있다." 한편, "보험자가 위험의 변경증가사실의 통지를 받은 때에는 1월 내에 계약을 해지할 수도 있고, 보험료의 증액을 청구할 수도 있다."고 위험변경증가의 통지의무의 의의와 그 위반시 효과를 규정하고 있다.

보험계약자 측과는 상관없이 제3자에 의해 위험에 영향을 미치는 사정의 변화(예, 건물의 증·개축)로 위험이 현저하게 변경·증가했을 경우에 보험자에게 계약 체결 당시의 보험료를 재조정하거나 계약을 해지할 수 있는 기회를 제공하는 것이 공평하므로 이 규정이 필요한 것이다. 그리고 보험자는 위험이 현저하게 변경 또는 증가되었다고 판단되면 보험료를 재조정하거나 재보험에 가입하는 등의 적절한 조치를 취할 필요가 있기 때문이다.

통지의무의 법적성질은 위험의 변경·증가와 관련된 정보는 보험목적을 지배하거나 관리하는 보험계약자나 피보험자가 더 잘 알고 있으므로 이들에게 부담시키는 간접의무이다.

2) 발생요건

① 보험기간 중의 위험증가

위험의 변경 또는 증가는 보험계약을 체결한 후 보험기간 중에 발생한 것이

---

[33] 상법 제652조(위험변경증가의 통지와 계약해지) ① 보험기간 중에 보험계약자 또는 피보험자가 사고발생의 위험이 현저하게 변경 또는 증가된 사실을 안 때에는 지체 없이 보험자에게 통지하여야 한다. 이를 해태한 때에는 보험자는 그 사실을 안 날로부터 1월 내에 한하여 계약을 해지할 수 있다. ② 보험자가 제1항의 위험변경증가의 통지를 받은 때에는 1월 내에 보험료의 증액을 청구하거나 계약을 해지할 수 있다.

어야 한다. 보험계약 성립전의 위험의 상태는 고지의무와 관련된 사항이다.

② 현저한 위험증가(통지의무이행의 대상)

현저하게 변경 또는 증가된 위험이란 <표 3－16>과 같은 사례로 당해 위험이 보험계약체결 당시에 존재하였으면, 보험자가 계약을 체결하지 않았거나 적어도 동일한 조건 또는 그 보험료로는 인수하지 않았을 것으로 인정되는 사실이다.

표 3-16　현저한 위험증가(통지의무이행의 대상)의 사례

구 분	사 례
화재보험	• 건물의 구조와 용도를 상당히 변경시키는 증·개축공사 • 근로자들이 폐업신고에 항의하면서 장기간 공장건물 점거농성
자동차보험	• 피보험자동차의 용도, 차종 및 현저한 구조 변경 • 개인용 출퇴근자동차를 택배영업 등에 업무용으로 일시적이 아닌 지속적으로 사용
상해보험	• 원동기장치 자전거를 구입하여 계속적으로 사용 • 전동휠을 출퇴근용으로 사용 • 고위험직종으로 직업변경(전업주부 → 기계조정원, 학생 → 직장인)
입증책임	• 보험자

한편, 현저한 위험의 변경·증가로 인정받기 위해서는 현저하게 변경·증가된 새로운 위험상태가 1회성 또는 일시적인 것이 아닌 어느 정도 지속적으로 정착되어야 한다. 판례에서 "일시적 오토바이 운전이나 트럭 뒷부분에 갈고리 모양의 연결고리를 부착한 후 컴프레셔의 견인이 반복적인 것이 아니고 일시적인 것이었다면 의무이행의 대상이 되는 현저한 변경·증가가 아니다."라고 판시하고 있다.

③ 제3자에 의한 위험증가

현저한 위험의 변경·증가가 보험계약자 또는 피보험자의 행위에 기인 한 것이 아닌 제3자의 행위에 의한 것이어야 한다. 귀책행위가 보험계약자 측의 고의 또는 중대한 과실에 기인한 것이 아니어야 한다.

④ 보험계약자 등의 인식

위험이 보험계약체결 이후에 현저하게 변경 또는 증가되었다는 사실을 보험계약자나 피보험자가 알았어야 한다. 이들이 당해 위험의 현저한 변경 또는 증가인지를 인지하지 못한 경우에는 통지의무가 없는 것이다. 그리고 보험자가 그 사실을 알았거나 중대한 과실로 알지 못한 때에도 통지할 의무가 없다.

3) 해태(위반)의 효과

① 보험자의 계약해지권 발생

보험계약자 또는 피보험자가 통지의무를 해태한 때에는 고지의무의 해태와 같이 보험자는 그 사실을 안 날로부터 1개월 내에 계약을 해지할 수 있다. 보험사고가 발생한 후에도 보험자는 안 날로부터 1개월 내에 계약을 해지할 수 있다. 계약을 해지한 때에는 보험금지급책임이 없으며, 이미 지급한 보험금이 있으면 반환을 청구할 수 있다.

② 해지권의 제한

판례는 "보험자가 그 사실을 안날로부터 제척기간인 1월이 경과한 때나 보험자가 중대한 과실로 알지 못한 때에는 계약을 해지할 수 없다."고 판시하고 있다. 그리고 보험계약자 등이 위험변경·증가의 사실과 보험사고 간의 인과관계가 없음을 증명한 때에는 보험금을 청구할 수 있고, 지급받은 보험금이 있다면 반환을 거절할 수 있다.[34]

(2) 보험사고발생의 통지의무

1) 의의, 취지 및 법적 성질

상법 제657조(보험사고발생의 통지의무)에 "보험계약자 또는 피보험자나 보험

---

34) 상법 제655조(계약해지와 보험금액청구권) 보험사고가 발생한 후에도 보험자가 제650조, 제651조, 제652조와 제653조의 규정에 의하여 계약을 해지한 때에는 보험금액을 지급할 책임이 없고 이미 지급한 보험금액의 반환을 청구할 수 있다. 그러나 고지의무에 위반한 사실 또는 위험의 현저한 변경이나 증가된 사실이 보험사고의 발생에 영향을 미치지 아니하였음이 증명된 때에는 그러하지 아니하다.

수익자는 보험사고의 발생을 안 때에는 지체 없이 보험자(혹은 통지수령권이 있는 그 대리인이나 체약대리점)에게 그 통지를 발송하여야 한다."[35] 그리고 "보험계약자 측이 통지의무를 해태함으로 인하여 손해가 증가된 때에는 보험자는 그 증가된 손해를 보상할 책임이 없다."고 통지의무의 의의와 그 위반시 효과를 규정하고 있다. 보험계약자 등이 보험사고 발생을 알지 못한 때나 보험자가 이미 안 때에는 통지할 필요가 없는 것이다.

보험사고의 발생 사실은 보험계약자, 피보험자 또는 보험수익자가 가장 쉽고 신속하게 알 수 있으므로 이들에게 통지의무를 부과하고 있다. 통지를 받은 보험자는 신속하게 보험사고의 원인을 조사하여 담보여부, 보상범위 및 보상한도를 확정함과 더불어 손해확대를 방지하기 위한 조치를 취할 필요가 있기 때문이다. 그리고 제3자에 대한 대위권행사의 보전을 위한 제반조치를 강구해야 하기 때문이다.

보험사고발생통지의무의 법적 성질에 대해서는 통지를 하지 않았더라도 보험자가 보험사고 발생을 안 때에는 보험금을 청구할 수 있기 때문에 그 이행을 강제할 수도 없으므로 고지의무나 위험의 변경증가의 통지의무와 같이 간접의무로 보아야 한다는 견해와 보험금청구를 위한 전제조건으로 보아 보험자에 대한 진정한 의무로 보는 견해가 있다.

2) 의무위반의 효과

통지의무자인 보험계약자 또는 피보험자나 보험수익자가 통지수령권자인 보험자나 그 대리인에게 통지의무를 위반한 경우 그 위반으로 증가된 손해에 대해서는 보험자가 보상할 책임이 없다.[36] 그리고 고지의무나 위험변경증가의 통지의무와는 달리 계약해지권은 없다.

(3) 타보험계약 체결사실의 통지의무

1) 의의

동일한 보험목적에 대하여 각각 다른 보험자와 수개의 보험계약을 체결하는

---

35) 상법 제657조(보험사고발생의 통지의무) ① 보험계약자 또는 피보험자나 보험수익자는 보험사고의 발생을 안 때에는 지체 없이 보험자에게 그 통지를 발송하여야 한다.

36) 상법 제657조(보험사고발생의 통지의무) ② 보험계약자 또는 피보험자나 보험수익자가 제1항의 통지의무를 해태함으로 인하여 손해가 증가된 때에는 보험자는 그 증가된 손해를 보상할 책임이 없다.

경우에 각 보험자에게 각 보험계약의 체결사실을 통지하여야 한다.

손해보험은 실손보상의 원칙(이득금지의 원칙)에 의하여 보험사고로 피보험자가 입은 실제 손해액 이상을 보험금으로 취득할 수 없다. 이를 규제하고자 하는 규정이 상법 제669조(초과보험)[37]과 상법 제672조(중복보험)[38]이다.

인보험은 원칙적으로 피보험이익이 존재하지 않으므로 이득금지의 원칙이 적용되지 않기 때문에 법률 규정상의 타보험계약 체결사실의 통지의무는 없으나 도덕적 위험의 방지나 손해보험 성격의 상해보험, 실손보험 등에 관해서는 이득금지의 원칙이 적용되어야 하므로 일반적으로 보험약관에 타보험계약 체결사실의 통지의무를 규정하고 있다.

2) 위반의 효과

타보험계약 체결사실의 통지의무를 위반한 경우 법률상의 명시된 규정은 없으나 해석상 사기로 추정되어 계약은 무효이고, 이미 발생한 사고에 대하여 보험자면책이 인정된다.

(4) 보험목적 양도사실의 통지의무

1) 의의

양도란 일반적으로 매매 또는 증여로 양도인이 양수인에게 소유권을 이전하는 것이다. 소유권 이전이 효력을 발생하기 위해서는 등기 또는 등록이 필요하다. 예를 들어 자동차의 양도가 인정되기 위해서는 소유권이 이전됨으로써 피보험자동차에 대한 운행지배, 운행이익이 양수인에게 이전되어야 하고, 명의등록

---

37) 상법 제669조(초과보험) ① 보험금액이 보험계약의 목적의 가액을 현저하게 초과한 때에는 보험자 또는 보험계약자는 보험료와 보험금액의 감액을 청구할 수 있다. 그러나 보험료의 감액은 장래에 대하여서만 그 효력이 있다. ② 제1항의 가액은 계약 당시의 가액에 의하여 정한다. ③ 보험가액이 보험기간 중에 현저하게 감소된 때에도 제1항과 같다. ④ 제1항의 경우에 계약이 보험계약자의 사기로 인하여 체결된 때에는 그 계약은 무효로 한다. 그러나 보험자는 그 사실을 안 때까지의 보험료를 청구할 수 있다.

38) 상법 제672조(중복보험) ① 동일한 보험계약의 목적과 동일한 사고에 관하여 수개의 보험계약이 동시에 또는 순차로 체결된 경우에 그 보험금액의 총액이 보험가액을 초과한 때에는 보험자는 각자의 보험금액의 한도에서 연대책임을 진다. 이 경우에는 각 보험자의 보상책임은 각자의 보험금액의 비율에 따른다. ② 동일한 보험계약의 목적과 동일한 사고에 관하여 수개의 보험계약을 체결하는 경우에는 보험계약자는 각 보험자에 대하여 각 보험계약의 내용을 통지하여야 한다. ③ 제669조 제4항의 규정은 제1항의 보험계약에 준용한다.

도 이전되어야 한다.[39]

보험목적의 양도사실에 대한 통지의무는 상법 제679조(보험목적의 양도)에 규정되어 있다.[40] 피보험자가 보험목적을 양도한 때에는 양수인은 보험계약상의 권리와 의무를 승계한 것으로 추정하며, 양도인 또는 양수인은 보험자에게 지체 없이 그 사실을 통지하여야 한다. 이는 일반적인 물건보험에 대한 규정이며, 자동차보험이나 해상보험에서는 양도를 특칙으로 규정하고 있다.

자동차보험의 양도에 관한 상법 제726조의4(자동차의 양도)는 "피보험자가 보험기간 중에 자동차를 양도한 때에는 양수인은 보험자의 승낙을 얻은 경우에 한하여 보험계약으로 인하여 생긴 권리와 의무를 승계한다."고 규정하고 있다.[41]

자동차보험표준약관 제48조 제1항에서는 "보험계약자가 이 권리와 의무를 양수인에게 이전하고자 한다는 뜻을 서면으로 보험회사에 통지하여 보험회사가 승인한 경우에는 그 승인한 때로부터 양수인에 대하여 이 보험계약을 적용한다."고 규정하고 있다. 이들 규정에는 보험계약자의 양도사실 통지의무에 대한 명시적인 규정은 없지만, 양수인은 보험자의 승낙을 얻어야 함을 특칙으로 규정하고 있다. 보험자가 승낙하지 않은 상태에서 양도된 후에 사고가 발생하면 보험자면 책이 인정된다. 그 이유는 자동차보험은 일반 물건보험과 달리 운전자(피보험자)나 차량에 따라 위험률이 다르고, 이에 따라 보험료가 달라지기 때문에 자동승계의 추정을 인정할 수 없기 때문이다. 새로 적용하는 보험료가 높아 승계받는 보험료가 부족하게 되면 양수인에게 추가보험료를 청구하게 되고, 반대로 승계받는 보험료가 남는 경우에는 양도인에게 남는 보험료를 반환한다.

기존의 자동차를 폐차하거나 교체하는 경우에도 보험회사의 승낙절차를 밟고, 교체차량에 적용하는 보험료를 정산하여 기존의 보험계약을 승계할 수 있다.

해상보험에서 보험목적의 양도에 관해서는 상법 제703조의2(선박의 양도 등의

---

39) 박세민(2021), 앞의 책, pp.878-879.

40) 상법 제679조(보험목적의 양도) ① 피보험자가 보험의 목적을 양도한 때에는 양수인은 보험계약상의 권리와 의무를 승계한 것으로 추정한다. ② 제1항의 경우에 보험의 목적의 양도인 또는 양수인은 보험자에 대하여 지체 없이 그 사실을 통지하여야 한다.

41) 상법 제726조의4(자동차의 양도) ① 피보험자가 보험기간 중에 자동차를 양도한 때에는 양수인은 보험자의 승낙을 얻은 경우에 한하여 보험계약으로 인하여 생긴 권리와 의무를 승계한다. ② 보험자가 양수인으로부터 양수사실을 통지받은 때에는 지체 없이 낙부를 통지하여야 하고 통지 받은 날부터 10일 내에 낙부의 통지가 없을 때에는 승낙한 것으로 본다.

효과)에 규정하고 있다.[42]

2) 위반의 효과

보험목적의 양도사실에 대한 통지의무위반에 대해서는 아무런 법률 규정이 없다. 하지만 보험목적의 양도사실을 보험자에게 통지한 경우에 보험자는 보험료의 증액청구나 보험계약을 거절(해지)할 수 있다고 규정하고 있다. 그리고 만약 통지하지 아니하였다면, 보험의 목적에 대한 위험이 현저한 변경·증가한 경우에 한하여 계약을 해지할 수 있고, 이미 발생한 보험사고에 대해서 보험자면책을 규정하고 있다. 그렇지만 보험목적의 양도사실을 지체 없이 통지하지 아니하였다면, 보험목적의 양도와 함께 그 계약은 실효된 것으로 해석하는 것이 합리적일 것이다.

(5) 채무확정 및 소송사실 통지의무

책임보험에서 피보험자가 제3자에 대하여 변제, 승인, 화해 또는 재판으로 채무가 확정된 때에는 지체 없이 보험자에게 통지하여야 한다(상법 제723조).[43] 채무의 확정은 보험자의 보험금지급책임 여부나 지급보험금의 산정기초인 손해배상금의 확정에 미치는 중요한 사항이기 때문이다.

일반적으로 실무약관에서 피보험자가 피해자 측과 변제, 승인 또는 화해를 하거나 피해자 측에 소송을 제기하고자 할 때 보험자의 동의를 요구하고 있으며, 이를 위반한 경우에 보험자에게 손해배상책임이 없다고 규정하고 있다(영업배상책임보험약관 제17조). 한편, 가해자인 피보험자를 상대로 피해자가 소송을 제기한 경우에 소송제기 받은 사실을 통지하도록 보험계약자 측에 부과하고 있다. 보험자가 소송에 직·간접적으로 관여하여 적정한 배상액이 정해지도록 하기 위한 것이다.

---

42) 상법 제703조의2(선박의 양도 등의 효과) 선박을 보험에 붙인 경우에 다음의 사유가 있을 때에는 보험계약은 종료한다. 그러나 보험자의 동의가 있는 때에는 그러하지 아니하다. 1. 선박을 양도할 때 2. 선박의 선급을 변경한 때 3. 선박을 새로운 관리로 옮긴 때

43) 상법 제723조(피보험자의 변제 등의 통지와 보험금액의 지급) ① 피보험자가 제3자에 대하여 변제, 승인, 화해 또는 재판으로 인하여 채무가 확정된 때에는 지체 없이 보험자에게 그 통지를 발송하여야 한다.

(6) 보험사고 및 보험목적물 조사에 대한 협조의무

배상책임보험에서 피보험자가 책임질 사고로 손해를 입은 제3자가 보험자에게 직접보상을 청구할 경우 "피보험자는 보험자의 요구에 따라 필요한 서류·증거의 제출 또는 증언 또는 증인의 출석에 협조하여야 한다(상법 제724조 제4항)."[44] 보험자의 보험사고 여부, 손해액의 조사나 결정에 피보험자 측은 적극 협조하여야 하며, 협조하지 않아 발생한 손해는 보상하지 않을 수 있다.

일반적으로 화재보험이나 영업배상책임보험의 약관에서 보험계약체결 후 보험기간 동안에 언제든지 피보험자 측은 보험목적이나 그 보관 장소를 조사할 수 있도록 협조하여야 한다(화재보험약관 제26조, 영업배상책임보험약관 제23조).

4. 위험유지의무(위험의 현저한 변경·증가 금지의무)

(1) 의의와 취지

상법 제653조(보험계약자 등의 고의나 중과실로 인한 위험증가와 계약해지)에 "보험기간 중에 보험계약자, 피보험자 또는 보험수익자의 고의 또는 중대한 과실로 인하여 사고발생의 위험이 현저하게 변경 또는 증가된 때에는 보험자는 그 사실을 안 날로부터 1월 내에 보험료의 증액을 청구하거나 계약을 해지할 수 있다."고 위험유지의무의 의의와 그 의무의 위반시 효과를 규정하고 있다.

보험제도에서 보험자는 보험계약을 체결하기 위하여 사전에 위험의 빈도와 심도를 분석·측정하여 산출한 위험률을 바탕으로 보험요율, 보험금액 등 보험계약조건을 결정하게 된다. 따라서 보험계약자 측은 보험계약을 체결한 후 보험기간 동안에 계약체결 당시의 가입대상 위험상태를 계속 유지하여야 할 것이고, 현저하게 변경 또는 증가시켜서는 안 될 것이므로 이 규정이 필요한 것이다.

---

44) 상법 제724조(보험자와 제3와의 관계) ④ 제2항의 경우에 피보험자는 보험자의 요구가 있을 때에는 필요한 서류·증거의 제출, 증언 또는 증인의 출석에 협조하여야 한다.

(2) 발생요건

1) 위험의 현저한 변경 또는 증가

판례에서 '위험의 현저한 증가'란 그 증가한 위험이 보험계약체결 당시에 존재하였다면 보험자가 계약을 체결하지 않았거나 실제의 약정 보험료보다 더 고액의 보험료를 부과하였을 정도로 현저하게 증가된 것이라고 판시하였다(대법원 1992.11.10. 선고 91다32503 판결). '현저한'의 해석은 통지의무의 대상과도 대동소이하고, 고지의무의 '중요한' 사항과도 역시 대동소이하다.

2) 보험계약자 측의 고의나 중과실(주관적 위험증가)

현저한 위험의 변경·증가가 보험계약자, 피보험자 또는 보험수익자의 고의나 중과실로 인한 주관적인 것이어야 한다. 보험계약자 측 외의 제3자에 의한 객관적 위험의 변경·증가는 상법 제652조(위험변경증가의 통지와 계약해지)의 보험계약자 측의 통지의무 대상이 된다.

3) 보험기간 중의 위험증가

현저한 위험의 변경·증가는 보험기간 중에 발생한 것이어야 한다.

(3) 위반의 효과

보험자는 그 사실(위험의 현저한 변경·증가사실)을 안 날로부터 1개월 이내에 보험료의 증액을 청구하거나 보험계약을 해지할 수 있다.[45] 보험자가 보험계약을 해지하면 보험사고가 발생한 경우에도 보험금지급책임을 지지 않는다. 다만, 보험계약자가 그 보험사고의 발생이 위험유지의무의 위반과 인과관계가 없음을 입증한 경우에 보험자는 그 보험계약을 해지할 수 없다.

---

45) 상법 제653조(보험계약자 등의 고의나 중과실로 인한 위험증가와 계약해지) 보험기간 중에 보험계약자, 피보험자 또는 보험수익자의 고의 또는 중대한 과실로 인하여 사고발생의 위험이 현저하게 변경 또는 증가된 때에는 보험자는 그 사실을 안 날부터 1월 내에 보험료의 증액을 청구하거나 계약을 해지할 수 있다.

제9장 | 보험계약의 특수조항

제1절 | 보험계약의 부활

1. 의의와 취지

　　보험계약의 부활(reinstatement)이란 보험료의 분납계약에서 보험계약자가 최초보험료는 지급하여 보험자의 책임이 개시된 보험기간 중에 보험계약자의 사적인 사정으로 제2회 이후의 계속보험료를 납입유예기간까지도 지급하지 못함으로써 보험계약이 해지 또는 실효되고, 해지환급금이 지급되지 않은 경우에 보험계약자가 납입유예기간을 포함한 부활 청약일까지의 연체보험료에 약정이자를 붙여 지급하면서 해지 또는 실효되었던 보험계약의 부활을 청구(청약)하고, 보험자가 승낙하면 해지 또는 실효되기 전과 동일한 내용의 보험계약이 부활되어 성립하게 되는 제도이다(상법 제650조의2)[1].

　　부활제도를 규정하여 인정하는 취지는 보험계약자의 입장에서 동일한 신규계약을 체결할 경우 연령증가 등으로 보험요율이 높아질 수 있는 것을 피할 수 있으며 보험계약체결의 소요시간을 줄일 수 있고, 보험자의 입장에서는 고객이 다른 보험자와 계약을 체결할 가능성을 막을 수 있는 이점이 있으므로 양 당사자 모두에게 이익이 되기 때문이다.

---

[1] 상법 제650조의2(보험계약의 부활) "계속보험료가 약정한 시기에 지급되지 아니한 때에는 보험자는 상당한 기간을 정하여 보험계약자에게 최고하고 그 기간 내에 지급되지 아니한 때에는 그 계약을 해지할 수 있다."는 규정에 따라 보험계약이 해지되고 해지환급금이 지급되지 아니한 경우에 보험계약자는 일정한 기간 내에 연체보험료에 약정이자를 붙여 보험자에게 지급하고 그 계약의 부활을 청구할 수 있다. 제638조의2(보험계약의 성립)의 규정은 부활계약에도 준용한다.

2 부활요건

(1) 계속보험료의 부지급으로 인한 해지

보험기간 중에 보험계약자가 납입유예기간까지도 계속보험료의 미지급으로 보험자에 의해 해지된 경우에만 부활계약이 인정된다. 따라서 보험계약자 측의 임의해지나 최초보험료의 지급지체(상법 제650조 제1항), 고지의무 위반(상법 제651조), 위험변경·증가 통지의무 위반(상법 제652조) 등에 의해 해지된 경우는 그 계약을 부활할 수 없다.

(2) 해지환급금의 미지급

보험계약의 부활은 보험계약자의 계속보험료 미지급으로 계약이 해지된 후 미경과보험료나 해지환급금을 보험계약자가 반환받지 않은 경우에 한하여 청구할 수 있다. 보험계약의 해지 효과는 장래에 대해서 발생하므로 보험계약자는 미경과보험료나 해지환급금에 대한 반환청구권이 있다. 만약, 보험계약자가 자신의 의사로 보험계약을 해지한 후 해지환급금을 청구했고, 보험자가 해지환급금을 지급하였다면 보험계약자와 보험자의 계약관계는 그것으로 종료되었기 때문에 계약부활 문제는 있을 수 없다.

저축성 보험이 아닌 보장성 보험인 일반보험의 경우는 경과보험료가 단기요율로 계산되므로 계속보험료 부지급으로 보험계약이 해지되어도 보험자가 반환해야 할 미경과보험료나 해지환급금 등이 없기 때문에 본 요건과 관계없이 보험계약자는 보험계약의 부활을 청구(청약)할 수 있다.

(3) 청약과 승낙

보험계약자가 일정한 기간(생명보험표준약관 3년, 자동차보험 특별약관 30일) 내에 부활의 구체적 의사를 밝히고 부활 청약일까지 연체보험료와 약정이자를 보험자에게 지급하면서 해지된 보험계약의 부활을 청약하고, 이에 대해 보험자가 승낙하여야 한다.[2]

---

2) 박세민(2021), 앞의 책, p.401.

보험계약의 부활도 보험계약 당사자 간의 청약과 승낙에 의하여 이루어지므로 새로운 보험계약을 체결하는 것과 같아 상법 제638조의2(보험계약의 성립)를 준용하게 된다. 따라서 승낙의제와 고지의무도 적용된다. 보험약관상 보험계약의 부활에 관하여 고지의무에 관한 명시적 규정이 없다고 하여도 보험계약자는 해지 또는 실효 이후 부활 청약시점까지의 중요한 사항에 대한 고지의무 조항은 적용된다.

보험계약을 부활할 때의 고지의무는 처음 보험계약체결 당시의 고지의무와는 다른 새로운 것이므로 처음 계약 당시의 고지의무와는 상관이 없다. 따라서 부활계약 시에 고지의무를 정확히 이행하였다 하더라도 처음 계약 당시에 고지의무 위반이 있는 경우 보험자는 고지의무 위반을 주장할 수 있다.

부활계약에서 보험자의 보험약관교부·설명의무는 보험계약자 측에 불리한 내용이 없으면 부담하지 않는 것으로 본다. 일반적으로 암보험에서 보험자가 승낙하여 보험계약이 체결된 날로부터 90일이 지나야 보험자의 책임이 시작되므로 부활계약에서 이를 설명하지 않아도 부활일을 포함하여 90일이 되는 다음 날부터 책임이 개시되는 것으로 보아야 한다.

3. 법률적 성질

부활계약의 법적 성질에 대해 세 가지 의견이 대립되고 있다. 첫째, 부활계약은 실효된 계약과 동일한 내용의 새로운 계약이다. 둘째, 부활계약은 보험계약자의 일방적인 의사표시에 의하여 실효된 계약을 부활시키는 것이다. 셋째, 부활계약은 당사 간의 청약과 승낙에 의한 합의로 실효된 계약을 실효 이전의 상태로 회복시키는 특수한 계약이다. 이들 중 셋째 주장이 통설이다. 하지만 근로자재해보상보험, 기계보험, 자동차보험의 부활은 두 번째 견해로 해석한다.

제2절 | 타인(피보험자, 보험수익자)을 위한 보험[3]

1. 의의와 종류

타인을 위한 보험(insurance for the benefit of third party)이란 보험계약자가 특정 또는 불특정 타인(손해보험의 피보험자, 인보험의 보험수익자)의 이익을 위하여 자기명의로 체결하는 보험계약을 말한다(상법 제639조). [그림 3-13]에서 신용보험과 같이 보험계약자가 동시에 피보험자 또는 보험수익자가 되는 '자기를 위한 보험계약'에 대비되는 개념으로 보증보험과 같이 보험계약자가 피보험자 또는 보험수익자와 동일인이 아닌 경우이다. 해상보험 발전의 초기에 상대적으로 덜 발전된 지역(국가)의 수입상을 위하여 수출상이 자기의 이름으로 보험계약을 체결하던 관행이 오늘날 여러 보험상품에 이용되고 있다.

[그림 3-13]의 보증보험계약과 같이 채무자가 계약에서 정한 채무를 이행하지 않음으로써 채권자가 입은 손해를 보상하기 위해 채무자가 보험계약자가 되고, 채권자를 피보험자로 하는 보증보험이 타인을 위한 보험계약의 전형적인 형태이다.

화재보험에서 타인 건물의 임차인이 임대인을 위해 보험계약을 체결하는 것이나 인보험에서 보험계약자가 가족을 보험수익자로 지정하는 사망보험, 기업이 단체규약에 따라 대표이사가 보험계약자가 되고 종사자들을 피보험자로 하여 단체생명보험계약을 체결하고 피보험자를 보험수익자로 지정하는 경우도 타인을 위한 보험계약에 해당한다.

---

3) 상법 제639조(타인을 위한 보험) ① 보험계약자는 위임을 받거나 위임을 받지 아니하고 특정 또는 불특정의 타인을 위하여 보험계약을 체결할 수 있다. 그러나 손해보험계약의 경우에 그 타인의 위임이 없는 때에는 보험계약자는 이를 보험자에게 고지하여야 하고, 그 고지가 없는 때에는 타인이 그 보험계약이 체결된 사실을 알지 못하였다는 사유로 보험자에게 대항하지 못한다. ② 제1항의 경우에는 그 타인은 당연히 그 계약의 이익을 받는다. 그러나 손해보험계약의 경우에 보험계약자가 그 타인에게 보험사고의 발생으로 생긴 손해의 배상을 한 때에는 보험계약자는 그 타인의 권리를 해하지 아니하는 범위안에서 보험자에게 보험금액의 지급을 청구할 수 있다. ③ 제1항의 경우에는 보험계약자는 보험자에 대하여 보험료를 지급할 의무가 있다. 그러나 보험계약자가 파산선고를 받거나 보험료의 지급을 지체한 때에는 그 타인이 그 권리를 포기하지 아니하는 한 그 타인도 보험료를 지급할 의무가 있다.

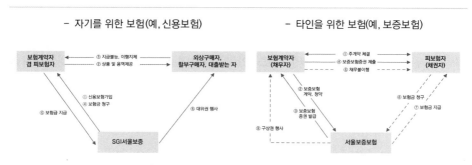

그림 3-13 자기를 위한 보험계약과 타인을 위한 보험계약의 비교

구분	신용보험	보증보험
보험의 성격	불 예측 위험을 담보하는 순수보험	채권보전을 위한 수단
보험계약자	채권자(자기를 위한 보험계약)	채무자(타인을 위한 보험계약)
피보험자	채권자	채권자
보험청약의 형태	단체계약(포괄계약)	개별계약
담보위험	지급불능, 채무불이행으로 인한 최종손해보험 담보	증권에 기재된 주 계약의 이행을 담보
보상비율	손해액 중 부분(50~90%) 보상	손해액 전액 보상
채권보전	신용인수 원칙	보험계약자의 신용에 따라 상이

2. 성립요건

(1) 타인을 위한다는 의사표시

타인을 위한 보험계약은 보험계약자가 보험계약체결 당시에 보험자에게 타인을 위한다는 의사표시가 있어야 하고, 의사표시가 없는 경우에는 자기를 위한 보험계약으로 추정한다. 예를 들어 의사표시는 화재보험계약체결 시 '아들이 아버지 집을 가입하면서 아버지를 위하여 가입하는 것이다.'라고 명시적으로 밝히는 경우뿐만 아니라 '보험가입 건물은 아버지 집이고 저는 아들입니다.'라고 묵시적으로 밝히는 경우도 타인을 위한 보험계약으로 본다. 타인을 위한다는 것에서 그 타인은 피보험이익의 귀속주체인 피보험자 또는 보험수익자로서 결국 보험금청구권자가 되는 자로 계약체결 당시에 특정될 수도 있고, 만약, 불특정되었다면 보험사고 발생 전까지만 정해질 수 있으면 된다.

(2) 타인의 위임여부

보험계약자는 타인인 피보험자나 보험수익자로 지정되는 자의 위임을 받아 이들을 위해 보험계약을 체결할 수도 있고, 위임이 없어도 보험계약자는 자기의 명의로 보험자와 타인을 위한 보험계약체결이 가능하므로 타인의 위임은 보험계약성립의 요건이 아니다. 단, 손해보험계약에서 그 타인의 위임이 없는 때에는 보험계약자는 타인의 위임이 없었다는 사실을 보험자에게 고지하여야 한다. 이는 타인인 피보험자에게 부과된 고지의무(상법 제651조), 위험변경증가의 통지의무(상법 제652조, 제653조), 보험사고발생의 통지의무(상법 제657조), 손해방지의무(상법 제680조) 등을 이행할 수 있도록 하기 위한 것이다. 만약, 고지하지 않았다면 보험계약자는 타인이 그 보험계약이 체결된 사실을 알지 못하여 그 의무를 이행하지 못한 것이라고 보험자에게 대항하지 못한다고 규정하고 있다(상법 제639조 제1항 단서).

한편, 인보험의 생명보험이나 상해보험에서는 타인을 위한 보험계약은 그 타인인 피보험자의 서면동의를 받아야 하므로 보험자에게의 고지의무가 필요 없다.

3. 타인을 위한 보험계약의 효과

(1) 보험계약자와 타인(피보험자, 보험수익자)의 권리

타인을 위한 보험계약에서 보험계약자는 자기의 명의로 직접 계약을 체결하고, 보험자와 함께 계약의 당사자로서 <표 3-17>과 같이 보험금청구권 이외의 모든 권리를 가진다. 보험자에게 보험증권교부청구권, 보험료반환·감액청구권, 보험적립금반환청구권, 보험계약해지권 등을 행사할 수 있다. 여기서 계약해지권 행사는 특정 타인을 위한 보험계약인 경우 이미 발생한 타인의 권리를 보호하기 위해 그 타인의 동의를 얻어서만 행사할 수 있다(상법 제649조 제1항 단서). 그리고 인보험계약의 경우 보험수익자의 지정·변경권을 가진다.

타인인 피보험자 또는 보험수익자는 보험자에게 수익의 의사표시나 보험계약자의 동의 없이도 당연히 보험금청구권을 가지며 행사할 수 있다. 단, 예외적으로 손해보험계약에서 보험계약자가 그 타인에게 권리를 해하지 아니하는 범위 안에서 보험자에게 보험금액의 지급을 청구할 수 있다(상법 제639조 제2항). 그러나 보증보험과 같은 특수한 보험은 타인을 위한 보험이지만 보험계약자에게 보험금청구권을 인정할 수 없다(상법 제726조의6 제1항).

표 3-17 보험계약자와 타인(피보험자, 보험수익자)의 보험자에 대한 권리

권리내용 및 조항	권리자	
	보험계약자	타인
보험증권교부청구권(상법 제640조)	O	X
보험료반환·감액청구권(상법 제648조, 647조, 669조 제1항)	O	X
보험적립금반환청구권(상법 제736조)	O	X
보험계약해지권(상법 제649조)	O	X
보험수익자의 지정·변경권(상법 제733조)	O	X
보험금청구권(상법 제639조 제2항)	X	O

(2) 보험계약자와 타인(피보험자, 보험수익자)의 의무

타인을 위한 보험계약에서도 보험계약자는 타인과 함께 <표 3-18>과 같은 보험계약상의 기본적인 의무를 부담하게 된다. 보험계약자와 타인은 보험자에 대하여 고지의무, 각종 통지의무, 위험유지의무, 손해방지의무, 잔존물·청구권대위 보전의무, 보험료지급의무 등을 부담한다. 여기서 보험료지급의무와 관련해서는 피보험자 또는 보험수익자는 계약의 당사자가 아니므로 원칙적으로 보험료지급 의무는 없다. 그러나 보험계약자가 파산선고를 받거나 보험료지급을 지체한 때에는 그 타인이 그의 권리를 포기하지 아니하는 한 그 타인도 보험료를 지급할 의무가 있다(상법 제639조 제3항). 타인을 위한 보험계약에서 타인인 피보험자나 보험수익자는 계약유지와 특별한 이해관계가 있기 때문에 규정한 조항이다.

표 3-18 보험계약자와 타인(피보험자, 보험수익자)의 보험자에 대한 의무

의무내용 및 조항	의무자	
	보험계약자	타인
고지의무(상법 제651조)	O	O
위험변경·증가의 통지의무(상법 제652조)	O	O
타보험계약체결사실 통지의무(상법 제672조 제2항)	O	X
보험사고발생의 통지의무(상법 제657조)	O	O
보험목적양도사실의 통지의무(상법 제679조의 제2항)	O	X
위험유지의무(상법 제653조)	O	O
손해방지의무(상법 제680조)	O	O
잔존물·청구권대위 보전의무(상법 제681조, 682조)	O	O
보험료지급의무(상법 제639조, 650조 제3항)	O	O

제3절 | 보험계약의 공동분담

보험계약에서 공동분담이란 보험사고 발생시 보험자와 더불어 보험계약자 측(손해보험의 피보험자, 생명보험의 보험수익자)도 손실액의 일정부분을 분담하여 책임지도록 하는 조항을 말한다. 이를 규정하고 있는 조항에는 공제조항(deductible clause)과 공동보험조항(co-insurance clause)이 있다. 그리고 중복보험의 경우 보험자와 보험계약자 간의 분담이 아니라 보험자 간의 분담을 규정하고 있는 타보험조항(other insurance clause)이 있다.

I. 공제조항

(1) 공제조항의 의의

공제조항(deductible clause)이란 보험사고 발생 시 손실액이 일정한도의 공제액 이하일 경우 보험자가 보험금을 지급하지 않는다는 계약조항이다. 즉, 손실의

일부인 공제액을 보험계약자 측에서 부담한다는 조항이다. 따라서 공제액은 보험자 입장에서는 면책금액이고, 보험계약자 측에게는 자기부담금인 것이다.

보험계약에서 공제조항을 규정하는 목적은 첫째, 소액사고 발생 시 보상청구에 대한 조사와 처리에 소요되는 손해사정비용이 손실액보다 많이 소요되는 경우 합리적으로 처리하기 위해서다. 예를 들어 손실액은 10만원인데 이의 처리비용이 15만원 든다면 보험의 경제적 실익이 없기 때문에 공제금액 이하의 손실은 보험계약자 측에서 스스로 부담하게 하는 것이다. 둘째, 위험분담의 공제조항을 통해 보험자는 공제액만큼의 보험금 절감과 소액의 손실을 보상하기 위한 시간과 경비의 절약을 위한 것이고, 보험계약자 측은 보험료를 절감하기 위한 것이다. 셋째, 보험사고에 의해 손실발생 시 소액이지만 공제액만큼은 보험계약자 측에서 부담하게 되므로 자기부담을 줄이기 위해 손실발생의 방지에 주의를 기울이게 될 것이므로 이를 통해 보험사고에 대한 무관심과 부주의의 정신적 해이를 경감하기 위한 것이다.

(2) 공제의 유형(종류)

1) 직접공제(정액 · 정률공제)

직접공제(straight deductible clause)란 일정금액 또는 보험금액, 보험가액, 발생한 손실액 등에 일정비율로 공제액(deductible)을 설정해 놓고, 보험사고에 의한 손실액이 설정한 금액에 미달하면 보험계약자 측에서 전액 부담하고, 초과하면 초과한 손실액에서 공제액을 차감한 금액을 보험자가 보상하는 방법이다.

예를 들어 자동차보험의 자기차량손해담보(자차) 종목에서 손실액의 20%의 정률을 자기부담금으로 규정하고 있다. 만약 자동차사고로 100만원의 수리비가 들었다면 그 20%인 20만원은 피보험자가 자기부담으로 정비업체에 지급하고, 100만원에서 20만원을 차감(면책)한 80만원을 보험자의 부담으로 정비업체에 지급되는 것이다.

2) 프랜차이즈공제(소손해면책조항, 특수공제조항)

프랜차이즈공제(franchise deductible clause)란 소손해를 면책하는 특수조항으로 직접공제와 같이 사전에 약정한 일정금액(면책금액)이나 일정비율(면책률) 이하의 손실액은 보험자가 보상하여 주지 않고 보험계약자 측에서 전액 부담하는 공통점이 있으나 면책범위를 초과하는 손실이 발생한 경우 공제액을 차감하지 않고 공제액을 포함하여 손실액 전부를 보상하는 차이점이 있는 방법이다. 한편, 손실액이 공제한도를 초과하게 되면 전액을 보험자가 부담하게 되어 공제액이 완전히 없어진다는 점에서 소멸성공제와도 비슷한 점이 있다.

예를 들어 수출업자가 5% 프랜차이즈공제가 설정된 수출보험에 보험가입금액(보험금액) 100억원의 보험계약을 체결했다면 공제한도는 5억원이 되며, 보험기간 중 보험사고로 이 금액 이하로 발생한 손실액은 피보험자인 수출업자가 전부 부담하고, 만약 8억원의 손실이 발생했다면 직접공제방법에서는 손실액 8억원에서 공제액 5억원을 차감한 3억원만 보험자가 보상하지만 프랜차이즈공제방법에서는 손실액이 공제액 5억원을 초과했으므로 공제액을 차감하지 않고 손실액 8억원 전부를 보험금으로 보상하는 것이다. 손실액이 공제한도를 초과하게 되면 피보험자의 자기부담금이 전혀 없게 된다.

3) 대기기간공제

대기기간공제(waiting period clause)란 보험기간 중에 보험사고가 발생하여도 발생 즉시 보험금을 지급하는 것이 아니라 일정기간의 대기기간(예, 3일, 5일, 90일 등)을 정해 놓고, 그 대기기간 동안 발생한 손실은 보상하지 않으며 그 대기기간을 초과하는 일수부터 보험금을 지급하는 방법이다. 이는 질병보험, 상해보험, 장해소득보험 그리고 수출보험 등에서 많이 이용한다.

예를 들어 질병보험이나 상해보험의 약관에서 4일 초과 입원일수 1일당 3만원으로 약정되었다면 3일 이전에는 보험금지급이 없고, 3일 이상 계속 입원할 경우 4일째부터 1일당 3만원씩 입원치료비를 지급하는 것이다. 그리고 수출보험의 경우 수출업자들이 손실이 발생한 후 서둘러 보험가입을 통해 보험계약 전에 발생한 손실을 보상받으려는 도덕적 해이와 역선택을 방지할 목적으로 보험계약 체결 후 일정기간(예, 5일)이 지난 후에 발생한 손실만을 보상하는 것이다.

4) 종합공제

종합공제(aggregate deductible clause)란 일정금액의 종합공제금액을 설정해 놓고, 일정기간(예, 1년) 동안 발생한 손실액의 누계가 설정된 종합공제액 미만까지는 손실액 전부를 보험계약자 측에서 부담하고, 종합공제액을 초과하는 손실금액이나 시점부터는 발생하는 손실액의 전부를 보험자가 부담하는 방법이다.

예를 들어 재산보험에서 1년 동안의 종합공제액이 1억원으로 설정된 경우 월별 손실액의 합계가 1월에 2천만원, 2월에 3천만원, 3월에 6천만원, 4월에 … 이었다면 종합공제액 1억원까지의 손실 즉, 3월 손실액 5천만원까지는 피보험자가 부담하고, 3월 손실액의 1천만원 이후부터는 보험자가 전액 부담하는 것이다. 이는 일부 재산보험이나 건강보험에서 사용된다.

5) 소멸성공제(가변성공제)

소멸성공제(disappearing deductible clause)란 일정액의 공제한도를 정해 놓고, 그 공제한도보다 적은 손실은 보험계약자 측이 전액을 부담하고, 공제한도를 초과하는 손실에 대해서는 초과손실액의 110%를 <표 3-19>의 조정공식에 의해 보험자의 부담금을 정하는 방법이다.

<표 3-19>는 공제한도(D): 100만원, 보상비율(조정계수): 110%(1.1), 손실금액: 90만원, 500만원, 1,000만원일 경우 보험자의 부담금을 조정공식에 의해 산출한 다음 보험계약자 측의 부담금을 산출한 것이다.

손실액이 90만원 발생했다면 공제한도 100만원보다 적으므로 90만원 전부를 보험계약자 측이 부담하고 보험자의 부담은 없다. 손실액이 500만원 발생했다면 보험자의 부담은 440만원이고, 보험계약자 측의 부담은 60만원이다. 손실금액이 1,000만원 발생했다면 보험자의 부담은 990만원이고, 보험계약자 측의 부담은

표 3-19 소멸성공제의 부담금 사례 (단위: 만원)

조정공식: $P = (L-D) \times 1.1$ (P: 보험자부담금, L: 공제한도보다 큰 손실액, D: 공제한도, 1.1: 조정계수)			
손실금액	공제한도	부담금	
90	100	보험자	손실금액이 공제한도보다 적어 보험자 면책
		보험계약자 측	90만원 전액 보험계약자 측 부담
500	100	보험자	$(500 - 100) \times 1.1 = 440$
		보험계약자 측	$500 - 440 = 60$
1,000	100	보험자	$(1,000-100) \times 1.1 = 990$
		보험계약자 측	$1,000 - 990 = 10$

10만원이다. 이같이 손실금액이 클수록 공제액이 줄어들어 보험계약자 측의 부담액은 점점 감소하다가 일정액 이상이 되면 공제액이 완전히 소멸되는 것이다. 한편 보험계약자 측의 부담액 감소폭은 손실금액과 함께 조정계수의 크기에 따라 달라질 수도 있다.

2. 공동보험조항(부보비율조건부 실손보험특약)

(1) 공동보험조항

공동보험조항(co-insurance clause)에서 공동보험이란 보험자와 보험계약자 측이 위험을 공동분담한다는 의미이고, 이를 위해 보험계약자 측에 일정금액 이상으로 보험에 가입하도록 요구하는 규정이다. 전부보험 또는 보험자가 요구하는 보험가액의 일정비율 이상으로 보험에 가입한 경우는 보험사고로 발생한 실제 손실액을 보험자가 보상하지만 만약, 보험가입금액(보험금액)이 그 요구비율 이하일 경우 일부보험으로 인정하여 그 부족분의 손실을 보험계약자 측이 분담하도록 하는 것이다. 그 이유는 일부보험을 사전에 방지하고, 전부보험을 권장함으로써 보험계약자 간의 보험요율의 불공평성을 완화하고, 수입보험료의 충분성을 유지하기 위한 것이다. 또한, 보험계약자 측도 손실액의 일정비율을 부담하게 하여 도덕적 해이와 역선택을 방지하여 손실발생을 줄일 수 있기 때문이다.

(2) 분담금 산정방법

보험가입금액이 요구보험금액 이상으로 가입된 경우에는 분손이라도 보험금액 한도 내에서 실손보상하고, 보험가입금액이 요구보험금액에 미달할 경우 다음 공식에 의해 보험자가 부담할 지급보험금을 먼저 산정하고, 실제손실액에서 이 지급보험금을 차감하여 보험계약자 측의 부담금을 정한다.

$$지급보험금 = (보험가입금액/요구보험금액) \times 손실액$$
$$(단, 보험가입금액 \leq 요구보험금액)$$

여기서 '요구보험금액(amount of insurance required)'은 사전에 미리 정해 놓는 것이 아니라 손실발생시점에서 부보대상의 실제현금가치인 보험가액에 대한 일정비율로 화재보험의 경우 80%, 주택생활보험과 자동차보험의 자차손해보험의 경우 60% 등과 같이 co-insurance 비율을 설정해 놓은 것이다. 보험가입금액이 이 비율 이상이면 손실액 전액을 실손보상하고, 이 비율 미만이면 보험계약자 측도 손실액의 일부를 부담하는 것이다.

예를 들어 보험계약자 자신의 건물에 대한 화재보험계약내용과 발생손해액이 다음과 같다면 보험자의 부담금은 3억원이 되고, 피보험자의 부담금은 2억원이 되는 것이다.

- 가입당시건물의 보험가액: 8억원   - 보험가입금액: 6억원
- 공동보험요구비율: 80%   - 정액공제: 1억원(우선 적용)
- 발생손해액: 5억원   - 사고당시건물의 시가: 10억원

$$보험자가 \; 지급할 \; 지급보험금 = \{6/(10 \times 0.8)\} \times (5 - 1) = 3억원$$
$$피보험자가 \; 부담할 \; 부담금 = 5 - 3 = 2억원$$

건강보험이나 의료보험에서도 손실액의 일정비율(참여비율)만큼 보험수익자에게 부담시키는 참여공제조항(participation clause)이나 비율적 참여공동보험조항(percentage participation clause)을 이용하고 있다.

예를 들어 참여비율이 30%라고 하면 총의료비의 30%를 보험수익자가 부담하는 것이 참여공제이다. 그리고 공제액을 10만원 등으로 정해 놓고, 공제액을 초과하는 손해액의 20%를 더 부담하는 공동보험조항이 있을 경우 총손실이 100만원 발생했다면 보험수익자의 부담을 10만원(공제액) + 18만원(100 - 10 = 90, 90 × 0.2) = 28만원으로 정하는 것을 비율적 참여공동보험조항이라고 한다.

3. 타보험조항

(1) 타보험조항의 의의

타보험조항(other insurance clause)이란 동일한 손실액에 대해 여러 건의 보험

계약이 적용되는 중복보험에서 보험자들 간의 손실분담방법을 규정한 조항이다. 보험계약자 측이 중복보험계약으로 받을 수 있는 이익의 가능성을 배제하여 '실손보상의 원칙'에 충실하기 위한 것이다.

(2) 타보험조항의 형태

1) 균일부담조항(균등액분담조항)

균일부담조항(contribution by equal share clause)이란 발생한 손실액을 보험자들이 각자의 계약금액인 보험금액의 범위 내에서 서로 나누어 균일하게 분담한다는 규정이다.

예를 들어 보험계약자가 A, B, C의 세 보험자와 각각 1,000만원, 2,000만원, 3,000만원의 보험계약을 체결하여 중복보험이 된 경우 세 보험자의 손실분담액은 <표 3-20>의 1)과 같다.

2) 비례분할부담조항

비례분할부담조항(pro rate liability clause)이란 중복보험에서 발생한 손실액을 보험자들이 각자의 계약금액에 비례하여 <표 3-20>의 2)와 같이 분담한다는 조항이다.

3) 초과보험부담조항(초과부담조항)

초과보험부담조항(primary and excess insurance clause)이란 중복보험에서 보험기간 중에 발생한 손실액 중에서 제일 먼저 계약을 체결한 1차 보험자가 <표 3-20>의 3)과 같이 계약금액의 범위내에서 분담하고 부족분이 있으면 2차, 3차 보험자가 초과보험자가 되어 계약금액 내에서 분담한다는 규정이다.

표 3-20 타보험조항의 형태별 보험자 분담 사례   (단위: 만원)

형태	계약금액	손실액 1,500	손실액 5,000	손실액 6,000
		분담액	분담액	분담액
1) 균일부담	A사 1,000	500	1,000	1,000
	B사 2,000	500	2,000	2,000
	C사 3,000	500	2,000	3,000

2) 비례부담	A사 1,000 B사 2,000 C사 3,000	1,500 × (1/6) = 250 1,500 × (2/6) = 500 1,500 × (3/6) = 750	5,000 × (1/6) = 833 5,000 × (2/6) = 1,667 5,000 × (3/6) = 2,500	6,000 × (1/6) = 1,000 6,000 × (2/6) = 2,000 6,000 × (3/6) = 3,000
3) 초과부담	A사(1차) 1,000 B사(2차) 2,000 C사(3차) 3,000	1,000 500 -	1,000 2,000 2,000	1,000 2,000 3,000

제 4 편

보험회사 경영의 이해

제10장 | 보험모집조직

제1절 | 보험모집

1. 보험모집의 의의

　보험모집이란 보험회사와 보험계약자 사이에서 보험계약의 체결을 중개 또는 대리하는 행위로 보험상품을 판매하는 것이다. 여기서 중개란 타인간의 법률행위의 성립을 위하여 노력하는 사실행위이고, 대리란 대리인이 행한 법률행위의 법률효과(권리와 의무의 발생·변경·소멸)가 본인에게 귀속되는 것을 말한다. 보험모집과정에서 보험회사는 본인(principal)이고, 보험모집인은 보험회사의 대리인(agent)으로서 보험상품을 판매한다. 대리인으로서의 보험모집인의 법률행위의 법률효과는 본인인 보험회사에게 직접 효력이 생긴다.

2. 보험모집조직의 필요성

　보험상품은 상품의 자체적 특성과 보험기술적 특성 때문에 모집종사자(보험설계사, 보험대리점, 보험중개사 등)들의 설득과 권유로 거래가 이루어지는 비자발적 권유상품이며, 동질·다수의 위험결합이 중요하므로 보험모집종사자들이 필요하고, 그들의 전문성, 윤리성 및 준법성이 요구된다.

(1) 보험상품의 자체적 특성

1) 무형의 상품

　보험상품은 공산품과 달리 형태가 보이지 않는 무형의 상품이다. 따라서 가입단계에서 상품에 대한 보험계약자의 정확한 이해가 중요하다. 보험회사는 상품을 권유하고 청약하는 단계에서 보험계약 당사자의 의무와 권리 그리고 보장내용 등 약관내용을 충분히 설명하여 보험계약자가 이해하고, 가입할 수 있도록 하는 것이 중요하다.

2) 미래지향적 효용

보험상품은 불확실한 미래에 대한 보장을 제공하는 미래지향적 상품이다. 공산품과 같이 구매 즉시 이용하여 효용을 느끼는 것이 아니라 사망, 상해, 화재, 자동차사고 등 장래에 보험사고가 발생해야 효용을 인식하게 된다. 더구나 보험계약은 손실발생의 우연성을 전제로 하므로 보험상품의 효용은 확실하지도 않다. 따라서 모집종사자는 판매과정에서 보험계약자가 보험상품의 효용성을 인식할 수 있도록 충분한 설명과 안내가 필요한 것이다.

3) 위험보장 효용

보험상품 판매 시 일반적으로 이해하기 어려운 위험개념이 포함되기 때문에 구매동기를 유발하는 데 여러 가지 전문지식과 많은 노력이 필요하다.

(2) 보험기술적 특성

1) 대수의 법칙 적용 필요성

보험제도는 동질·다수의 위험결합을 통하여 위험을 분산·감소시키는 것이다. 대수의 법칙이 적용될 만큼 충분하게 많은 위험을 모집하지 못하면, 보험료 산정의 기초인 위험률 산출이 정확하지 못해 보험회사의 보험사업은 불안정하게 된다.

2) 위험의 다양화 및 분산의 필요성

보험사업의 위험 포트폴리오가 특정지역, 특정산업, 특정연령, 특정성별, 특정직업 등에 집중되어 있으면, 위험의 다양화와 분산의 효과를 기대하기 어려워 보험사업의 위험을 증대시키는 결과를 초래한다.

3) 양질의 위험 확보 필요성

보험상품의 단가인 보험요율은 보험가입집단의 평균위험률(평균손실률)을 기초로 산출되기 때문에 가능하면 양질의 위험을 보다 많이 모집하는 것이 위험률을 낮추어 보험사업의 수익성을 높일 수 있다.

제2절	**보험모집의 종사자**

보험업법 제83조에서 보험모집을 할 수 있는 자는 보험설계사, 보험대리점, 보험중개사, 보험회사의 임원(대표이사, 사외이사, 감사 및 감사위원 제외) 또는 직원 그리고 금융기관보험대리점으로 규정하고 있다. 2019년 5월부터 보험업법 제83조의 규제특례로 인공지능설계사(로보텔러)를 인정하고 있다.

I. 보험설계사

(1) 의의

보험설계사(financial planner)는 보험회사, 보험대리점 또는 보험중개사에 소속되어 보험계약의 체결을 중개하는 자(법인이 아닌 사단과 재단을 포함한다)로서 보험업법 제84조에 따라 금융위원회에 등록된 자를 말한다(보험업법 제2조). 보험설계사는 생명보험설계사, 손해보험설계사 그리고 제3보험설계사로 구분된다.

(2) 등록요건 및 등록절차

보험설계사는 다음 <표 4-1>의 각 목 어느 하나에 해당하는 등록요건을 갖춘 사람이어야 한다(보험업법 시행령 제27조 제2항). 그리고 보험회사는 등록요건을 갖추고, 소속보험설계사가 되고자 하는 자를 금융위원회에 등록하여야 한다(보험업법 제84조 제1항). 등록업무는 보험업법 제194조에 의거 보험협회의 장에게 위탁하고 있다. 실무적으로 보험설계사는 각 보험회사별로 실시하는 자체 교육을 받고, 생·손보협회의 자격시험 통과 후 보험연수원의 사이버연수를 수료하면 협회에 등록이 되어 바로 모집활동을 할 수 있다.

표 4-1 보험설계사 등록요건 및 등록절차(보험업법 시행령 제27조 제2항)

구 분	등록요건 및 등록절차
생명/손해/ 제3보험설계사	가. 금융위원회가 정하여 고시하는 바에 따라 생명보험/손해보험/제3보험 모집에 관한 연수과정을 이수한 사람 나. 금융위원회가 정하여 고시하는 생명보험/손해보험/제3보험 관계 업무에 1년 이상 종사한 경력이 있는 사람(등록신청일로부터 3년 이내에 해당업무에 종사한 사람으로 한정한다)으로서 교육(모집관련 윤리교육, 보험관련법령 및 분쟁사례, 해당 보험상품, 회계원리 및 위험관리론)을 이수한 사람 다. 개인인 생명보험/손해보험/제3보험대리점의 등록요건을 갖춘 사람(법인보험대리점의 소속 보험설계사가 되려는 사람만 해당한다) 라. 개인인 생명보험/손해보험/제3보험중개사의 등록요건을 갖춘 사람(법인보험중개사의 소속 보험설계사가 되려는 사람만 해당한다)
동록절차	보험회사의 신입도입 → 보험설계사 시험합격 및 등록교육 이수 → 협회 등록신청 → 협회등록 및 보험회사와 위촉계약체결 → 보험설계사 활동

(3) 교차모집

1) 교차모집의 의의

교차모집이란 [그림 4-1]과 같이 보험설계사가 자기가 소속된 보험회사 이외의 보험회사를 위하여 모집하는 것을 말한다.

그림 4-1 교차모집(보험업법 제85조 제3항)

보험업법에서는 보험회사 등은 다른 보험회사에 속하는 보험설계사에게 모집을 위탁하지 못한다(보험업법 제85조 제1항). 보험설계사는 자기가 소속된 보험회사 이외의 보험회사를 위하여 모집하지 못한다(보험업법 제85조 제2항)고 일사전속주의를 규정하고 있지만 예외적으로 아래의 허용범위 내에서 교차모집을 허용하고 있다.

2) 허용범위(보험업법 제85조 제3항)

1. 생명보험회사 또는 제3보험업을 전업으로 하는 보험회사에 소속된 보험설계사가 1개의 손해보험회사를 위하여 모집을 하는 경우
2. 손해보험회사 또는 제3보험업을 전업으로 하는 보험회사에 소속된 보험설계사가 1개의 생명보험회사를 위하여 모집을 하는 경우
3. 생명보험회사나 손해보험회사에 소속된 보험설계사가 1개의 제3보험업을 전업으로 하는 보험회사를 위하여 모집을 하는 경우

3) 교차모집의 요건과 등록

보험설계사가 소속 보험회사 외의 보험회사를 위하여 모집하려는 때에는 교차모집을 하려는 보험회사의 명칭 등 금융위원회가 정하여 고시하는 사항을 적은 서류를 설립된 보험협회에 제출/등록하여야 한다(보험업법 시행령 제29조 제1항, 제2항).

2. 보험대리점

(1) 의의

보험대리점(insurance agency)은 보험회사와의 위임계약에 따라 일정한 보험회사를 위하여 보험계약의 체결을 대리하는 자로서 금융위원회에 등록된 자이다(보험업법 제87조 제1항). 현재 등록업무는 보험협회가 금융위원회로부터 위탁받아 실시하고 있다.

보험대리점은 특정 보험회사와 대리점계약을 체결한 후 그 보험회사를 위하여 계속적으로 보험계약체결의 대리, 보험료 수령, 영수증 발급, 계약상담 등 보

험계약자에 대한 서비스 제공을 대리한다. 일사전속제가 적용되지 않아 여러 보험회사(생명보험 및 손해보험 겸업도 가능)와도 보험대리점계약을 통해 보험모집을 할 수 있다. 보험대리점은 생명보험대리점, 손해보험대리점 그리고 제3보험대리점으로 구분된다.

(2) 등록요건

개인 및 법인대리점이 되고자 하는 자는 <표 4-2>와 같은 등록요건을 갖추어야 한다.

표 4-2 보험대리점 등록요건(보험업법 시행령 제30조 제2항)

구 분		등록요건
개인	생명/손해/ 제3보험대리점	① 개인보험대리점의 등록요건은 다음 각 목의 어느 하나에 해당하는 사람 가. 금융위원회가 정하여 고시하는 바에 따라 생명/손해/제3보험대리점에 관한 연수과정을 이수한 사람 나. 금융위원회가 정하여 고시하는 생명보험/손해보험/제3보험 관계 업무에 2년 이상 종사한 경력이 있는 사람(등록신청일로부터 4년 이내에 해당업무에 종사한 사람으로 한정한다)으로서 교육(모집관련 윤리교육, 보험관련법령 및 분쟁사례, 해당 보험상품, 회계원리 및 위험관리론)을 이수한 사람
법인	생명/손해/ 제3보험대리점	② 법인보험대리점의 등록요건은 다음 각 목의 요건을 모두 갖춘 법인 가. 개인인 생명/손해/제3보험대리점의 등록요건 위 ①의 어느 하나에 해당하는 사람을 1명 이상 두고 있는 법인 나. 임직원 수가 100명 이상인 법인의 경우 소속 임직원의 10분의 1 이상이 법 제84조에 따른 보험설계사 등록요건을 갖춘 법인

3. 보험중개사

(1) 의의

보험중개사(insurance broker)는 독립적으로 보험계약의 체결을 중개하는 자로서 중개사시험에 합격하고, 금융위원회에 등록된 자이다(보험업법 제2조 제11호). 보험설계사 또는 보험대리점과는 달리 특정 보험회사에 소속되지 않고, 독립적으로 보험계약의 체결을 중개하는 자로 불특정 보험회사나 다수의 보험계약자를 위하여 보험모집업무를 수행하는 것이 특징이다. 보험중개사는 생명보험중개사, 손해보험중개사, 제3보험중개사로 구분된다.

(2) 등록요건

보험중개사가 되려는 자는 개인과 법인을 구분하여 <표 4-3>과 같은 등록요건을 갖추어 대통령령으로 정하는 바에 따라 금융위원회에 등록하여야 한다(보험업법 제89조 제1항). 그러나 등록업무는 보험설계사나 보험대리점과는 달리 보험협회가 아니라 금융감독원장에게 위탁하고 있다.

표 4-3 보험중개사 등록요건(보험업법 시행령 제34조 제2항)

구분		등록요건
개인	생명/손해/제3보험중개사	보험중개사는 금융위원회가 정한 기관이 실시하는 중개사 시험에 합격하여야 한다. 따라서 생명보험중개사는 생명보험중개사시험, 손해보험중개사는 손해보험중개사시험, 제3보험중개사는 제3보험중개사시험에 합격한 자이어야 한다.
법인	생명/손해/제3보험중개사	법인보험중개사의 등록요건으로는 임원 또는 사원의 3분의 1 이상이 보험중개사 자격을 가진 자로서 반드시 상근하여야 한다. 따라서 생명보험법인중개사는 생명보험중개사시험을, 손해보험법인중개사는 손해보험중개사시험을, 제3보험법인중개사는 제3보험중개사시험에 합격한자로서 이러한 자격자가 임원 또는 사원의 3분의 1 이상으로서 상근하는 법인이어야 한다.

4. 금융기관보험대리점(방카슈랑스)

(1) 의의

금융기관보험대리점은 법률에 의해 정해진 은행 등의 금융기관이 이 법에 따라 보험대리점 또는 보험중개사로 금융위원회에 등록한 자를 말하며, 은행 등이 보험상품을 취급하는 것을 방카슈랑스라 한다. 우리나라는 2003년에 보험소비자의 편익증대와 금융산업의 겸업화를 통한 경쟁력과 생산성제고를 위해 도입했다.

(2) 금융기관보험대리점의 등록 가능 기관

다음 각 호의 어느 하나에 해당하는 금융기관은 보험업법 제87조(보험대리점의 등록) 및 제89조(보험중개사의 등록)에 따라 보험대리점 또는 보험중개사로 등록할 수 있다(보험업법 제91조 제1항).

1. <은행법>에 따라 설립된 은행 2. <자본시장과 금융투자업에 관한 법률>에 따른 투자매매업자 또는 투자중개업자 3. <상호저축은행법>에 따른 상호저축은행 4. 그 밖에 다른 법률에 따라 금융업무를 하는 기관으로서 대통령령으로 정하는 기관(한국산업은행, 중소기업은행, 농협은행 등)

(3) 모집가능 보험상품의 범위

1) 생명보험상품

① 개인저축성 보험: ⓐ 개인연금 ⓑ 일반연금 ⓒ 교육보험 ⓓ 생사혼합보험 ⓔ 그 밖의 개인저축성보험
② 신용생명보험
③ 개인보장성 보험 중 제3보험(주계약에 한하고, 저축성보험특별약관 및 질병사망 특별약관을 부가한 상품은 제외함) − 순수소멸형 및 만기환급형

2) 손해보험

① 제1단계 허용상품: ⓐ 개인연금 ⓑ 장기저축성 보험 ⓒ 화재보험(주택) ⓓ 상해보험(단체상해보험 제외) ⓔ 종합보험 ⓕ 신용손해보험

② 개인 장기보장성 보험 중 제3보험(주계약에 한정하고, 저축성보험특별약관 및 질병사망 특별약관을 부가한 상품은 제외함) - 순수소멸형 및 만기환급형

(4) 판매방법

금융기관보험대리점 등은 다음 각 호의 어느 하나에 해당하는 방법으로 모집하여야 한다(보험업법 시행령 제40조 제3조).

1. 해당 금융기관보험대리점 등의 점포 내 지정된 장소에서 보험계약자와 직접 대면하여 모집하는 방법
2. 인터넷 홈페이지를 이용하여 불특정 다수를 대상으로 보험상품을 안내 또는 설명하여 모집하는 방법
3. 보험업법 제96조 제1항에 따른 전화, 우편, 컴퓨터통신 등의 통신수단을 이용하여 모집하는 방법(다만, 이 방법은 보험업법 시행령 제40조 제1항 제3호 -「여신전문금융업법」에 의하여 허가를 받은 신용카드업자(겸영여신업자 제외)에 한정한다)

(5) 모집종사자 및 업무제한

해당 금융기관보험대리점 등의 본점·지점 등 점포별로 2명(보험설계사 자격을 갖춘 사람으로서 금융위원회가 정한 기준과 방법에 따라 채용된 사람은 제외한다.)의 범위에서 등록된 소속 임원 또는 직원으로 하여금 모집에 종사하게 할 수 있다(보험업법 시행령 제40조 제4항). 그리고 금융기관보험대리점등에서 모집에 종사하는 사람은 대출 등 불공정모집의 우려가 있는 업무를 취급할 수 없다(보험업법 시행령 제40조 제5항).

5. 통신판매제도

(1) 의의

통신판매란 전화, 우편, 컴퓨터 등 통신수단을 이용하여 보험상품을 판매하는 것이다(보험업법 제94조 제1항).

(2) 모집종사자(보험업법 제83조)

1) 보험설계사 2) 보험대리점 3) 보험중개사 4) 보험회사의 임원(대표이사, 사외이사, 감사 및 감사위원은 제외) 또는 직원

(3) 모집대상자의 제한

통신수단을 이용한 모집은 통신수단을 이용한 모집에 대하여 동의한 자를 대상으로 하여야 한다(보험업법 시행령 제43조 제1항).

(4) 전화모집의 준수사항

통신수단 중 전화를 이용하여 모집하는 자는 보험계약의 청약이 있는 경우 보험계약자의 동의를 받아 청약내용, 보험료의 납입, 보험기간, 고지의무, 약관의 주요 내용 등 보험계약 체결을 위하여 필요한 사항을 질문 또는 설명하고, 그에 대한 보험계약자의 답변 및 확인내용을 음성녹음 하는 등 증거자료를 확보·유지하여야 하며, 우편이나 팩스 등을 통하여 지체 없이 보험계약자로부터 청약서에 자필서명을 받아야 한다(보험업법 시행령 제43조 제2항). 다만, 청약자의 신원을 확인 할 수 있는 증빙자료가 있는 등 '금융위원회가 정하여 고시하는 경우'에는 자필서명을 받지 아니할 수 있다(보험업법 시행령 제43조 제3항). '금융위원회가 정하는 경우'라 함은 다음의 사항이 충족되는 경우를 말한다(보험업감독규정 제4-37조). <개정 2019. 10. 2.>.

1. 다음 각목의 하나에 해당하는 보험계약
   가. 사망 또는 장해를 보장하지 아니하는 보험계약
   나. 사망 또는 장해를 보장하는 보험계약으로서 보험계약자, 피보험자 및 보험수익자가 동일하거나 보험계약자와 피보험자가 동일하고 보험수익자가 법정상속인인 보험계약
   다. 사망을 보장하는 보험계약으로서 「상법 시행령」 제44조의2 각 호의 요건을 충족하는 전자서명을 받은 보험계약 및 장해를 보장하는 보험계약으로서 「상법 시행령」 제44조의2제1호, 제3호 및 제4호의 요건을 충족하는 전자서명을 받은 보험계약
   라. 신용생명보험계약 또는 신용손해보험계약

마. 보험계약자와 피보험자가 동일하고 보험금이 비영리법인에게 기부되
　　　　는 보험계약
　2. 본인확인내용, 보험청약내용, 보험료납입, 보험기간, 고지의무, 보험약관의
　　주요내용 등 보험계약 체결을 위하여 필요한 사항을 질문 또는 설명하고
　　그에 대한 보험계약자의 답변, 확인내용을 음성녹음하는 등 그 증거자료를
　　확보, 유지하는 시스템을 갖출 것
　3. 제2호에 따른 음성녹음 내용을 다음 각 목의 방법에 의해 보험계약자 및
　　피보험자가 확인할 수 있을 것
　　가. 전화
　　나. 인터넷 홈페이지
　　다. 문서화된 확인서(보험계약자 및 피보험자가 요청한 경우에 한하며, 모집에
　　　　종사하는 자는 보험계약자 또는 피보험자에게 문서화된 확인서를 요청할 수
　　　　있음을 보험계약 체결 전에 알려야 한다.)

6. 모집종사자의 영업범위와 성격

(1) 영업범위

　보험업법 시행령 제28조(보험설계사의 영업범위), 제31조(보험대리점의 영업범위)
및 제35조(보험중개사의 영업범위) 규정의 모집종사자별 영업범위는 <표 4-4>
와 같은 보험업법 제4조(보험업의 허가) 제1항[1])에 규정된 보험종목들을 영업할
수 있다.

---

1) 보험업법 제4조(보험업의 허가) ① 보험업을 경영하려는 자는 다음 각 호에서 정하는 보험종목별로 금
　융위원회의 허가를 받아야 한다. 1. 생명보험업의 보험종목 가. 생명보험 나. 연금보험(퇴직보험을 포함
　한다) 다. 그 밖에 대통령령으로 정하는 보험종목 2. 손해보험업의 보험종목 가. 화재보험 나. 해상보험
　(항공·운송보험을 포함한다) 다. 자동차보험 라. 보증보험 마. 재보험(再保險) 바. 그 밖에 대통령령으로
　하는 보험종목 3. 제3보험업의 보험종목 가. 상해보험 나. 질병보험 다. 간병보험 라. 그 밖에 대통령령으
　로 정하는 보험종목.

표 4-4   종사자별 영업범위(보험업법 제4조)

업무범위	보험설계사			보험대리점			보험중개사		
	생명	손해	제3	생명	손해	제3	생명	손해	제3
생명보험, 연금보험(퇴직보험 포함) 그 밖에 대통령령으로 정하는 보험종목	○			○			○ 재보험		
화재보험, 해상보험(항공·운송보험 포함), 자동차보험, 보증보험, 재보험, 그 밖에 손해보험업의 보험종목으로 분류할 수 있는 보험으로서 대통령령으로 정하는 보험종목(책임보험, 기술보험, 부동산권리보험, 도난보험, 유리보험, 동물보험, 원자력보험, 비용보험)		○			○			○ 재보험	
상해보험, 질병보험, 간병보험, 그 밖에 대통령령으로 정하는 보험종목			○			○			○ 재보험

(2) 성격비교

모집종사자별로 목적, 권리 및 책임 등을 비교해 보면 <표 4-5>와 같다.

표 4-5   모집종사자별 성격비교

구분	회사직접모집	보험설계사	보험대리점	보험중개사
목 적	보험회사를 위하여 보험계약을 체결	보험회사를 위하여 보험계약체결을 중개	보험회사를 위하여 보험계약 체결을 대리	독립적으로 보험계약 체결을 중개
요율 협상권	○	X	X	○
보험료 수령권	○	△[1]	○	X
계약체결 대리권	○	X	○	X
당사전속 의무	○	○	△[2]	X
배상책임	당해보험사	당해보험사	당해보험사	당해중개사

주: 1) 회사와 보험설계사간의 계약에 의거 보험료수령권 위임가능
   2) 독립대리점의 경우 비전속

제3절	금융상품 유형별 영업행위 준수사항 (금소법 제17~22조 6대 판매원칙)

　금융소비자보호법(금소법)은 보험사, 은행, 저축은행 등 자신이 직접 금융상품에 관한 계약체결을 영업으로 하는 직접판매업자, 보험설계사, 보험중개업자(보험중개사 제외), 법인보험대리점(General Agency; GA), 투자권유대행인, 카드·대출모집인 등 금융회사와 금융소비자 간의 금융상품 판매를 중개하거나 위탁판매를 대리하는 판매대리·중개업자 그리고 금융소비자에게 적합한 상품구매를 자문하는 자문업자의 <표 4-6>과 같은 6대 영업준수사항을 규정하고 있다. 한편, 이들 금융상품판매업자등이 금융소비자에게 보장성·예금성·투자성·대출성 금융상품을 판매할 때 준수해야 하는 6대 판매원칙 중 적합성·적정성 원칙을 미준수했을 경우 보험사, 보험대리점 등의 관리책임으로 3천만원 이하의 과태료[2]를 부과하고, 설명의무, 불공정영업행위금지, 부당권유행위금지 및 허위·과장광고금지 원칙을 위반했을 경우 관련 수입 등의 50%까지 징벌적 과징금과 최대 1억원 이하의 과태료부과를 규정하고 있다. 또한, 판매원칙위반계약에 대하여 계약일로부터 5년 이내 소비자의 위법계약해지권과 손해배상의 입증책임을 소비자에서 금융회사로의 전환 및 소송목적의 자료열람·요구권을 규정하고 있다. 이들 규제를 통해 소비자가 정확하게 이해하지 못한 상태에서 계약·가입하는 것을 방지하여 금융소비자 보호의 실효성을 높이고자 하고 있다.

표 4-6　금융상품판매업자등의 6대 판매원칙(금소법 제17~22조)

구 분	내 용
적합성 원칙 (금소법 제17조)	투자 권유/자문시 소비자의 연령, 재산상황, 금융상품 취득·처분 경험 등에 비추어 보장성·투자성 상품은 손실감수능력, 대출성 상품은 상환능력을 판단기준으로 부적합한 금융상품계약체결의 권유 금지

---

2) 과태료는 형벌의 성질이 없는 법령위반에 대해 행정청(시청, 군청 등)이 부과하는 금전적 징계(예, 주차위반비)이고, 과징금은 행정법규위반으로 얻어진 경제적 이익을 환수하거나 영업정지 처분에 갈음하여 위반자에게 부과하는 금전적 제재이다. 벌금은 형법이나 형사소송법 위반에 대한 형벌이다.

적정성 원칙 (금소법 제18조)	소비자의 자발적 구매 시 그의 재산상황과 투자성 상품은 투자경험, 대출성 상품은 신용 및 변제계획 등을 파악하고, 부적정하다고 판단되는 경우 이를 고지·확인
설명의무 (금소법 제19조)	상품별 중요사항을 설명(예, 보장성 상품은 상품내용, 보험료, 보험금의 지급제한 사유 및 지급절차, 위험보장범위 등, 투자성 상품은 상품내용, 위험등급 등, 예금성 상품은 상품내역, 이자율, 수익률 등)
불공정행위금지 (금소법 제20조)	우월적 지위를 이용하여 소비자의 의사에 반하는 다른 상품 계약강요, 부당한 담보나 편익요구 등 소비자권익을 침해하는 행위 금지
부당권유금지 (금소법 제21조)	사실과 다르게 오인하도록 허위설명, 다른 상품을 끼워 파는 행위, 단정적 판단, 근거 없이 금융상품을 비교하는 행위 등의 금지
광고규제 (금소법 제22조)	광고 시 필수 포함사항(상품설명서 및 약관을 읽어볼 것 권유, 보장성 상품은 보험료 인상 및 보장내용 변경 가능 여부, 투자성 상품은 미래수익률의 미보장 등) 및 금지행위(보장성 상품은 보장한도, 면책사항 등의 누락이나 부실고지, 투자성 상품은 손실보전, 이익보장, 대출성상품은 대출이자 오인행위 금지)

제11장 │ 보험료산정의 일반이론

보험료(premium)는 보험기간 동안 보험사고로 보험계약자 측이 입게 되는 경제적 손실을 보험자가 보상해 준다는 약정의 보험금지급의무에 대한 대가로 보험계약자 측이 지불하는 금액이다. 보험료는 대수의 법칙을 적용하여 산출한 위험률, 이율 그리고 사업비율과 같은 기초율에 근거하여 수지상등의 원칙에 따라 산정한다. 이렇게 산정된 보험료는 보험금지급에 충당되는 순보험료와 보험회사의 사업비에 충당되는 부가보험료로 구분된다. 따라서 보험료 산정을 이해하기 위해서는 우선 보험요율(위험률)의 산출에 대한 이해가 필요하다.

제1절 │ 보험요율산출의 의의와 원칙

I. 보험요율산출의 의의

보험요율산출(premium rate making)이란 보험회사가 보험상품의 가격을 결정하는 일로 보험회사의 지속적 경영을 위해 중요한 업무이다. 여기서 보험요율(premium rate)은 보험회사가 보험료 산정을 위해 적용하는 위험률을 의미한다.

예를 들어 10명(n) 중 1명(r)이 사고를 당하는 경우에 10명이 내야 하는 보험료(P)는 1명에게 지급하는 보험금액(Z)의 10%씩으로 계산된다. 여기서 10%가 바로 위험률$\{(r/n) \times 100\}$, 즉 보험요율을 의미하는 것이며, 일반상품의 단가에 해당되는 것이다. 다시 말해 보험료(P)란 보험단가인 보험요율(위험률)에 보험금액(Z)을 곱한, 즉 $P = (r/n) \cdot Z$와 같은 식에 의해서 산정된 것으로서 보험회사가 보험계약자에게 부과하는 보험가격이다. 이렇게 위험률(보험요율)에 기초하여 산정되어 부과된 보험가격인 보험료는 순수하게 보험금지급을 위한 위험보험료에 해당하는 것이고, 이율에 기초한 저축보험료나 사업비율에 기초한 부가보험료는 제외된 것이다. 따라서 보험요율(위험률)은 보험료와 밀접한 관계가 있어 실무에서 동일개념으로 혼용하여 사용하고 있지만 엄격히 구별되는 개념이다.

일반적으로 생명보험은 대수의 법칙에 의해 산출된 적용(예정)위험률을 기초율로 순보험료의 위험보험료를, 적용(예정)이율을 기초율로 저축보험료를, 그리고 적용사업비율을 기초율로 부가보험료를 수지상등의 원칙에 따라 산정하며, 일반 손해보험은 손실의 빈도(frequency)와 심도(severity)에 기초하여 이들의 곱으로 순보험료를 산정하고, 그 순보험료의 일정비율로 부가보험료를 산정한다.

보험상품의 단가(보험요율, 위험률)는 일반상품의 단가와는 달리 보험계약기간이 경과해야 최종적으로 결정되기 때문에 보험요율산출과정에서 사전에 부보위험에 대한 신중한 분석과 측정을 하지 않으면 안 된다. 만약, 신중하고 정확하게 위험률을 산출하지 않고 보험료를 적당히 산정하여 징수한다면, 보험사업의 수지불균형은 물론 보험사업의 안정을 파괴하여 보험회사의 도산을 불러올 수도 있다. 따라서 보험요율산출 업무는 보험사업 활동의 일부분인 보험금 등의 급부금산정을 위한 준비과정에 속하는 업무이지만 보험사업의 경영활동 중에서 매우 중요한 업무라고 할 수 있다.

보험료는 주로 보험계리인(actuary)들에 의해 결정되는데 보험계리인들은 위험에 관련된 여러 통계자료를 기초로 하여 보험금지급에 충당되는 순보험료(net premium)와 보험사업 경영에 필요한 비용, 적립금, 이익 등에 충당되는 부가보험료(loading)의 합인 총보험료(영업보험료)를 계산하게 된다. 이 모든 것이 보험계리인에게 달려 있다고 할 수 있을 정도로 보험계리인의 역할은 매우 중요하다.

2. 보험요율산출의 원칙

(1) 정부규제상의 원칙

정부규제상의 원칙이란 우리나라의 보험요율산정이 많이 자유화되어 있지만 보험소비자인 보험계약자를 보호하기 위해 일반적으로 정부나 감독당국의 통제와 감독을 받는 관계로 이에 부응하도록 결정되어야 한다는 원칙이다. "보험회사는 보험요율을 산출할 때 객관적이고 합리적인 통계자료를 기초로 대수의 법칙 및 통계신뢰도를 바탕으로 하여야 하며, 다음 <표 4-7>과 같은 각 호의 사항을 준수하여야 한다."

표 4-7 정부규제상의 원칙(보험업법 제129조)[1]

요 건	원 칙
적정성	보험요율이 보험금 및 그 밖의 급부에 비하여 지나치게 높지 아니할 것 - 높은 보험요율은 우량 보험계약자의 이탈로 대수의 법칙 적용을 어렵게 하여 수지상등의 원칙 붕괴로 이어져 합리적인 보험경영을 어렵게 하기 때문이다.
충분성	보험요율이 보험회사의 재무건전성을 크게 해질 정도로 낮지 아니할 것 - 보험료가 충분치 못하면 보험금지급 불능사태가 발생할 수 있기 때문이다.
공정성	보험요율이 보험계약자 간에 부당하게 차별적이지 아니할 것 - 동일하거나 유사한 위험을 가진 보험계약자나 피보험자를 아무런 근거 없이 지나치게 차별해서는 안 된다. 예를 들어 생명보험에서 20세인 사람과 30세인 사람을, 손해보험에서 콘크리트건물과 목재건물을 동일분류로 보고 같은 보험료를 부과하게 되면 불공정한 보험료 부과가 되기 때문이다.
합리성	보험요율이 보험금과 그 밖의 급부와 비교할 때 공정하고 합리적인 수준일 것 - 자동차보험의 보장에는 실제손실의 보상금인 보험금과 기타 의료나 견인서비스 등의 용역인 '그 밖의 급부'[2]도 포함되므로 이를 감안하여 합리적으로 보험료가 부과되어야 하기 때문이다.

---

[1] 보험업법 제129조(보험요율 산출의 원칙) 보험회사는 보험요율을 산출할 때 객관적이고 합리적인 통계자료를 기초로 대수(大數)의 법칙 및 통계신뢰도를 바탕으로 하여야 하며, 다음 각 호의 사항을 지켜야 한다. 1. 보험요율이 보험금과 그 밖의 급부(給付)에 비하여 지나치게 높지 아니할 것 2. 보험요율이 보험회사의 재무건전성을 크게 해질 정도로 낮지 아니할 것 3. 보험요율이 보험계약자 간에 부당하게 차별적이지 아니할 것 4. 자동차보험의 보험요율인 경우 보험금과 그 밖의 급부와 비교할 때 공정하고 합리적인 수준일 것. 〈시행 2021. 7. 21.〉.

[2] 보험업법 규정에서 '그 밖의 급부'란 용역(서비스)으로 경제적 위험보장의 보험금과 같은 금전의 대체적 의미의 용역(서비스)을 의미한다. 따라서 예를 들어 일반기업이나 정부기관 등의 해외파견 직원의 긴급한 의료기관으로의 이송이나 본국으로 송환이 필요할 때 서비스를 제공하는 '긴급의료지원서비스방식(Service Membership Program; SMP)'은 직접적인 치료나 치료비 지급과는 차이가 있어 보험급부에 해당하는 용역이 아니므로 보험 상품이 아니다(대법원 2014. 5. 29. 선고 2013도10457 판결).

(2) 보험사업상의 원칙

보험사업상의 원칙이란 보험요율의 결정은 보험회사의 영리와 관련하여 결정하여야 한다는 원칙이다.

1) 단순성

보험요율체계는 모집인이나 다수의 보험계약자들이 쉽게 이해할 수 있도록 단순하여야 한다. 모집인은 최소한의 비용과 노력으로 신속하게 보험요율을 설명할 수 있어야 하고, 보험계약자들은 자신의 보험요율이 어떻게 결정되고, 어떻게 하면 보험비용을 절약할 수 있는지 쉽게 이해할 수 있어야 한다.

2) 안정성

보험요율체계는 상당한 기간 동안 안정적으로 유지되어야 한다. 보험요율이 특별한 이유 없이 자주 변동될 경우 소비자의 불만과 정부에 의한 통제강화의 요인이 될 수도 있다. 따라서 보험요율은 적어도 일정 기간 동안 안정적으로 유지되어야 하는 것이다. 1975년 미국에서 의료전문직배상책임보험의 요율을 900% 이상 인상하여 소비자들의 불만을 산 경우가 있었다.

3) 탄력성

보험요율의 산정요소에 변화가 있을 경우 그에 대응하여 탄력적으로 조절되어야 한다. 예를 들어 물가상승으로 배상책임액이 증가한다면 해당 증가액을 충당하기 위해 보험요율은 인상되어야 한다. 또한 교통량 및 교통사고가 증가될 때 그로 인해 증가될 수 있는 손실을 보상할 수 있도록 자동차보험요율도 인상해야 한다.

4) 손실방지 장려

보험요율체계는 소비자들이 손실방지에 적극적으로 참여할 수 있도록 결정되어야 한다. 예를 들어 자동차보험에서 일정기간의 사고 경력에 따라 할인·할증하는 제도는 손실방지를 위한 요율체계의 좋은 예라고 할 수 있다.

5) 비상위험에 대한 대비

보험요율은 과거 손실경험을 바탕으로 미래에 지급할 보험금과 사업비를 추정하여 결정한 것이므로 미래 실제 보험기간 동안 발생할 수 있는 예기치 못한 대규모의 우발적 사고에 대한 보상, 즉 비상위험에 대한 보상을 보험요율에 반영하여야 한다.

제2절 | 생명보험의 보험료산정

I. 생명보험의 보험료 분류와 구성

(1) 보험료의 분류

생명보험의 보험료 중 순보험료의 위험보험료는 대수의 법칙을 적용하여 산출한 위험률을 기초로 수지상등의 원칙에 따라 산정되며, 보험료의 납입방법을 기준으로 자연보험료(natural premium)와 평준보험료(net level premium)로 구분된다.

자연보험료는 수지상등의 원칙이 매년(1년마다) 유지되도록 보험료가 위험률의 변화에 따라 매년 증가, 즉 매년 다르게 정해지는 것이다. 이에 비해 평준보험료는 수지상등의 원칙이 전체 보험기간에 걸쳐 총괄적으로 이루어지도록 보험료를 평준화하여 위험률의 변화에 관계없이 매년 동일한 보험료로 정하는 것이다.

자연보험료와 평준보험료를 간단하게 그래프를 이용하여 설명하면 [그림 4-2]와 같다. 예를 들어 5년 만기 정기보험에서 자연보험료는 나이와 더불어 사망률이 상승함에 따라 매년 보험료가 증가하게 된다. 매년 납입보험료가 달라져 계약의 유지 및 관리에 어려움이 있으므로 단체정기보험이나 재보험 같은 단기의 특수한 보험에 한정되어 이용되고 있다. 평준보험료는 계약초기에는 자연보험료보다 A만큼 더 많이 납입하지만 계약 후기에는 B만큼 덜 납입하게 된다. 계약 초기에 더 많이 징수한 A만큼은 보험급부금지급을 위한 책임준비금으로 적립하였다가 계약 후기의 부족분 B만큼에 충당하여야 한다. 사망률의 증가에 관계없이 매년 동일한 금액의 보험료가 되도록 평준화하여 자연보험료의 단점을 시정하기 위해 고안된 것이다.

그림 4-2 자연보험료와 평준보험료

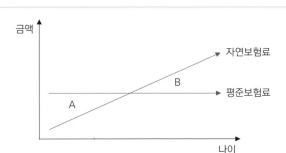

자연보험료의 장점은 가입 초기에 보험료가 저렴하다는 것이다. 단점은 보험료가 보험기간 동안 계속적으로 상승하게 되고, 소득이 없는 고연령 시기에도 고액의 보험료를 납입하여야 한다. 고령자가 사망보험에 가입하는 경우 기간이 경과할수록 위험률이 높아지기 때문에 결국에는 보험료 납입이 불가능할 정도로 보험료가 고액이 된다. 이에 비해 평준보험료의 장점은 보험기간 동안 보험료의 변동이 없고, 일정기간 동안 보험료 납입이 완료되면 보험기간 만기 시까지 보장을 받을 수 있으며, 경과기간별로 보험료과소분이 발생하는 만큼 책임준비금이 발생하기 때문에 중도 해지 시 해지환급금이 발생할 수 있다. 단점은 자연보험료 대비 가입초기 보험료가 비싸다는 점이다.

(2) 보험료의 구성

생명보험의 보험료는 보험사고발생에 대한 공평한 위험분담을 위해 대수의 법칙을 기초로 하여 작성된 생명표[3]의 위험률과 이율 및 사업비율을 바탕으로

---

3) 생명표는 어떤 연령의 사람들이 1년에 몇 명 정도가 사망 또는 생존할 것인가를, 즉 사람의 연령별 생사와 관련된 통계(생존자수, 사망자수, 생존율, 사망률, 평균여명)를 나타낸 표로 사망표라고도 한다. 생명표는 분류방법에 따라 전체 국민 또는 특정지역의 인구를 대상으로 해서 그 인구통계에 의한 사망상황을 나타낸 국민생명표와 생명보험회사나 공제조합 등의 가입자에 대한 실제 사망 통계치를 근거로 작성한 경험생명표가 있다. 우리나라 생명보험회사는 보험료산정을 위한 기초자료로 1976년부터 국민생명표를 보정(補整)한 조정국민생명표를 사용하다가 1986년부터 실제 보험가입자들의 사망통계를 기초로 작

산출한 보험요율을 이용하여 보험료 결정의 원칙인 수지상등의 원칙에 따라 합리적으로 산정된다. 생명보험의 보험료구성은 [그림 4-3]과 같이 보험금지급에 충당되는 순보험료(net or pure premium)와 보험계약의 체결, 유지, 관리 등의 사업비에 충당되는 부가보험료(loading premium)로 이루어지며, 이들의 합을 총보험료(gross premium) 또는 영업보험료라고도 하며 일반적으로 줄여서 보험료라고 한다.

그림 4-3 생명보험의 보험료 구성

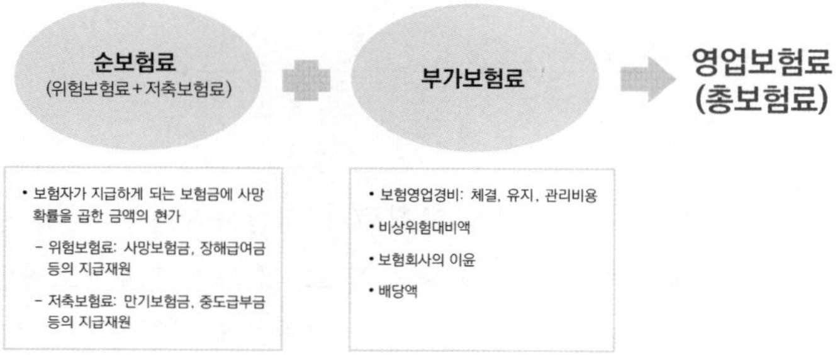

1) 순보험료

순보험료(net premium)란 피보험자(보험대상자)의 사망, 장해, 입원 또는 만기 등 보험금지급사유 발생 시에 보험금지급에 충당할 수 있도록 계산된 보험료이다. 그리고 순보험료는 <표 4-8>과 같이 보장성 보험의 위험보험료와 저축성 보험의 저축보험료로 구분된다. 대수의 법칙에 따라 산출된 생명표의 적용(예정)위험률과 적용(예정)이율을 기초로 하여 수지상등의 원칙에 따라 산정된다.

성된 경험생명표를 사용했으며, 2018년 4월부터는 제9회 경험생명표를 표준위험률로 사용하고 있다. 한편, 1997년 4월부터 예정위험률이 자유화됨에 따라 회사별로 경험사망률의 적용이 자유화되었다(생명보험협회(2021), 2021 생명보험이란 무엇인가, pp.20-21).

표 4-8　순보험료의 구분

구 분	내 용
위험보험료	보장성보험의 사망보험금, 장해급여금 등의 지급 재원이 되는 보험료
저축보험료	저축성보험의 만기생존보험금, 해지환급금 등의 지급 재원이 되는 보험료

2) 부가보험료

부가보험료(loading premium)란 적용(예정)사업비율을 기초로 하여 계산된 보험료로서 생명보험회사가 <표 4-9>와 같은 보험계약을 체결, 유지, 관리하기 위한 비용인 신계약비, 유지비, 수금비 등에 충당하기 위해 계산된 보험료이다.

표 4-9　부가보험료의 구분

구 분	내 용
신계약비	모집수당, 보험가입증서(보험증권)발행 등의 신계약 체결에 필요한 제경비
유 지 비	계약유지 및 자산운용 등에 필요한 인건비, 관리비 등 제경비
수 금 비	보험료 수금에 필요한 수금 사무비 등 제경비

2. 생명보험료의 결정요소

생명보험회사는 전통적으로 3가지 보험료산정의 기초율인 예정위험률, 예정이율, 예정사업비율만을 기초로 하는 3이원방식으로 수지상등의 원칙에 따라 보험료를 산정해 왔으나 2013년부터는 현금흐름방식(Cash Flow Pricing; CFP)을 도입하여 보험료를 산정하고 있다. 보험료산정방식의 변경으로 예정위험률, 예정이율, 예정사업비율 등의 용어가 적용위험률, 적용이율, 적용사업비율로 대체되었다.

현금흐름방식은 기존 3이원방식의 가격요소 이외에 계약유지율, 판매량, 투자수익률 등 현금흐름에 영향을 주는 다양한 가격요소를 반영한 것으로 보험회사의 보험상품 개발의 자율성을 제고시켰고, 보험소비자의 상품선택의 폭을 넓혔다. 하지만 지금도 3이원방식으로 시산보험료를 산정하고 있으므로 이 3가지

보험료산정의 기초율을 중심으로 살펴보면 다음과 같다.

(1) 적용(예정)위험률(적용사망률, 적용질병률 등)

적용(예정)위험률은 과거의 일정기간 동안 사망, 질병, 장해 등의 보험사고가 발생했던 확률인 각 위험률을 대수의 법칙에 의해 산출하여 이를 근거로 앞으로의 위험률을 예정한 것이다. 보험료 산정에 적용한다는 의미에서 적용위험률이라고 한다. 이 중 특히 한 개인의 특정시점에서의 사망을 보험금 지급사유로 하는 계약에서 사용되는 사망률을 적용(예정)사망률이라 한다. 이같이 보험금지급사유가 질병이면 질병률을 적용질병률, 장해면 장해율을 적용장해율이라고 한다. 이들 적용률이 낮아지면 사망, 질병, 장해보험의 보험료도 낮아지게 되고, 반대로 적용률이 높아지면 보험료도 높아지게 된다. 하지만 생존보험의 경우는 그 반대이다.

각 생명보험회사는 자사의 경험치 및 리스크를 반영하여 산출한 자사요율의 각종 예정위험률을 사용하고 있으며, 위험에 대한 통계가 없거나 대수의 법칙을 적용할 만큼 위험이 충분하지 않을 경우 보험요율산출기관인 보험개발원에서 작성한 업계 평균수준의 참조순보험요율을 사용하기도 한다.

(2) 적용(예정)이율

보험회사는 장래의 보험금 지급에 대비하기 위해 계약자가 납입한 보험료를 책임준비금으로 적립해 두는데 보험료의 납입과 보험금의 지급 사이에는 시간적 차이가 발생하게 된다. 이 기간 동안 보험회사는 적립된 금액을 운용하고, 기대되는 장래의 운용수익률을 가정하여 지급보험금과 수입보험료를 현재의 가치(현가)로 계산하여 일치시키는 방법으로 현재의 보험료를 산정하고 있다. 이때 적용하는 할인율을 적용 또는 예정이율이라고 한다. 적용이율이 낮아지면 보험료는 올라가게 되고, 높아지면 보험료는 내려가게 된다.

적용(예정)이율 수준은 과거에는 단일한 확정금리형을 모든 생명보험회사가 사용하였으나 가격자유화에 따라 현재는 회사별로 자율적으로 적용(예정)이율을 책정하고 있다. 최근에는 회사의 자산운용수익률과 시중 지표금리를 정기적으로 반영하는 공시이율과 같은 금리연동형 예정이율이 대부분 사용되고 있다.

(3) 적용(예정)사업비율

적용(예정)사업비율은 생명보험회사가 보험계약을 체결, 유지, 관리하기 위한 사업비를 과거의 사업비 집행실적을 근거로 하여 앞으로 소요될 사업비를 미리 예상하여 정한 것이다. 적용사업비율이 낮아지면 보험료도 낮아지고, 높아지면 보험료도 높아지게 된다. 2000년 4월 전까지는 생명보험상품 설계 시 사용되는 예정신계약비의 한도에 대해 직접 규제하였으나, 생명보험 가격자유화에 따라 2000년 4월부터 적용(예정)사업비율이 자유화되었다.

(4) 만기환급금 준비금

생명보험회사는 만기환급형 상품의 경우 보험기간이 종료하면 보험계약자에게 만기환급금을 지급해야 하므로 이에 대비한 자원으로 저축보험료를 산정해야 한다.

(5) 이익과 비상위험준비금

보험회사도 사기업으로서 이익을 목적으로 하고 있으며, 예상치 못한 비상위험에 대비하기 위한 자금이 필요하므로 이들을 위한 보험료를 산정해야 한다.

제3절 | 손해보험의 보험료산정

I. 손해보험의 보험료 구성

손해보험의 보험료 구성은 [그림 4-4]와 같이 순보험료와 부가보험료로 이루어지며 이를 합하여 총보험료라고 하고, 실무적으로는 영업보험료라고 한다. 보험료의 구성은 생명보험과 같지만 생명보험은 정액보상보험이고, 손해보험은 실손보상보험이므로 보험료의 산정방식에는 많은 차이가 있다.

그림 4-4 손해보험의 보험료 구성

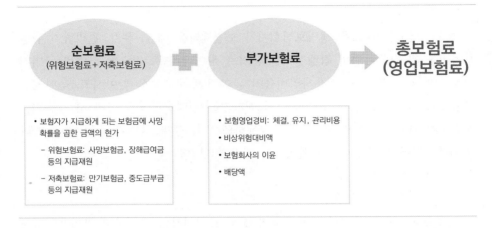

순보험료
(위험보험료＋저축보험료) ┼ 부가보험료 ➡ 총보험료
(영업보험료)

• 보험자가 지급하게 되는 보험금에 사망
  확률을 곱한 금액의 현가

  – 위험보험료: 사망보험금, 장해급여금
    등의 지급재원

  – 저축보험료: 만기보험금, 중도급부금
    등의 지급재원

• 보험영업경비: 체결, 유지, 관리비용
• 비상위험대비액
• 보험회사의 이윤
• 배당액

(1) 순보험료

순보험료(net premium)는 보험회사가 보험계약의 조건에 따라 지급할 보험금을 충당하기 위해 계산된 것으로 위험보험료라고도 한다. 순보험요율은 위험률인 순율과 안전율을 감안하여 결정한다.

1) 순율(순보험요율)

순율이란 정미의 순보험요율로 이를 계산하기 위하여 먼저 동질의 위험집단이 되도록 위험요인에 따라 보험의 목적을 구분한다. 예를 들어 화재보험의 경우 소재지, 건물의 용도, 주위의 상황 등 질적 요인과 면적, 용량, 규모 등 양적 요인에 따라 동질집단으로 구분한다. 구분된 동질집단에 대한 위험부담의 대가인 순율(순보험요율)은 대수의 법칙을 통해 산출한다.

예를 들어 순보험료를 P, 보험가입자수를 n, 보험사고건수를 r, 위험보험금을 Z라고 하면, 대수의 법칙에 의해 산출된 위험률(보험요율), 즉 순율(순보험요율)은 r/n이다. 이를 기초로 하여 수지상등의 원칙에 따라 순보험료총액과 위험보험금총액이 일치하도록 하면, 식 $n \cdot P = r \cdot Z$, $P = (r/n) \cdot Z$를 유도할 수 있다. 이 식에 의해 순보험료 P를 산정한다.[4] 여기서 순율 r/n은 보험사고의 발생확률로 손

---

4) 손해보험의 순보험료는 다음 식으로 나타낼 수 있다. '순보험료 = 보험요율(순율) × 보험금액'이다. 이를

실의 빈도이고, 보험사고로 인해 발생한 손실금(보험금) Z는 손실의 심도이다. 따라서 손해보험의 순보험료(P)는 손실의 빈도(순율)와 손실의 심도의 곱으로 산정되는 것이다.

2) 안전율

안전율이란 자연재해인 풍수해, 지진 그리고 대형 화재 등 대형 재난에 의한 순율 값의 괴리현상에 대비하기 위한 비상위험준비금[5]을 말한다.

(2) 부가보험료

부가보험료(loading premium)는 보험회사가 경영을 위해 필요한 사업비용과 적정이윤을 충당하기 위한 금액으로 순보험료에 부가하게 된다.

1) 사업비

사업비란 손해보험사업을 경영하는데 필요한 경비로 인건비, 관리비, 임차료 등과 같이 보험계약고의 증감과 직접 관계없이 지출되는 고정경비와 손해사정비, 대리점수수료, 영업활동비 등 보험계약고의 증감에 따라 수시로 변동하는 가동경비로 구분된다.

2) 이윤(투자이윤분배금)

보험회사도 사기업이므로 영업이익을 얻어야 한다. 손해보험사업은 사적 사업이면서 공공성이 강하므로 원가계산을 하면서 사전에 투자자에 대한 분배금을 위해 적정이윤을 포함시키는 방법은 중요하다. 보험종목에 따라서는 순보험료의 안전율과 합산하여 정해 놓는 경우도 있다.

화재보험의 경우를 예로 들어 보면, 보험요율(화재위험률, 순율)은 가입자 수에 대한 사고건수인 r/n또는 보험금 1,000,000원당 1,000원, 즉 1,000/1,000,000 = 0.001로 나타낼 수 있고, 보험금(Z)을 5천만원이라고 가정하면, 순보험료 = 0.001 × 50,000,000 = 50,000, 즉 순보험료는 50,000원이 된다.

5) 손해보험업을 경영하는 보험회사는 법 제120조 제1항에 따라 해당사업연도의 보험료 합계액의 100분의 50 범위에서 금융위원회가 정하여 고시하는 기준에 따라 비상위험준비금을 계상하여야 한다(보험업법 시행령 제63조 제4항).

2. 보험요율(보험단가) 산출방법

손해보험에서 보험요율산출이란 보험종목별 또는 위험적용단위별로 위험률인 보험요율(순율)을 산출하는 것이고, 보험료의 산정이란 보험요율을 근거로 순보험료와 그 순보험료에 부가하여 부가보험료를 계산함으로써 그 합인 영업보험료를 산정하는 것이다.

예를 들어 화재보험에서 건물가액이 1억원인 10,000채(n)의 소유자들이 전부보험에 가입되어 있을 경우 손실액이 매년 2채(r)의 전손 2억원(각 1억원(Z) × 2채)과 30채(r)의 분손 총 6억원(각 2천만원(Z) × 30채)이 발생했고, 사업비율인 부가보험료는 순보험료의 20%라고 가정하면 건물 1채의 영업보험료는 <표4-10>과 같이 총 96,000원이 된다.

표 4-10   영업보험료(순보험료 + 부가보험료) 96,000원 산정과정   (단위: 원)

손실	손실액 (손실의 심도)	보험요율(순율): r/n (손실의 빈도)	순보험료 P = (r/n) × Z	부가보험료 (P의 20%)	영업보험료 총 96,000
전손	1억(Z) × 2채 = 2억	0.02%(2/10,000)	20,000	4,000	24,000
분손	2천만(Z) × 30채 = 6억	0.3%(30/10,000)	60,000	12,000	72,000

손해보험의 보험단가인 보험요율의 산출방법에는 <표 4-11>과 같이 가장 전통적인 판단요율방법과 개개위험의 특수성과 경험을 기초로 요율을 산출하는 개별요율방법(조정요율방법)이 있다. 판단요율방법도 개별요율방법에 속한다. 또한, 동일하거나 유사한 위험집단을 대상으로 같은 요율을 적용하는 집단요율방법(분류요율방법)이 있다. 그리고 개별요율방법은 판단요율방법을 비롯한 경험요율법, 소급요율법, 예정요율법으로 나누어지고, 집단요율방법은 손해율법(손실률법), 순보험료법으로 나누어진다. 보험회사는 상황에 따라 각각 또는 각 방법들을 복합하여 보험요율의 산출에 이용한다.

표 4-11 손해보험의 보험요율산출 방법

분 류	종 류
개별요율방법(조정요율방법)	판단요율방법
	경험요율법, 소급요율법, 예정요율법
집단요율방법(분류, 등급요율방법)	손해율법(손실률법), 순보험료법

(1) 판단요율방법

판단요율방법(judgement rating)은 보험계약의 대상인 보험목적물의 위험에 대한 보험요율을 개별적으로 산출하는 대표적인 방법이다. 각 위험에 대한 요율결정이 요율산정자(underwriter)의 지식과 경험을 바탕으로 한 판단에 전적으로 의존하여 결정하는 방법이다. 이 방법은 개별요율방법이지만 기타 개별요율방법과 같이 표준요율을 각 손실의 경험에 따라 상·하로 조정하는 방법과는 차이가 있다.

예를 들어 해상보험에서 부보대상인 선박 및 적하는 그 종류가 매우 다양하고, 항해 목적지 또는 항해지역 그리고 선주 및 화주 등 여러 가지 요인에 따라 위험의 정도가 각양각색이어서 위험을 일정하게 분류하여 대수의 법칙에 의한 등급요율을 만들 수 없거나 신뢰할 만큼의 충분한 통계자료가 없어 요율산정자의 판단에 의존할 수밖에 없기 때문에 이용하는 방법이다. 현재 해상보험과 일부 운송보험에서 사용되고 있다.

(2) 개별요율방법(조정요율방법)

개별요율방법(individual rating method)은 개개 위험의 특수성과 경험을 토대로 개별적으로 보험요율을 산출하는 방법이다. 이 방법은 개별위험별로 표준요율(basis rate)을 정한 후 개별위험의 종류 및 특성에 따라 표준요율을 상·하로 조정하는 방식이므로 조정요율방법(merit rating method) 또는 수정요율방법(modification rating)이라고도 한다. 개별요율방법의 목적은 보험요율을 개인별로 손실경험에 따라 할인·할증함으로써 피보험자가 적극적으로 손실통제에 참여하도록 하기 위한 것이다. 여기에는 앞서 설명한 판단요율법 이외에 경험요율법, 소급요율법, 예정요율법 등이 있다.

1) 경험요율법

경험요율법(experience rating)이란 개개위험의 과거 손실경험에 따라 보험요율을 상하로 조절하는 방법이다. 다음 연도의 보험요율에 과거(보통 3년)의 특정기간 동안 피보험자의 손실경험을 반영하는 방법으로 피보험자의 적극적인 손실통제참여를 유도할 수 있다. 보험료는 피보험자의 손실경험과 피보험자가 속해 있는 집단요율의 가중평균으로서 정해진다.

경험요율법은 산업재해보상보험, 일부 배상책임보험, 자동차보험, 단체건강보험 등에서 사용되고 있다. 예를 들어 산업재해보상보험에서 실제로 해당 사업장의 직전 3년간 평균수지율(보험급여총액/보험료총액)이 75−85% 사이이면 보험료를 그대로 유지하고, 75% 미만 시 수지율 5%당 보험료 6%를 할인, 85% 이상 시 수지율 5%당 보험료 6%를 할증(최고 50%)하는 방법이다. 이는 개별 실적에 따라 penalty를 부여하여 사고를 예방하는 것이 목적이나 산재사고의 신고를 기피하는 원인이 되기도 한다.

2) 소급요율법

소급요율법(retrospective rating)이란 계약기간 동안에 나타난 피보험자의 개별적인 위험 자체의 실제 손실경험에 따라 계약기간의 보험료를 최종적으로 소급하여 결정하게 되는 방법이다. 보험자는 보험기간의 초기에 잠정보험료를 보험계약자로부터 징수하고, 보험기간 말에 가서 특정한 위험자체의 경험에 의하여 이미 징수한 보험료를 재조정한다. 자동차보험, 산업재해보상보험, 일반 배상책임보험, 도난보험, 유리보험 등에서 사용되고 있다. 예를 들어 자동차보험에서 마일리지자동차특약에 가입할 경우 보험기간 1년간 15,000㎞ 이하 운행 시 마일리지에 따라 징수한 잠정보험료의 최고 35%까지 소급·할인하여 그 금액을 되돌려 주는 방식이다.

3) 예정요율법

예정요율법(schedule rating)은 동일부류에 속하는 동질적인 위험의 물리적 특성(예, 건물의 구조, 사용목적, 손실확대방지를 위한 보호시설 등)이 예상손실과 상당한 관계가 있다는 가정하에 이를 반영하여 보험요율을 산출하는 것이다. 대형

공장, 대형 상가, 아파트 등의 화재보험이나 자동차보험에서 많이 활용되고 있다. 예를 들어 건물의 스프링클러 장치나 방화벽 설치, 자동차의 에어백이나 블랙박스 설치 등 물리적 특성에 따라 기존요율을 할인 또는 할증하는 방식이다.

(3) 집단요율방법(분류요율방법, 등급요율방법)

집단요율방법(manual rating method)은 개개위험을 대상으로 보험요율을 산출하는 것이 아니라 먼저 동일하거나 유사한 위험집단 전체를 대상으로 일정한 분류기준에 의해 분류하고, 그 분류에 속하는 위험에 대해서는 같은 요율을 적용하는 것이다. 동일하게 분류된 위험에 같은 요율을 쉽게 찾아 적용할 수 있도록 책자(manual)로 만들어 놓은 방법으로 분류요율방법(class rating) 또는 등급요율방법이라고도 한다.

예를 들어 화재보험에서 부보대상인 건물을 구조나 사용목적에 따라 분류하거나 생명보험에서 나이, 성별, 건강상태에 따라 분류하고, 그 분류의 평균치를 기준으로 보험요율을 책정하여 적용하는 것이다. 장점은 부보대상의 분류에 따라 요율을 책자(manual)로 만들어 놓았기 때문에 쉽게 찾아 적용할 수 있어 사용상 간단하고 편리하다는 것이다. 화재보험, 생명 및 건강보험뿐만 아니라 자동차보험이나 산업재해보험에서도 많이 사용된다.

집단요율방법에는 기존의 보험요율에 경험손해율을 반영하여 요율을 상하로 조정하는 방법인 손해율법(손실률법)과 기존의 보험요율의 유무와는 관계없이 독립적으로 예정손해율인 순보험요율(순율)을 산출하는 순보험료법이 있다.

1) 손해율법(손실률법)

손해율법(loss rate method)이란 판단요율법과 같이 언더라이터의 경험적 판단에 의하기 보다는 통계자료를 기초로 요율을 산출하는 것으로 과거의 통계자료가 있는 경우에 자주 사용하는 방법으로 손실률법이라고도 한다. 이 방법의 기본 개념은 손실통계자료를 이용하여 실제손해율(실제발생손해액 + 손실처리비용/경과보험료)과 예정(기대, 목표)손해율(예정손해액 + 손실처리비용/총보험료)을 비교하여 요율을 인상 또는 인하로 조정하거나 크기를 결정하는 것이다.

장기간의 경험이 있는 보험종목은 적정하다고 생각되는 예정손해율과 예정부가율을 알 수 있으며, 최근의 손해율 변화도 파악할 수 있다. 따라서 요율조정이 필요할 경우 과거 일정 경험기간 동안의 실제손해율과 장래의 손해발생요인의 변화를 감안하여 예상한 예정(기대, 목표)손해율을 정한 후 실제손해율과 예정손해율을 비교하여 요율조정을 다음 예와 같이 산출하여 필요에 따라 구요율을 수정하는 것이다.

예를 들어 실제손실과 손실처리비용이 132만원, 경과보험료가 200만원이라면 실제손해율은 66%이다. 이 66%인 보험종목을 예정손해율이 50%가 되도록 하고 싶은 경우에 다음 공식에 의해 보험요율산출의 방향과 크기를 수정하는 방식이다.

요율수정(조정)률 = { 실제손해율(A) − 예정손해율(E) } ÷ 예정손해율(E)

이 예에서 수정률은 (66 / 100 - 50 / 100) ÷ 50 / 100 = 16 / 50 = 0.32가 된다. 즉, 이 경우는 32%의 요율인상을 하면 되는 것이다. 따라서 현행의 수입보험료에 1.32를 곱한 금액을 새로운 수입보험료로 하면 실제손해율은 예정손해율과 같아진다.

경험기간 동안의 실제손해율(A)이 현재 사용 중인 요율의 산출 시 예측했던 예정손해율(기대, 목표손해율)보다 크면 새로운 보험요율은 증가하게 되고, 반대로 실제손해율이 예정손해율보다 작으면 보험요율은 감소하게 된다. 이 방법은 다음의 순보험료법과 같이 새로운 요율을 계산하는 방법이라기보다는 과거의 요율을 현실에 맞도록 조정하는 방법이라고 할 수 있다.

2) 순보험료법

순보험료법(pure premium method)이란 손해율법과 같이 구요율을 조정하는 것이 아니라 새로운 보험요율을 산출하는 것이다. 과거의 보험요율의 유무와 관계없이 독립적으로 순보험요율을 산출하여 순보험료를 산정하는 방식이다.

과거의 통계자료를 활용하여 대수의 법칙에 따라 손실의 빈도인 보험사고발생빈도(F = 보험금 지급건수/계약건수), 즉 순율(순보험요율)을 산출하고, 이 과거의 사고발생빈도를 기초로 그 경향과 장래 사회경제환경의 변화에 따르는 여러 가지 사고발생요인을 예측함으로써 장래의 사고발생빈도(순율)를 추정한다. 동시에 과거의 통계자료에 의해 1건당 평균지급보험금(D = 지급보험금총액/보험금지급건수)을 구하고, 여러 가지 보험금에 영향을 미치는 요인을 반영하여 장래의 평균

지급보험금, 즉 손실의 심도를 추정한다. 그리고 추정한 사고발생빈도(F)와 평균지급보험금(D)을 곱하여 1계약당의 순보험료(P)를 산정하는 방식이다. 이를 수식으로 나타내면 다음과 같다.

$$P = F \times D$$

P: 1계약당 순보험료, F: 보험사고발생빈도(순율), D: 평균지급보험금(손실의 심도)

이 보험사고발생빈도와 평균지급보험금(손실의 심도)의 곱이 손해보험의 보험금지급의 재원이 되는 순보험료라는 것을 다음 식에 의한 계산으로 알 수 있다.

$$
\begin{aligned}
P &= F \times D \\
&= 보험사고발생빈도(순율) \times 평균지급보험금(손실의 심도) \\
&= (보험금지급건수 / 계약건수) \times (지급보험금총액 / 보험금지급건수) \\
&= 지급보험금총액 / 계약건수
\end{aligned}
$$

※ 1계약당 순보험료(P) × 계약건수 = 지급보험금총액

총순보험료 = 총지급보험금

예를 들어 어떤 보험종목에서 금년도의 계약건수 1,000건, 보험금지급건수 150건, 지급보험금총액 3,000만원, 계약 1건당 순보험료 28,000원이라고 가정할 때 금년도의 계약 1건당 본래 필요했던 순보험료는 다음과 같이 된다.

$$F = 150 / 1,000 = 15\%,$$
$$D = 3,000만원 / 150건 = 20만원,$$
그러므로 순보험료(P) $= F \times D = 15\% \times 20만원 = 30,000원$

여기서 금년도의 계약자로부터 받은 1건당 순보험료는 28,000원인데 실제로는 계약 1건당 30,000원의 순보험료가 필요하다. 따라서 약 7%의 요율부족이다. 다음 해에는 7%의 요율인상이 필요하다. 이와 같이 현재 보험료의 과부족여부를 검토하는 것을 요율검증이라고 한다.

순보험료법은 <표 4-12>와 같이 대상물건의 위험에 대한 과거의 충분한 경험통계와 장래의 여러 가지 위험변수들을 종합적으로 고려하여 보험요율을 산출한 것이므로 판단요율법에서 언더라이터의 위험분석능력과 손해율법의 충분한 경험통계자료를 바탕으로 보험요율을 산출하는 방법이다.

표 4-12 보험요율산출방법 비교

구 분		방 법	특 징
판단요율법		언더라이터가 결정	통계가 부족할 때 주로 사용
집단요율법	손해율법	경험손해율을 반영하여 구요율 조정	경험통계가 누적하였을 때 사용
	순보험료법	경험통계와 다양한 변수를 바탕으로 산출	경험통계와 위험분석능력 있을 때 사용

자료: 김석영·김혜란(2015), 앞의 연구, p.33.

3. 보험요율의 종류

일반 손해보험의 보험요율에는 보험회사가 자사의 경험을 바탕으로 산출한 요율인 자사요율과 보험개발원이 산출하여 보험업계에 제공하는 요율인 참조순보험요율, 그리고 손해보험회사가 재보험회사와 협의하여 산출한 요율인 협의요율이 있다. 만약, 보험회사가 이 세 가지 요율을 동시에 가질 수 있는 경우 자사요율, 참조순보험요율, 협의요율 순서로 사용하게 된다. 그리고 보험회사가 자체적으로 산출한 자사요율이 없어 외부기관인 보험개발원에서 산출한 참조순보험요율을 사용할 경우 이 요율을 구득요율이라고도 한다.

(1) 자사요율(경험요율)

자사요율은 각 보험회사별로 자사의 경험을 바탕으로 산출하여 사용하는 보험요율로 경험요율이라고 할 수 있다. 자사요율 산출대상 보험종목은 경험실적이 적용대상단위별로 손해보험 요율검정서에 제시된 일반손해보험 종목별 신뢰도기준 30%를 충족하는 담보여야 한다. 보험개발원의 참조순보험요율이 산출되어 있지 않거나 참조순보험요율이 있더라도 자사요율이 있는 경우에 사용하게 된다.

(2) 참조순보험요율

참조순보험요율은 보험요율산출기관인 보험개발원이 산출하여 보험업계에 제공하는 보험요율이다. 참조순보험요율의 산출방법은 전년도 모든 보험회사가 제출한 보험료 및 보험금 통계를 기반으로 산출하며, 손해율에 따라 보험료가 매년 변경되는 특성이 있다. 우리 주변에서 실손보험료가 올랐다거나 자동차보험료가 변경된다는 소식 등은 참조순보험요율이 변경되기 때문이다.

보험개발원은 모든 손해보험종목에 대해 보험요율 수준의 적정성 여부를 파악하고, 합리적인 보험요율 수준을 유지할 수 있도록 매년 보험요율검증을 실시하고 있다.

(3) 협의요율

협의요율은 손해보험회사가 재보험회사와 협의를 통하여 산출한 보험요율이다. 말 그대로 협의해서 산출하는 보험요율이기 때문에 통계적인 근거에 따라 산출되는 것이 아니라 위험을 인수할 수 있는 인수능력이나 보험회사 직원의 위험도에 대한 판단 등을 근거로 산출하는 요율이다. 거대위험 또는 통계가 부족한 위험을 담보하는 기업성 보험계약에 사용된다.

<표 4-13>과 같이 자사요율이나 참조순보험요율은 경험통계가 기본적으로 존재하는 중소형의 보험목적들이 적용대상이고, 협의요율은 경험통계가 충분하지 않은 기업성 보험의 대형보험목적물들이 적용대상이다.

표 4-13 일반 손해보험의 요율비교

구 분	자사요율	참조순보험요율	협의요율
산출주체	원보험회사	보험개발원	원보험사, 재보험사
요율기초	회사의 경험통계 국내외의 통계자료 참조순요율수정	업계가 제공한 과거 경험통계	경험실적, 개별위험특성, 시장담보력 등 재보험시장상황
기초서류	최초 인가시 신고	신고 없음, 보험개발원산출	신고 없음
적용대상	손해율이 검증된 중소형 물건		대형물건 및 신상품

자료: 김석영·김혜란(2015), 앞의 연구, p.36.

제12장 | 보험준비금과 잉여금

보험계약의 체결에서 먼저 보험계약자의 보험료지불이 이루어지고, 향후 보험기간 내에 보험사고가 발생하면 보험회사의 보험금지급책임이 따르므로 이를 위해 먼저 받은 보험료를 적립하여 보험급부금 지급을 준비해야 하는데 이를 보험준비금(insurance reserves)이라 한다. 보험준비금의 적립목적은 보험자의 보험금지급여력(solvency)을 확보하여 보험회사의 파산을 막고, 보험계약자를 보호하기 위한 것이다. 국가가 보험업법에 보험준비금을 적립하도록 강제하고 있으므로 계약자 들은 안심하고 보험계약을 체결할 수 있다.

보험준비금의 구성은 법적으로 요구되는 법정준비금인 보험료적립금 및 미경과보험료적립금, 보험금지급준비금, 계약자배당준비금과 같은 책임준비금과 자발적 준비금인 비상위험준비금, 이익배당준비금, 유가증권평가준비금 등으로 이루어진다. 한편, 회사차원의 해약환급금이 있다.

잉여금은 생명보험회사가 보험료산정의 3가지 예정기초율인 적용위험률, 적용이율 그리고 적용사업비율을 보수적이고, 안정적으로 설정함으로써 실제율과의 차이로 발생한 것이다. 이는 보험계약자가 지불한 과잉보험료에 기인한 것으로 계약자에게 배당금으로 되돌려주어야 한다.

제1절	**보험준비금과 그 산출방식**

1. 책임준비금

책임준비금(policy reserves)은 보험회사가 장래에 발생할 보험계약상의 책임인 지급보험금, 환급금, 계약자배당금 등을 계약자에게 지급할 수 있도록 하기 위하여 정부가 법[1]으로 규정해 놓은 적립금액이다. 보험준비금의 대부분을 차지한다.

(1) 보험료적립금 및 미경과보험료적립금

보험료적립금(premium reserves)이나 미경과보험료적립금(unearned premium reserves)은 모두 보험료의 일부분을 적립한다는 점에서는 같으나 보험료적립금은 순보험료 중에서 만기환급금이나 해약환급금을 지급하기 위한 저축보험료와 평준보험료와 자연보험료의 차액이 주 재원이고, 책임준비금의 90% 이상을 차지하므로 통상 책임준비금은 보험료적립금을 의미한다. 그리고 미경과보험료준비금은 총보험료 중에서 미경과 보험기간에 해당하는 위험보험료가 주 재원이다.

보험계약을 각 건별로 보면 보험연도(매년 4월 1일부터 다음 해의 3월 말까지 1년)와 사업연도(매년 1월 1일부터 12월 말까지 1년)가 대부분 일치하지 않는다. 사업연도 말이 보험연도 중에 걸치게 된다. 예를 들어 생명보험계약에서 보험계약기간 1년, 총보험료 120만원으로 10월 1일 계약했다면 사업연도 말까지 3개월이 경과한 것이고, 그 경과한 기간의 보험료 30만원은 경과보험료이며, 나머지 9개월에 해당하는 보험료 90만원은 미경과보험료이다. 따라서 사업연도 말 보험기간은 계속되고 있지만 보험금지급사유가 발생하지 않은 계약을 위해 사업년도 말에 각 계약의 경과월수를 계산하여 미경과보험료를 보험료적립금과 구분하여 계상해야 한다.

일반적으로 보험료산정은 모든 보험계약이 월초에 체결된다고 보고, 1년을

---

[1] 보험업법 제120조(책임준비금 등의 적립) ① 보험회사는 결산기마다 보험계약의 종류에 따라 대통령령이 정하는 책임준비금과 비상위험준비금을 계상하고 따로 작성한 장부에 각각 기재하여야 한다.

12등분하여 계상하기 때문에 월납계약은 미경과보험료가 없게 되며, 3개월납, 6개월납, 연납계약에서만 미경과보험료를 적립하게 된다. 일시납계약은 미경과보험료를 포함하여 보험료적립금을 산정하므로 미경과보험료를 별도로 계상하지 않는다.

(2) 보험금지급준비금

보험금지급준비금(loss reserves)은 보험사고발생으로 인한 손실을 보상하기 위해 적립한 준비금이다. 보험회사의 사업연도 말(매 결산기 말) 현재 보험금, 환급금 또는 계약자 배당금 등의 지급이 확정되어 지급하여야 하거나 지급하여야 할 것으로 추정되는 금액 중에서 아직 지급하지 않은 금액과 지급사유가 발생한 계약에 대해 소송이 진행 중인 금액이나 지급금액의 미확정으로 인하여 아직 지급하지 아니한 금액의 지급에 충당하기 위한 준비금이다.[2]

(3) 계약자배당준비금

계약자배당준비금(policyholder dividend reserves)은 사업연도 중의 사차익, 이차익, 비차익 등의 일부를 법령이나 약관 등에 의하여 계약자에게 배당하기 위해 적립하는 금액이다. 생명보험회사는 안정적인 회사경영을 위해 보험료산정 시 적용사망률, 적용이율, 적용사업비율을 보수적으로 산출하여 보험료를 여유롭게 산정하게 되므로 잉여금이 발생하게 되고, 이를 계약자에게 환원하기 위해 보험업법에 따라 적립하게 된다. 적립준비금은 보험업법의 규정에 따라 금융위원회의 승인을 얻은 금액이다.[3] 현재 계약자배당준비금은 위험률차배당준비금, 이차배당준비금, 사업비차배당준비금, 장기유지특별배당준비금 등이다.

---

[2] 보험금지급준비금은 매 결산기 말 현재 보험금등의 지급사유가 발생한 계약에 대하여 보험금등에 관한 소송이 계속 중인 금액이나 지급이 확정된 금액과 보험금 지급사유가 이미 발생하였으나 보험금 지급금액의 미확정으로 인하여 아직 지급하지 아니한 금액을 지급하기 위한 준비금이다(보험업법 시행령 제63조 제1항 제2호).

[3] 보험업법 시행령 제64조(배당보험계약의 구분계리 등) ① 법 제121조 제3항에 따라 보험회사는 매 결산기 말에 배당보험계약의 손익과 무배당보험계약의 손익을 구분계리하고, 배당보험계약의 이익의 계약자 지분 중 일부는 금융위원회가 정하여 고시하는 범위에서 배당보험계약의 손실보전을 위한 준비금을 적립할 수 있다.

2. 해약환급금

보험계약자가 보험기간 중에 계약을 해약하는 경우가 있다. 보험계약자가 경제적 사정이나 위험의 변경으로 보험료납입을 중단하게 되면 계약은 실효된다. 이때 보험회사는 해약환급금(surrender value)을 지급하여야 한다. 보험회사는 언제든지 보험계약자의 청구가 있으면, 소정의 환급금이 지급될 수 있도록 준비금을 적립해 두어야 한다.

해약환급금은 보험료 및 책임준비금 산출방법서에서 계산한 금액과 다음 식으로 계산된 표준해약환급금 중 큰 금액으로 정할 수 있고, 표준해약환급금이 음수인 경우 이를 0으로 처리한다.

표준해약환급금 = 순보험료식 보험료적립금 − 미상환신계약비

= 순보험료식 보험료적립금 − (총예정신계약비 − 경과된 신계약비)

보험계약자가 사전에 지급한 순보험료 합계에서 이미 지급한 보험금을 차감하면 미경과보험료준비금으로써 책임준비금이 되고, 이는 보험계약자 개개인의 재산이므로 환급하는 것은 정당한 것이다.

해약환급금의 재원은 책임준비금이지만 해약환급 시 책임준비금 전부를 지급하지 않고, <표 4−14>와 같은 이유로 해약공제를 하게 된다. 따라서 해약환급금은 해약당사자의 책임준비금보다 적게 된다.

표 4-14 해약공제의 이유

구 분	공제이유
신규계약비지출의 회수	초기의 신규 계약비 지출분(질멜식) 회수를 위한 것으로 해약공제의 가장 큰 이유
역선택 방지	중도 해약자는 건강체가 많아 잔존계약의 사망률이 높아짐
투자상의 불이익	해약환급금지급으로 투자기회 상실
수리적 불안정	계약고 감소로 대수의 법칙에 의한 예정률 불안정
해약 방지	해약방지를 위한 위약금적 성질

3. 책임준비금의 산출방식과 적립방식

(1) 산출방식(계산원리)

책임준비금의 산출방식에는 장래법(prospective method)과 과거법(retrospective method)이 있다. 장래법은 어느 한 시점에서 계산한 장래에 지출할 보험금의 현가와 장래에 수입될 보험료의 현가와의 차액을 그 시점의 생존자수로 나누어 책임준비금을 계산하는 방식이다. 반면에 과거법은 [그림 4-5]와 같이 보험료는 전체 보험기간 동안에 걸쳐서 수지상등의 원칙에 근거하여 산정되므로 과거의 보험료수입과 보험금지출의 종가 차액을 생존자수로 나눈 값으로 책임준비금을 계산하는 방식이다. 어느 방법으로 계산하나 책임준비금의 값은 동일하다.

그림 4-5 장래법과 과거법 책임준비금

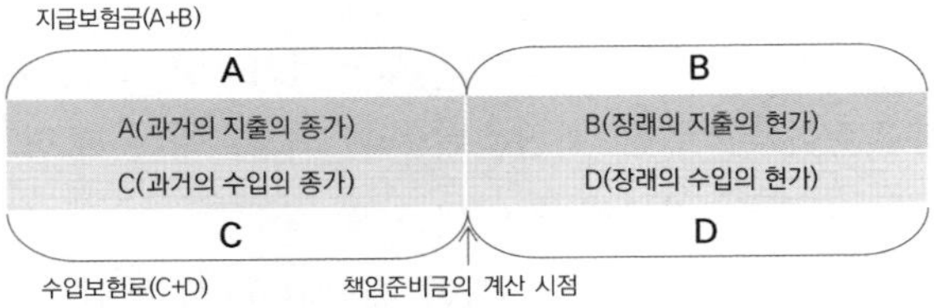

수지상등의 원칙에 의해

보험료수입(C + D) = 보험금지출(A + B)

과거의 수입(C) − 과거의 지출(A) = 장래의 지출(B) − 장래의 수입(D)

　　(과거법)　　　　　　　　　　　　(장래법)

(2) 적립방식

책임준비금의 적립방식은 보험계약의 초년도에 많이 소요되는 신계약비를 비롯한 경비를처리하는 방법에 따라 장래법과 과거법을 응용한 순보험료식과 독일의 보험학자 질멜의 이름을 딴 질멜(Zillmer)식이 있다.

1) 순보험료식

순보험료식(full net premium system)이란 [그림 4-6]과 같이 연납평준총보험료의 연납평준순보험료 중 위험보험료는 위험보험금의 충당에, 저축보험료는 보험료적립금 충당에 사용하기 위해 계약 초년도부터 순보험료 전부를 책임준비금으로 적립하는 방식이다. 계약 초기에 많이 소요되는 신계약비를 비롯한 모든 경비는 연납평준부가보험료만으로 충당하여 책임준비금의 적립을 충실히 하고자 하는 방식이다. 순보험료와 부가보험료의 부과 목적에 충실한 책임준비금의 적립방식이다.

그림 4-6 순보험료식 책임준비금의 적립방식

연납평준 부가보험료

연납평준 순보험료
(위험보험료+ 저축보험료 = 책임준비금)

연납평준 총보험료

연령

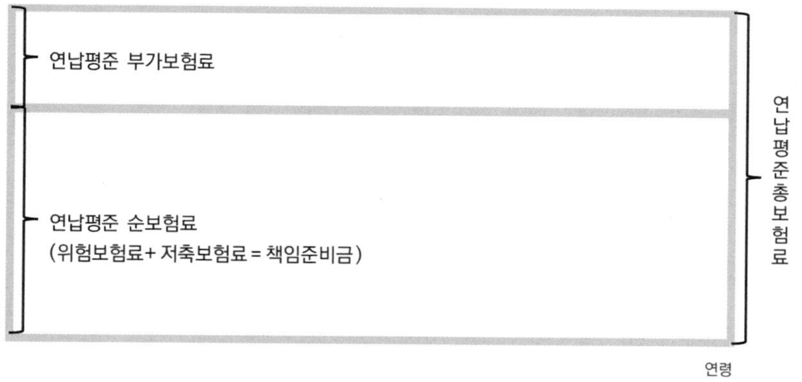

보험계약은 계약 초기에 다액의 신계약비가 소요되는데 이의 부족분을 오래된 기존 계약의 부가보험료 또는 보험자의 잉여금계정에서 충당한다는 사고방식으로 책임준비금의 적립을 두텁게 한다는 장점은 있지만 오래된 계약자의 입장에서는 계약자배당의 감소와 지연이 초래될 수 있다는 단점이 있다. 이 방법은 주로 자금의 여유가 많은 대규모 보험회사들이 사용하게 된다.

2) 질멜(Zillmer)식

질멜(Zillmer)식이란 보험계약은 계약 초년도에 다액의 신계약비가 필요하기 때문에 초년도에 수입되는 부가보험료만으로는 절대액이 부족하므로 [그림

4-7]과 같이 순보험료부분에서 대체해서 신계약비로 먼저 사용하고, 차년도 이후의 부가보험료로 신계약비에 대체한 순보험료만큼을 상환해 나가는 방식이다. 순보험료식에 비해 계약초기에 대체된 신계약비만큼의 책임준비금적립 규모가 작게 된다.

그림 4-7 질멜(Zillmer)식 책임준비금의 적립방식

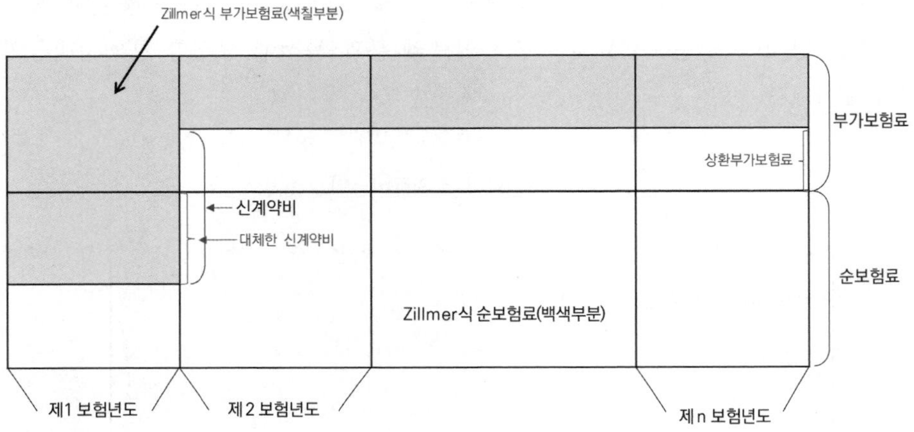

초년도에 대체한 신계약비를 상환하는 기간에 따라 전기 질멜(Zillmer)식과 단기 질멜(Zillmer)식으로 나누어지며, 전자는 전체 보험료납입기간에 걸쳐 상환하는 것을 말하고, 후자는 그보다 짧은 단기간에 상환하는 것을 말한다.

| 제2절 | 잉여금과 계약자배당 |

I. 잉여금

잉여금은 보험료 산정의 기초율인 사망률, 이율, 사업비율의 예정률과 실제율의 차이에 의한 보험료과잉분이 대부분을 차지하는 금액이다. 생명보험에서 잉

여금의 발생과 계약자배당은 무배당 상품이 아닌 한 보험료를 산정할 때부터 감안된 것이라고 할 수 있다. 통상적으로 생명보험회사는 생명보험계약의 장기성을 고려하여 경영의 안정성을 확보하기 위해 예정률을 보수적으로 설정하여 보험료를 산정한다. 따라서 예정률은 보험기간 동안의 실제의 사망률, 이율이나 사업비율과는 차이가 나게 되고, 그 결과로 보험료과잉분이 필연적으로 생겨 이익잉여금의 원천이 된다.

(1) 생명보험에서의 이익잉여금 원천

1) 사차(위험률차)손익

사차손익이란 예정사망률과 피보험자의 실제사망률과의 차이에 의한 손익을 말한다. 다음 식과 같이 예정위험보험료와 실제위험보험금과의 차이에 의해 생기는 손익이다.

$$사차손익 = (예정사망률 - 실제사망률) \times 위험보험금$$
$$= 예정위험보험료총액 - 실제사망시의 위험보험금총액$$

실제사망률이 예정사망률을 상회하면 사망보험에서는 사차손이 생기고, 생존보험에서는 사차익이 생기게 된다.

2) 이차(이자율차)손익

이차손익이란 자산운용에 의한 실제이율과 적용(예정)이율의 차이에 의해 생기는 손익을 말한다. 보험자산은 책임준비금이 주종을 이루며, 이를 운용한 결과 실제이율에 따른 운용수익이 예정이율에서 예측했던 운용수익보다 많을 경우 발생하는 이익이다. 이차손익은 책임준비금에 비례하기 때문에 저축성이 강한 양로보험이나 생존보험에서 계약초기에는 적지만 경과년수에 따라 증가하게 된다.

3) 비차(사업비차)손익

비차손익은 실제사업비와 적용(예정)사업비(부가보험료)의 차이에 의해 생기는 손익을 말한다. 즉, 실제사업비가 예정사업비인 부가보험료의 범위 내에서 처리되었을 때는 부가보험료의 과잉분이 비차익이 된다.

4) 자산재평가이익

자산재평가이익이란 자산을 재평가함으로써 발생하는 이익을 말한다.

(2) 손해보험에서의 이익잉여금 원천

손해보험에서의 이익잉여금은 효율적인 위험선택(underwriting)의 결과로 손실률(loss ratio)이 감소함에 따라 발생하는 위험선택이익(underwriting profit)과 효율적인 투자에 따라 발생하는 투자이익(investment profit)으로부터 발생한다. 여기서 위험선택이익은 일반적으로 손해보험의 보험종목별로 변동이 심할 수 있고, 해마다 변동할 수도 있으므로 위험선택이익을 산정할 때에는 각 종목을 수년 동안 종합하여 검토할 필요가 있다.

2. 계약자배당

(1) 계약자배당의 의의

생명보험회사의 잉여금발생의 주요 원인은 보험회사가 안정적인 경영을 위해 기초율을 보수적으로 산출하여 보험료를 여유 있게 산정했기 때문이다. 따라서 잉여금 중 상당부분은 과잉보험료에 기인한 것이므로 보험계약자에게 계약자배당으로 환원되는 것은 당연한 것이다. 보험회사는 유배당보험계약에서 잉여금이 발생한 경우에 일정비율을 계약자배당준비금으로 적립하였다가 보험계약자에게 지급하게 된다. 회사의 배당능력은 보험계약자들이 보험회사를 선택하는 하나의 기준이 된다.

(2) 배당금의 지급방법

1) 현금지급방법

배당금이 발생할 때마다 보험계약자에게 현금으로 지급하는 방법이다.

2) 적립방법

계약이 소멸할 때까지 또는 보험계약자로부터 청구가 있을 때까지 배당금을 보험회사에 적립해 두었다가 보험금 또는 각종 환급금에 더하여 지급하는 방법이다.

3) 보험료상계방법

장래에 보험계약자가 납입해야 하는 계속보험료를 배당금으로 대신 납부하여 상계하는 방법이다. 현재 일반적으로 행해지고 있는 방법으로 배당금은 경과 연수에 따라 증가함으로 상계 후의 보험료가 매년 저렴해지는 매력이 있다.

제1절 | 언더라이팅(계약심사, 계약선택)

I. 언더라이팅의 의의와 중요성

(1) 언더라이팅의 의의

언더라이팅(underwriting)[1]이란 보험회사의 언더라이터(underwriter)가 보험에 가입하고자 하는 보험계약자 측의 위험을 조사, 분석, 평가하여 그 위험의 인수 여부, 보험료, 보험금, 재보험방법 등을 결정하는 의사결정과정을 말하며, 계약 심사 또는 계약선택이라고도 한다. 구체적으로는 피보험자의 <표 4-15>와 같 은 환경적·신체적(의학적)·재정적·도덕적 위험 등을 종합적으로 평가하여 보험 가입신청 위험의 선택, 거절, 분류, 적절한 보상범위 및 보험증권 발행 등을 포 함한 복합적인 영업활동을 가리킨다. 최근 생명보험회사 중에는 의료데이터를 분석하는 인슈어테크(InsureTech)업체와 업무제휴를 통해 국민건강보험공단에서 제공하는 검진정보로 방문검진에 의한 언더라이팅을 대체하여 시간과 비용을 절 감하고 있다.

---

[1] 언더라이팅(underwriting)의 어원은 런던 템즈강변의 로이즈 커피하우스에서 해상보험을 인수한다는 증거로 일정한 양식의 밑부분(under)에 서명(writing)하는 관습에서 유래하였다. 실제로 위험분담을 인 수하고자 하는 사람은 각자 서류의 하단에 인수금액과 자기의 이름을 서명하였기 때문에 인수인을 언 더라이터(underwriter)라 한다. 오늘날 보험청약서를 검토해 보험가입을 승인할 것인가, 아니면 특별한 조건하에서 승인할 것인가를 결정하는 사람이다. 이 언더라이터의 제반 계약선택 활동을 언더라이팅이 라 한다.

표 4-15 피보험자의 위험평가 대상

위험평가대상	평가항목	언더라이팅(계약심사, 계약선택) 방법
환경적 위험	직업, 운전, 흡연, 음주, 주거지, 부업 등	표준요율방법, 할증보험료부가방법, 가입한도제한, 법률상 또는 약관상 면책, 가입거절 등
신체적 (의학적) 위험	연령, 성별, 체격, 현재와 과거의 병력, 가족(병)력 등	보험체(우량체, 표준체, 표준미달체) 비보험체(계약연기체, 거절체)
재정적 위험	소득수준, 중복 · 고액계약	피보험이익
도덕적 위험	고의성 · 악의성, 태만, 과실, 부주의, 불성실 등	고지의무, 엄격한 서면동의

주: 보험체의 표준체는 일반적으로 사망지수가 100%-135%이고, 표준미달체는 136%-300%, 비보험체는 300% 이상인 경우이다. 여기서 사망지수 = {(실제 사망자수)/(예정 사망자수)} × 100이다.

(2) 언더라이팅의 중요성

언더라이팅은 보험계약자의 역선택을 방지하여 보험회사의 수익성을 확보하고, 안정적 경영을 위한 업무이다. 언더라이팅 과정에서 계약고를 높이기 위해 보험요율 산출 시 고려한 위험보다 높은 위험을 무분별하게 선택(인수)하게 될 경우 예정보다 보험금 지급액이 많아져 보험회사의 안정적인 경영과 보험가입자 간의 공평성을 유지할 수 없게 된다. 반대로 위험선택에 지나치게 엄격한 기준을 적용한다면 가입자들로부터 불신을 받아 계약고 감소로 보험경영에 지장을 초래할 수도 있다. 보험회사의 안정적인 경영과 보험가입자 간의 공평성을 유지하면서 불신을 최소화할 수 있는 지침서(manual, guideline)에 의한 언더라이팅이 필요하다.

"최근 저금리 추세나 자산운용 환경의 악화 등으로 인해 이자율차익이 축소되고, 보험회사 간의 치열한 경쟁으로 사업비차익도 한계에 달하게 됨에 따라 위험률차익의 확보가 보험회사의 중요한 과제가 되었다. 위험률차익은 바로 언더라이팅에 그 바탕을 두고 있으므로 언더라이팅의 중요성이 더욱 부각되고 있다."[2]

---

2) 생명보험협회(2021), 2021 생명보험이란 무엇인가, pp.126-130.

2. 언더라이팅의 수행과정

(1) 정보수집

보험자는 먼저 피보험자의 위험평가 항목과 관련이 있다고 판단되는 보험계약자의 행위, 특성, 과거 수년간의 손실자료, 검사보고서, 의사의 검진보고서, 신용정보기관의 자료 등을 이용하여 언더라이팅에 필요한 정보를 수집해야 한다.

(2) 위험인수결정

위험인수결정에는 무조건 인수나 거절, 특정한 계약조건을 첨가하거나 계약자가 제시한 계약조건을 수정한 후 인수하는 결정방법이 있다. 이 중에서 무조건 인수나 거절의 경우는 드물고, 주로 계약조건을 첨가하거나 수정하는 방법을 택하게 되는데 일반적으로 다음과 같은 네 가지 형태 중 한 가지 또는 두 가지 이상이 융합되어 사용된다.

1) 손실조정수단의 채택

보험계약자가 스스로 장래 손실의 빈도와 심도를 감소시킬 수 있는 수단을 채택한다는 조건하에 인수하는 것이다. 예를 들어 화재보험계약 시 건물에 화재경보기나 스프링클러를 설치한다거나 또는 도난보험계약 시 계약건물에 도난경보기장치를 설치하거나 경비원을 상주시킨다는 조건으로 인수를 승낙하는 것이다.

2) 요율 및 요율구조의 변경

보험계약자가 요구하는 보험료나 기존의 요율구조로는 인수를 거절해야 하지만 계약자가 더 높은 보험료를 납입한다거나 보험회사가 변경한 보험료 산정구조에 따른다는 조건하에 승낙하는 것이다. 예를 들어 과거 수회의 사고경력이 있는 운전자는 무사고 운전자에 적용되는 보험료로는 보험계약이 거절되지만 할증된 보험료를 지불한다면 종합보험의 구입을 승낙하는 것이다.

3) 계약조건의 수정

보험계약자가 신청한 계약의 형태를 수정한다는 조건하에 위험을 인수하는 것이다, 예를 들어 특정한 손인에 의한 보험사고는 면책한다거나 공제액의 설정 또는 최대지급액의 감소 등의 조건으로 인수를 승낙하는 것이다.

4) 임의재보험이나 공동보험의 활용

보험계약자의 예상손실액이 거대하여 보험자가 이미 체결한 특약재보험으로는 처리할 수 없거나 보험가입금액이 특약재보험의 지급한도를 초과할 수 있는 경우 보험자는 임의재보험이나 공동보험을 활용하여 위험을 분산시킬 수 있으면 승낙하는 것이다.

3. 언더라이팅의 절차

보험회사는 보험료와 보험금액의 결정, 우량 피보험자의 선택, 보험사기와 같은 역선택 방지 등의 언더라이팅을 통해 수익을 확보하는 것이 중요하다, 따라서 언더라이팅 업무는 언더라이터(underwriter)뿐만 아니라 보험설계사 등 모집종사자, 보험의(진사의), 보험계리인, 손해사정자, 최고경영진 모두가 유기적·절차적으로 수행할 필요가 있다.

(1) 모집종사자(보험설계사 등)에 의한 선택(제1차 선택)

모집종사자 특히, 보험설계사는 보험계약체결과정에서 가장 먼저 피보험자(보험대상자)와 직접 접촉하여 피보험자의 위험을 1차적으로 선별하는 기능을 수행한다. 따라서 보험설계사가 피보험자의 연령, 성별, 건강상태, 과거병력, 재정상태, 보험가입 동기 및 목적 등 여러 항목을 관찰하고 질문하여 소정의 모집종사자 보고서를 작성하는 것이 제1차 선택이다. 본사 사정자가 보고서에 의한 인수결정이 완전할 수 있도록 충분한 정보와 자료를 제공해야 한다. 동시에 보험계약자나 피보험자가 청약서에서 질문한 고지사항이나 약관내용을 충분히 이해하고 작성할 수 있도록 설명하여야 하고, 자필서명을 받아야 한다.

(2) 의학적 진단(진사)에 의한 선택(제2차 선택)

진단계약에서 보험의학적 진단을 일반적으로 진사라 하며, 진사를 담당하는 의사를 보험의 또는 진사의라고 한다. 보험의(진사의)는 사의와 촉탁의로 구분된다. 사의는 진사를 위해 보험회사에 고용된 의사이고, 촉탁의는 보험회사가 일반 병원과 약정을 맺고 위촉한 의사이며 지정의라고도 한다. 보험의는 회사를 대리하여 진사를 하는 것이므로 고지수령권을 가진다. 따라서 보험의의 지·부지는 그대로 회사의 지·부지가 된다. 보험의의 책임은 개업의가 기울이는 정도의 주의가 필요하지만 그 정도의 주의를 기울이면 당연히 발견할 결함을 발견하지 못했을 경우 보험의의 과실로 인정되어 보험회사의 과실이 된다.[3]

1) 진사

진사란 보험의학의 고지청취부분과 검진부분을 말한다. 전자는 보험의가 보험가입자의 성명, 생년월일, 성별, 현왕증, 직업, 약물상용 등에 관해 문진하고 고지를 받는 부분이고, 후자는 신체검사를 통해서 피보험자의 의학적 소견을 구하는 부분으로서 시진, 체격(신장, 흉위)의 계측, 혈압측정, 검뇨와 필요에 따라서 X선검사, 심전도검사 등을 말한다.

2) 진사와 임상의 진찰과의 관계

보험의학의 진사는 고지청취와 검진이지만 임상의학의 임상에서 이루어지는 문진이나 진찰과는 다른 특징이 있다. 고지청취는 임상의의 문진과 유사하나 임상의학에서는 그다지 중요시하지 않는 기왕증도 불고지 또는 부실고지로 계약해지사유가 되는 점이 다르다. 검진은 임상의의 진찰과 유사하지만 임상의학에서 중요하게 취급되지 않는 것이 자주 문제가 된다. 예를 들어 위궤양으로 수술 없이 치료한 기왕증의 경우 완치 후 임상의학에서는 문제가 되지 않지만 완치 후 얼마간은 재발률이 높으므로 특히 질병특약부보험에서는 문제가 된다. 또한, 임상의학에서는 치료의 대상으로 되지 않는 비만예체, 가벼운 고혈압도 보험의학에서는 장기에 걸친 계약인수의 경험으로 보면 사망률이 높으므로 역시 문제가

---

3) 진사시 피보험자로부터 계약상의 중요한 사항에 관하여 피보험자의 고의 또는 중과실로 고지가 없었거나 허위고지가 있었을 경우는 고지의무위반으로 보험회사는 계약을 해지할 수 있다. 하지만 종종 분쟁의 원인이 되는 문제로 피보험자의 현왕증이나 기왕증에 대한 고지가 없어도 보험의가 진사시 상당한 주의를 기울이면 이들 증상은 알 수 있었던 것으로 만약, 주의를 기울이지 않은 과실이 입증된 경우 보험회사 측의 과실로 고지되지 않은 것이 되어 보험회사는 계약해지권을 행사할 수 없다(대법원 2001. 1. 5. 선고 2000다40353 판결). 보험회사는 책임을 져야 하므로 보험의는 피보험자로부터 올바른 고지와 진사에 항상 노력해야 한다.

된다.

보험의학의 진사는 임상의학과 같이 질병의 진단이나 치료를 목적으로 하지 않기 때문에 질병이나 이상이 발견되어도 반드시 병명을 진단할 필요는 없다. 보험의의 임무는 올바른 계측, 면밀한 관찰, 명확한 소견을 적은 진사보고서만 제공하면 된다.

(3) 언더라이팅 부서의 사정과 결정(제3차 선택)

사정이란 보험청약서, 제1차 선택의 보험설계사의 보고서, 제2차 선택의 진사서 및 기타 위험선택상의 자료를 근거로 하여 피보험자의 위험정도를 의학적, 환경적으로 측정, 판단하여 피보험자가 어떤 위험집단에 속하는가를 판단하는 것이다. 그리고 결정이란 보험회사가 사정의 결과를 종합적으로 판단하여 최종적으로 승낙여부나 계약조건을 확정하는 것이다. 언더라이팅 부서의 사정과 결정은 제3차 선택으로 계약성립 전의 위험선택에 있어서 최후의 중요한 부분을 차지하고 있다.

(4) 계약적부확인과 보험금확인(제4차 선택)

1) 계약적부확인

계약적부확인이란 3차에 걸쳐 선택을 하는 과정에서 보험가입금액이 고액이거나 고지의무위반 및 피보험자의 잠재적 위험이 높은 것으로 의심되는 계약과 역선택 및 사고발생이후 분쟁가능성이 높은 계약에 대하여 전담 언더라이터가 적부확인을 실시하는 것이다. 고지의무위반 계약을 조기에 발견하여 양질의 계약을 확보하고, 역선택 방지와 보험사고 발생 시 분쟁을 최소화하기 위한 것이다.

계약적부확인의 시기는 계약성립 전과 계약성립 후로 나눌 수 있다. 계약성립 전에 전체계약에 대하여 행하는 것이 이상적이지만 다량의 청약을 단시일에 실시한다는 것은 실제로 불가능할 뿐만 아니라 막대한 비용이 들고, 대다수의 양질계약의 성립을 지연시키는 등 청약자나 보험회사에 손실을 초래하는 문제가 있다. 이 때문에 계약성립 전의 계약적부확인은 일정금액이상의 고액계약 및 의학적 혹은 도덕적으로 문제가 있으며, 사정 시의 선택자료로서 특히 확인이 필요한 계약에 한해서 실시하고, 계약성립 후의 계약적부확인은 연령, 금액 등 일정한 기준을 정하여 역선택의 혼입률이 높은 계약집단을 대상으로 실시하는 것이 좋다.

2) 보험금확인 및 급부금확인

보험금확인 및 급부금확인이란 계약성립 후의 최종심사과정이다. 보험금확인은 피보험자가 사망했을 때 그리고 급부금확인은 각종 급부금지급의 대상이 되는 보험사고가 발생했을 때 이루어진다. 계약적부확인이 보험계약의 성립 전후에 피보험자의 생존 중에 부정하게 혼입된 역선택이나 불량계약의 배제를 위해 이루어지는 데 반해 보험금확인이나 급부금확인은 사망이나 입원 등 보험사고가 발생했을 때 사망진단서, 사체검안서, 입원·수술 증명서 등에 의거 고지의무위반이나 도덕적 위험이 걱정되는 일부 계약에 관해서 행하는 것이다. 따라서 생존하고 있는 보험계약자나 피보험자, 가족, 유족, 모집종사자, 보험의, 주치의, 경찰 기타 관계자 등 담당자가 대면하는 상대가 너무 많다는 문제가 있으며, 조사해야 할 사항도 계약적부확인과 비교하여 광범위하다.

| 제2절 | **보험범죄의 방지** |

I. 보험범죄의 의의

보험범죄란 보험계약자, 피보험자 또는 보험수익자가 보험제도의 원리상으로는 취할 수 없는 보험혜택을 부당하게 얻거나 보험제도를 역이용하여 고액의 보험금을 편취할 목적으로 고의적·악의적으로 행동하는 자의 일체의 불법행위를 말한다.

보험범죄와 유사한 개념의 보험사기는 보험범죄가 구체적인 범법행위로 나타난 결과만을 지칭하는 것인 데 반해 보험사기는 보험가입 시의 악의성을 포함하는 보다 광범위한 개념이다. 그러나 보험범죄자나 보험사기자가 취하려고 하는 이익은 단순히 사기적인 계약의 형성에 있는 것이 아니라 궁극적으로 보험자에 의해 지급될 보험금에 있다는 점에서 양자는 동일한 개념이라고 보는 것이 타당하다.

2. 보험범죄의 유형

(1) 사기적 보험계약

사기적 보험계약이란 보험계약자가 보험계약체결 시 자신의 건강상태를 허위 고지하거나 대리진단을 통해 적은 보험료로 다수의 고액보험계약을 체결하는 행위이다. 사기적 보험계약은 사망이나 상해·질병보험에서 많은 보험금을 받기 위해 본인의 소득수준보다 과다한 보험료를 부담하며 특정질병이나 특정기간에 여러 보험회사에 고액의 보험계약을 사기적으로 다수 체결하는 특징이 있다. 이러한 보험사기는 연성사기와 경성사기로 구분할 수 있고, 최근 경성사기가 늘고 있다.

1) 연성사기(기회주의적 사기)

연성사기(soft fraud)란 실제 손해액이상의 보험금수취를 위해 보험사고액을 과장하여 보험금을 청구하는 행위로 기회주의적 사기(opportunity fraud)라고도 한다. 예를 들어 경미한 질병이나 상해임에도 장기간 입원하거나 보험료절감과 보험계약체결의 가능성을 높이기 위해 악의적으로 허위 고지하는 것이다. 연성사기는 보험회사이외에는 피해자가 없는 범죄로 인식하는 사회적 문제가 있다.

2) 경성사기

경성사기(hard fraud)란 보험금취득을 위해 재해나 상해를 고의적으로 발생시키거나 보험사고를 의도적으로 조작하는 행위이다. 예를 들어 보험금을 편취하기 위해 고의로 상해, 방화, 살인 등 피보험자를 해치거나 생존자를 사망자로 위장하는 행위이다. 연성사기에 비해 보험금을 편취하는 과정에서 보험회사, 피보험자뿐만 아니라 추가적인 피해자가 발생한다.

(2) 고의적 보험사고

보험금을 편취하기 위해 고의적으로 살인하거나 방화·자해 등의 보험사고를 유발하는 가장 악의적인 보험범죄이다. 예를 들어 고의로 신체의 일부(손목, 발목 등)를 절단하거나 운행 중의 차량에 고의로 부딪치는 행위 등이다.

(3) 보험사고의 위장 및 허위사고

보험금을 편취하기 위해 보험사고 자체를 위장·날조하거나 보험사고가 아닌 것을 보험사고로 조작하는 행위이다. 예를 들어 사망보험금의 편취를 위해 사망하지 않은 피보험자를 사망한 것으로 위장하거나 병·의원의 허위진단서 등을 발급받아 보험금을 청구하는 행위이다.

(4) 보험금의 과잉청구

병원과 공모하여 부상의 정도나 장해등급을 상향하여 손해액 이상으로 보험금을 편취하기 위한 행위, 치료기간의 연장이나 과잉진료를 통해 사기적으로 보험금을 과잉청구하는 행위이다.

3. 보험범죄의 방지활동

보험범죄는 최근 생계형 범죄에서 전문브로커 등 범죄조직이 개입하는 조직형이나 가족 등을 해치는 패륜형이 증가하고 있다. 그리고 다수의 고액보험에 중복가입한 후 고의로 사고를 내는 지능형 범죄까지 늘어나고 있다.

보험범죄는 보험금 누수를 발생시키고, 이는 보험료 상승을 초래하여 선의의 보험계약자 들이 피해를 입게 되며, 보험금을 편취하기 위한 살인이나 살해 등 강력범죄를 수반하여 사회 불안을 가중시키는 원인이 된다. 따라서 정부 및 금융감독원과 보험협회 등 유관기관에서 보험사기 적발 및 예방을 위해 노력하고 있다. 생명보험협회는 보험사기를 방지하기 위해 보험계약정보통합시스템(Korea Life Information Check System; KLICS)을 2007년부터 운영하고 있다. 보험회사는 KLICS를 통해 다른 보험회사와의 청약 및 보험가입내역, 보험금지급내역 등을 조회·파악하여 보험범죄를 방지하기 위해 노력하고 있다.

제14장 　재보험

제1절 　재보험의 의의와 기능(목적)

I. 재보험의 의의

　재보험(reinsurance)은 개인이나 기업의 위험을 인수한 보험회사가 그 인수한 위험(보험계약상의 책임)의 일부 또는 전부를 다른 보험회사에 전가시키는 경제제도이다. '보험회사를 위한 보험'이라고 할 수 있다. 다시 말해 일반 보험제도가 보험사고로 입게 되는 개인이나 기업의 손실을 보상하는 것이라면 재보험은 보험회사(원수보험회사, 원보험회사)가 지게 될 보상책임을 다른 보험회사(재보험회사, 재보험자)에게 분담시키는 책임보험 성격의 제도이다. 상법상으로는 원수보험계약과는 독립된 계약으로 위험분산의 전문성과 국제성을 가지는 특징이 있다.

　재보험계약체결에서 개인이나 기업의 위험을 최초로 인수하는 일반적인 보험회사를 재보험에서는 [그림 4-8]과 같이 원수보험회사 또는 원보험회사(약칭; 원수사 또는 원보사, original insurer, primary insurer, ceding company, cedant)라 하며, 원수보험회사가 보험계약상의 책임의 일부 또는 전부를 재보험회사에게 넘기는, 즉 전가하는 행위를 출재라고 하므로 원수보험회사를 출재보험회사(약칭; 출재사)라고도 한다. 그리고 원수보험회사로부터 보험의 일부 또는 전부를 전가받는 자를 재보험회사(약칭; 재보험사, reinsurer)라고 하며, 전가 받는 행위를 수재라고 하므로 수재보험회사(약칭; 수재사)라고도 한다. 또한, 재보험회사가 국내 또는 해외의 다른 보험회사에 재보험을 전가시킬 수도 있는데 이를 재재보험(retrocession)이라 한다. 한편, 재보험에서 원수보험회사가 자기의 책임하에 부담하는 위험의 부분과 범위를 보유(retention)라고 하며, 그 보유하는 보험금액을 보유한도(retention limit)라고 한다. 그리고 재보험회사에 전가되는 보험금액을 재보험금액(cession)이라 한다.

그림 4-8 재보험계약의 체결구조

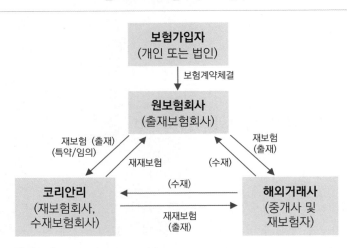

자료: http://www.rimskorea.com

2. 재보험의 기능(목적)

(1) 보험자의 인수능력 확대

재보험은 보험자의 인수능력(underwriting capacity)을 확대시킬 수 있다. 원수보험자가 자신의 인수능력범위만큼의 위험만을 자신이 보유하고, 그 나머지 부문에 대해서는 재보험처리를 한다면 아무리 규모가 큰 위험이라 하더라도 하나의 보험자가 인수하여 처리할 수 있다. 이와 같이 재보험은 보험자의 인수능력을 증가시킬 수 있고, 아무리 대규모 위험이라 하더라도 보험자들이 나누어서 공동 인수하는 번거로움 없이 하나의 보험자가 인수하여 재보험처리를 할 수 있다.

(2) 대형재해로부터 보험자의 보호

보험자는 재보험계약을 체결하면 재보험자와 대형손실(catastrophic loss)을 나누어서 부담함으로써 대형재해로부터 보호받을 수 있다. 특히, 최근 첨단의 항공기, 선박, 고층건물이나 공장시설 등의 추락, 침몰, 화재사고와 기상이변에 따른 홍수, 태풍 등의 자연재해 등에 따른 대형사고로 원수보험회사의 파산을 방지하기 위해서는 재보험을 통한 위험분산이 필수적이다.

(3) 보험수익의 안정

재보험은 원수보험자의 보험수익을 안정시킬 수 있다. 예를 들어 원수보험자가 일정금액의 보유한도 이하의 손실에 대하여만 책임을 부담하는 재보험계약을 체결해 둔 경우 아무리 대규모 손실이 발생하여도 원수보험자의 부담은 일정금액(보유금액) 이하로 제한되므로 수익에 대한 예측과 통제가 가능하게 된다.

(4) 미경과보험료 적립금에 따른 재정부담 완화

원수보험자의 영업신장은 미경과보험료의 증가를 가져와 부채비율의 상승을 일으킨다. 또한, 영업비용은 기존의 자본금이나 잉여금에서 지출하도록 규정되어 있어 잉여금감소(surplus drain)를 발생시켜 재정부담을 가져오게 되므로 영업신장의 딜레마에 빠지게 된다. 이때 원수보험자는 재보험을 활용하게 되면 출재보험료만큼 미경과보험료에 해당하는 보유보험료(net premium written)가 줄어 부채비율을 낮출 수 있고, 출재의 대가로 받는 출재수수료(ceding commission)만큼 잉여금보전(surplus relief) 효과가 생겨 재정적 부담도 어느 정도 완화할 수 있다.

예를 들어 원수보험자가 보험계약체결을 위해 500만원의 계약체결비용을 지불해야 한다면 원수보험자는 자기의 자본금이나 잉여금에서 이를 지불해야 하므로 500만원의 재정부담을 가지게 된다. 하지만 재보험을 이용하여 계약의 50%를 출재하게 되면 발생비용의 50%인 250만원은 재보험자가 부담하게 되므로 원수보험자는 그 만큼의 재정부담을 줄일 수 있다.

(5) 위험인수에 따른 정보획득

신규 보험자나 경험이 부족한 보험자의 경우 상품개발이나 위험인수에 따른 여러 가지 정보가 부족할 경우가 있다. 이 경우 경험이 많고, 국제적으로 영업망을 가진 Lloyds, Munich Re, Swiss Re 등 신용도 높은 재보험자를 이용하면 요율, 보유한도, 보상한도 등 위험선택에 필요한 여러 가지 정보를 획득할 수 있다.

제2절 │ 재보험의 형태(종류)

　　재보험의 형태는 원수보험자가 인수한 위험(보험계약상의 책임)을 재보험자에게 전가하는 방법을 기준으로 크게 재보험거래유형과 책임분담방법에 따라 분류되고 있다. 재보험의 거래유형은 다시 특별약정의 유무에 따라 [그림 4-9]와 같이 임의재보험과 특약재보험으로 구분된다. 그리고 특약재보험은 원수보험자와 재보험자 간의 책임분담방법을 '인수한 보험금액을 기준'으로 그 비율에 따르는 비례재보험특약과 '발생된 손실액을 기준'으로 자기부담금의 초과여부에 따르는 비비례재보험특약으로 분류된다. 또 다시 '인수한 보험금액 기준'의 비례재보험특약은 비례배분재보험특약과 보유초과재보험특약으로, '발생된 손실액 기준'의 비비례재보험특약은 초과손실액재보험특약과 초과손실률재보험특약으로 재분류되고 있다.

　　실무적으로 생명보험상품은 정액보험이므로 생명보험회사의 재보험거래는 주로 비례재보험특약으로 이루어지고, 손실액이 확정되어 있지 않은 부정액보험을 취급하는 손해보험회사의 재보험거래는 비비례재보험특약을 많이 활용한다.

그림 4-9 재보험의 형태

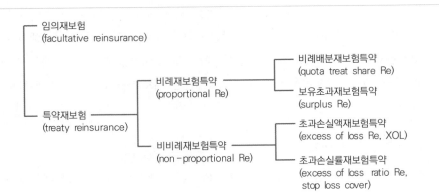

1. 거래유형(특별약정 유무)에 따른 구분

(1) 임의(수의)재보험과 특약재보험

1) 임의(수의)재보험

임의(수의)재보험(facultative reinsurance)이란 원수보험자와 재보험자가 사전에 특별한 협정 없이 원수보험자가 임의로 자유롭게 재보험자에게 재보험금액과 재보험료 등의 조건을 건별로 청약하고, 재보험자 역시 자유롭게 청약서를 검토해서 승낙하게 되면 재보험계약이 체결되는 방식이다. 그러므로 매 계약 건마다 재보험계약 절차가 필요한 방식이다.

임의재보험의 장점은 원수보험자가 계약별로 자기보유규모와 계약조건을 자유롭게 결정할 수 있어 상황에 따라 계약조건을 조정할 수 있는 융통성이다. 단점은 적당한 재보험자를 찾고, 계약조건을 정하는 데 있어 업무량의 과다와 사무적인 번잡으로 많은 시간과 노력 그리고 경비가 소요된다. 또한, 자동적이고 동시적인 재보험담보가 이루어지지 않으므로 재보험처리가 완료되기 전에 보험사고가 발생한다면 원수보험자(출재사)는 담보능력을 초과하는 위험까지 책임을 지게 된다. 임의재보험은 일반적인 위험이 아닌 대규모 위험 또는 단발적 위험의 전가나 특약재보험자를 찾을 수 없을 경우 사용된다.

2) 특약재보험(의무재보험, 자동재보험)

특약재보험(treaty reinsurance)이란 원수보험자와 재보험자가 사전에 출재대상 계약의 범위, 출재사 및 재보험자의 책임한도액, 요율, 재보험처리방법 등 기본적인 재보험조건을 정한 재보험특약을 체결하고, 그 특약에 따라 일정기간(통상 1년)에 걸쳐 양측의 재보험 청약과 인수가 계속적·의무적·자동적으로 이루어지는 거래방법이다. 따라서 특약재보험을 의무재보험(obligatory reinsurance) 또는 자동재보험(automatic reinsurance)이라고도 한다.

특약재보험은 통상적으로 원수보험자가 인수한 모든 위험을 포괄적으로 재보험자가 인수하는 것이 보통이다. 임의재보험에서 재보험자의 인수여부가 불확실하기 때문에 원수보험자가 의도하는 위험분산이 이루어지지 않을 가능성도 있으므로 원수보험자가 포괄적으로 위험을 확실하게 전가할 수 있도록 고안된 것이 특약재보험이다.

　　오늘날 재보험의 대부분은 특약재보험의 방법으로 처리되고 있으며, 그 외의 부분은 임의재보험으로 거래된다.

2. 책임분담방법(비례에 따른 책임분담 유무)에 따른 구분

(1) 비례방식에 의한 재보험

　　비례방식에 의한 재보험(proportional reinsurance)은 원수보험자와 재보험자의 보험책임의 분담을 '인수한 보험금액(책임액)'에 대한 일정비율(%)로 결정하고, 그 비율에 따라 보험료와 보험금도 배분되는 형태이다. 이 재보험은 출재방법에 따라 비례배분재보험특약과 보유초과재보험특약(초과액재보험특약)으로 구별된다.

1) 비례배분재보험특약

　　비례배분재보험특약(quota share reinsurance treaty; Q/S)이란 원수보험자가 인수한 모든 물건의 각각에 대하여 일률적으로 사전에 합의 된 보험금액의 일정비율을 먼저 보유하고, 그 초과분을 자동적으로 재보험사에 출재하는 방법이다. 보험료와 보험금도 동일 비율로 배분된다.

　　예를 들어 보험금액 10억원의 계약을 보험료 500만원에 인수한 원수보험자(원수사 A)가 보험책임의 40%를 보유하고, 나머지 60%를 비례재보험으로 출재하는 비례배분재보험특약을 했다면, <표 4-16>과 같이 모든 계약에 대해 인수분의 40%는 원수보험자(원수사 A)가 보유하여 분담하고, 그 나머지 60%는 재보험자(재보사 B)에게 자동 출재되어 분담되는 것이다. 보험료와 보험금도 같은 비율로 배분된다. 단, 특약한도액(treaty limit)을 10억원으로 했다면 10억원까지만 출재가능하고, 그 이상은 임의재보험으로 출재하거나 추가로 보유해야 한다. 예를 들어 손실액이 20억원이라면 원수사(A)는 보유분 40%인 8억원을 분담하고, 그 나머지 12억원 중에서 10억원은 재보사(B)가 부담하며 2억원은 원수사(A)가 임의재보험으로 처리하거나 추가로 보유하게 되는 것이다.

표 4-16 비례배분재보험특약의 보험금액, 보험료 및 보험금의 배분　　　(단위: 원)

구분		원수사(A)의 인수	원수사(A)의 보유(40%)	재보사(B)의 수재(60%)
보험금액		10억	4억(10 × 40%)	6억(10 × 60%)
보험료		5백만	2백만(5 × 40%	3백만(5 × 60%)
보험금	손실액 2억의 경우		8천만(2 × 40%)	1억 2천만(2 × 60%)
	5억의 경우		2억(5 × 40%)	3억(5 × 60%)
	10억의 경우		4억(10 × 40%)	6억(10 × 60%)

이 방법은 원수보험자가 인수한 위험이 사전에 약정된 비율에 따라 자동적으로 재보험처리 되므로 사무처리가 간편하여 시간과 비용을 절약할 수 있을 뿐만 아니라 재보험자의 입장에서 역선택의 가능성을 줄일 수 있는 장점이 있다.

2) 보유초과재보험특약(초과액재보험특약)

보유초과재보험특약(surplus reinsurance treaty)이란 원수보험자가 사전에 인수하는 계약마다 자사의 보유한도액(retention limit)인 자기보유금액(retention)을 정해놓고, 이 보유금액을 초과하는 보험금액은 보유한도액의 일정배수(line)로 하는 특약한도액 내에서 자동적으로 재보험자에게 출재되는 방법으로 초과액재보험특약이라고도 한다.

예를 들어 보험금액이 10억원, 6억원인 ㉮, ㉯계약에서 원수보험자(원수사 A)가 자기보유액을 각각 6억원, 4억 5천만원으로 정하고, 그 초과액분을 재보험자(재보사 B)에게 출재하는 보유초과재보험특약을 체결한 경우 원수보험자(A)와 재보험자(B)의 손실액 1,000만원, 500만원에 대한 책임분담액과 보험료 및 보험금의 비율은 <표 4-17>과 같다. 보험료와 보험금의 배분과 분담비율은 원수보험자의 인수액인 보험금액에 대한 자기보유금액의 책임분담비율(보유금액/보험금액)에 따라, 즉 ㉮의 경우 60:40, ㉯의 경우 75:25로 정해지는 것이다. 원수보험자가 개개의 계약마다 자기가 정한 자기보유금액에 기초하여 출재액을 결정하기 때문에 보유와 출재비율은 비례배분재보험특약과 같이 일률적인 것이 아니고, ㉮, ㉯와 같이 개개 계약마다 다르다. 단, 보험료와 보험금은 개개계약별 원수보험자와 재보험자의 보유금액의 분담비율에 따라 비율적으로 배분되는 점은 비례배분재보험방식과 같다.

표 4-17 초과액재보험특약의 계약별 책임분담액, 보험료 및 보험금의 배분   (단위: 원)

구분	원수사(A)의 인수액		원수사(A)의 보유액	재보사(B)의 수재액
계약㉮	보험금액	10억	6억원(10억의 60%)	4억(10억의 40%)
	보험료	500만	300만	200만
	손실액(보험금)	1,000만	600만	400만
계약㉯	보험금액	6억	4억 5천만(6억의 75%)	1억 5천만(6억의 25%)
	보험료	300만	225만	75만
	손실액(보험금)	500만	375만	125만

보유초과재보험특약에서 재보험에 부보 되어 재보험자가 부담하는 초과액(surplus)은 원수보험자가 보유하는 보유한도액의 일정배수로 정하기도 하는데 이 방법을 '라인(line)별 재보험인수'라고 한다. 이때 1개의 라인은 원수보험자의 보유한도액을 의미한다. 보유한도액의 10배까지 재부보할 수 있는 특약을 10라인 특약(10 line teaty)이라고 한다.

예를 들어 10라인(line)의 보유초과재보험특약을 계약했다면 원수보험자(출재사)가 자기의 보유한도액의 10배의 재보험 특약한도액을 갖는다는 의미이다. 이 경우 원수보험자의 보유한도액이 1억원이라면, 출재한도액은 10억원(1억원 × 10line)이 되는 것이고, 원수보험자는 총 11억원(1억원 + 1억원 × 10line)까지 인수하여 소화할 수 있는 것이다.

이 방법은 원수보험자의 입장에서 건별로 보유액을 결정할 수 있기 때문에 양질의 위험과 불량위험에 대한 차별적인 보유를 통해 수익성을 개선할 수 있지만 재보험자는 불량위험인수의 역선택 위험이 커질 수 있다. 그리고 건별로 보유금액을 결정하게 되므로 비례배분재보험특약보다 사무처리가 복잡하고 전문성이 요구된다.

(2) 비비례방식에 의한 재보험

비비례방식에 의한 재보험(non-proportional reinsurance)은 비례방식과 같이 '인수한 보험금액을 기준'으로 재보험처리를 하는 것이 아니라 '보험사고 발생 시 그 손실액 또는 손실률을 기준'으로 원수보험자와 재보험자의 책임이 분담되는 방식이다. 재보험자는 사전에 정해진 원수보험자 책임의 일정 손실액 또는 손실률을 초과하는 모든 손실액에 대해서만 책임을 지도록 하는 방식이다. 재보험료는 일정 금액을 초과하는 손실액의 발생가능성과 규모를 감안하여 별도로 정해지므로 원수보험요율과는 관계가 없어 원수보험자와 재보험자 간의 보험료의 배분비율과 보험금의 책임비율사이에는 어떠한 비례성도 없기 때문에 비비례방식이라고 한다.

비비례방식에 의한 재보험의 형태는 원수보험자와 재보험자 간의 책임의 분할을 위해 사전에 손실액이나 손실률을 기준으로 원수보험자의 자기부담금(excess point)과 재보험자의 책임한도액(limit)을 특약으로 정해 두는 방법에 따라 초과손실액재보험특약과 초과손실률재보험특약이 있다.

1) 초과손실액재보험특약

초과손실액재보험특약(excess of loss reinsurance teaty; XOL)이란 개별계약마다 출재하지 않고, 한 위험당(per risk cover) 또는 한 사고당(per event cover) 기준으로 발생한 손실에 따라 정해진 손실금액까지 원수보험자가 책임지고, 나머지 초과부분은 재보험자가 책임지는 것이다. 즉, 원수보험자가 하나의 사고(per event, per occurrence)에 대하여 자기부담 손실액(excess point)을 명확히 정해 두고, 손실이 이 금액을 넘을 경우 재보험자가 그 초과부분을 일정한도까지 부담해 주는 재보험의 형태이다.

예를 들어 <표 4-18>에서와 같이 원수보험자(A)가 사고로 부담하는 손실액을 2억원으로 하고, 이를 초과하는 손실액을 재보험자(B)가 책임을 지되, 그 상한선을 5억원으로 하는 초과손실액재보험특약을 체결했다고 하자. 이 경우 손실액이 2억원, 5억원, 10억원이라고 하면 원수보험자(A)의 자기보유 손해액은 2억원까지이며, 재보험자(B)의 책임액은 각각 0, 3억원, 5억원이 된다. 재보험자는 책임액의 상한인 5억원을 상회하는 금액부터는 보상하지 않는다. 그 상한(limit)인 5억원 이상의 손실액은 원수보험자가 임의재보험으로 출재하거나 추가로 보유하여야 한다. 손실액이 10억원인 경우에서와 같이 2억원은 원수보험자(A)가 부담하고, 5억원은 재보험자(B)가 부담하지만 그 나머지 3억원은 원수보험자가 임의재보험이나 추가보유로 처리해야 되는 것이다.

표 4-18 초과손해액재보험의 보험금분담 (단위: 원)

구분		원수보험자(A)의 인수액	원수보험자(A)의 자기부담손실액(2억)	재보험자(B)의 수재액 (2억 초과액, 상한 5억)
보험금액		10억		
보험금	손실액	2억의 경우	2억	0
보험금		5억의 경우	2억	3억
보험금		10억의 경우	2억	5억

한편, 원수보험자의 자기부담손실액을 정해두는 것이 아니라 반대로 예를 들어 재보험자의 부담을 18억원(90% of 20억원 in excess of 5억원 per occurrence) 형식으로 정해 놓을 수도 있다. 이 경우 지급보험금이 50억원이라면 실제 원수보험자의 순수부담금은 32억원(50억원 − 18억원)이 되는 것이다.

2) 초과손실률재보험특약

초과손실률재보험특약(excess of loss ratio reinsurance teaty, stop loss cover)이란 초과손실액재보험과 같이 위험당 또는 사고당 손실분담을 정하는 것이 아니고, 원수보험자의 일정 사업기간(보통 1년)의 총누적 손실률 또는 손실액을 기준으로 손실분담금을 정하는 것이다. 총누적손실액이 수입보험료의 일정비율인 손실률(총누적손실액/수입보험료)을 초과한 경우에 그 초과분을 재보험자가 부담하는 형식이다.

예를 들어 누적손실률의 90% 미만까지는 원수보험자(A)가 책임지고, 90%를 초과할 경우 120%까지의 손실률 한도 내에서 초과손실률의 90%를 재보험자(B)가 부담하는 방식이다. 즉, 누적손실률이 100%가 되었다면 10%를 초과한 것이고, 이 초과 10%의 90%를 재보험자가 부담하는 것이다. 이 방식은 원수보험자의 손실률을 목표수준 이하로 유지시켜 보험영업실적을 안정화시키기 위한 것으로 우박보험(hail insurance)이나 농작물보험(agricultural insurance)에서와 같이 손실률의 등락이 심한 종목에서 이용된다.

제15장 자동차보험

제1절 자동차보험의 의의와 역사

1. 자동차보험의 의의

자동차보험(automobile insurance)이란 피보험자[1]가 피보험자동차를 소유, 사용, 관리하는 동안에 생긴 피보험자동차의 사고로 인하여 발생한 피보험자의 손해를 보험자가 보상하는 손해보험계약이다(상법 제726조의2).[2] 상법은 자동차보험을 손해보험으로 분류하여 규정하고 있으나 실무의 약관에서는 피해자에 대한 신체·재산상의 손해배상책임뿐만 아니라 피보험자의 자기신체사고(또는 자동차상해특약), 무보험차상해 등 상법상의 생명·상해보험도 포함하는 종합보험으로 운영되고 있다.

자동차를 운행하는 사람은 자동차사고로 피해자인 타인에 대한 법적배상책임 손해와 자신의 인적·물적 손해에 대하여 항상 불안감을 갖지 않을 수 없는데, 이러한 불안감을 경제적 측면에서 해소하기 위해 보험회사에 보험료를 지급하고, 사고가 발생할 경우 보험금으로 보상받는 제도가 자동차보험인 것이다.

---

1) 자동차보험의 피보험자에는 보험증권의 피보험자란에 기재된 기명피보험자가 있고, 그 기명피보험자의 승낙을 얻은 승낙피보험자, 친족인 친족피보험자, 사용자인 사용피보험자 그리고 각 피보험자의 운전자인 운전피보험자가 있다.
2) 상법 제726조의2(자동차보험자의 책임) 자동차보험계약의 보험자는 피보험자가 자동차를 소유, 사용 또는 관리하는 동안에 발생한 사고로 인하여 생긴 손해를 보상할 책임이 있다.

2. 자동차보험의 역사

우리나라에서 운행된 최초의 자동차는 1903년 고종 황제의 의전용으로 미국 공관을 통해 수입한 지붕이 없는 포드차였다. 자동차보험은 그로부터 21년 뒤인 1924년에 도입되었다. 일본 동경해상의 대리점인 미쓰이물산 경성지점에서 판매한 것이 최초였다. 우리나라 보험사로는 조선화재(현, 메리츠화재)가 1937년 자동차보험회사로 인가를 받았으나 중일전쟁 발발 등으로 1950년대 중반까지는 공백상태였다. 그 후 1953년 2월 당시 안국화재(현, 삼성화재)가 대한민국 정부수립 이후 최초로 자동차보험회사로 단독인가를 받았고, 1962년 한국자동차보험 공영사가 설립되었다.

자동차의 급속한 증가와 그에 따른 자동차사고로 피해자 구제방안이 사회문제화되면서 교통부는 세계 각국의 자동차사고 피해자 보호제도를 참고하여 1963년 4월 4일에 피해자의 보호와 자동차 운송사업의 건전한 발달을 촉진하기 위해 '자동차손해배상보장법(자배법)'을 제정하게 되었다. 이 법은 민법에 의한 피해자의 과실책임주의를 무과실책임주의로 전환하였고, 모든 자동차의 보험가입을 의무화하였다. 이에 따른 운수업계의 반발이 있었으나 자동차보험의 의무보험(자배책보험)으로의 운영은 여러 조정국면을 거쳐 점차 안정화를 이루었다.

공영사는 1968년 주식회사로 전환하여 한국자동차보험(현, DB손해보험)으로 회사명을 바꾸게 되었으며, 1982년에 '교통사고처리특례법'을 제정·시행하였다. 1983년부터는 모든 손해보험회사가 자동차보험을 취급하는 경쟁시대로 돌입하여 지금에 이르고 있다. 최근에는 운전자의 운전행위 없이 자율운행시스템에 의해 주행되는 자율운행자동차가 운행되면서 자배법이나 보험법의 적용문제가 대두되고 있고, 자동차보험의 변화가 요구되고 있다. 자율주행자동차의 레벨 3, 4단계[3]에서 요구되는 자율주행조건인 날씨, 도로나 교통상황, 주행정보, 지역조건, 속도제한 등을 충족한 자율주행모드에서의 사고는 운행자책임보다는 자율주행시스템이나 자율운행자동차 제조사의 책임으로 보아야 할 것이므로 제조물책임보험으로 처리해야 한다는 주장이 제기되고 있다. 한편, 운전자가 보험료 절약

---

3) 미국 도로교통안전국은 자율주행자동차를 레벨 0에서 레벨 4단계로 분류하고 있다. 레벨 0에서 레벨 2단계는 현재의 일반자동차이고, 레벨 3, 4단계가 자율주행자동차이다. 여기서 레벨 3단계는 자율주행모드와 수동주행모드가 모두 가능한 것이고, 레벨 4단계는 완전자율주행단계이다.

을 위해 운전자를 한정하는 경우가 늘면서 일일자동차보험(원데이 자동차보험)이나 임시운전자 특약도 많이 이용되고 있다.[4]

I. 자동차사고의 분류

자동차사고를 분류해 보면 [그림 5-1]과 같이 크게 사람이 죽거나 다친 인사사고와 재물이 손상되는 재물사고로 나눌 수 있다. 다시 인사사고는 자기신체사고와 타인신체사고(대인사고)로, 재물사고는 자기재물사고와 타인재물사고(대물사고)로 나눌 수 있다. 또한, 자기재물사고는 자기차량사고와 기타 자기재물사고로, 타인재물사고는 타인차량사고와 기타 타인재물사고로 세분할 수 있다.

그림 5-1 자동차사고의 본류

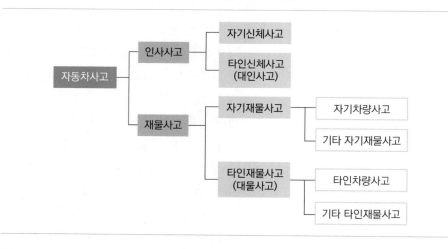

---

4) 일일자동차보험은 운전자가 다른 사람의 자동차를 운전하게 될 때 운전자 본인을 가입자로 하여 가입 즉시 운전할 수 있는 것이고, 임시운전자 특약은 차주(피보험자)가 가입자가 되어 누구나 운전가능하지만 가입일 24시부터 효력이 발생하는 보험이다. 따라서 갑자기 운전해야 한다면 일일자동차보험에 가입해야 한다.

2. 자동차사고와 관련된 책임

자동차사고의 대인 또는 대물사고는 배상책임사고로서 가해자는 피해자에 대하여 민사상의 손해배상책임이 발생함은 물론이며, 대인사고의 경우 5년 이하의 금고 또는 2,000만원 이하의 벌금[5], 대물사고의 경우 2년 이하의 금고 또는 500만원 이하의 벌금[6]의 형사상의 책임과 교통법규위반 등으로 인한 범칙금의 부과와 같은 행정상의 책임도 발생한다. 한편, 자기신체사고, 자기차량사고, 자기재물사고 등의 경우에는 민·형사상의 책임은 발생하지 않지만, 교통법규위반 등으로 인한 행정상의 면허정지나 면허취소 같은 처벌은 받게 된다. 따라서 자동차보험을 이해하기 위해서는 먼저 자동차사고와 관련된 민사상, 형사상 및 행정상의 책임에 대한 법률지식이 필요하다.[7]

(1) 민사상의 책임

자동차사고로 인한 민사상의 책임이란 대인사고와 대물사고로 차주 또는 운전자가 지게 되는 법률상의 손해배상책임을 말한다. 민사상의 손해배상책임과 관련된 근거법률에는 손해배상에 관한 일반법인 민법과 자동차 대인사고 및 대물사고와 관련된 특별법인 자동차손해배상보장법(이하 '자배법'이라 함)이 있다.[8]

1) 민법상의 불법행위책임

① 일반불법행위책임

민법 제750조(불법행위) "고의 또는 과실로 인한 위법행위로 타인에게 손해를 가한 자는 그 손해를 배상하여야 할 책임이 있다." 이는 불법행위로 인한 모든 손해배상책임에 적용되는 일반적인 규정이다. 따라서 자동차사고로 인한 대인 또는

---

5) 형법 제268조(업무상 과실, 중과실 치사상) 업무상 과실 또는 중대한 과실로 인하여 사람을 사상에 이르게 한 자는 5년 이하의 금고 또는 2천만원 이하의 벌금에 처한다.
6) 도로교통법 제151조(업무상 과실 또는 중과실로 인한 재물손괴:벌칙) 차의 운전자가 업무상 필요한 주의를 게을리하거나 중대한 과실로 다른 사람의 건조물이나 그 밖의 재물을 손괴한 경우에는 2년 이하의 금고나 500만원 이하의 벌금에 처한다.
7) 민사상의 책임과 관련된 법에는 민법, 자동차손해배상보장법, 국가배상법이 있고, 형사상의 책임법에는 형법, 교통사고처리특례법이 있으며, 형사상 및 행정상의 책임법으로는 도로교통법이 있다.
8) 보험연수원(2021. 6), 보험대리점 등록교육교재 손해보험, pp.110-111.

대물사고의 가해자인 사고운전자가 피해자에게 지는 책임도 이에 근거한다.

② 사용자책임

민법 제756조(사용자의 배상책임) "타인을 사용하여 어느 사무에 종사하게 한 자는 피용자가 그 사무집행에 관하여 제3자에게 가한 손해를 배상할 책임이 있다." 운전자인 피용자가 사용자(예, 사장)의 업무를 위하여 자동차를 운전하던 중 제3자에게 손해를 가한 때에는 그 사용자도 그 피해자인 제3자에 대한 손해배상 책임을 가해피용자와 함께 지게 된다. 즉, 운전자와 사장은 연대하여 책임을 지게 된다. 그러나 사용자가 피용자의 선임 및 그 사무 감독에 상당한 주의를 한 때 또는 상당한 주의를 하여도 손해가 있을 경우에는 그러하지 아니하다.

③ 공동불법행위자의 책임

민법 제760조(공동불법행위자의 책임) "① 수인이 공동의 불법행위로 타인에게 손해를 가한 때에는 연대하여 그 손해를 배상할 책임이 있다. ② 공동이 아닌 수인의 행위 중 어느 자의 행위가 그 손해를 가한 것인지를 알 수 없는 때에도 전항과 같다. ③ 교사자나 방조자는 공동행위자로 본다."

예를 들어 자동차의 연쇄충돌사고로 어느 차량의 행위가 피해자를 사망에 이르게 하였는지를 알 수 없을 때에는 민법 제760조 규정에 따라 양 차량 모두 연대하여 피해자 사망에 대한 손해배상책임을 부담하게 된다. 따라서 피해자의 유족들은 양 차량 모두에게 이중으로 손해배상을 청구할 필요 없이 두 차량 중 청구하기 쉬운 어느 한 차량만을 선택하여 민사상 손해배상을 청구하면 된다.

2) '자배법'상의 운행자책임과 정부보장사업

① 의의

민법 제750조, 제756조, 제760조상의 불법행위책임만으로는 자동차사고 피해자를 충분히 보호할 수 없어 가해자의 책임범위 등을 확대하고, 강제보험을 통해 가해자의 배상능력을 확보하며, 정부보장사업을 실시하여 대인사고 피해자를 보호하고자 민법에 대한 특별법으로 만들어진 것이 '자배법'이다. 즉, 자배법 제3조(자동차손해배상책임)의 본문에서 "자기를 위하여 자동차를 운행하는 자는 그 운행으로 말미암아 다른 사람을 사망하게 하거나 부상하게 한 때에는 그 손해를 배상할 책임을 진다."라고 규정하고 있다. 그리고 자배법 제5조(보험 등의 가입의무)에서 자동차보유자의 대인사고에 대한 책임보험 I 이나 책임공제 의무가입과 대물사고의 보험금액한도 2천만원 이상 의무가입을 규정하고 있다.

② 정부보장사업{자배법 제30조(자동차손해배상 보장사업) 제1항}

가. 정부보장사업의 개요

정부보장사업은 도주(뺑소니), 무보험, 절취, 무단운전사고로 피해자가 어디에서도 보상받지 못할 경우 정부에서 대인배상 I 의 지급기준에 따라 보상하는 사회보장제도이다. 자동차사고로 중증 후유장해를 입어 어려움을 겪고 있는 피해자의 재활 및 그 가족의 생계곤란, 학업중단 문제 등을 해결하기 위한 지원 사업이다.

나. 정부보장사업의 지원금액

자동차보험 대인배상 I 의 지급기준에 따른다. 즉, 사망은 최저 2천만원에서 최고 1억 5천만원이고, 부상은 1급 최고 3천만원이며, 후유장해는 사망과 같이 최저 2천만원에서 최고 1억 5천만원 한도 내에서 보상하게 된다. 지원금의 재원은 대인배상 I 보험료의 일정비율을 출연하여 운영하고 있기 때문에 사실상 보험가입자가 부담하는 것이다.

다. 정부보장사업의 청구절차

대상 피해자는 사고발생 관할 경찰서 도주반(뺑소니반), 또는 교통사고조사계에 사고 신고를 하여 사실확인서를 발급받고, 치료병원의 진단서와 함께 직접 지불한 치료비 영수증 일체를 포함하여 정부보장사업 대행기관인 13개의 손해보험회사 중 한 개의 손해보험회사의 자동차보험 대인보상과에 보험금을 직접청구하면 된다. 과거에는 DB손해보험(전, 동부화재)에서만 업무를 대행했으나 현재는 자동차보험을 판매하는 모든 보험사에서 처리가 가능하다.

피해자 직접청구권의 소멸시효는 사고발생 시로부터 3년간이며, 부상 및 후유장해의 경우는 피해자 본인이 청구권을 행사하면 되고, 사망 시에는 유가족이 청구권을 행사하면 된다. 한편, 피해자가 청구하지 아니한 경우 정부가 직권으로 조사하여 보상할 수도 있다.

③ 피해자가족지원제도{자배법 제30조(자동차손해배상 보장사업) 제2항}

국민기초생활보장법의 기초생활수급자 또는 차상위계층인 자가 자동차사고로 사망하거나 중증후유장해인이 된 경우 자배법 제30조 제2항에 따라 한국교통안전공단에서(2022년 기준) 0~18세 미만(고등학생 20세 이하)의 유자녀에게 월 7만원 이내의 자립지원금과 초(20만원), 중(30만원), 고(40만원) 분기별 장학금 그리고 유자녀가 30세 되는 날까지 월 25만원의 장기생활자금대출(무이자)을 제공한다. 중증후유장해인에게는 1급~4급에 대해 월 22만원(무상)의 재활보조금과 65세 이상인 중증후유장해인의 부양자가 없을 경우 월 22만원(무상)의 피부양보조금을 지급한다.

④ 민법과 자배법의 차이

자배법의 특징은 민법의 특별법으로 민법보다 우선 적용한다. 자배법은 자동차사고 피해자를 보호하기 위해 <표 5-1>과 같이 불법행위책임과 손해에 대한 입증책임을 민법에서는 피해자가 입증하여야 하는 데 반해 자배법은 가해자에게 책임 없음을 입증토록 하는 입증책임을 전환하고 있고, 배상책임조건은 과실책임주의에서 조건부 무과실책임주의[9]로 완화하여 일정한 경우를 제외하고는 운행자가 과실이 없음에도 불구하고 책임을 지도록 하고 있다. 또한, 자배법은 자동차보험의 대인배상 I 의 강제가입과 대물배상에서 2천만원 이상의 강제가입을 규정하고 있다.

---

9) 조건부 무과실책임주의란 운행자가 다음 자배법 제3조상의 면책요건을 입증하지 못하는 한(조건부) 운행자에게 과실이 없어도 피해자에게 배상책임을 지게 된다(무과실책임)는 뜻이다. 자배법 제3조의 운행자는 조건부 무과실책임을 지게 되는데 다음과 같은 경우에는 운행자책임을 면하게 된다. 피해자가 승객인 경우와 승객 이외의 자인 경우로 구분하게 된다. 첫째, 피해자가 승객인 경우에 그 승객의 고의나 자살행위로 인한 경우는 승객의 고의 자살행위가 있었다는 것을 운행자가 입증하여야 한다. 둘째, 피해자가 승객 이외의 자인 경우에는 자기와 운전자가 자동차의 운행에 관하여 주의를 게을리 하지 않아야 하며, 자기 및 운전자 이외의 제3자에게 고의과실이 있어야 하며, 자동차의 구조상 결함 또는 기능에 장애가 없어야 함을 증명한 경우에는 책임을 면하게 된다.

표 5-1 민법과 자동차손해배상보장법(자배법)의 비교

구 분	민 법	자배법
손해배상책임의 주체	일반불법행위자 및 그 사용자	운행자(운전자뿐만 아니라 소유자까지 확대)
배상책임조건	과실책임주의	조건부 무과실책임주의
입증책임	불법행위의 성립을 피해자가 입증	가해자가 면책요건을 입증해야 책임 면함
손해배상보장 제도	없음	강제보험, 직접청구권, 의료수가의 법제화, 정부보장사업 등
적용범위	대인사고 및 대물사고	대인사고 및 대물사고

(2) 형사상의 책임

1) 의의

대인 또는 대물사고가 사고운전자의 고의가 아닌 업무상 또는 중대한 과실에 의한 경우에도 형사처벌이 있다. 사람을 사상한 대인사고의 경우 5년 이하의 금고 또는 2,000만원 이하의 벌금(형법 제268조, 교통사고처리특례법 제3조), 대물사고의 경우 2년 이하의 금고 또는 500만원 이하의 벌금에 처한다(도로교통법 제151조).

2) 교통사고처리특례법(이하 '교특법'이라 함) 처벌의 특례

① '교특법'의 제정경위(1981.12.31 법률 제3490호)

자동차교통사범에 대하여 종래에는 형법 제268조의 업무상과실치사상죄 등을 적용하여 형사범으로 처벌하였다. 따라서 경미한 과실사범도 동일하게 취급함으로써 사회 활동에 많은 제약을 받아왔다. 그러나 자동차가 필수화되고 있는 현실에서 이 같은 형사처벌 일변도의 법체계는 사회적 조류에 부적합하다는 여론에 따라 80년 초 도로교통법 제74조(개정 108조)를 개정하여 물적사고의 경우 피해자가 가해자에 대한 처벌을 원하지 않는 의사가 있을 때에는, 즉 피해자가 사고운전자를 처벌하지 말아달라는 의사를 표시하면, 사고운전자를 형사처벌할 수 없는 이른바 반의사불벌죄를 적용하여 '81. 4. 1부터 시행하였다. 이어 '81. 12. 31 교특법을 제정·공포하여 운전자가 인사사고를 내더라도 사망사고나 중과실사고

가 아닌 경미한 과실로 인한 사고인 때에는 물적손해의 경우와 같이 반의사불벌죄를 적용하여 형사처벌을 하지 않도록 하였다. 또한, 교특법은 '84. 8. 4. 개정되어 업무상 과실 또는 중과실로 치사상죄를 범한 경우에도 피해자와 합의하면 원칙적으로 처벌받지 않게 되었다.

② 반의사불벌

반의사불벌이란 "차의 교통으로 교특법 제1항의 죄 중 업무상과실치상죄 또는 중과실치상죄와 도로교통법 제151조 재물손괴죄를 범한 운전자에 대하여 피해자의 명시된 의사에 반하여 공소[10]를 제기할 수 없다."(교특법 제3조)는 것이다. 즉, 피해자가 형사처벌을 원하지 않는다는 형사합의를 해 주면 가해자는 처벌받지 않는다.

③ 보험 등에 가입된 경우의 특례와 적용제외

교통사고처리특례법 제4조 제1항에 교통사고를 일으킨 자가 자동차보험(종합보험)이나 공제계약에 대인배상Ⅰ은 물론이고, 대인배상Ⅱ(무한보상 한도액), 대물배상(보상한도액 2천만원 이상) 가입 시에는 피해자의 의사에 반하여 사고운전자를 처벌할 수 없도록 반의사불벌을 규정하고 있다.

그러나 이 법 제3조 제2항 단서에서는 피해자가 사망하거나 운전자가 피해자에 대하여 도로교통법 제54조 제1항에 규정된 구호조치를 하지 아니하고 도주[11]하거나 피해자를 사고 장소로부터 옮긴 후 도주한 경우는 적용제외된다. 또한, 운전자의 과실이 극히 중대한 12가지 예외사유(교특법 제3조 제1항 단서)인 신

---

10) 공소란 국가가 소송을 제기하여 형사재판에 회부하는 것이다. 즉, 검사가 어떤 형사 사건에 대하여 법원에 재판을 청구하는 것을 의미한다. 교통사고시 피해자가 가해자의 처벌을 원치 않으면 검사의 공소권 자체가 없어져 가해자를 처벌할 수 없게 되는 것이다.

11) 도주(뺑소니)란 사고운전자가 사상자나 대물피해가 있는 것을 인식하고도 피해자나 대물피해에 대한 구호의무를 이행하지 않고, 사고현장을 이탈하는 것을 말한다. 도주하겠다는 생각을 가지고 도주한 경우뿐만 아니라 교통사고 후 구호조치를 취하지 않는 것만으로도 도주에 포함시킨다. 도주에 대한 형사처벌은 피해규모에 따라 달리 적용되는데, 피해자가 사망 시에는 무기 또는 5년 이상의 징역이고, 피해자가 상해만 입었을 경우에는 1년 이상의 징역에 처해진다. 특히, 사고피해자를 사고현장에서 옮긴 상태에서 사망한 때에는 사형이나 무기 또는 10년 이상의 징역에 처한다. 그리고 대물피해사고 시에는 5년 이하의 징역이나 300만원 이하의 벌금형에 처한다. 뺑소니사고는 구속수사를 원칙으로 한다.

호위반, 중앙선침범, 규정속도 위반(우천시 20/100 감속무시, 제한속도 20㎞/h 초과), 추월 방법 및 금지위반, 건널목통과 방법위반, 횡단보도 보행자보호의무 위반, 무면허운전, 승객추락방지의무 위반(개문발차), 음주나 약물복용 운전(음주 한계수치 0.05% 이상에서 2019년 6월부터는 0.03%로 강화), 보도침범, 스쿨존사고, 화물고정위반(추락)사고에 해당하는 사고를 일으킨 경우 그리고 피해자가 중상해에 해당하는 경우는 합의나 보험가입 여부에 관계없이 형사처벌할 수 있다고 규정하고 있다.

(3) 행정법상의 책임

1) 의의

사고운전자는 도로교통법상의 교통법규위반에 대하여 최고 10만원 이하의 범칙금과 법규위반 및 피해정도에 따라 벌점을 부과하고, 벌점 40점 이상부터 점수에 해당하는 일수에 따라 40~120일간 면허정지, 1년간 121점 이상, 2년간 201점 이상, 3년간 271점 이상은 면허취소 등의 행정처분을 받게 된다.

2) 벌점부가기준

벌점부가기준의 구분과 내용은 다음 <표 5-2>와 같다

〈참고〉 도주판정 및 도주불인정 사례

도 주 판 정	도 주 불 인 정
· 10세 피해 어린이를 약국에 데려가 치료해 준 후 연락처를 알려주지 않고 가버린 경우 · 사고 후 당황하여 현장이탈 후 친구에게 알리고 30분 후 되돌아와 출동한 경찰관과 함께 사고처리한 경우 · 사고 후 피해자 구호조치 없이 40m 정도 지나쳐서 방관하다가 경찰에게 피해자인양 거짓말하고 신고하러 경찰서로 간 것 · 사고 후 30m를 더 진행하다 다른 운전사가 막아서자 운행을 멈춘 경우	· 사고현장이 도로공사 등으로 미끄러워 사고지점으로부터 200m를 전진하여 사고현장으로 되돌아오다가 뒤쫓아 온 피해자 등과 마주쳐 현장으로 돌아온 경우 · 사고 직후 지나가는 택시운전자에게 피해자를 병원에 후송의뢰하고, 사고차량을 사고지점으로부터 200m 떨어진 골목 도로변에 주차시킨 경우 · 사고현장에서 피해자 일행이 구타하려고 하자 이를 피해 현장을 떠난 경우 · 70㎞/h로 달리다가 피해자를 충격한 후 제동조치 없이 그대로 60m 진행 후 다시 돌아와 후송 조치한 경우 · 피해자가 넘어지지 아니하고 서서 욕설을 할 정도로 가벼운 상처를 입은 경우

표 5-2 벌점부과기준

구 분	내 용
교통사고	- 사망(72시간 내) 1명당 90점, 중상(진단 3주 이상) 1명당 15점, 경상(진단 5일-3주 미만) 1명당 5점, 부상신고(진단 5일 미만) 1명당 2점
조치불이행 (도주)	인피해: 면허취소, 신고시한 내(통상 3시간) 자수: 30점, 신고시한 경과 후 (48시간 내) 자수: 60점
	물피해: 15점
법규위반	음주운전: 알콜농도 0.1% 이상(2019.6부터 0.08%로 강화) 면허취소, 0.05% (2019.6부터 0.03%로 강화)~0.1% 미만 100점, 중앙선침범·고속도로갓길· 전용차로·면허증불제시: 30점, 신호·속도위반·앞지르기금지: 15점, 보도침범·안전거리미확보·노상시비: 10점

제3절 자동차보험의 종류와 구성

I. 자동차보험의 종류

(1) 가입대상에 따른 분류

자동차보험은 종전에는 '자배법'에 의한 강제보험인 자동차손해배상책임보험(자배책보험)과 임의보험인 자동차종합보험, 운전자보험, 외화표시자동차보험으로 구분하였다. 그러나 대인배상사고의 경우 자배책보험과 자동차종합보험에의 이중가입이라는 오해와 이로 인한 사무의 번잡성 그리고 위험의 종류에 따라 적절히 구분되지 못했다는 이유로 자배책보험(책임보험)이 종합보험의 담보종목으로 편입되고, 가입대상과 자동차의 소유자, 차종, 운행용도에 따라 다음 <표 5−3>과 같은 체계로 대폭 정비되었다.

표 5-3 자동차보험의 가입대상에 분류

상 품 명	가 입 대 상	보통약관상 담보종목
개인용 자동차보험	자동차등록원부상 소유자가 개인(자연인 및 개인사업자)인 자가용 승용차(승차정원 10인승 이하)	대인배상 I (책임보험)·II (임의보험), 대물배상(책임보험 2,000만원 이상), 자기신체사고 또는 자동차상해, 무보험자동차에 의한 상해, 자기차량손해
업무용 자동차보험	비사업용 자동차중 위의 개인용자동차보험 가입대상이 아닌 모든 자동차, 이륜자동차는 제외	상 동
영업용 자동차보험	모든 사업용 자동차	무보험자동차에 의한 상해 제외, 기타 상동, 대인배상 II (책임보험 1억원 이상)
운전자보험	개인용과 영업용 운전자를 대상으로 자동차운전면허소지자, 건설기계조종사면허소지자	운전자의 사망, 후유장애, 부상 및 운전자 구속 또는 입원시 가족의 생계비, 판결에 의한 벌금, 방어비용 등
외화표시 자동차보험	외국인 또는 외국기관 소유자동차나 외국 군부대에 용역·납품 등을 위하여 출입하는 자동차	신체상해책임, 재물손해배상책임, 차량손해, 의료비
자동차취급자 보험	자동차탁송업자, 자동차판매업자, 자동차정비업자, 대리운전업자 등 자동차취급을 업으로 하는 자	대인배상 II, 대물배상, 자기차량손해
이륜자동차보험	이륜자동차 및 원동기 장치 자전거	업무용 자동차보험과 동일
농기계보험	농기계, 트랙터, 콤바인	대인배상, 대물배상, 자기신체 사고, 농기계손해

(2) 가입강제여부에 따른 분류

자동차보험의 책임보험에서 보험계약자의 보험가입에 있어서 강제성여부에 따라 <표 5-4>와 같이 의무(강제)책임보험과 임의책임보험으로 나눌 수 있다. 자배법 제5조(보험 등의 가입의무)에 의해 보험에 가입할 의무가 있는 자동차보유자는 대인배상 I 과 대물배상(2천만원 이상)에 반드시 가입하여야 한다. 영업용자동차보험의 경우에는 대인배상 II 에 보험가입금액 1억원 이상을 반드시 가입하여야 한다. 가입 후 임의해지는 불가능하며 미가입 시 과태료가 부과된다. 의무보험에 가입하는 보험계약자는 임의보험의 보장종목 중 전부나 일부를 선택하여 가입할 수 있다.

표 5-4 자동차보험의 가입강제여부에 따른 분류

분류	담보종목 및 담보내용
의무보험 (강제보험)	대인배상Ⅰ보상한도: 사망(장례비, 위자료, 상실수익액) 최저 2천만원~최대 1억 5천만원/부상 최저 50만원(14급)~최대 3천만원(1급)/후유장애 최저 1천만원(14급)~최대 1억 5천만원, 대물배상(보상한도 2천만원 이상)
임의보험	대인배상Ⅱ(대인배상Ⅰ 초과분: 5천만원, 1, 2, 3억원, 무한) 대물배상(보상한도 3, 5, 7천만원, 1, 2, 3, 5, 10억원) 자기신체사고(또는 자동차상해: 보험증권기재금액) 무보험자동차에 의한 상해(보험증권기재금액) 자기차량손해(가입금액 또는 사고발생시점 차량가액)

2. 자동차보험의 구성

(1) 보험료

자동차보험의 보험료는 보험회사가 금융감독원에 신고한 후 사용하는 '자동차보험요율서'에서 정한 방법에 의하여 계산한다. 과거의 계약 및 사고자료를 바탕으로 산출된 기본보험료에 개별 가입피보험자의 특성을 반영하여 계산하게 된다. 보험개발원의 참조요율서에 근거하여 예시해 보면 <표 5-5>와 같다.

표 5-5 적용보험료의 계산 예시

		내 용
예시		납입할 보험료 = 기본보험료 × 특약요율 × 가입자특성요율(보험가입경력요율 ± 교통법규위반경력요율) × 특별 요율 × 우량할인·불량할증요율 × 사고건수요율
구분	기본보험료	차량의 종류, 배기량, 용도, 보험가입금액, 성별, 연령 등에 따라 미리 정해 놓은 기본적인 보험료
	특약요율	운전자의 연령범위를 제한하는 특약, 가족으로 운전자를 한정하는 특약 등에 가입 시 적용하는 요율
	가입자특성요율	보험가입기간이나 법규위반경력에 따라 적용하는 요율

	특별요율	자동차의 구조나 운행실태가 같은 종류의 차량과 다른 경우 적용하는 요율
	우량할인 · 불량할증요율	사고발생 실적에 따라 적용하는 요율
	사고건수요율	직전 3년간 사고유무 및 사고건수에 따라 적용하는 요율

자료: 삼성화재해상보험주식회사(2022. 1), 개인용애니카자동차보험, p.52.

(2) 담보종목별 지급사유 및 보상내용

자동차사고와 자동차보험의 약관담보종목별 보상내용은 <표 5−6>과 같다. 배상책임위험으로 분류되는 타인신체사고인 대인사고(대인배상)는 대인배상Ⅰ, Ⅱ 종목에서, 타인재물사고와 타인차량사고인 대물사고(대물배상)는 대물배상 종목에서 보상되고, 피보험자 자신의 생명 · 상해위험인 자기신체사고는 자기신체사고(또는 자동차상해) 종목에서, 무보험자동차에 의한 인사사고는 무보험자동차에 의한 상해에서 보상된다. 그리고 피보험자 자신의 재물위험인 자기차량사고는 자기차량손해 종목에서 각각 보상된다.

표 5-6 자동차보험의 담보종목별 지급사유 및 보상내용

위 험	담보종목	보상내용
배상책임	대인배상Ⅰ (강제보험)	타인(다른 사람)을 죽거나 다치게 한 경우 최대지급한도액(사망: 1억 5천만원/부상: 3천만원/ 후유장애: 1억 5천만원) 내에 보상
	대인배상Ⅱ (임의보험)	대인배상Ⅰ의 초과손해를 보상
	대물배상 (강제·임의보험)	다른 사람의 차량 또는 재물을 파손한 경우에 보상(보험금액한도 2천만원 이상 의무가입)
생명 · 상해	자기신체사고 (또는 상해보험)	피보험자 본인과 그 부모, 배우자, 자녀 등이 죽거나 다친 경우에 보상
	무보험자동차에 의한 상해	무보험자동차(또는 도주, 무면허로 대인배상Ⅱ에서 면책된 경우)에 의해 피보험자 본인이나 그 부모, 배우자, 자녀 등이 죽거나 다친 경우에 자신의 보험으로 보상
재물	자기차량손해	보험계약자(기명피보험)의 차량이 파손된 경우 보상

제4절	자동차보험의 보상내용

자동차보험에서 가입대상에 따른 종류인 개인용·업무용·영업용자동차보험은 자동차사고로 발생할 수 있는 배상책임손해, 인사손해, 재물손해 모두를 포괄하는 종합보험으로 운용되고 있다. 배상책임손해는 보험자가 부담하는 객체에 따라 대인배상책임손해와 대물배상책임손해로 나눌 수 있고, 이들 손해를 보장하는 것이 책임보험이다. 인사손해는 자기신체사고손해와 무보험차에 의한 상해손해로 나눌 수 있고, 이들 손해를 보장하는 것이 인보험 성질의 상해보험이다. 그리고 재물손해로서 자기차량손해를 보장하는 차량보험이 있다.

l. 책임보험

책임보험은 대인배상책임손해를 보상하기 위해 자배법에 의하여 의무적으로 가입하여야 하는 강제보험과 그 초과부분을 자동차보유자가 필요에 따라 임의적으로 가입할 수 있는 임의보험으로 이원적 구조로 되어 있다. 자동차보험표준약관에서 강제보험부분을 '대인배상Ⅰ'이라고 하고, 임의보험부분을 '대인배상Ⅱ'라고 한다. 대물배상책임손해를 보상하는 책임보험도 자배법에 의한 가입금액 2천만원까지의 강제보험과 그 이상의 임의보험으로 이원화되어 있다. 교특법 제4조 제1항에 의하여 형사상의 책임을 면하기 위해서는 대물배상의 보상한도액 2천만원 이상의 의무가입과 대인배상Ⅱ의 보상한도액 무한을 선택하여 가입하여야 한다.

음주, 무면허, 뺑소니운전 시 사고부담금이 있다. 음주운전사고 시 대인배상Ⅰ 1천만원, 배인배상Ⅱ 1억원, 대물배상(의무) 5백만원, 대물배상(임의) 5천만원이고, 무면허나 뺑소니운전 시 대인배상Ⅰ 3백만원, 배인배상Ⅱ 1억원, 대물배상(의무) 1백만원, 대물배상(임의) 5천만원이다.

256 제5편 생활속의 보험상품 이해

(1) 대인배상 I, II

1) 의의 및 보상한도액

① 의의

대인배상 I은 자배법 제5조(보험 등의 가입의무)에 의한 강제적으로 가입하여야 하는 의무보험이다. 자동차의 보유자[12], 운전자[13]가 자동차를 운행[14]하는 과정에서 자동차사고로 타인(다른 사람, 제3자)을 죽게 하거나 다치게 한 경우에 자배법에서 정한 한도금액을 보상하는 보험이다. 이 보험은 가해자의 배상능력을 확보함으로써 피해자를 보호하고, 나아가 자동차운행의 건전한 발전을 목적으로 한 강제보험이며, 자동차보험표준약관에서 '대인배상 I'이라 한다. 자동차를 운행하기 위해서는 반드시 이 보험에 가입을 하여야 하고, 보험자도 특별한 사유가 없는 한 계약거절을 못 하도록 하고 있다. 대인배상 II는 대인배상 I를 초과하는 손해액을 보상하는 임의보험이다.

② 보상한도

가. 대인배상 I (의무보험)

자배법과 동법시행령에서 피해자 1인당 보상한도는 사망의 경우 장례비(5백만원), 위자료(사망자가 60세 미만인 경우 8천만원, 60세 이상인 경우 5천만원), 상실(일실)수익액[15] 등을 포함하여 최고 1억 5천만원[16], 부상의 경우 최고 3,000만원으

---

12) 보유자는 자동차의 소유자 또는 자동차를 사용할 정당한 권리가 있는 자로서 자기를 위하여 자동차를 운행하는 자를 말한다. 자동차의 소유자이건 빌린자이건 자동차를 사용할 권리가 있는 자를 말한다. 대인배상에서 통상 피보험자에 해당되고, 이 보유자(피보험자)가 가해자로서 책임을 지게 되면 보험자의 보상책임이 발생하게 된다.

13) 운전자는 다른 사람(운행자, 보유자)을 위하여 자동차를 운전하거나 운전의 보조에 종사하는 자를 말한다. 운전자는 자배법상 운행자의 지위에 있지 않으므로 운행자 책임이 존재하지 않으며, 운행이익과 운행지배를 가지지 않는 점에 유의하여야 할 것이다

14) 운행은 사람 또는 물건의 운송여부에 관계없이 그 용법에 따라 사용 또는 관리하는 것으로 고유장치설과 차고출입설 등이 있으나 고유장치설이 다수설이다.

15) 상실수익액은 '(월평균현실소득액 - 생활비) × 취업가능월수에 해당하는 라이프니쯔 계수'와 같다. 예를 들어 월현실소득액이 300만원인 30세 초반의 자가 사망한 경우 라이프니쯔 계수가 189.0617이라고 가정하면 상실수익액은 300만원 × {(1 - (1/3)} × 189.0617 = 378,123,400원이 된다. 여기서 생활비는 부양가족수와 관계없이 소득의 1/3만큼 일괄 공제한 금액을 인정하고, 취업가능월수는 60세가 원칙이고,

로 부상급수에 따라 차등 지급된다. 그리고 후유장애가 발생한 경우에는 장애정
도에 따라 위자료, 상실수익액, 가정간호비(생존기간동안 일용임금을 기준으로 매월
정기금 또는 일시금) 등을 포함하여 최고 1억 5천만원으로 정해져 있으며, 1사고당
한도는 없으므로 만약 1사고로 10명이 사망했다면 최고 15억원 지급도 가능하다.

나. 대인배상 II (임의보험)

대인배상 II 는 대인배상 I 을 초과하는 손해를 보험가입금액 한도 내에서 보상하
는 임의보험이다. 보험계약자가 선택할 수 있는 1인당 보상한도의 종류는 5,000
만원, 1억원, 2억원, 3억원, 무한보상으로 이루어져 있다. 예를 들면 보상한도
5,000만원을 선택한 후 인사사고로 3억원의 배상책임을 지게된 경우 대인배상 I
에서 1억 5천만원, 대인배상 II 에서 5,000만원을 제외한 1억원은 본인이 부담해야
한다는 것이다. 이러한 이유와 교통사고처리특례법 혜택을 받기 위해서 대부분의
보험계약자는 무한보상을 택하고 있으며, 이는 우리나라에만 있는 보상체계이다.
그리고 보험회사는 합의, 절충, 소송절차의 대행까지 해주며, 약관상에 정한 비용
(손해방지경감비용, 권리보전행사비용, 긴급조치비용, 소송비용, 변호사보수 등)은 보상한
도액을 초과하더라도 보상한다. 영업용자동차보험은 1억 이상 의무가입이다.

2) 대인배상의 처리사례 및 유의점

① 피해자의 직접청구권과 가불청구권

가해자에게 아무리 연락해도 연결이 안 될 때, 사고를 낸 가해자가 잘못을 인
정하지 않고, 배상도 이행하지 않을 때에는 피해자는 자배법 제10조 제1항과 상
법 제724조 제2항에 규정한 피해자 직접청구권[17]을 행사함으로써 법률에 따라
보호를 받을 수 있다. 또한, 자배법 제11조에 따라 책임보험의 보상한도액 내에

법령과 단체협약에 의해 정년이 규정되어 있으면 이를 월수로 산정한다. 단, 56세 이상자의 경우 약관
에서는 별도의 규정을 정해서 취업가능월수를 정하고 있다. 라이프니쯔 계수는 장래에 받지 못하는 수
익액을 미리 받는 것으로 해당금액의 원금에서 복리에 의한 중간이자를 공제한 값이다.

16) 2016년 4월 1일 이후 사고부터 적용.

17) 상법 제724조 제2항 "제3자는 피보험자가 책임을 질 사고로 입은 손해에 대하여 보험금액의 한도 내에
서 보험자에게 직접 보상을 청구할 수 있다."에 근거한 강제보험인 대인배상 I 의 직접청구권은 임의보
험인 대인배상 II 에서의 직접청구권과는 달리 대인배상 I 의 한도내에서 가해자의 고의로 피해자를 사
상케한 경우에도 피해자의 보험금직접청구권을 인정하고 있다. 이때 보험금을 지급한 보험회사는 고의
있는 피보험자에게 구상한다. 직접청구권의 소멸시효는 3년이며, 압류 또는 양도가 금지되어 있다.

서 가불청구권도 행사할 수 있다.

피해자의 직접청구나 가불청구가 있게 되면 보험회사는 가해자(보험에 가입한 피보험자, 또는 가해운전자 등)가 피해자에게 손해배상금을 지급한 사실이 있는지의 여부에 대하여 확인하는 절차를 거친 후 피해자에게 관련보험금을 지급하게 된다.

② 안경 및 보철비 보상

안경은 신체의 일부로 보아 대인배상에서 보상처리를 한다. 안경에 대한 보상은 사고 전에 착용하고 있던 안경이 파손된 경우와 교통사고로 시력이 손상되어 새로이 안경을 착용해야 하는 경우로 구분할 수 있다. 앞의 경우에는 사고 전에 착용하고 있던 안경과 동일한 제품을 구입하는 데 필요한 비용을 보상하며, 뒤의 경우에는 국산품을 기준으로 보편타당한 실비를 인정하게 된다. 썬글라스 등의 경우에도 휴대품에 해당하지 않기 때문에 파손에 대해서는 보상하고 있다.

치아에 대한 보철비는 기존의 보철물이 파손되었을 때에는 원상회복에 소요되는 비용을 지급하며, 이번 사고로 영구치가 파손되어 보철이 필요한 경우에는 우선 초회의 보철에 소요되는 치아보철비와 10년 단위로 보철을 새로 하는 데 필요한 비용을 지급한다. 따라서 피해자의 성별과 연령을 기준하여 한국인의 평균여명표에 의해 여명을 구한 후 잔여기간에 10년 단위로 치아보철비를 지급한다.

③ 특수촬영 및 성형수술비 보상

컴퓨터 단층촬영(CT)이나 자기공명촬영(MRI)과 같은 특수검사기기에 의한 고가의 검사를 시행하는 경우 건강보험과 마찬가지로 자동차보험에서도 치료를 담당한 주치의가 치료목적상 필요하다고 인정하여 촬영의뢰서를 발급한 경우에 한하여 해당 검사비를 지급하고 있다. 따라서 의사의 지시 없이 피해자나 가족이 원해서 촬영하는 경우에는 해당 검사비를 보상받지 못하는 문제가 발생할 수 있다.

성형수술은 교통사고로 인한 부상에 대한 치료를 시행하였으나 영구적으로 남게 되는 상처가 잔존하는 때에는 보험회사의 부담하에 성형수술을 받아 상흔을 제거하게 되며, 만일 피해자의 연령 등의 문제로 지금 당장 성형수술을 할 수 없을 때에는 성형외과 전문의사의 판단을 받아 향후 소요될 것으로 예상되는 성형관련 치료비를 보험회사로부터 먼저 수령할 수 있다.

④ 일반 대중병실과 상급병실의 차액 보상

병원의 사정상 병실이 부족하여 부득이하게 상급병실을 사용한 경우에는 7일 이내를 한도로 하여 보험회사에서 병실차액을 부담한다. 그리고 남에게 전염될 우려가 있거나 혐오감을 줄 수 있어 격리수용이 불가피하다고 의사가 판단할 때에는 병실차액을 보험회사에서 부담하는 경우가 있다. 따라서 피해자나 가족의 요구에 의해 상급병실을 사용한 경우에는 보상책임을 지지 않는다.

⑤ 타인의 해석문제

자기차량에 처와 아이들, 그리고 동생과 동생의 처 및 아이들이 함께 타고 휴가를 다녀오던 중 차량이 전복되는 사고로 부상하였다면 어떤 담보종목으로 보상받을 수 있을까?

자동차보험에서는 차주 및 운전자(피보험자)[18]와 그의 부모, 배우자, 자녀가 교통사고로 죽거나 다친 경우에는 보상하지 않는 손해로 규정하고 있다. 이들을 타인으로 인정하지 않기 때문이다. 따라서 이런 사고의 경우 차주와 그의 배우자, 자녀는 자기신체사고로 상해급수별로 정해진 보험금의 한도 내에서 실제 지급한 치료비를 보상받을 수 있다. 또한, 배우자와 자녀의 경우 자동차의 운행에 대하여 운행자성을 갖지 않는 경우, 즉 차량을 공동으로 사용하는 등의 사유가 아니라면 대인배상으로 처리가 가능하다. 이때 대인배상Ⅱ에서는 피보험자의 가족에 대해서는 보상하지 않는 손해로 규정하고 있어서 대인배상Ⅰ만 처리가 가능하다. 나머지 동생과 동생의 배우자 및 동생의 자녀는 타인으로, 대인배상(Ⅰ, Ⅱ)으로 보상처리를 받게 된다.

⑥ 보험처리를 원치 않을 경우

피해자에 대한 손해액이 경미한 경우 보험처리를 취소하고 피보험자 본인의

---

18) 피보험자에는 보험증권에 기재된 피보험자로서 자동차소유자와 동일한 기명피보험자, 기명피보험자와 같이 살거나 살림을 같이 하는 자로서 자동차를 사용 또는 관리 중인 자인 친족피보험자, 기명피보험자의 승낙을 얻어 피보험자동차를 사용 또는 관리 중인 승낙(허락)피보험자, 기명피보험자의 사용자(도급계약, 위임계약 포함)인 사용피보험자, 이상의 각 피보험자를 위하여 피보험자동차를 운전 중인(운전보조자 포함) 운전피보험자가 있다. 이들은 모두 보험금청구권을 가지는 피보험자로서 이들과 그의 부모, 배우자, 자녀는 타인이 아니다.

자금으로 직접 처리하여 갱신계약시 보험료 할증을 피할 수 있다.

(2) 대물배상

1) 의의 및 보상한도

자동차의 소유자가 자동차의 소유, 사용, 관리에 기인하여 타인의 재물에 손해를 입혀 법률상 손해배상책임을 부담하게 됨으로써 생긴 손해를 매 사고에 대하여 1사고당 보험가입금액 한도 내에서 보험금의 지급기준 또는 확정판결에 따라 보상하는 보험이다.

보상한도는 직접손해와 간접손해[19]를 합하여 2천만원까지는 의무가입이며, 대물배상가입금액확장 특별약관에 따라 3, 5, 7천만원, 1, 2, 3, 5, 10억원, 무한[20] 중 한 가지를 선택할 수 있다. 고급차와 외제차의 증가로 대물배상금액이 높아지고 있으므로 대부분의 계약자들이 1억원이나 2억원의 대물배상을 임의로 택하고 있다.

대물배상에서 무면허운전이나 음주운전의 경우 보험자는 면책이다. 단, 의무보험 범위 내(2천만원)에서는 보상책임을 부담하고, 사고부담금을 징구한다. 음주운전의 사고부담금은 대물배상(의무) 5백만원, 대물배상(임의) 5천만원이다. 한편, 자동차사고시 가해자의 형사상 책임은 교통사고처리특례법에 의해 대인배상Ⅱ(무한)와 대물배상(2천만원 이상)에 가입하여야만 형사처벌을 면제받을 수 있다.

2) 대물배상의 처리사례 및 유의점

① 수리공장의 결정방법

수리공장은 반드시 보험회사에서 지정하는 곳에서만 수리가능한 것은 아니다. 본인이 평소에 거래하던 곳에서도 가능하다. 단, 보험회사의 보상업무에 협조적이지 않은 공장은 수리 후에 하자 등이 발생했을 때 원만한 서비스를 받는데 문제가 생길 수 있고, 입고대기 기간이 과도하게 발생할 경우 대여자동차 사

---

19) 직접손해는 자동차사고로 인한 수리비용, 자동차시세하락 손해 등이고, 간접손해는 30일을 한도로 대차료, 휴차료, 영업손실을 의미한다.

20) 대물배상 무한의 경우는 일부보험사(공제조합)만 판매하고 있다.

용 시 분쟁의 소지가 있을 수 있다. 자동차보험약관에서 수리기간을 자동차정비 업자에게 인도하여 수리가 완료될 때까지 소요된 기간으로 하되, 30일을 한도로 한다. 다만, 부당한 수리지연이나 출고지연 등의 사유로 인해 통상의 수리기 간[21]을 초과하는 기간은 인정하지 않는다. 이런 경우에 대비하여 보험회사의 보상직원과 협의하여 수리할 공장을 결정하는 것이 좋다.

② 폐차기준

절대전손(차량이 대파되어 현실적으로 수리가 불가능한 경우)이나 추정전손(중고 시세보다 수리비가 더 많이 소요될 것으로 예상되는 경우)의 경우는 중고차량 시세기 준으로 폐차처리하고, 수리할 수 있으나 피해자가 폐차를 원하는 경우에는 보험 수가로 환산한 미수선수리비를 지급한다. 그리고 피해차량을 폐차하고 신차를 구입할 경우 자동차세, 채권매입비용, 보험료를 제외한 신차구입 시 들어가는 취득세, 교육세, 면허세(승용차를 제외한 비사업용자동차) 및 기타비용(인지 및 증지대, 신차인수운반비, 교통안전협회비, 검사수수료)도 보험회사에서 보상한다.

③ 각종비용 보상

견인비는 사고장소에서 가장 가까운 정비공장 등으로 견인하는 데 드는 비용만을 보상한다. 따라서 차주가 원하는 곳으로 옮기고자 하여 다시 견인하고자 할 때에는 보험회사에서 부담하지 않는다.

열처리 도장료는 차량연식에 관계없이 전액 인정하며, 수리비 및 열처리 도장료의 합계액은 사고 직전 차량 가액의 120%를 한도로 지급한다. 다만, 내용연수를 초과한 차량이나 충당연한을 적용받는 영업용자동차일 경우 130%까지 인정한다.

렌트비는 대차료라고 하는 간접손해로서 피해차주가 동급의 대여자동차 중 최저요금의 대여자동차를 빌리는 데 소요되는 통상요금을 기준으로 수리기간의 범위 내에서 최고 30일 한도(단, 차량의 전부손해나 수리불능시에는 10일 한도)로 인정하여 지급한다. 그리고 렌트하지 않은 경우에는 차량을 렌트한 것으로 가정하

---

21) "통상의 수리기간"이라 함은 보험개발원이 과거 3년간 렌트기간과 작업시간 등과의 상관관계를 합리적으로 분석하여 산출한 수리기간(범위)을 말한다.

여 산출한 금액의 30%를 대차료로 지급한다.

④ 휴대품과 소지품의 구분 및 보상관계

휴대품은 통상적으로 몸에 지니고 있는 물품으로 현금, 유가증권, 만년필, 소모품, 손목시계, 귀금속, 장신구 그 밖에 이와 유사한 것을 의미하며, 이들의 분실 및 파손은 보상에서 제외하고 있다. 그러나 휴대품을 제외한 차량에 고정되어 있지 않은 휴대전화기, 노트북, 캠코더, 핸드백, 서류가방, 골프채 등은 소지품으로 보고 보상한다. 단, 분실은 보상하지 않고, 파손된 경우에 1인당 200만원을 한도로 보상한다.

2. 인보험(생명 · 상해보험)

(1) 자기신체사고 또는 자동차상해 특별약관

1) 의의

자기신체사고(자손) 또는 자동차상해 특별약관은 피보험자가 피보험자동차를 소유, 사용, 관리하는 동안에 생긴 피보험자동차의 사고로 인하여 피보험자 본인, 배우자, 부모, 자녀가 죽거나 다친 손해를 보상한다. 대부분 대인배상Ⅱ에서 보상받을 수 없는 자가 대상이 된다.

자기신체사고와 자동차상해 특별약관 중 하나를 선택하여 가입할 수 있으며, 보험료수준은 비슷하지만 자동차상해가 자기신체사고 담보(사망/장해 1급 각각 보험가입금액 최고 1억원)보다 보상범위에서 훨씬 크고 넓다고 할 수 있다. 자동차상해 특별약관의 보험가입금액은 통상 1인당 사망 2억원/부상 2천만원/후유장해 2억원 한도 가입이 가능하고(회사마다 최고 금액은 다양한 형태로 판매하고 있음), 1사고당 무한이므로 본인, 부모님 또는 형제자매가 자동차보험 가입 시 반드시 이를 선택하여 가입하길 권하며, 보상한도액도 최고금액을 선택하길 권유한다.

2) 자기신체사고의 처리사례 및 유의점

① 적재함 사고 및 안전벨트 미착용

트럭적재함에 탑승 중 사고의 경우 과거에는 자기신체사고에서 정규승용차용 구조장치가 아닌 곳에 탑승 중 사고는 보상하지 아니한다고 규정하고 있었으므로 보상받을 수 없었으나 이러한 조문이 삭제되었다. 그리고 화물적재함에 올라가 적재작업 중 차량의 요동 등으로 떨어져 부상한 경우는 장소적 이동을 목적으로 탑승한 것이 아니지만 피보험자동차의 소유, 사유, 관리에 해당하여 보상한다.

안전벨트 미착용에 따른 감액지급 부분이 약관에서 삭제되었다. 하지만 안전을 생각한다면 차량 탑승 시 안전벨트 착용의 생활화는 반드시 실천해야 할 것이다.

② 대인배상 I , II 의 보상을 받은 경우

자기신체사고의 약관규정에 의하면 타차량과의 충돌사고로 타차량이 가입한 대인배상에 의해 보상을 받을 수 있는 경우에는 자기신체사고 보험금에서 타차량의 대인배상으로 받은 금액을 공제한 나머지 금액을 지급한다.

③ 산재보상을 받은 경우

자기신체사고는 일종의 상해보험이므로 산업재해보상보험법에 의한 재해보상을 받은 경우에도 지급한다.

④ 무보험자동차에 의한 부상(타차량이 대인배상 II 미가입 또는 면책인 경우)

통상 본인이 가입한 보험사에서 무보험자동차 상해로 보상처리를 받고, 보험사가 대신해서 타차량 운전자 등에게 구상권을 청구하며, 만약 사고에 대하여 본인의 과실이 있을 경우 공제된 금액을 급수별 한도 내에서 보상받을 수 있다.

(2) 무보험자동차에 의한 상해

1) 의의

무보험자동차[22]에 의한 상해는 기명피보험자(배우자 포함)가 무보험차나 도주

---

22) 무보험자동차란 피보험자동차 이외의 자동차로서 피보험자가 소유한 자동차를 제외한 다음과 같은 자

(뺑소니)차 사고로 상해를 입었을 때 가해자(배상의무자)의 보상여력이 없는 경우 본인의 자동차보험에서 피보험자 1인당 2억원 또는 5억원의 범위 내에서 보험금을 지급받는 것이다. 지급받는 보험금은 대인배상지급기준금액에 비용(손해방지·경감비용 등)을 합한 금액에서 대인배상에서 지급될 수 있는 금액을 공제한 금액이다.

대인배상Ⅰ, Ⅱ, 대물배상 및 자기신체사고(또는 자동차상해 특별약관)에 모두 가입한 경우에 한하여 가입할 수 있으며, 이 무보험차상해에 가입하면 기명피보험자(배우자 포함)는 보험사에 따라 다른자동차(타인자동차)운전담보특약23)에 자동가입되는 상품도 있고, 추가로 가입해야 하는 상품도 있다.

2) 요건

가입 시 전담보(책임, 대인, 대물, 자손, 차량, 무보험)를 가입해야 완전한 보상을 받을 수가 있으며, 만일 부분적으로 가입이 된 경우에는 가입된 부분의 손해만 보상받을 수가 있다. 그리고 기명피보험자, 기명피보험자의 배우자, 부모, 자녀는 자동차의 탑승여부에 불문하며, 피보험자를 위하여 자동차를 운전 중인 자는 자동차에 탑승 중 무보험차량이나 보유불명차량(뺑소니차량)에 의해 죽거나 다친 사고이어야 한다.

3. 차량보험(자기차량손해)

(1) 의의

차량보험, 즉 자기차량손해(차량단독사고 손해보상 특별약관 포함)는 다른 자동차와의 충돌, 접촉, 침수, 화재, 폭발 등으로 인한 손해 또는 차량의 도난(부분도

동차를 말한다. - 가해차량이 대인배상Ⅱ나 공제계약이 없는 자동차(책임보험만 가입한 자동차는 무보험자동차임), - 가해차량의 대인배상Ⅱ나 공제계약에서 면책손해에 해당되어 보상을 받지 못하게 된 때, - 무보험자동차에 의한 상해에서 보상될 수 있는 금액보다 보상한도가 낮은 대인배상Ⅱ나 공제계약이 적용되는 자동차, 즉 가해차량이 보험에 가입은 되어 있으나 보상한도가 정해져 있는 유한계약에 가입하고 있는 경우, - 피보험자를 사상하게 한 자동차가 명확히 밝혀지지 않은 경우에 그 자동차.

23) 다른자동차운전담보특약은 가입자(피보험자)와 가입자의 배우자가 타인의 자동차를 운전하다가 사고가 발생했을 경우 해당 차량(다른 차량)을 가입자 본인의 차량으로 간주하고, 가입자의 보험회사가 물적, 인적손해를 보상하는 것이다. 단, 부모, 자녀, 배우자가 소유한 차량, 가입자가 통상적으로 사용하는 차량, 업무용차량은 제외된다.

난 제외)으로 인한 직접손해를 보험가입금액 한도 내에서 보상하는 보험으로 자차보험이라고도 한다. 보상 시 보험가입금액이 보험가액보다 많은 경우에는 보험가액[24]을 한도로 보상한다. 그리고 전손손해나 보험금이 보험가입금액 전액 이상인 경우는 자기부담금이 없지만 분손의 경우는 정률 20%의 자기부담금(최저 20만원, 최대 50만원)이 있다. 예를 들어 손해액이 400만원인 경우 자기부담금은 손해액의 20%인 80만원이지만 실제 부담금은 50만원이다.

(2) 자기차량손해의 처리사례 및 유의점

1) 자차에 발생한 화재손해

자기차량손해의 약관규정에 타차 또는 타 물체와의 충돌, 접촉, 전복으로 인한 손해, 화재, 폭발, 낙뢰, 날아온 물체, 떨어지는 물체에 의한 손해 그리고 피보험자동차 전부의 도난으로 인한 손해를 보상한다고 규정하고 있으므로 화재 발생 시 보상을 받을 수 있다.

한편, 자차에 발생한 화재로 옆에 주차 중인 다른 차량에 불이 옮겨 붙어 남의 차량에 피해가 발생한 경우 앞선 대물배상에서 설명했듯이 실화책임에 관한 법률에 따라 피보험자의 과실이 있는 경우에 대물배상으로 보상처리가 가능하다. 또한 자기차량 및 상대 차량 모두 자기차량손해로도 보상받을 수 있다.

2) 차량도난의 경우

도난이란 불법영득의 의사를 가지고 타인의 소유차량을 절취한 경우를 말하며, 영득의사가 없는 일시 무단사용의 경우는 도난차량으로 보지 않는다. 그러므로 아무도 모르는 사이에 소유차량이 감쪽같이 없어졌다면 우선은 가족이나 친지 등이 일시 무단사용한 것이 아닌가, 혹은 불법주차문제로 견인차량 보관소에 견인된 것은 아닌지 확인해 보고 도난이 분명하다고 판단되면 다음과 같이 대처하면 된다.

---

24) '보험가액'이란 보험개발원이 정한 차량기준가액표에 따라 보험계약을 맺었을 때에는 사고발생 당시 보험개발원이 정한 최근의 차량기준가액을 말한다. 그러나 위 차량기준가액이 없거나 이와 다른 가액으로 보험계약을 맺었을 경우 보험증권에 기재된 가액이 손해가 생긴 곳과 때의 가액을 현저하게 초과할 때에는 그 손해가 생긴 곳과 때의 가액을 보험가액으로 한다.

① 도난신고

도난신고는 전화나 서면으로는 수사상 어려움이 따르므로 피해 당사자의 도난발생지를 직접 관할하는 경찰서 형사과를 방문하여 도난사실을 신고하는 것이 바람직하다. 도난신고를 받은 경찰서에서는 신고 즉시 범죄차량으로 전국 경찰에 전산망을 통해 긴급수배조치하고 추적수사를 전개하게 된다.

② 보험회사에 통지 및 보험금청구

관할경찰서에 도난신고 후 30일이 지나면 보험금을 청구할 수 있기 때문에 도난사실을 바로 통지하여 두는 것이 유리하다. 도난신고 후 30일이 지나면 자동차 말소등록[25] 및 소정의 구비서류를 작성하여 보험회사에 보험금을 청구하여야 하며, 보험금은 도난차량의 연도별 차량기준가격표에 의거 해당 차량가격을 지급받게 된다. 하지만 차량도난 시 보험금청구는 자차보험(자기차량손해)에 가입했을 경우에만 가능하다.

③ 도난차량회수 시 처리

도난보험금을 받기 전인, 즉 도난발생일로부터 30일이 경과하기 이전에 차량을 회수한 때에는 차량이 도난되어 파손된 부분에 대한 수리비를 보상한다. 그리고 30일이 경과되어 이미 도난보험금을 받은 이후 차량을 회수한 때에는 피보험자의 의사에 따라 차량의 인수를 희망하면 보험회사는 피보험자로부터 보험금을 환입한 후 차량을 인도해 주며, 차량인수 의사가 없을 때에는 보험회사가 매각처분하게 된다.

3) 일부 부분품의 도난 손해

간혹 주차 중 차량의 일부 부분품을 도난당하는 사례가 발생한다. 차량의 전부 도난으로 인한 손해는 보험회사에서 보상하지만, 카스테레오 등 자동차의 일

---

25) 도난말소등록은 경찰에 도난신고한 날로부터 30일이 되면 관할구청 자동차민원실(등록계)에 해야 한다. 30일의 기한을 두는 이유는 대개의 경우 30일 이내에 도난당했던 차량을 다시 찾는 경우가 대부분이고 또한 말소등록을 한 후 다시 신규(분할)등록을 할 때에는 별도의 비용이 들기 때문에 30일을 기다리는 것이 차주에게 유리하기 때문이다. 또한, 도난발생 후 차량말소등록을 하지 않으면 자동차세 등 제세금의 부과와 자동차 소유자로서의 제반 책임문제가 따르게 되므로 차량말소등록의 절차를 밟아야 한다(http://www.drbohum.co.kr).

부 부분품, 부속품, 부속기계장치만의 도난은 보험사고발생 사실의 입증과 객관적인 손해액산정 등이 곤란하기 때문에 보험회사와 피보험자(보험계약자) 사이의 분쟁을 사전에 막기 위하여 약관에서 이를 보상하지 않는 손해로 규정하고 있다.

4) 추가장착부품의 보상

출고 후 추가로 장착한 TV, CD, 스테레오, 무선전화기, 보조범퍼 등은 보험회사에 통보 후 추가보험료를 납부하여야 사고 시 보상혜택을 받을 수 있다.

5) 차량의 파손

주차 중 누군가의 소행에 의해 차량이 심하게 파손되었거나 못 등에 의해 차량에 흉측한 손상이 가해진 경우 보상받을 수 있다. 그러나 주·정차 중 타이어나 튜브에만 생긴 손해는 보상되지 않으며, 다른 부분과 함께 파손된 경우에는 보상된다.

6) 수리비의 구성과 종류

수리비는 부품대, 공임, 가수리비 및 미수선수리비, 인양 및 운반비로 구성된다. 부품대와 공임은 사고 직전의 상태로 원상회복에 소요되는 직접수리비이고, 가수리비는 파손자동차를 응급조치하기 위하여 행하는 출장수리비 등이다. 그리고 미수선수리비는 수리가 가능한 자동차를 수리하지 않고 매각하거나 폐차 처분하는 경우의 추정수리비이다. 이 추정수리비인 미수선수리비는 도덕적 위험의 원인이 되기도 한다.

| 제5절 | **기타 자동차보험** |

l. 운전자 보험

(1) 의의

운전자보험은 자동차보험에서 보장하지 않는 형사적 책임을 주로 보상하는 보험이다. 자가용과 영업용운전자를 대상으로 하는 보험으로 운행 중 신호위반, 속도위반, 스쿨존 사고 등 12대 중과실 사고, 피해자 사망 혹은 중상해 등의 경우 이때 필요한 교통사고처리지원금과 벌금, 변호사비, 합의금 등을 보상하는 보험이다. 또한, 운전자 자신이 사상한 경우 일정금액의 보험금을 지급해 줌으로써 운전자 및 그 가족의 생활안정에 도움을 주려는 보험이다. 지급항목은 실손보상과 정액보상으로 구분되어 있어 가입 시 우선 확인할 필요가 있다. 실손보상은 실제로 입은 손해만 보상하므로 보험금을 중복으로 받을 수 없지만 정액보상은 사전에 정해진 금액을 보상하기 때문에 각각의 보장금액만큼 중복보상이 가능하다.

(2) 보상내용 및 특성

운전자가 입원 시 또는 구속 시 가족의 생계비(1일 1만원의 정액)와 판결에 의한 벌금(2,000만원 한도), 방어비용(5백만원), 형사합의금[26](가입금액 내에서 피해자나 유가족과 합의한 실제금액의 실손)을 보상한다.

운전자보험은 일정의 사망보험금 및 후유장해보험금을 가입금액을 기준으로 지급해 주는 인보험의 상해보험과 손해보험의 비용보험이 혼합된 보험이다. 한편, 특약 가입 시 운전자 자신이 부상한 때에 의료비를 보상하게 된다.

2. 외화표시자동차보험

외국인 또는 외국기관 소유 자동차나 외국 군부대에 용역납품 등을 위해 출입하는 자동차를 대상으로 하는 보험으로 보험금액과 보험료가 외화로 표시된다.

담보내용은 신체상해배상책임(Bodily Injury Liability Coverage), 재물손해배상책임(Property Damage Liability Coverage), 차량손해(Physical Damage Coverage), 포괄손해(Comprehensive Coverage)와 충돌손해(Collision) 담보 중 택일, 의료비(Medical Payment)이다.

---

[26] 형사합의금이란 사고의 가해자의 요구로 피해자가 가해자의 형사처벌을 원치 않는다는 합의를 해 주는 조건으로 받게 되는 금원이다. 이때 합의서에 동의하는 피해자는 합의서에 '위로금 명목으로', '보험금과는 별도로' 등의 내용이 삽입되도록 하여 합의금이 형사적 합의의 대가가 아니라 위자료 명목으로 받았음을 명시할 필요가 있다. 그렇게 하지 않으면 판례에서 형사합의금을 손해배상액의 일부로 보아 피해자가 받을 보험금에서 공제하기 때문이다(대법원 2001.2.23. 선고 2000다46894 판결). 만약, 가해자입장에서 형사합의금으로 지급했다는 내용의 합의서를 피해자로부터 받는다면 가해자는 지급한 그 형사합의금을 보험금으로 청구할 수 있다.

3. 자동차취급업자 종합보험

자동차를 취급하는 것을 업으로 하는 자[27]의 배상책임과 차량손해를 보상하는 보험이다. 담보종목은 책임보험의 대인배상Ⅰ이 없다는 것을 제외하고, 영업용 자동차보험과 동일하다. 모든 자동차는 공로를 운행할 때 책임보험인 대인배상Ⅰ에 가입해야 하지만 공로로 운행하지 않는 취급업자가 피보험자에 해당하기 때문에 담보종목에서 제외하는 것이다.

| 제6절 | 자동차보험의 일반사항 |

1. 자동차보험의 피보험자

자동차의 운행은 일반적으로 소유자 이외에 그 가족, 친구, 피용자 등 여러 사람에 의해 이루어진다. 따라서 이들에 대한 운행자성의 인정과 자동차사고로 인한 이들의 책임도 보상범위에 포함시킬 필요가 있다. 그러므로 자동차보험은 배상책임, 생명·상해, 재물의 보험으로 종합적으로 구성되고, 피보험자도 기명피보험자뿐만 아니라 승낙피보험자, 친족피보험자, 사용피보험자, 운전피보험자에 이르기까지 적용범위가 <표 5-7>과 같이 보험의 종류에 따라 다르다.

표 5-7 자동차보험의 담보종류별 피보험자

담보종류	피보험자 범위
대인배상Ⅰ	기명·친족·승낙·사용·운전피보험자, 자동차보유자
대인배상Ⅱ 대물배상	기명·친족·승낙피보험자, 단, 자동차취급업자 제외
자기신체사고 (또는 자동차상해)	기명·친족·승낙·사용·운전피보험자와 그 피보험자의 부모, 배우자, 자녀 및 피용자
무보험차에 의한 상해	기명피보험자와 그 배우자

---

27) 정비업자, 주유업자, 급유업자, 세차업차, 판매업자, 탁송업자, 대리운전업자.

(1) 기명피보험자

기명피보험자는 보험증권의 피보험자란에 기재된 자이다. 기면피보험자는 자동차사고 당시 피보험자동차의 사용이나 관리 중에 있었는지는 관계없이 항상 피보험자의 지위를 가진다. 따라서 기명피보험자가 자동차사고에 책임을 질 수 있는 경우라면 보험자는 보상책임을 부담한다.

(2) 승낙피보험자

승낙피보험자는 기명피보험자의 승낙을 얻어 피보험자동차를 사용 또는 관리 중인 자이다. 예를 들어 기명피보험자로부터 운전자와 함께 차량을 임차하여 운행하는 임차인은 피보험자이다. 승낙피보험자로부터 다시 승낙받은 자는 승낙피보험자로 인정되지 않는다.

(3) 친족피보험자

친족피보험자는 기명피보험자와 같이 살거나 살림을 같이하는 친족으로서 피보험자동차를 사용 또는 관리 중인 자이다. 승낙피보험자와는 달리 기명피보험자의 승낙여부와는 관계없이 피보험자에 해당한다.

실무적으로 기명피보험자와 그 가족만으로 운전자 범위를 한정하는 가족운전자한정운전특별약관에서 기명피보험자의 가족의 범위는 다음과 같다. ① 기명피보험자의 부모와 양부모, 계부모 ② 기명피보험자의 배우자의 부모 또는 양부모, 계부모 ③ 법률상의 배우자 또는 사실혼 관계에 있는 배우자 ④ 법률상의 혼인관계에서 출생한 자녀, 사실혼 관계에서 출생한 자녀, 양자 또는 양녀, 계자녀 ⑤ 기명피보험자의 며느리 또는 사위(계자녀의 배우자 포함)로 약관에서 규정하고 있다.[28]

(4) 사용피보험자

사용피보험자란 기명피보험자의 사용자이다. 예를 들어 회사와 고용관계에

---

28) 하나손해보험(2020. 8), 에듀카 자동차보험, p.105.

있는 직원(기명피보험자)이 자기 소유의 자동차로 회사의 업무를 수행하던 중 사고를 발생시킨 경우 사용인의 회사는 자배법 제3조에 의한 운행자책임과 민법 제756조에 의한 사용자배상책임을 부담하게 되므로 회사는 피보험자의 범위에 포함된다. 이같이 기명피보험자인 직원이 피보험자동차를 사용자의 업무에 사용하고 있을 때에 한하여 사용피보험자로 인정된다.

(5) 운전피보험자

운전피보험자는 위에서 설명한 각 피보험자를 위하여 피보험자동차를 운전 중인 자와 운반보조자이다. 일반적으로 기명피보험자의 운전사를 의미한다.

2. 자동차의 양도에 관한 특칙규정

상법 제679조[29]에서 보험목적의 양도에 관해서 규정하고 있다. 일반 손해보험에서 양도인인 피보험자가 보험목적을 양도할 때 보험자의 승낙 없이도 보험관계가 양수인에게 승계된 것으로 본다. 하지만 자동차보험은 보험료 산출이 피보험자를 기준으로 이루어지고, 피보험자인 운전자의 개인 특성에 따라 위험률이 다르기 때문에 보험자의 승낙이 필요하다.

또한, 운전자인 피보험자는 대인·대물배상책임보험이나 자기차량보험 등에서도 자동차사고와 밀접한 관계에 있으므로 자동차의 양도 시에는 양수인은 반드시 보험자의 승낙을 얻은 경우에 한하여 보험관계의 승계를 인정하는 것으로 규정하고 있다. 양수인은 보험자에게 양수사실을 통지해야 하고, 통지를 받은 보험자는 지체 없이 낙부를 통지하여야 한다. 만약 통지를 받은 날로부터 10일 내에 낙부의 통지가 없을 때에는 승낙한 것으로 본다(상법 제726조의4).[30]

---

29) 상법 제679조(보험목적의 양도) ① 피보험자가 보험의 목적을 양도한 때에는 양수인은 보험계약상의 권리와 의무를 승계한 것으로 추정한다. ② 제1항의 경우에 보험의 목적의 양도인 또는 양수인은 보험자에 대하여 지체 없이 그 사실을 통지하여야 한다.

30) 상법 제726조의4(자동차의 양도) ① 피보험자가 보험기간 중에 자동차를 양도한 때에는 양수인은 보험자의 승낙을 얻은 경우에 한하여 보험계약으로 인하여 생긴 권리와 의무를 승계한다. ② 보험자가 양수인으로부터 양수사실을 통지받은 때에는 지체 없이 낙부를 통지하여야 하고 통지받은 날부터 10일 내에 낙부의 통지가 없을 때에는 승낙한 것으로 본다.

제16장 | 해상보험

제1절 해상보험의 의의와 성질

1. 해상보험의 의의

해상보험(marine insurance)이란 해상사업에 관한 사고로 인하여 선박, 적하, 운임 등에 생길 피보험자의 손해를 보험자가 보상할 책임이 있는 손해보험계약이다(상법 제693조).[1] 영국 해상보험법(marine insurance act; MIA, 1906) 제1조에서 "해상보험계약(contract of marine insurance)은 본 계약에 의해 합의된 방법과 범위 내에서 해상사업(marine adventure)에 수반하여 발생하는 해상손해를 보험자가 피보험자에게 보상할 것을 약속하는 계약"이라고 정의하고 있다. 이같이 해상보험계약은 해상운항에 기인하거나 수반하여 발생되는 위험으로 선박이나 화물에 발생할 손해를 계약에 의해 합의한 방법과 범위 내에서 해상보험증권과 보험약관의 규정에 따라 피보험자인 선주 또는 화주 등에게 보상하는 보험계약이다.

2. 해상보험의 성질

(1) 기업보험

해상보험은 해운업이나 무역업을 영위하는 기업들이 이용하는 보험이다. 개

---

[1] 상법 제693조(해상보험자의 책임) 해상보험계약의 보험자는 해상사업에 관한 사고로 인하여 생길 손해를 보상할 책임이 있다.

인이 아닌 기업이 보험자와 대등한 지위에서 계약의 내용을 결정하여 체결하는 기업보험이다. 기업보험으로서 당사자 간의 사적자치의 원칙이 존중되며, 상법상의 보험계약자 등의 불이익변경금지의 원칙이 적용되지 않는다(상법 제663조 단서).

(2) 국제적 성질(영국법 준거조항)

해상보험은 국가 간의 국제무역을 배경으로 해운업자나 무역업자들이 이용하는 보험이므로 국제적인 성격이 강하다. 실무에서 영국의 런던보험자협회(Institute of London Underwriter; ILT)가 중심이 되어 제정한 협회약관(institute clauses)을 우리나라를 비롯한 전 세계에서 표준약관으로 사용하고 있다. 이 약관에는 '영국의 법률과 관습에 따른다'는 준거법조항이 삽입되어 있고, 우리의 판례도 이 조항을 유효한 것으로 판시하고 있다. 따라서 해상보험계약에서는 우리의 상법보다 영국의 해상보험법이 우선 적용되는 법원이 된다.

(3) 운송보험, 수출보험과의 비교

해상보험은 보험의 목적이 운송용구인 선박, 적하(운송물, 화물), 운임 등인데 운송보험의 보험목적은 운송물만이고, 수출보험의 보험목적은 수입업자의 파산이나 계약의 불이행으로 인한 수출대금의 회수불능위험이다. 수출보험은 그 수출대금의 회수불능위험을 담보하는 보험이다.

제2절   해상보험계약의 요소

1. 보험의 목적(물) 및 보험계약의 목적(피보험이익)

해상보험에서 보험의 목적(물)(subject of marine insurance)은 보험사고의 대상이 되는 객체로서 선박 및 선박의 속구, 연료, 양식 기타의 항해에 필요한 모든 물건(상법 제696조), 적하(상법 제697조) 등이다. 보험계약의 목적은 피보험자의 보험의 목적(물)과의 금전적 이해관계로 피보험이익이다. 보험의 목적물에 대한 이해관계(피보험이익)에 따라 소유이익, 담보이익, 희망이익, 비용이익, 책임이익 등이 있다. 적하보험의 경우에 화물에 대한 소유주인 화주가 소유이익을 피보험이익으로, 보험료 또는 운임을 비용이익을 피보험이익으로, 그리고 화물에 대한 희망이익을 피보험이익으로 보험계약을 체결하고, 한편 화물의 담보권자는 화물에 대한 담보이익을 피보험이익으로 보험계약을 체결하고 보상을 받을 수 있다.

2. 보험사고(담보위험)

우리 상법에서 해상보험사고는 '해상사업에 관한 사고'로 포괄책임주의[2]에 입각하여 해상사업에 관하여 발생하는 모든 사고를 보험사고로 규정하고 있다. 해상보험자가 부담하는 보험사고는 해상고유(특유)의 사고(위험)(perils of the seas)인 선박의 침몰·좌초·충돌·악천후뿐만 아니라 항해 중에 발생할 수 있는 화재, 폭발, 투하, 도난, 해적, 억류, 선원의 불법행위 등 해상사업에 관한 모든 사고를 포함한다. 그리고 부두, 하치장 등에서 하역작업 중의 사고, 항해를 전후한 내수 또는 육상위험과 컨테이너 운송의 발달에 따른 복합운송이 활발해짐에 따라 항해와 관련된 육상위험도 포함한다. 단, 항해 중 여객 또는 선원의 생명·신체에 관련한 사고는 약관에 약정하지 않는 한 해상사업에 관한 사고로 보지 않는다.

3. 보험기간[3](책임기간)

보험기간이란 보험자의 책임기간이다. 여기에는 특정한 항해단위를 기준으로

---

[2] 포괄책임주의란 해상사업에 관련하여 발생하는 모든 사고를 보험사고로 포함하는 것이다. 이와 대별되는 열거책임주의는 보험증권에 기재된 위험과 그 유사한 종류의 위험만 보험사고로 포함하는 것이다. 영국해상보험법에서 적용하고 있다.

[3] 제699조(해상보험의 보험기간의 개시) ① 항해단위로 선박을 보험에 붙인 경우에는 보험기간은 하물 또는 저하의 선적에 착수한 때에 개시한다. ② 적하를 보험에 붙인 경우에는 보험기간은 하물의 선적에 착수한 때에 개시한다. 그러나 출하지를 정한 경우에는 그곳에서 운송에 착수한 때에 개시한다. ③ 하물 또는 저하의 선적에 착수한 후에 제1항 또는 제2항의 규정에 의한 보험계약이 체결된 경우에는 보험기간은 계약이 성립한 때에 개시한다. 제700조(해상보험의 보험기간의 종료) 보험기간은 제699조 제1항의 경우에는 도착항에서 하물 또는 저하를 양륙한 때에, 동조 제2항의 경우에는 양륙항 또는 도착지에서 하물을 인도한 때에 종료한다. 그러나 불가항력으로 인하지 아니하고 양륙이 지연된 때에는 그 양륙이 보통 종료될 때에 종료된 것으로 한다.

보험기간을 정하는 항해보험과 당사자가 일정기간으로 정하는 기간보험 그리고 이를 혼합한 혼합보험이 있다. 선박보험이나 적하보험의 보험기간 개시는 일반적으로 선적에 착수한·때이다. 하지만 선적에 착수한 이후에 선박이나 화물보험 계약이 체결된 경우는 계약이 성립한 때이다.

(1) 항해보험

항해보험(voyage policy)은 'A항으로부터 B항까지'와 같이 특정한 항해단위를 기준으로 보험기간을 정하는 것이다. 실무적으로 선박보험보다는 적하보험에서 많이 이용되며 선적항에서 선적에 착수한 때 또는 출하지에서 운송에 착수한 때부터 개시하여 양륙항 또는 도착지에 도착하여 하물을 인도할 때까지의 종료기간에 생길 위험을 책임지는 것이다.

(2) 기간보험

기간보험(time policy)은 일반적으로 00년 00월 00일 00시부터 00년 00월 00일 00시까지 또는 00년 00월 00일 00시부터 6개월, 1년 등 당사자가 약정한 일정한 기간을 보험기간으로 하는 것이다. 선박보험에 많이 이용된다.

(3) 혼합보험

혼합보험(mixed policy)은 특정한 항해와 일정한 기간을 기준으로 보험기간을 정하는 것이다. 예를 들어 부산에서 NY까지 및 도착 후 30일 동안을 보험기간으로 정하여 그 정해진 항해구간에서 정해진 기간 내에 발생한 해상사고만을 책임지는 것이다.

4. 보험가액과 보험금액

손해보험에서 보험가액의 산정은 일반적으로 보험계약체결 시 보험금액만 약정하고, 보험가액은 미리 약정하지 않는 미평가보험방식을 원칙으로 하여 사고가 발생한 때와 곳의 가액으로 손해액을 산정하게 된다. 이를 해상보험에 적용하게 되면 초과·일부보험의 문제와 보험가액의 평가에 대한 분쟁이 발생될 가능성이 있으므로 미평가보험방식을 적용할 때에는 보험가액불변경주의에 따른다.

선박보험에서는 보험자의 책임이 개시된 때의 선박의 속구, 연료, 식량 기타 항해에 필요한 모든 물건을 포함한 선박가액(상법 제696조, MIA 제16조), 적하보험에서는 선적한 때와 곳의 적하의 가액과 선적 및 보험에 관한 비용을 포함한 가액(상법 제697조), 희망이익보험에서는 보험금액을 보험가액으로 추정하여 평가한다(상법 제698조). 실무적으로 해상보험에서 보험가액의 산정은 보험계약체결 시 미리 보험가액을 약정하는 기평가보험방식을 이용한다.

제3절 | 해상보험자의 보상범위와 면책사유

I. 손해보상의 범위

해상보험자는 보험기간 중에 약정한 해상보험사업에 관한 사고로 보험목적에 발생한 피보험자의 손해를 보상할 책임이 있다. 해상손해는 피보험이익의 전부에 혹은 일부에 생긴 것인가에 따라 전손과 분손으로 구분한다.

(1) 전손

전손(total loss)이란 보험기간 중에 보험사고로 피보험이익의 전부가 멸실된 경우로 현실전손과 추정전손으로 구분된다. 현실전손은 일반보험에서의 전손개념이고, 추정전손은 해상보험에서만 인정하는 개념이다.

1) 현실전손(절대전손)

현실전손(actual total loss; ATL)이란 절대전손(absolute total loss)이라고도 하며, 보험의 목적물이 현실적으로 전멸된 경우이다. 영국 해상보험법(MIA 제57조)에 의하면 현실전손이 되는 경우는 다음과 같다.
   ① 보험의 목적물이 폭풍우, 충돌, 좌초, 화재 등으로 완전히 파손되어 상품가치가 완전히 멸실되었을 경우
   ② 피보험자가 보험의 목적물이 적대국에 압류되거나 전시에 적에게 포획되어 다시 찾을 수 없는 경우

③ 선박의 존부가 상당한 기간(2개월) 행방불명(missing ship)된 경우(상법 제711조)

④ 선장의 공동해손처분행위로서 적하를 바다에 투하한 후 구조할 수 없는 경우

2) 추정전손

추정전손(constructive total loss; CTL)이란 보험의 목적물이 실제로 전부 멸실되지는 않았지만 그 손해의 원인과 정도를 입증하기 어려울 경우 또는 경제성을 평가하여 의제에 의해 전손으로 추정하는 것이다. 현실전손은 법률상으로나 사실상의 전손인 데 비하여 추정전손은 피보험자가 위부(abandonment)[4]를 통하여 전손보험금을 청구할 수 있도록 하기 위해 전손으로 전환된 것이다.

우리 상법에서 추정전손으로 인정할 수 있는 보험위부의 원인은 다음과 같다.

① 선박이나 화물의 점유박탈로 회복의 가능성이 없을 때 또는 그것을 회복하는 비용이 회복한 후의 가액을 초과할 경우

② 선박의 수리비용이 수리 후의 선박가액을 초과할 경우

③ 화물의 수선비와 목적지까지 운송비의 합계액이 도착 후의 화물가액을 초과하는 경우 등이다.

(2) 분손

분손(partial loss)은 피보험이익의 일부가 멸실 또는 손상됨으로써 발생한 손해로 전손이 아닌 모든 손해를 말한다. 분손에는 보험목적의 직접손해인 단독해손 및 간접손해의 성격을 가진 공동해손과 비용손해가 있다.

1) 단독해손

단독해손(particular average; P.A.)은 선박이나 화물에 대한 피보험이익의 일부에 발생하는 손해로서 공동해손이 아닌 분손으로 피보험자가 단독으로 입은 손해이다. 따라서 단독해손의 분손은 분손이 귀속되는 당사자에 의하여 부담되는 것이다.

---

4) 위부란 해상손해가 추정전손으로 인정되는 경우 피보험자는 그 보험의 목적물에 대하여 갖는 일체의 권리를 보험자에게 위부(포기: abandonment)하는 공식적인 의사표시를 하고, 일체의 권리를 이전하여 현실전손과 동일한 보험금액 전액을 청구할 수 있는 제도이다. 해상보험에서 추정전손의 요건이 인정되는 경우 피보험자가 위부라는 특별한 의사표시에 의하여 손해발생의 사실이나 손해액의 산정절차를 생략하여 소요되는 시간이나 비용을 줄이기 위한 목적의 제도이다. 잔존물대위(subrogation)가 이중이득의 금지에 목적이 있는 것과는 구별된다.

2) 공동해손

공동해손(general average; G.A.)은 항해 도중에 선박, 화물 및 운임이 폭풍우를 만나 침몰될 공동의 위험에 처한 경우에 선장은 그 위험을 피하기 위해 선박 또는 적하(화물)의 일부를 희생적으로 투하(jettison) 처분할 수 있다. 선장의 처분행위로 손해를 면하게 된 선박 또는 적하의 이익관계자 모두가 공동으로 공평하기 분담하는 분손이 공동해손이다.

위험을 피하기 위해 화물의 일부를 선외로 버리는 투하(jettison)와 같은 물질적 손해를 공동해손희생(general average sacrifice)이라고 하고, 선박이 위험한 장소에 좌초된 경우 선박을 구하기 위해 예선을 사용함으로써 발생하는 비용손해를 공동해손비용(general average expenditure)이라고 한다. 이와 같은 비상조치로 인하여 발생한 손해는 그로 인하여 위험을 면하게 된 이익관계자들이 그들이 받은 혜택의 정도에 따라 분담하게 되는데, 이 분담액을 공동해손분담금(general average contribution)이라 한다.

예를 들어 A와 B가 미국에서의 수입품을 운송하기 위해 운송업자 C와 운송계약을 체결하였고, A는 X보험사, B는 Y보험사와 각각 해상보험계약을 체결하였다. 태평양을 항해하는 도중에 풍랑을 조우하여 침몰위기에 처하자 C선박의 선장은 적재된 적하 중 A의 수입품을 투하하여 선박의 무게를 가볍게 한 후에 목적지에 도착할 수 있었다. 이때 A의 손해가 공동해손이고, A의 희생으로 위험을 면하게 된 B와 C의 분담액이 공동해손분담금이다. 공동해손의 정산은 보통 공동해손에 관한 국제통일규칙인 요오크-엔트워프규칙(York-Antwerp Rules; Y/A Rules 2004)에 의해 이루어진다.

3) 비용손해[5]

비용손해는 보험의 목적물의 멸실이나 손상과는 관계없이 보험의 목적물을

---

[5] 해상보험에서 비용손해와 관련된 규정은 다음과 같다. 상법 제694조(공동해손분담액의 보상) 보험자는 피보험자가 지급할 공동해손의 분담액을 보상할 책임이 있다. 그러나 보험의 목적의 공동해손분담가액이 보험가액을 초과할 때에는 그 초과액에 대한 분담액은 보상하지 아니한다. 제694조의2(구조료의 보상) 보험자는 피보험자가 보험사고로 인하여 발생하는 손해를 방지하기 위하여 지급할 구조료를 보상할 책임이 있다. 그러나 보험의 목적물의 구조료분담가액이 보험가액을 초과할 때에는 그 초과액에 대한 분담액은 보상하지 아니한다. 제694조의3(특별비용의 보상) 보험자는 보험의 목적의 안전이나 보존을 위하여 지급할 특별비용을 보험금액의 한도내에서 보상할 책임이 있다.

손해로부터 방지나 경감하기 위하여 피보험자가 지출하는 비용을 말한다. 비용손해에는 손해방지비용(sue and labour charges), 구조비(salvage charges), 특별비용(special charges)을 말한다. 기타 비용으로 공동해손분담금(general average contribution), 배상책임손해인 충돌손해배상금(선박의 경우), 손해조사비용(loss survey charges) 등이 있다. 비용손해는 비록 원칙적으로 보험자가 부담하지 않는 보험외적인 간접손해이지만 예외적으로 보험자가 이를 부담한다.

2. 면책사유

해상보험은 손해보험에 속하므로 손해보험에 일반적으로 적용되는 보험계약자 측의 고의 또는 중대한 과실(상법 제659조), 전쟁 기타 변란(상법 제660조), 보험목적물의 성질, 하자 또는 자연소모(상법 제678조)가 법정면책사유로 당연히 적용된다. 또한 상법은 해상기업과 해상위험의 특수성으로 추가로 다음과 같은 법정면책사유[6]를 규정하고 있다.

(1) 감항능력 흠결로 인한 손해

감항능력(seaworthiness)은 '선박의 특정한 항해에서 통상적인 위험을 견딜 수 있는 능력'을 의미한다. 선박의 시설이 특정 항해에서 통상적인 해상위험을 극복하기 위한 물적 감항능력과 선장, 선원의 경험이나 기량 및 인원의 수도 통상적인 위험을 감당할 수 있는 인적 감항능력을 갖춘 것을 의미한다.

항해보험이건 기간보험이건 선박 또는 운임보험의 경우 감항능력의 흠결로 인한 손해는 보험자의 면책사유이다. 그리고 필요한 서류를 비치하지 않음으로 인하여 생긴 선박의 압류·포획, 운임손해도 면책사유이다.

(2) 용선자 등의 고의나 중과실로 인한 손해

적하보험에서 용선자, 송하인 또는 수하인은 보험계약자나 피보험자는 아니지

---

6) 상법 제706조(해상보험자의 면책사유) 보험자는 다음의 손해와 비용을 보상할 책임이 없다. 1. 선박 또는 운임을 보험에 붙인 경우에는 발항당시 안전하게 항해를 하기에 필요한 준비를 하지 아니하거나 필요한 서류를 비치하지 아니함으로 인하여 생긴 손해 2. 적하를 보험에 붙인 경우에는 용선자, 송하인 또는 수하인의 고의 또는 중대한 과실로 인하여 생긴 손해 3. 도선료, 입항료, 등대료, 검역료, 기타 선박 또는 적하에 관한 항해 중의 통상비용

만 보험의 목적인 적하를 관리하는 위치에 있는 자이므로 이들의 고의 또는 중과실 사고도 면책사유가 된다. 용선자와 송하인은 해상물건운송계약의 당사자이고, 수하인은 운송물을 수령할 권리를 가지는 자이므로 이들의 고의나 중과실로 인한 손해는 보험계약자나 피보험자의 고의 또는 중과실로 볼 수 있기 때문이다.

(3) 항해 중의 통상비용

도선료, 입항료, 등대료, 검역료, 기타 선박 또는 적하에 관한 항해 중의 통상비용은 운임에서 당연히 지급되는 예상 가능한 비용으로 우연성이 없는 손해이므로 면책사유이다.

(4) 위험의 변경

보험계약에서 보험기간 중에 보험계약자 측의 고의나 중대한 과실로 인하여 사고발생의 위험이 현저하게 변경·증가된 때에는 보험자는 보험료증액이나 계약해지를 할 수 있다. 이는 해상보험에서도 적용하지만 해상위험의 특성상 위험의 변경·증가로 증명하기가 어려운 항해변경 또는 이로[7], 발항 또는 항해지연,[8] 선박변경·양도[9] 등 보험관계의 변동은 보험사고의 발생과 아무런 인과관계가 없더라도 보험자의 책임은 면하게 하거나 계약이 소멸되는 것으로 규정하고 있다. 이들 사항은 오랜 경험상 위험률의 변경을 가져올 수 있기 때문이다. 단, 이로나 발항 또는 항해의 지연이 인명구조, 해상고유의 사고, 풍랑이나 악천후 등 정당한 사유로 인정되는 경우에는 예외이다.

---

[7] 제701조의2(이로) 선박이 정당한 사유 없이 보험계약에서 정하여진 항로를 이탈한 경우에는 보험자는 그때부터 책임을 지지 아니한다. 선박이 손해발생 전에 원항로로 돌아온 경우에도 같다.

[8] 제702조(발항 또는 항해의 지연의 효과) 피보험자가 정당한 사유 없이 발항 또는 항해를 지연한 때에는 보험자는 발항 또는 항해를 지체한 이후의 사고에 대하여 책임을 지지 아니한다.

[9] 제703조(선박변경의 효과) 적하를 보험에 붙인 경우에 보험계약자 또는 피보험자의 책임있는 사유로 인하여 선박을 변경한 때에는 그 변경 후의 사고에 대하여 책임을 지지 아니한다. 제703조의2(선박의 양도 등의 효과) 선박을 보험에 붙인 경우에 다음의 사유가 있을 때에는 보험계약은 종료한다. 그러나 보험자의 동의가 있는 때에는 그러하지 아니하다. 1. 선박을 양도할 때 2. 선박의 선급을 변경한 때 3. 선박을 새로운 관리로 옮긴 때.

제4절	해상보험의 종류

해상보험에는 해운업자인 선주들이 이용하는 선박보험(hull insurance), 무역업자인 화주들이 이용하는 적하보험(cargo insurance), 선주, 화주 그리고 용선자들이 이용하는 운임보험(freight insurance) 그리고 선주의 법률상 배상책임 가운데 부두와 선거에 대한 손상 또는 선원이나 타인의 신체상해, 사망 및 오염이나 오탁으로 인한 법률상 배상책임을 보상하는 선주책임상호보험으로 칭해지는 P&I(Protection & Indemnity)보험이 있다. P&I보험은 선주의 선체보험과 선주의 화주에 대한 손해배상책임을 포함한다.

I. 선박보험

(1) 선체보험

선체보험(hull & machinery insurance)은 선박의 선체는 물론이고, 모든 선박자재, 의장, 선구, 기관과 항해용구 및 기타 비품들을 포함하는 선박을 보험의 목적으로 하여 보험기간 중에 발생한 피보험위험(insured perils)에 근인하여 발생하는 물적 손실과 비용손해를 보상하는 보험이다. 예외적으로 선박과 선박 간의 충돌사고로 인해 상대 선박에 지급해야 하는 법적 충돌손해배상금을 추가 보상한다. 선체보험은 선박보험의 가장 대표적인 것으로 실무에서 선박보험이라고 한다. 선박보험은 운임보험이 독자적인 보험으로 인수되기도 하지만 통상적으로 이 운임보험까지 포함한다.

선박보험은 1년을 단위로 하는 기간보험이며, 런던보험자협회(Institute of London Underwriters)가 제정한 협회기간약관(Institute Time Clauses-Hulls; ITC-Hulls, 1/10/83)을 사용한다. 한편, 한 항해를 보험기간으로 하는 항해보험으로 가입하는 경우도 있다. 이때는 협회항해약관(Institute Voyage Clauses-Hulls; IVC-Hulls)을 사용한다.[10]

---

10) 보험연수원(2021. 6), 앞의 책, p.377.

(2) 계선보험

계선보험(port risk insurance)은 선박이 준설선과 같이 일정한 항구에서만 작업하거나 특정한 사정으로 예를 들어 원양어선이 금어기 동안 일정한 항구 내에서 계선(계류, 정박)하는 경우 보험료 절감을 위해 이용하는 보험이다. 계선위험은 항해위험에 비하여 위험률이 현저히 낮기 때문이다. 그리고 계선보험의 요율은 태풍 등의 이유로 계절에 따라 달리 적용될 수 있다.

(3) 선박불가동손실보험

선박불가동손실보험(loss of earning/hire insurance)은 선체보험증권에서 보장되는 위험에 기인한 선박손상으로 선박이 운항할 수 없게 되는 경우에 선박의 가동능력이 회복될 때까지 선주나 선체용선자가 입게 되는 예상수익의 손실을 보상하는 보험이다.

일반 선박보험이 해상위험에 의한 선박의 물적 손해를 보상하는 데 주력하고 있음에 반하여 선박불가동손실보험은 특정한 해상위험에 의해 선박이 불가동상태에 빠진 경우에 선주가 입는 경제적 손실을 보상하는 보험이다.

(4) 선박건조보험

선박건조보험(builder's risk insurance)은 선박의 건조중, 진수시 및 시운전시에 해상위험이나 육상위험에 의하여 발생하는 조선업자의 손해를 보상할 것을 목적으로 하는 보험이다. All Risk 보험으로 건조중의 화재, 풍수해, 전복 등을 담보하고 있으며, 진수시나 시운전시에 침몰, 좌초, 충돌 등의 위험을 담보하고 있다. 선박건조보험에는 협회건조위험약관(institute clauses for builder's risk)이 사용된다.

2. 적하보험

(1) 선박미확정의 적하예정보험[11]

선박미확정의 적하예정보험이란 적하보험에서 보험계약을 체결할 당시에 화물을 적재할 선박이 확정되어 있지 않는 예정보험[12]이다. 보험계약의 체결지와 선적지가 다르거나 체결시점과 선적시점이 다른 경우에 선박만을 미지정한 상태에서 계약체결을 유효하게 인정함으로써 무보험상태를 방지하기 위한 제도이다.

보험계약자 또는 피보험자는 당해 하물이 선적되었음을 안 때에는 선박의 명칭과 국적을 알 수 있기 때문에 그 선박의 명칭, 국적과 하물의 종류, 수량과 가액을 보험자에게 통지하여야 한다.

(2) 복합운송업자보험(컨테이너보험)

복합운송업자보험(컨테이너보험)은 복합운송에 사용되어 컨테이너운송을 전제로 하고 있다. 컨테이너보험은 컨테이너 자체의 보험(container itself insurance), 컨테이너 소유자(임차인도 포함)의 제3자에 대한 배상책임보험(container owner's third party liability insurance), 컨테이너 운영자의 화물손해배상책임보험(container operator's cargo indemnity insurance) 등으로 나누며, 이들 세 가지 보험을 일괄하여 하나의 증권으로 인수한다.

(3) 희망이익보험

보험의 목적인 적하가 최종목적지에 무사히 도착한다면 화주가 얻을 수 있는 것으로 기대되는 이익을 희망이익(expected profit)이라고 하고, 이 이익을 부보하

---

11) 상법 제704조(선박미확정의 적하예정보험) ① 보험계약의 체결 당시에 하물을 적재할 선박을 지정하지 아니한 경우에 보험계약자 또는 피보험자가 그 하물이 선적되었음을 안 때에는 지체 없이 보험자에 대하여 그 선박의 명칭, 국적과 하물의 종류, 수량과 가액의 통지를 발송하여야 한다. ② 제1항의 통지를 해태한 때에는 보험자는 그 사실을 안 날부터 1월 내에 계약을 해지할 수 있다.

12) 예정보험(floating policy)이란 보험계약체결 당시에는 주요 원칙만 합의되고, 적재할 선박, 적하물의 종류, 보험금액 등 보험계약 내용의 일부가 확정되지 않은 보험계약이다. 적하보험에서 계약체결 당시에 보험계약 내용 일부를 확정할 수 없는 사정이 있을 때 확정될 때까지 기다리지 않고 대기하는 동안의 위험을 담보받기 위한 것이다. 보험계약자는 미확정부분이 확정되면 보험자에게 통지하여야 한다.

는 보험을 희망이익보험(expected profit insurance)이라 한다. 화주의 희망이익은 대부분 적하보험으로 체결되고 있다.

희망이익은 적하의 도달에 의하여 이익의 획득을 기대할 수 있는 사람에게 귀속되는 것이므로 적하의 소유주만이 이 같은 수익이익을 가진다. 희망이익보험의 가입은 보험료를 화물가액의 일정비율(예를 들어 10%)로 정하고, 적하보험에 부수하여 이루어진다.

3. 운임보험

운임보험(fright insurance)이란 해상운임을 보험목적물로 하는 보험으로서 선박이 해난사고로 인하여 항해를 중단하거나 포기하는 경우에 그 사고가 발생하지 않았더라면 취득하였을 선주의 운임을 보상해 주는 보험이다.

운임은 선지급운임과 후지급운임으로 대별된다. 첫째, 선지급운임인 경우 선하증권에 최종목적지까지 화물을 운송하지 못하였다고 하더라도 선지급된 운임은 반환되지 않는다는 조항을 명시하고 있으므로 화주가 운임보험에 가입할 필요가 있다. 그러나 통상 화주는 적하보험 부보시 보험금액을 CIF가격의 110%로 가입하기 때문에 화주의 운임손실위험은 적하보험에서 담보된다. 둘째, 후지급운임인 경우 항해중단으로 인한 운임손실위험을 선주가 부담하므로 선주가 운임보험에 가입하게 된다. 운임보험은 별개의 운임약관이 포함된 해상보험증권으로 인수되기도 하지만 통상 선박보험약관에 포함되어 있다.

4. 배상책임보험

해상보험에 의해 인수되는 배상책임보험(liability insurance)은 선박보험의 일부인 충돌배상책임보험과 P&I보험으로 다시 구분된다.

(1) 충돌배상책임보험

선박보험에 포함되는 충돌배상책임보험(collision liability insurance)은 선박충돌사고로 인하여 상대 선박에게 지급해야 하는 손해배상금을 특정 한도(선박보험상 협정보험가액)까지 보상한다. 즉, 선박보험증권상 3/4충돌배상책임약관(3/4

collision liability clause)에 의하여 피보험선박이 상대 선박 또는 그 선박에 적재된 화물에 손상을 야기한 경우에 선주의 법률상 배상책임의 3/4까지 보상된다. 그러나 이 약관은 상대 선박과 그 화물에 대한 충돌 손해만을 보상하며, 상대 선박 및 그 선박에 적재된 화물의 제거비용, 선원 및 여객의 상해와 사망, 유류오염 등으로 발생하는 법률상 배상책임은 보상하지 않는다.

(2) P&I보험(선주책임상호보험)

P&I보험(protection and indemnity insurance)은 해상배상책임보험으로서 해상보험회사가 아닌 선주책임상호조합이라고 부르는 P&I Club에 의해 별도의 보험증권으로 인수되는 보험이다.

P&I에서 담보하는 위험은 Protection과 Indemnity로 나눌 수 있는데 Protection(선박보호)은 선주의 제3자에 대한 배상책임 및 선원에 대한 고용주로서의 배상책임으로 선박보험의 선박보험증권상 3/4충돌배상책임약관에서 보상되지 않는 나머지 1/4손해를 보상하는 것을 말하며, Indemnity(배상)는 주로 화물의 운송인으로서의 화주에 대한 배상책임을 담보위험으로 하고 있다. 우리나라도 한국선주상호보험조합이 2000년 1월 25일에 설립인가를 받아 현재 운영되고 있다.

P&I보험에서 보상될 수 있는 주요한 배상책임은 ① 선원과 여객 및 제3자의 인명의 상실, 신체상해와 질병의 인적손해 ② 선박에 적재된 화물의 손상 ③ 부두와 선거, 방파제 및 기타 고정물체의 손상 ④ 타 선박과의 충돌이 아닌 다른 원인으로 야기된 타 선박과 그 화물의 손상 ⑤ 항구의 제규칙의 위반으로 인해 예기치 않게 지출되는 벌금과 과태료 ⑥ 법률이 난파선의 제거의무를 규정하고 있는 경우에 지출되는 비용인 난파물 제거비용이다.

제1절 화재보험의 의의

　화재보험(fire insurance)이란 보험의 목적(부동산 또는 동산)이 화재로 인하여 생길 피보험자의 재산상의 손해에 대하여 보험자가 보상을 책임지는 손해보험계약이다(상법 제683조).[1]

　화재보험은 개인이 소유하는 주택, 상점, 창고, 가재도구나 기업의 생산시설인 공장, 제품 또는 원재료 등 부동산이나 동산이 화재로 인하여 멸실·손상된 직접손해뿐만 아니라 잔존물의 제거비용, 소방손해, 피난손해 등과 같은 간접손해까지 확장담보하고 있는 보험이다.

제2절 화재보험계약의 요소

1. 보험사고

　화재보험계약은 화재로 인하여 발생한 손실을 보상할 것을 약정하는 계약이므로 보험사고는 화재이다. 상법 규정에는 없으나 판례나 실무에서 '화재란 불

---

[1] 상법 제683조(화재보험자의 책임) 화재보험계약의 보험자는 화재로 인하여 생긴 손해를 보상할 책임이 있다.

(fire)이 통상의 용법을 벗어나 독립하여 열 또는 빛을 수반하는 화력의 연소 작용으로 발생한 재해(재앙)'로 해석하고 있다(대법원 2003.10.23. 선고 2001다18285 판결). 가스 불, 용광로의 불, 봄철 논두렁에 놓는 쥐불은 그 통상의 용법에서 벗어나지 않았을 때는 유용한 불(friend fire)로 화재가 아니다. 그러나 그 용법이나 장소를 벗어나 화력에 의한 연소 작용의 해로운 불(hostile fire)에 의한 화재는 보험사고가 되는 것이다.

2. 보험의 목적과 보험계약의 목적(피보험이익)

(1) 의의 및 취지

화재보험의 가입대상인 보험의 목적은 동산이든 부동산이든 그리고 동산의 경우 특정의 개별적인 것이든 집합된 것이든 불에 탈 수 있는 유체물이면 가능하다. 보험의 목적을 부동산인 건물로 한 때에는 그 소재지, 구조와 용도, 동산으로 한 때에는 그 존치한 장소의 상태와 용도를 보험가액과 함께 보험증권에 기재하도록 규정하고 있다(상법 제685조). 이들 사항을 허위로 기재하게 되면 보험계약이 무효가 되거나 고지의무위반으로 보험자의 면책사유가 될 수 있다. 당사간의 분쟁이나 도덕적 위험을 방지하기 위한 것이다.

보험의 목적은 동일하더라도 피보험자가 다를 때에는 보험계약의 목적인 피보험이익이 다르다. 예를 들어 하나의 건물에 대해서도 소유자의 피보험이익, 임차인의 피보험이익, 담보권자의 피보험이익 등으로 나눌 수 있으므로 동일한 보험의 목적에 대해서 피보험자는 각자의 피보험이익에 따라 각각 자기를 위한 보험은 물론 타인(제3자)을 위한 보험으로도 체결할 수 있다.

(2) 집합보험 및 총괄보험

집합보험이란 수개의 독립한 여러 동산을 일괄하여 보험의 목적으로 부보하는 것이다(상법 제686조).[2] 예를 들어 피보험자와 그 가족 및 사용인의 동산인 물

---

2) 상법 제686조(집합보험의 목적) 집합된 물건을 일괄하여 보험의 목적으로 한 때에는 피보험자의 가족과 사용인의 물건도 보험의 목적에 포함된 것으로 한다. 이 경우에는 그 보험은 그 가족 또는 사용인을 위하여서도 체결한 것으로 본다.

건, 즉 그들의 가구나 집기 또는 공장의 기계, 비품이나 원자재 등을 일괄적으로 보험의 목적에 포함시키는 것이다. 따라서 이 집합보험은 그 가족 또는 사용인을 위한, 즉 타인을 위한 보험계약이 성립되어 그들도 당연히 이 계약의 이익을 받는다(상법 제639조 제2항).

집합보험 중에서 보험의 목적이 가구나 집기로 특정되어 있는 보험을 '특정보험'이라고 하고, 물류창고의 물건이나 슈퍼의 상품과 같이 보험기간 중 그 일부 또는 전부가 수시로 교체가 될 것이 예정되어 특정되어 있지 않은 보험을 '총괄보험'이라고 한다. 총괄보험은 그 성질상 단체보험에서 단체구성원인 피보험자의 교체를 예정하고 인정하는 예정보험(open insurance)이라고 할 수 있다. 총괄보험은 보험기간 중에 보험의 목적이 수시로 교체된 경우에도 화재 발생 당시 물류창고나 슈퍼 안에 현존하는 물건은 보험목적에 포함한 것으로 하여 보험보호를 받게 된다(상법 제687조).[3] 그러나 보험목적에 해당하는 물건이 제3자에게 판매되거나 집합된 물건에서 완전히 분리된 경우에는 보험목적에서 제외되므로 보험보호를 받을 수 없다.

3. 화재보험자의 손해보상책임

(1) 보험자의 보상책임(위험보편의 원칙)

보험자는 보험의 목적에 화재로 인하여 생긴 손해는 그 화재의 원인을 묻지 않고 보상할 책임이 있다는 것을 이론적인 의미에서 '위험보편의 원칙'이라 한다. 예를 들어 폭발(파열)[4], 벼락, 지진, 누전 등 화재의 원인을 불문하고 보험자는 보상책임을 진다는 것이다. 하지만 실무적으로 약관에서 법정 또는 약정 면

---

3) 상법 제687조(동전) 집합된 물건을 일괄하여 보험의 목적으로 한 때에는 그 목적에 속한 물건이 보험기간 중에 수시로 교체된 경우에도 보험사고의 발생 시에 현존한 물건은 보험의 목적에 포함된 것으로 한다.

4) 폭발(파열)은 화학적 폭발(파열)과 물리적 폭발(파열)로 구분할 수 있다. 전자는 급격한 산화반응을 포함하는 화학반응으로 용적의 급격한 팽창과 연소작용을 일으키는 현상으로 거의 반드시 화재를 수반 (예, 가연성 가스폭발 등)한다. 후자는 화학반응 없이 용적의 급격한 팽창에 의한 폭발로 ① 부피팽창에 의한 폭발: 보일러 내의 물이 수증기로 일제히 변화하여 폭발 ② 용기의 내부압력 증가: 콤프레셔 압축공기 탱크의 폭발 ③ 원심력에 의한 폭발: 고속회전체의 균열에 의한 폭발 등을 들 수 있다.

책사유를 정하여 이 원칙을 제한하고 있다. 예를 들어 폭발사고 시 그 자체로 인한 화재손해가 일반화재보험약관에서 면책사유로 되어 있는 것은 이 원칙에 반하는 것이다. 그러나 폭발 후 그 결과로 발생한 화재손해는 이들 간의 상당인과관계가 없으므로 보상한다고 폭발면책약관에 규정하고 있다.

(2) 보험자의 보상범위(상당인과관계의 손해)

보험자의 보상범위는 화재와 상당인과관계가 있는 손해에 한정한다. 화재보험에서 상당인과관계를 인정하고 있는 손해로는 화재로 인한 직접적인 손해와 화재의 소방 또는 손해의 감소에 필요한 조치로 인한 소방손해 및 피난손해이다(상법 제684조).[5] 소방손해는 보험계약자나 피보험자이외에 소방대원이나 기타의 자에 의한 경우도 인정한다. 그리고 화재보험표준약관에서 잔존물제거나 보전비용, 손해방지비용, 대위권보전비용, 기타 협력비용지급을 약정하고 있다(화재보험표준약관 제3조 제2항).

한편, 상당인과관계로 인정하지 않는 손해로는 화재 현장에서 안전하게 옮겨놓은 물건이 분실되거나 도난당한 경우이다. 이를 인정하게 되면 동산의 일부를 은폐한 후 보상을 청구하는 도덕적 위험이 발생할 수 있기 때문이다.

(3) 면책사유

보험사고가 보험계약자 측의 고의 또는 중대한 과실로 인하여 생긴 때(상법 제659조), 전쟁 기타의 변란으로 인하여 생긴 때(상법 제660조) 및 보험목적의 성질, 하자 또는 자연소모로 인한 손해(상법 제578조)는 법정면책사유로서 화재보험계약에도 적용된다. 그러나 전쟁 등으로 인한 면책과 보험목적물의 성질 등에 의한 면책사유는 보험자가 특별히 책임진다는 약관의 약정으로 가능하다.

약관면책사유로는 도난 또는 분실손해, 자연발화손해, 수도관·수관·수압기 등의 파열손해, 지진·분화·해일·소요손해, 핵연료물질 또는 방사능오염으로 인한 손해, 보험목적물의 장기간 방치 등이 있다.

---

5) 상법 제684조(소방 등의 조치로 인한 손해의 보상) 보험자는 화재의 소방 또는 손해의 감소에 필요한 조치로 인하여 생긴 손해를 보상할 책임이 있다.

제3절	화재보험의 종류

화재보험은 보험의 목적인 대상물건에 따라 세 가지로 구분하고 있는데 주택, 아파트, 수용가재 등을 대상으로 하는 주택물건과 점포, 사무실 및 창고물건을 대상으로 하는 일반물건 그리고 공장을 대상으로 하는 공장물건이다. 이러한 부보대상물건에 따라 화재보험은 <표 5-8>과 같이 크게 주택화재보험(주택물건)과 일반화재보험(일반물건, 공장물건) 그리고 이들을 혼합한 종합보험으로 구분한다. 또한, 일정규모이상의 많은 사람들이 이용하는 특수건물(다중이용대형건물) 소유자의 의무보험인 특수건물화재보험이 있다.

표 5-8   화재보험의 구분과 담보내용

구 분	보험의 목적(보험가입 대상)	담보내용(보통·특별약관)
주택화재보험	주택물건(단독주택, 아파트, 별장 등) 및 수용가재	• 화재(벼락 포함)에 따른 직접손해(폭발, 파열은 주택화재보험에서만 담보), 연기 • 변색손해, 소방손해, 피난손해(피난지에서 보험기간 내의 5일 동안에 생긴 위의 손해) • 위의 사고로 인한 잔존물 제거비용, 손해방지비용 등
화재보험 (일반/공장)	주택물건 및 공장물건을 제외한 일반물건(시장물건, 사무실, 점포, 학교, 병원, 소규모 창고, 농·수협창고, 보세창고 등)	
	각종 공장 또는 작업장(부속창고, 부속동력실) 등의 공장물건	

1. 주택화재보험

(1) 보험의 목적(가입대상물건: 주택물건)[6]

1) 주택

주택으로만 쓰이는 건물인 단독주택, 주택의 부속건물로서 가재만을 수용하

---

6) 보험연수원(2021, 6), 앞의 책, pp.39-40.

는 데 쓰이는 곳, 연립(다세대)주택, 아파트(주상복합아파트의 주거용도 부분 포함)로서 각호, 실이 모두 주택으로만 쓰이는 것과 수용가재이다.

2) 주택병용

주택병용 물건으로서 내직(內職) 또는 출장치료 정도의 것으로 아래의 용도로 사용하는 건물 및 그 수용가재로서 다음과 같다.

① 교습소(피아노, 꽃꽂이, 국악, 재봉 및 이외 비슷한 것)

② 치료(안수, 침질, 뜸질, 정골, 조산원 등 이외 비슷한 것)

(※ 콘도미니엄, 오피스텔, 기숙사 건물, 공장내 기숙사는 주택물건이 아니다.)

3) 명기물건(보험증권에 기재한 물건)

명기물건에는 통화, 유가증권, 인지, 우표, 귀금속, 귀중품(무게나 부피가 휴대할 수 있으며, 점당 300만원 이상), 보옥, 보석, 글, 그림, 골동품, 조각물, 원고, 설계서, 도안, 물건의 원본, 모형, 증서, 장부, 금형(쇠틀), 목형(나무틀), 소프트웨어 등이 있고, 실외 및 옥외에 쌓아 둔 동산이 해당되며, 보험증권에 기재하여야 보험의 목적이 된다.

4) 자동담보물건(다른 약정이 없으면 보험의 목적에 포함)

① 건물의 부속물: 피보험자의 소유인 칸막이, 대문, 담, 곳간 및 이와 비슷한 것

② 건물의 부착물: 피보험자의 소유인 간판, 네온사인, 안테나, 선전탑 및 이와 비슷한 것

③ 건물의 부속설비: 피험자 소유인 전기, 가스난방, 냉방설비 및 이와 비슷한 것

④ 건물이외의 가재인 경우는 피보험자와 같은 세대에 속하는 사람의 소유물(생활용품, 집기·비품 등)이다.

(2) 담보손해(보상하는 손해)

1) 재물손해

보험회사는 보험의 목적이 화재, 폭발 또는 파열사고로 입은 직접손해, 소방

손해 및 피난손해를 보상한다. 여기서 직접손해는 벼락으로 인한 충격손해, 전기기기로의 파급손해, 폭발 또는 파열에 따른 손해이고, 수도관이나 수관의 동결에 따른 파열손해는 보상하지 않는다. 소방손해는 화재진압과정에서 발생하는 손해이며, 피난손해는 피난지에서 5일 동안에 생긴 직접손해 및 소방손해이다.

2) 비용손해

① 잔존물제거비용

사고현장의 보험목적물 제거를 위한 비용[해체비용, 청소비용(오염물질 제거비용 제외), 상차비용]으로 보험증권에 기재된 보험가입금액 범위 내에서 손해액의 10%를 한도로 보상한다. 재산손해 보험금과 잔존물제거비용의 합계액은 보험가입금액을 한도로 한다.

② 기타비용

잔존물제거비용이외의 담보비용으로 손해방지 또는 경감을 위해 지출한 필요 또는 유익한 비용인 손해방지비용, 제3자로부터 손해배상을 받을 수 있는 경우 그 권리의 보전 또는 행사를 위하여 지출한 필요 또는 유익한 비용인 대위권 보전비용, 보험회사가 잔존물을 보전하기 위하여 지출한 필요 또는 유익한 비용인 잔존물 보전비용 그리고 보험회사의 요구에 따르기 위하여 지출한 필요 또는 유익한 비용인 협력비용이 있다. 이들 비용은 재산손해 보험금과 합계액이 보험가입금액을 초과하더라도 지급한다.

2. (일반/공장) 화재보험

(일반/공장) 화재보험의 가입대상물건은 일반물건, 공장물건, 명기물건, 자동담보물건 등 네 가지로 구분할 수 있는데 명기물건과 자동담보물건은 주택화재보험과 동일하므로 일반물건과 공장물건만 보면 다음과 같다.

(1) 보험의 목적(가입대상물건: 일반물건, 공장물건)

1) 일반물건(일반화재보험으로 가입)

주택물건이나 공장물건을 제외한 모든 물건으로 음식점, 판매점, 사무실, 교회, 방송국, 병용주택, 창고 등의 건물 그리고 수용동산, 집기비품, 가재 등이다.

2) 공장물건(공장화재보험으로 가입)

공장물건은 ① 제조 또는 가공작업을 하는 곳 ② 기계, 기구류의 수리 또는 개조작업을 하는 곳 ③ 광석, 광유 및 천연가스 채취작업을 하는 곳 ④ 석유정제 공장 구외에 소재한 저유소에서의 석유 및 석유제품의 저장, 혼합조성 및 압송 작업을 하는 곳 ⑤ 공장물건 구내에 있는 기숙사 ⑥ 세탁, 사료제조, 포장하는 곳 또는 작업장(광업소, 발전소, 변전소 및 개폐소 포함) 구내에 있는 건물, 공작물 및 이에 수용된 가재, 집기비품, 재고자산, 설치기계 및 야적동산 등이다.

(2) 담보손해(보상하는 손해)

재물손해와 비용손해는 주택화재보험과 동일하나, 주택화재보험 내용 중 폭발 또는 파열에 따른 직접손해는 (일반/공장) 화재보험에서 보상하지 않는다.

3. 특수건물화재보험

(1) 정의

특수건물화재보험은 '화재로 인한 재해보상과 보험가입에 관한 법률'(1973.2.6 제정)에 따라 일정 규모 이상의 많은 사람들이 출입·근무·거주하는 건물인 특수건물(다중이용대형건물)의 소유자는 그 건물의 화재로 인한 타인의 사망이나 부상 또는 재산상의 손실이 발생한 때에는 과실이 없는 경우에도 법률에 의한 보험금액 범위 내에서 그 손해를 배상할 책임이 있고, 이를 이행하기 위해 손해보험회사의 신체손해배상특약부화재보험 가입을 의무화하고 있는 강제보험이다. 소유권 취득일로부터 30일 내에 가입하지 않을 경우 500만원 이하의 벌금에 처해진다.

화재로 인한 인명과 재산상의 손실 시 신속한 재해복구와 인명피해에 대한 적정한 보상을 통해 국민생활 및 국가경제의 안정을 기할 수 있도록 하고 있다. 특히, 화재로부터 세입자 등 서민의 재산을 보호할 수 있게 되었다.

(2) 특수건물화재보험의 대상범위

1) 지하층을 제외한 11층 이상인 모든 건물(단, 아파트는 16층 이상 및 부속건물이 지만 동일 아파트단지 내에 있는 15층 이하도 포함하며, 창고 및 주차타워는 제외)
2) 연면적이 1,000㎡ 이상인 국유건물 및 부속건물, 실내사격장
3) 바닥면적의 합계가 2,000㎡ 이상인 학원, 게임제공업(PC방 포함), 노래연습장, 휴게·일반음식점, 유흥주점, 목욕장, 영화관 등
4) 바닥면적의 합계가 3,000㎡ 이상인 숙박업, 판매시설(대규모 점포), 지하철역
5) 연면적 합계가 3,000㎡ 이상인 병원, 관광숙박업, 공연장, 방송국, 농수산도매시장, 학교건물, 공장건물

(3) 담보범위와 보상내용

1) 담보범위

① 화재보험 보통약관에서 보상하는 손해
② 신체손해배상책임담보특별약관에서 보상하는 손해(추가보험료 부담)
　가. 특수건물의 화재로 특수건물의 소유자 및 주거를 같이하는 직계가족 (법인인 경우에는 이사 또는 업무집행기관) 이외의 사람이 사망하거나 부상함으로써 건물 소유자 손해배상책임에 따라 피보험자가 부담하여야 할 손해를 보상한다.
　나. 종업원이 산업재해보상보험법에 의한 산재보험에 가입된 경우 건물소유자의 종업원 배상책임 부담보 추가 특별약관을 첨부하고, 종업원이외의 제3자에 대한 신체손해배상책임만을 담보하여 보험료 할인을 적용받을 수 있다.

2) 보상내용(2017.10.19 법개정)

화재로 인한 재해보상과 보험가입에 관한 법률에 따른 기존의 화재배상책임

보험이 특수건물을 가입대상으로 함에도 <표 5-9>와 같이 유사한 의무보험 제도에 비해 대인배상 보험금액이 낮아 현실화할 필요가 있고, 재물손해에 대해서도 자기건물보상만 의무가입하도록 되어 있어 타인 재물손해에 대한 대물배상도 의무가입하도록 하여 소유주의 배상능력을 확보하기 위해 법률을 개정하였다.

① 사망 시: 1인당 8천만원에서 1.5억원까지로 상향
② 부상 시: 상해급별(1급~14급)에 따라 최고 1,500만원에서 3,000만원까지로 상향
③ 후유장해 시: 후유장해 등급(1급~14급)에 따라 최고 1인당 8천만원에서 1.5억원까지로 상향
④ 화재대물배상책임보험 의무가입 신설: 1사고당 보상한도액 10억원

표 5-9 화재배상책임보험 가입을 의무화하고 있는 유사법령 간의 비교(2022.1.현재)

법 률	대 상	대인배상 보험금액	대물배상 보험금액
재난 및 안전관리 기본법	15층 이하 공동주택 및 숙박업 · 도서관 · 장례식장 · 지하상가 · 주유소 · 터미널 등으로 사용하는 시설	1억 5천만원	10억원
다중이용업소의 안전관리에 관한 특별법	음식점 · 학원 · PC방 · 영화관 · 골프연습장 등 다중이용업소	1억 5천만원	10억원
화재로 인한 재해보상과 보험가입에 관한 법률	특수건물	1억 5천만원	10억원

⑤ 특수건물 특별약관에서 보상하는 손해
   가. 태풍, 폭풍, 홍수, 해일, 범람 및 이와 유사한 풍재와 수재를 보상
   나. 항공기 또는 그로부터 떨어지는 물체로 인하여 보험의 목적에 생긴 손해를 보상

제18장 | **책임보험**

제1절 | **책임보험의 의의와 효용**

1. 책임보험의 의의

책임보험(liability insurance)이란 피보험자가 보험기간 중에 보험사고로 제3자에게 인적·물적 손해를 입혀 배상책임을 지게 되는 경우에 그 책임이행을 위해 발생한 손해를 보상하는 손해보험이다(상법 제719조).[1] 예를 들어 자동차사고가 발생했을 경우 가해자가 있고 피해자가 있을 것이다. 가해 운전자는 피해자에 대한 민·형사상의 책임에 근거하여 손해배상을 해야 한다. 자동차운전자는 이러한 법률상의 책임을 보험자에게 전가하기 위해 책임보험계약을 체결하게 된다. 자동차보험에서 운전자는 보험계약자 겸 피보험자가 될 것이고, 보험자와 더불어 계약의 당사자이다. 피해자는 제3자이다. 피보험자는 가해자이며 제3자인 피해자에 대한 손해배상책임을 보험자에게 전가하기 위한 보험이 책임보험이다.

2. 책임보험의 효용

소비자의식의 고양과 무과실책임법리의 발전으로 경제주체 들의 배상책임위험이 커짐에 따라 책임보험은 급격히 발전해 왔다. 개인의 일상생활이나 기업의 경영활동에서 가해자가 될 수 있는 자는 책임보험을 이용하여 자신이 부담할 수

---

[1] 제719조(책임보험자의 책임) 책임보험계약의 보험자는 피보험자가 보험기간 중의 사고로 인하여 제3자에게 배상할 책임을 진 경우에 이를 보상할 책임이 있다.

있는 배상책임의 위험을 보험자에게 전가함으로써 개인 활동이나 기업의 경영활동을 적극적으로 할 수 있다.

책임보험은 피보험자인 가해자를 보호하는 역할을 함과 동시에 피해자에 대한 배상능력을 높임으로써 피해자인 제3자를 충실히 보호할 수 있다. 피해자인 제3자를 위해 상법 제724조[2]에서 피해자가 그 손해배상을 받기 전에는 보험자가 피보험자에게 보험금의 지급을 못하게 함과 더불어 피해자의 직접청구권을 인정하여 피해자를 보호하고 있다.

| 제2절 | **책임보험계약의 요소** |

I. 보험의 목적

책임보험에서 보험의 목적은 피보험자인 가해자가 제3자인 피해자에 대해 부담하는 '배상책임'이다. 책임보험은 보험사고로 제3자인 타인에게 손해배상책임을 부담하게 됨으로써 발생할 수 있는 피보험자의 간접손해(소극손해)를 보상하는 것이므로 피보험자의 '손해배상책임'이 책임보험에 있어서 보험의 목적이다.

영업책임보험에서 보험의 목적은 '피보험자가 경영하는 사업에 관한 책임'이며, 이때 피보험자 자신의 제3자에 대한 책임뿐만 아니라 그의 영업상 보조자인 대리인 또는 그 사업 감독자의 제3자에 대한 책임도 보험의 목적에 포함하고 있다(상법 제721조).[3] 또한, 피보험자가 제3자의 손해배상청구를 방어하기 위하여 지출한 재판상 또는 재판외의 필요비용인 방어비용도 보험의 목적에 포함된다

---

2) 제724조(보험자와 제3자와의 관계) ① 보험자는 피보험자가 책임을 질 사고로 인하여 생긴 손해에 대하여 제3자가 그 배상을 받기 전에는 보험금액의 전부 또는 일부를 피보험자에게 지급하지 못한다. ② 제3자는 피보험자가 책임을 질 사고로 입은 손해에 대하여 보험금액의 한도 내에서 보험자에게 직접 보상을 청구할 수 있다. 그러나 보험자는 피보험자가 그 사고에 관하여 가지는 항변으로서 제3자에게 대항할 수 있다. ③ 보험자가 제2항의 규정에 의한 청구를 받은 때에는 지체 없이 피보험자에게 이를 통지하여야 한다. ④ 제2항의 경우에 피보험자는 보험자의 요구가 있을 때에는 필요한 서류·증거의 제출, 증언 또는 증인의 출석에 협조하여야 한다.

3) 제721조(영업책임보험의 목적) 피보험자가 경영하는 사업에 관한 책임을 보험의 목적으로 한 때에는 피보험자의 대리인 또는 그 사업감독자의 제3자에 대한 책임도 보험의 목적에 포함된 것으로 한다.

(상법 제720조).[4] 따라서 방어에 성공하여 손해배상책임을 지지 않게 되더라도 피보험자는 그 방어비용을 보험자에게 청구할 수 있다.

2. 보험사고

책임보험에서 보험금지급책임의 근거가 되는 보험사고는 보험약관과 보험증권의 내용을 종합하여 보아야 한다. '당사자 간에 약정된 손해사고가 제3자에 대하여 발생한 때'를 보험사고로 보는 것이 다수설이다. 이는 피보험자가 제3자에 대해 배상책임을 지게 되는 원인이 되는 손해사고를 보험사고로 보는 견해로 손해사고설이라고 한다. 한편, 피보험자가 제3자로부터 사고로 인한 손해에 대하여 재판상 또는 재판외의 손해배상청구를 받는 것을 보험사고로 보는 손해배상청구설이 있다.

실무적으로 책임보험은 손해사고설을 근거하여 보험사고로 삼는 사고발생기준(accident occurrence basis)약관의 손해사고기준증권(occurrence-basis policy)이 일반적으로 적용된다. 그러나 사고와 배상청구 사이에 시간적 간격이 큰 제조물배상책임보험이나 환경오염배상책임보험에서는 배상청구를 받았을 때를 보험사고 시점으로 보는 손해배상청구설에 근거한 배상청구기준(claim-made basis)약관의 배상청구기준증권(claim-made basis policy)을 이용한다.

| 제3절 | 책임보험계약의 효과 |

책임보험계약은 피보험자가 보험사고의 가해자가 되어 제3자인 피해자에게

---

4) 제720조(피보험자가 지출한 방어비용의 부담) ① 피보험자가 제3자의 청구를 방어하기 위하여 지출한 재판상 또는 재판외의 필요비용은 보험의 목적에 포함된 것으로 한다. 피보험자는 보험자에 대하여 그 비용의 선급을 청구할 수 있다. ② 피보험자가 담보의 제공 또는 공탁으로써 재판의 집행을 면할 수 있는 경우에는 보험자에 대하여 보험금액의 한도 내에서 그 담보의 제공 또는 공탁을 청구할 수 있다. ③ 제1항 또는 제2항의 행위가 보험자의 지시에 의한 것인 경우에는 그 금액에 손해액을 가산한 금액이 보험금액을 초과하는 때에도 보험자가 이를 부담하여야 한다.

배상책임을 부담하게 되는 경우에 그 손해를 보험자가 보상하는 손해보험계약이다. 따라서 책임보험계약의 효과로서 법률관계는 먼저 보험자와 보험계약자인 피보험자 간의 일반적인 보험관계가 성립하고, 보험기간 중 보험사고로 가해자가 될 수 있는 피보험자와 피해자인 제3자 간의 배상책임관계 및 보험자와 피해자(제3자)간의 보상관계의 3면적 권리와 의무의 법률관계가 형성된다.

1. 보험자의 의무

(1) 손해보상의무(보험금지급의무)

책임보험에서 보험자의 보험금지급의무는 가해자인 피보험자와 피해자인 제3자 간의 책임관계에 따라 결정된다. 피보험자(제3자)와 피해자 간의 손해배상책임액이 변제, 승인, 화해 또는 재판으로 확정되면 피해자인 제3자는 피보험자에게 손해배상을 청구할 수 있는 손해배상청구권과 더불어 보험금액의 한도 내에서 보험자에게 직접 보상을 청구할 수 있는 직접청구권도 가지게 된다(상법 724조). 그리고 가해자인 피보험자는 보험자에게 보험금을 청구할 수 있는 보험금청구권을 취득하게 된다.

보험자가 부담하는 손해배상의 상대방은 직접청구권에 의한 제3자인 피해자가 될 수도 있고, 보험금청구권에 의한 피보험자인 가해자가 될 수도 있다. 단, 피해자인 제3자를 보호하는 것이 책임보험의 기능이므로 보험자는 제3자가 손해배성청구권에 의한 피보험자로부터 손해배상을 받기 전에는 보험금액의 전부 또는 일부를 피보험자에게 지급하지 못한다(상법 제724조 제1항). 이는 피해자보호를 위해 피보험자의 보험금청구권보다 피해자의 직접청구권을 우선순위에 둔 규정이다.

(2) 방어의무(방어비용의 부담)

방어의무란 피해자인 제3자가 가해자인 피보험자를 상대로 인적·물적 손해에 대한 손해배상청구소송을 제기한 경우에 보험자가 그 소송에 적극적으로 개입하여 피보험자를 방어해 줄 의무이다. 방어의무이행을 위해 지출한 재판상 또는 재판외의 필요비용을 방어비용이라고 한다. 방어비용을 보험자가 부담하므로 이를 보험자의 방어의무라고 하는 것이다.

2. 피보험자(보험계약자, 가해자)의 의무

(1) 통지의무(배상청구와 채무확정)

가해자인 피보험자는 피해자인 제3자로부터 손해배상의 청구를 받은 때에는 지체 없이 보험자에게 그 통지를 발송하도록 배상청구사실의 통지의무를 규정하고 있다(상법 제722조).[5] 이 의무를 해태함으로써 증가된 손해는 보험자가 보상할 책임이 없다. 또한 피보험자는 제3자에 대하여 변제, 승인, 화해 또는 재판으로 채무가 확정된 때에는 채무확정사실을 보험자에게 통지하여야 한다(상법 제723조). 이들 규정은 보험자가 보험금지급에 대비하고, 피해자인 제3자를 보호하기 위한 것이다.

(2) 보험자에 대한 협의·협조의무

피보험자는 제3자에 대한 손해배상채무를 변제, 승인, 화해 등으로 확정할 때에는 보험자와 사전 협의 또는 보험자의 동의가 필요하다. 피보험자의 제3자에 대한 손해배상은 최종적으로 보험자가 부담하는 것이고, 피보험자가 피해자와 공모하여 손해금액을 부풀릴 도덕적 위험이 있기 때문이다.

보험자는 피해자인 제3자로부터 직접적인 보상청구를 받았을 때는 지체 없이 피보험자에게 통지하도록 규정(상법 제724조 제3항)하고 있는데 이는 보험금지급 과정에서 피보험자의 협조가 필요하기 때문이다. 또한, 피보험자는 보험자의 요구가 있을 때에는 필요한 서류, 증거의 제출, 증언 또는 증인의 출석에 협조하여야 한다(상법 제724조의 제4항).

---

5) 제722조(피보험자의 배상청구 사실 통지의무) ① 피보험자가 제3자로부터 배상청구를 받았을 때에는 지체 없이 보험자에게 그 통지를 발송하여야 한다. ② 피보험자가 제1항의 통지를 게을리하여 손해가 증가된 경우 보험자는 그 증가된 손해를 보상할 책임이 없다. 다만, 피보험자가 제657조 제1항의 통지를 발송한 경우에는 그러하지 아니하다.

책임보험의 종류

책임보험은 피보험자의 배상책임의 객체가 타인의 사망, 상해 등 인적 손해이면 대인배상책임보험, 타인의 물건이나 기타 재산상의 물적 손해이면 대물배상책임보험이라 한다. 그리고 보험금액의 한도 유무에 따라 유한배상책임보험과 무한배상책임보험이라 하고, 가입의 강제성 여부에 따라 강제책임보험과 임의책임보험이라 한다. 개인의 일상생활에서 타인에게 인적 또는 물적 손해를 끼침으로써 부담하게 되는 배상책임을 보험의 목적으로 하는 개인배상책임보험과 회사의 이사, 의사, 변호사, 공인회계사 등 전문직업인이 그 직업과 관련하여 업무상 과실로 타인인 제3자에게 손해를 입혀 법률상 손해배상책임이 발생한 경우 이를 보험자가 보상하는 전문인책임보험이 있다.

상법은 영업책임보험과 보관자의 책임보험에 대하여 규정하고 있고, 이 규정을 근거로 한 보통약관에 기본적인 특별약관을 첨부하여 여러 가지 배상책임보험을 운영하고 있다.

1. 영업책임보험

영업책임보험이란 회사인 피보험자가 자신이 경영하는 사업과 관련된 사고로 제3자에게 배상책임을 지는 경우에 그 손해배상책임을 보상하기로 하는 책임보험이다. 피보험자의 대리인 또는 그 감독자가 제3자에게 지는 민법 제756조의 사용자책임에 기초한 책임도 보험의 목적에 포함하여 보험자의 담보범위를 확대하고 있다(상법 제721조).[6]

실무적으로 영업배상책임보험 보통약관에 기본적인 특별약관(제조업자, 시설소유·관리자, 도급업자 특별약관 등)을 첨부하여 제조물배상책임보험, 시설소유·관리자배상책임보험, 도급업자배상책임보험 등을 운영하고 있다.

---

6) 제721조(영업책임보험의 목적) 피보험자가 경영하는 사업에 관한 책임을 보험의 목적으로 한 때에는 피보험자의 대리인 또는 그 사업감독자의 제3자에 대한 책임도 보험의 목적에 포함된 것으로 한다.

2. 보관자의 책임보험

보관자의 책임보험이란 타인의 물건을 보관하는 자인 임차인, 사용자, 창고업자, 관리자가 그 타인의 보관물건의 멸실이나 훼손 등의 손해를 입혔을 때 그 물건의 소유자에게 손해액을 보상하는 보험이다. 물건 보관자의 손해배상책임을 보험자에게 전가시킴으로써 보관자 자신을 보호하고, 피해자인 그 물건의 소유자가 보험계약의 당사자는 아니지만 보험자에게 직접 손해보상을 청구할 수 있는 직접청구권을 인정하여 제3자인 소유자를 보호하고자 하는 배상책임보험이다.

제19장 | 생명보험[1]

제1절 | 생명보험의 개념

1. 생명보험의 의의

생명보험(life insurance)은 사람이 일생을 살아가는 동안 언제, 어느 곳에서 발생하게 될지도 모를 질병, 상해, 고도의 장해, 노령, 퇴직, 사망으로 인한 개인의 소득상실 위험에 대비하기 위해 만들어진 상부상조의 경제적 제도이다. 즉, 생명보험회사가 많은 사람들로부터 보험료를 받아 공동준비재산을 마련하여 그중 불의의 사고를 당한 사람에게 사전에 약정한 보험금을 지급함으로써 경제적 손실을 보전시켜 주는 제도이다.

2. 생명보험계약의 정의

보험계약관계를 규율하는 상법 제730조(생명보험자 책임)에서 "생명보험계약의 보험자(보험회사)는 피보험자(보험대상자)의 사망, 생존, 사망과 생존에 관한 보험사고가 발생할 경우에 약정한 보험금을 지급할 책임이 있다."[2]라고 생명보험계약을 규정하고 있다.

보험업을 규율하고 있는 보험업법 제2조(정의)에서는 "생명보험상품은 위험

---

1) 생명보험협회(2021), 앞의 책 제3편 생명보험, 보험연수원(2021. 6), 보험대리점 등록 교재 생명보험을 인용 및 참조하여 작성되었음.

2) 상법 제730조(생명보험자의 책임) 생명보험계약의 보험자는 피보험자의 사망, 생존, 사망과 생존에 관한 보험사고가 발생할 경우에 약정한 보험금을 지급할 책임이 있다.

보장을 목적으로 사람의 생존 또는 사망에 관하여 약정한 금전 및 그 밖의 급여를 지급할 것을 약속하고 대가를 수수하는 계약"으로 정의하고, 생명보험업은 "생명보험상품의 취급과 관련하여 발생하는 보험의 인수, 보험료 수수 및 보험금 지급 등을 영업으로 하는 것"으로 정의하고 있다. 따라서 생명보험계약이란 보험회사가 보험계약자로부터 보험료를 받고 피보험자(보험대상자)의 생명(생존 또는 사망)에 관하여 우연한 사고(보험사고)가 생길 경우에 계약에서 정한 바에 따라 약정한 보험금을 지급하는 것을 약속하는 계약이다.

생명보험계약은 사람의 생사(生死)를 보험사고로 하고, 보험사고가 발생할 경우 손해의 유무나 다소를 불문하고, 일정한 금액을 지급하는 정액보험이란 점에서 보험사고 발생 시 그 손해를 실손보상하는 손해보험계약과는 다르다.

| 제2절 | 생명보험상품의 개발 |

I. 상품개발의 원칙

생명보험상품은 사람의 생명이나 신체를 보험의 목적으로 하는 상품이다. 사람의 생명이나 신체에 발생할 사망, 질병 등의 위험률을 대수의 법칙을 적용하여 산출한 후 수지상등의 원칙에 따라 보험료와 보험금을 산정하여 개발·판매되고 있다. 보험회사는 보험상품을 개발하여 판매하고자 할 때에는 보험업법에 따라 사업방법서, 보험약관, 보험료 및 책임준비금 산출방법서 등의 기초서류를 작성하여 금융위원회에 판매전에 신고절차를 완료하여 허가를 받아야 한다{보험업법 제4조(보험업의 허가)[3], 제5조(허가신청서 등의 제출)[4]}.

---

3) 보험업법 제4조(보험업의 허가) ① 보험업을 경영하려는 자는 다음 각 호에서 정하는 보험종목별로 금융위원회의 허가를 받아야 한다. 1. 생명보험업의 보험종목 가. 생명보험 나. 연금보험(퇴직보험을 포함한다) 다. 그 밖에 대통령령으로 정하는 보험종목 2. 손해보험업의 보험종목 가. 화재보험 나. 해상보험(항공·운송보험을 포함한다) 다. 자동차보험 라. 보증보험 마. 재보험(再保險) 바. 그 밖에 대통령령으로 하는 보험종목 3. 제3보험업의 보험종목 가. 상해보험 나. 질병보험 다. 간병보험 라. 그 밖에 대통령령으로 정하는 보험종목.
4) 보험업법 제5조(허가신청서 등의 제출) 제4조 제1항에 따라 허가를 받으려는 자는 신청서에 다음 각 호

2. 주계약과 특약

생명보험상품은 일반적으로 주계약(기본보장계약)과 특약(추가보장계약)으로 설계된다.

생명보험상품구성 = 주계약(기본보장계약) + 특약(추가보장계약)

(1) 주계약(기본보장계약)

주계약은 보험계약에서 기본이 되는 중심적인 보장내용 부분으로 기본보장계약 또는 주보험(기본보상보험)이라고 한다. 해당 상품의 가장 큰 특징을 나타내는 부분이며, 계약성립의 기본이 되는 부분이다. 보험상품의 특성에 따라 주보험에 의무적으로 특약을 부가하여 상품을 설계하는 경우 주보험과 의무 부가특약을 합쳐 주계약이라 한다.

(2) 특약(추가보장계약)

특약은 특별약관으로 정기보험, 종신보험, 양로보험 등의 주계약에 보장을 추가하여 해당 주계약의 보장내용을 더욱 더 충실하게 하고, 보험가입자의 다양한 요구를 반영하여 편의를 도모하기 위한 것이다. 현재 주계약에 다양하게 부가되고 있는 주요한 특약들은 <표 5-10>과 같다. 특약을 효과적으로 선택할 경우 한 번의 보험가입으로 여러 가지 보장을 받거나 편익을 도모할 수 있어 편리하고 유익하다.

의 서류를 첨부하여 금융위원회에 제출하여야 한다. 다만, 보험회사가 취급하는 보험종목을 추가하려는 경우에는 제1호의 서류는 제출하지 아니할 수 있다. 1. 정관 2. 업무 시작 후 3년간의 사업계획서(추정재무제표를 포함한다) 3. 경영하려는 보험업의 보험종목별 사업방법서, 보험약관, 보험료 및 책임준비금의 산출방법서(이하 "기초서류"라 한다) 중 대통령령으로 정하는 서류 4. 제1호부터 제3호까지의 규정에 따른 서류 이외에 대통령령으로 정하는 서류.

표 5-10 주요 특약의 종류와 보장내용

종류	이용목적	보장내용
정기특약	사망, 1급장해 시에 대한 보장	피보험자가 사망이나 1급장해 시에 특약보험금액을 지급.
재해관련 특약	질병 이외의 우연한 재해로 인한 사망, 1급장해 및 상해에 대한 보장	재해로 인해 피보험자의 사망, 1급장해, 기타 재해 시 계약에서 정한 보험급여금을 지급하며, 재해입원특약은 재해사고일로부터 계속해서 일정기간(180일 이내) 입원 시 급여금 일액 × (입원일수-입원개시일 포함 3일)의 입원 급여금을 지급.
성인병특약 (건강특약)	성인병으로 입원, 치료, 수술에 대한 보장	성인병(암, 고혈압성질환, 심장질환 등)으로 일정기간 계속해서 입원한 때에 재해관련 특약 시와 같은 방법으로 입원 급여금을 지급. 또 성인병으로 수술을 받았을 때 소정의 수술급여금을 지급.
암관련특약	암(간암, 위암 등)으로 입원, 치료, 수술, 사망에 대한 보장	암질병만을 특약으로 부가하여 암으로 인한 입원 시 재해관련 특약 시와 같은 방법으로 입원급여금과 사망보험금을 지급.
계약전환 특약	이미 가입한 보험계약을 활용하여 새로운 보험에 가입	이미 가입한 보험계약(전환전 계약)의 전환가격(책임준비금, 배당금 등의 합계액)을 신계약(전환후 계약)의 적립금 또는 보험료의 일부로 충당하여 계약을 전환. 이 경우 신규로 가입하는 것보다 보험료가 저렴해지므로 새로운 생활설계에 근거한 보장내용으로 변경 가능.
단체취급 특약	동일단체에서 5인 이상 가입 시 보험료의 할인혜택	동일단체에 소속된 계약자 또는 피보험자 5인 이상이 보험료의 납입방법 및 납입일을 단일로 하여 가입하면 이들을 단체로 취급하여 예정사업비의 50% 범위 내에서 보험료의 할인혜택.
선지급특약	병원비, 생활비 충당	보험기간 중에 의료기관(종합병원) 전문의의 진단결과 피보험자의 잔여수명이 6개월 이내라고 판단할 경우 사망보험금의 일부 또는 전부지급.
특별조건부 특약	표준미달체에 대한 보장	계약시 신체 또는 직종 등에 결격사유가 있어 표준체보험에 가입할 수 없는 피보험자에 대하여 보험료할증, 보험금감액 등 특별조건으로 가입가능.
특정신체 부위·질병 보장제한부 특약	특정질병이나 특정신체부위질병자에 대한 보장	특정질병이나 특정신체부위질병에 의해 가입이 불가능한 피보험자에 대하여 일정기간(면책기간)동안 입원·수술·통원·요양급여금 등을 보장받지 않는 조건으로 가입하여 면책기간이 경과하면 정상계약과 동일한 보장.

제3절	생명보험상품의 종류

생명보험상품은 보험계약의 대상이 개인인가 단체인가에 따라 크게 개인보험과 단체보험, 보험가입의 목적이 보장인가 저축인가에 따라 보장성보험과 저축성보험으로 나눌 수 있다. 그리고 주보험의 보험사고를 기준으로 생명보험 전통형의 생존보험, 사망보험 및 생사혼합보험으로 나눌 수 있다. 또한, 적립금을 운영하는 계정의 분리여부에 따라 일반계정보험과 특별계정보험, 장래보험금을 마련하기 위한 준비금의 이자를 적립하는 방식에 따라 확정금리형보험, 금리연동형보험, 자산연계형보험 및 실적배당형보험, 지급하는 보험금의 액수가 계약할 때 확정되어 있느냐에 따라 정액보상보험과 실손보상보험, 보험료의 재정산 여부에 따라 갱신형상품과 비갱신형상품, 보험금과 보험료의 변동성 여부에 따라 변액보험과 유니버설보험 등 다양한 형태로 분류되는 종류가 있다.

I. 개인보험과 단체보험

(1) 개인보험

개인보험(private life insurance)은 보험계약 대상자인 피보험자를 개인으로 한정하여 체결하는 보험으로 개인이 가입하는 대부분의 보험계약을 의미한다.

(2) 단체보험

단체보험(group life insurance)은 일정조건의 단체[5]에 소속하는 자를 주보험대상자인 주피보험자로 하여 단체 또는 단체의 대표자가 보험계약자가 되어 일괄하여 단체보험계약으로 가입하는 보험이다. 단체의 규약에 따라 구성원의 전부 또는 일부를 피보험자겸 보험수익자로 하는 보험계약에서는 도덕적 위험이 없으

---

[5] 대상 단체는 ① 동일한 회사, 사업장, 관공서, 국영기업체, 조합 등 5인 이상의 근로자를 고용하고 있는 단체 ② 비영리법인단체 또는 변호사회, 의사회 등 동업자단체로서 5인 이상의 구성원이 있는 단체 ③ 그 밖에 단체의 구성원이 명확하여 계약의 일괄적인 관리가 가능한 단체로서 5인 이상의 구성원이 있는 단체이다.

므로 피보험자의 동의가 필요 없으나 보험수익자를 피보험자 또는 그 상속인이 아닌 자를 지정하는 경우에는 도덕적 위험이 일부 있을 수 있으므로 피보험자의 서면동의가 없으면 무효가 된다.[6]

단체보험은 학교, 회사, 기관 등의 동질의 위험을 대상으로 하기 때문에 보험 계약체결이 편리하고, 보험료 일괄납입 등 계약관리도 편리하므로 보통 예정사업 비를 낮게 책정하여 보험료가 비교적 저렴한 것이 특징이다. 그리고 단체보험은 개인보험과 달리 피보험자를 개인으로 하지 않고, 집단을 하나의 그룹으로 취급하고 있기 때문에 원칙적으로 개개인에 대한 의사의 진단을 실시하지는 않으나 단체 소속원의 보험금액 결정에는 객관적 기준을 두고, 개인의 임의선택을 허용하지 않는 등의 제한을 두고 있다. 그러나 이 같은 제한에도 불구하고 단체보험은 보험료가 낮기 때문에 기업의 종업원 복지증진의 목적으로 널리 이용되고 있다. 단체보험에는 단체정기보험, 단체종신보험, 단체양로보험 및 기업연금보험 등이 있다.

2. 보장성보험과 저축성보험

(1) 보장성보험

보장성보험은 보험사고 없이 계약기간인 보험기간 만기 시 지급되는 환급금의 합계가 이미 납입한 보험료를 초과하지 않는 보험이다. 하지만 보험기간 중에 사망이나 질병, 각종 재해 등의 보험사고 발생 시 큰 보장을 받을 수 있도록 보험의 본 기능인 위험보장에 중점을 둔 상품이다. 이러한 보장성보험은 보험사고 없이 만기 시 급부금이 전혀 없는 순수보장성보험과 만기까지 생존했을 경우에 이미 납입한 보험료를 환급해주는 만기환급형보험으로 구분된다.

대표적인 상품은 암보험, 정기보험이나 종신보험 등이 있고, 상해, 질병, 간병 상태 발생시 고액의 급부를 보장하는 제3보험 상품도 보장성 보험이다.

---

6) 상법 제735조의3(단체보험) ① 단체가 규약에 따라 구성원의 전부 또는 일부를 피보험자로 하는 생명보험계약을 체결하는 경우에는 제731조를 적용하지 아니한다. ② 제1항의 보험계약이 체결된 때에는 보험자는 보험계약자에 대하여서만 보험증권을 교부한다. ③ 제1항의 보험계약에서 보험계약자가 피보험자 또는 그 상속인이 아닌 자를 보험수익자로 지정할 때에는 단체의 규약에서 명시적으로 정하는 경우 외에는 그 피보험자의 제731조 제1항에 따른 서면동의를 받아야 한다.

(2) 저축성보험

저축성보험은 보장성보험보다 저축기능을 강화한 상품으로 만기까지 생존 시 지급되는 보험금의 합계액이 이미 납입한 보험료를 초과하는 보험이다. 목돈이나 노후준비를 목적으로 한 비과세와 세액공제 등의 부수적 기능을 가진 보험이다.

대표적인 상품은 연금보험, 교육보험, 각종 자산연계형보험 및 변액연금 등이다.

3. 생존보험, 사망보험, 생사혼합보험

(1) 생존보험

생존보험(insurance providing a benefit payable only in case of survival)은 피보험자(보험대상자)가 보험기간 만기까지 생존했을 때에만 보험금이 지급되는 보험이다. 보험금지급 사유가 일정시점에서의 피보험자 생존인 것이다. 그러나 현재 판매되고 있는 생존보험은 순수 생존보험상품은 없고, 대부분 피보험자가 보험기간 중 사망하면 사망보험금을 지급받을 수 있도록 설계하여 판매되고 있다. 대표적인 상품은 연금보험, 교육보험 등이다.

1) 연금보험

연금보험(pension insurance)이란 안정적인 노후 생활자금 마련을 위해 피보험자가 일정기간 동안 보험료를 납부하고, 일정기간 또는 사망할 때까지 일정금액을 연금으로 받는 상품이다. 국민연금과 퇴직연금에 의한 기본적인 생활보장을 넘어 여유 있는 노후 생활을 보장하는 상품이다.

대부분의 연금보험은 가입 후 연금지급개시 전까지 보험료를 납입하면서 피보험자가 사망이나 장해 시 사망보험금과 급부금을 지급해 주는 제1보험기간(위험보장기간)과 연금수령 후부터 평생 동안 일정액의 연금을 정기적으로 지급해 주는 제2보험기간(연금지급기간)으로 구분되며, 위험보장기간인 제1보험기간에 사망 시 책임준비금에 해당하는 보험금을 지급하고 계약은 소멸된다.

연금의 지급방법은 피보험자의 생존기간 동안 평생 지급되는 종신연금형과 피보험자의 생사에 관계없이 일정기간 동안만 확정하여 지급하는 확정연금형이 있다. 그리고 피보험자의 수에 따라 분류하면 단일피보험자가 계약의 대상이 되는 단생연금과 두 사람(예, 부부) 이상의 피보험자를 정해서 연합된 생존자들에게 연금을 지급하되 최후의 생존자에게는 그가 사망할 때까지 감액된 연금을 지급하는 연생연금이 있다.

2) 퇴직연금

① 퇴직연금제도의 의의

퇴직연금제도(retirement pension)는 기업이 근로자들의 노후소득보장과 생활안정을 위해 근로자의 재직기간 중 사용자가 퇴직금을 외부의 금융회사에 적립하고, 기업 또는 근로자가 운용하여 근로자 퇴직 시 연금 또는 일시금을 지급하는 제도이다. 퇴직금제도에서의 퇴직금을 위한 퇴직급여충당금의 사내적립에서 보험회사, 은행, 증권회사, 근로복지공단의 사외적립으로 하여 근로자의 수급권을 확보하기 위한 제도이다.

② 퇴직연금제도의 종류

퇴직연금제도는 노사합의에 의한 선택사항이며, 그 종류는 <표 5-11>과 같이 퇴직급여(보험금)가 사전에 확정되는 확정급여형제도(defined benefit; DB), 운용수익에 따라 변동되는 확정기여형제도(defined contribution; DC) 및 근로자가 퇴직급여금을 일시금으로 수령하거나 퇴직연금에 이미 가입되어 있으면서 자기부담으로 추가 가입할 수 있는 개인형 퇴직연금제도(individual retirement pension; IRP)가 있으며, 노사합의에 의해 선택할 수 있다. 2005년 제도도입 초기에는 5인 이상 근로자를 고용하는 사업장을 대상으로 하였으나 법개정에 따라 2010년 12월부터는 전 사업장으로 확대되어 현재 시행 중이다.

표 5-11 퇴직연금제도의 주요내용

종 류	주요내용
확정급여형(DB)	근로자가 퇴직 시 수령할 퇴직급여 수준이 근무기간 1년에 대해 30일분의 평균임금 이상으로 사전에 확정되어 있는 제도로 사용자가 적립금 운영방법 결정(회사책임형)

확정기여형(DC)	사용자가 매년 근로자 연간임금의 1/12 이상을 부담금으로 납부하고, 자산운영실적에 따라 퇴직급여 수준이 변동하며 근로자가 적립금의 운용방법을 결정하는 제도(근로자책임형)
개인형퇴직연금 제도(IRP)	근로자가 퇴직 또는 이직 시 받은 퇴직금을 자기 명의의 퇴직계좌에 적립하여 연금 등으로 활용할 수 있도록 한 제도(근로자책임형)

3) 교육보험

교육보험이란 부모가 보험계약자겸 피보험자가 되어 소정의 보험료를 납입하고 자녀의 진학, 졸업 등 보험금 지급사유가 발생했을 때 보험금을 지급받는 상품이다. 피보험자인 부모가 생존하고 있는 동안은 각종 교육자금이 지급되며, 사망하게 되면 교육자금을 비롯한 양육자금이 지급되어 자녀의 교육 및 양육을 보장하도록 설계된 상품이다. 그리고 자녀의 성장기에 맞춰 각종 인성 Program과 해외유학 및 진학상담 서비스 등을 추가한 상품도 있다.

4) 어린이보험

어린이보험이란 부양자가 보험계약자가 되어 자녀를 피보험자로 하여 자녀의 생존보험과 부양자의 사망보험을 융합한 특수한 보험이다. 자녀의 질병, 상해 등에 의한 의료비와 일상생활 중 각종 배상책임을 보장하는 상품이다. 그리고 아동기 안전사고나 청소년기 범죄피해위험, 골절, 화상 등도 보장하고, 자녀가 경제적으로 독립하기 이전에 부모가 사망할 경우 사망보험금에 해당하는 학자금 또는 양육비 등을 지급하는 교육보험 성격이 가미된 상품도 있다. 어린이보험은 원칙적으로 자녀의 사망을 보장하는 상품은 설계할 수 없다. 단, 만 15세 미만자의 사망 시에는 납입한 보험료전액과 책임준비금 중에서 큰 금액을 지급하고 계약은 소멸된다.

(2) 사망보험

사망보험(insurance payable at death)은 피보험자가 보험기간 중에 사망한 경우에만 보험금지급이 되는 보험이다. 이 보험은 피보험자의 사망에 의한 유족의 경제적 필요를 충족시켜주는 것을 목적으로 한다.

사망보험은 만기보험금의 약속이 없기 때문에 극히 저렴한 보험료로 사망 시 고액의 보장을 받을 수 있는 우수한 보장기능은 있으나 저축기능이 없다는 결함을 지니고 있다. 그러나 현재 판매되는 사망보험은 순수보장형도 있지만 보험기간 종료 시까지 생존할 경우에 이미 납입한 보험료 범위에서 보험료를 환급하는 만기환급형 상품이 많다. 사망보험에는 정기보험과 종신보험이 있다.

1) 정기보험

정기보험(term insurance)이란 보험기간을 5년, 10년, 20년과 같이 일정기간으로 계약체결 시 사전에 정해 놓고, 피보험자가 그 보험기간 중에 사망했을 때에만 보험금을 지급하는 사망보험이다. 따라서 계약만기 시까지 생존했을 경우에는 보험금이 없을 뿐만 아니라 납입한 보험료도 반환되지 않고 소멸된다. 하지만 저렴한 보험료부담으로 고액의 사망보장을 받을 수 있다는 장점이 있다.

2) 종신보험

종신보험(whole life insurance)이란 정기보험과는 달리 일정한 보험기간을 정하지 아니하고, 평생(종신) 동안 언제, 어떤 경우로 피보험자가 사망 또는 제1급 장애상태가 되었을 때에도 사망과 동일하게 간주하여 보험금을 지급하는 사망보험이다. 이는 피보험자 사망 시 유가족이 처하게 될 경제적 곤궁(생활비, 주택자금, 교육비 등)을 해결해 주는 생활보장상품이다.

(3) 생사혼합보험(양로보험)

생사혼합보험(endowment insurance)은 생존보험과 사망보험을 융합한 것으로 양로보험이라고도 한다. 피보험자가 보험기간 내에 사망했을 때 사망보험금을 지급하는 사망보험과 보험기간만기까지 생존했을 때 만기보험금을 지급하는 생존보험의 양쪽 기능을 가지고 있는 보험이다. 양로보험은 생존보험에서 사망 시에 보험료를 환급하지 않는 단점을 보완하고 있으며, 우리나라 생명보험상품의 주종을 이루고 있다.

4. 일반계정보험과 특별계정보험

(1) 일반계정보험

일반계정보험은 보험의 적립금 계정을 별도로 분리하지 않고, 일반계정에서 운용하는 방식으로 현재 생명보험회사가 판매하는 생존보험, 사망보험, 생사혼합보험 등 대부분의 보험상품이 이 방식으로 운영하고 있다.

(2) 특별계정보험

특별계정보험은 보험회사가 특정보험계약의 손익을 일반계정보험과 구별하기 위하여 준비금(향후 보험금의 재원)에 상당하는 자산을 기타의 자산과 분리하여 별도의 특별계정을 설정해 운용하는 보험이다. 특별계정간에도 자산을 엄격히 구분하고, 상품별로 발생하는 손익을 명확하게 구분함으로써 보험계약자 간 형평성 및 보험경영의 투명성을 제고할 수 있는 상품이다.

보험계약별로 보험료수입에서부터 자산관리까지 특별계정에서 별도로 관리되고 있는 대표적인 특별계정보험상품에는 세제적격연금저축보험, 퇴직보험, 퇴직연금, 실적배당상품, 변액보험, 자산연계형보험이 있다.

5. 확정금리형보험, 금리연동형보험, 실적배당형보험, 자산연계형보험

(1) 확정금리형보험

확정금리형보험은 보험계약 시 보험료산정에 이용된 예정이율을 보험기간 동안 확정해서 적용하는 상품으로 보험계약 시에 보험기간과 납입기간에 따라 보험료와 보험금이 확정되는 상품이다.

(2) 금리연동형보험

금리연동형보험은 확정금리형보험과는 반대로 보험계약 이후에도 금융환경의 변화에 따라 적용금리가 변동되어 만기보험금이 확정되지 않는 형태의 보험이다. 확정금리형보험이 보장성보험과 저축성보험으로 판매되는 반면 금리연동형보험은 저축성보험으로만 판매되는 것이 일반적이다.

금리연동형보험은 시장금리가 인상되면 적용금리도 인상되고, 시장금리가 인하되면 적용금리도 인하되는 형태를 취하는 것이 일반적이므로 향후 금리인상이 예상될 경우에는 금리연동형보험에 가입하는 것이 유리하며, 금리인하가 예상될 경우에는 확정금리형보험에 가입하는 것이 유리하다.

(3) 실적배당형보험

실적배당형보험은 정해진 이율이 아닌 보험료적립금을 펀드로 운용하여 유가증권 등에 투자하고, 이의 실적을 매일 평가하여 보험금에 반영하는 보험으로 변액보험이 그 대표적인 예이다.

(4) 자산연계형보험

자산연계형보험은 특정자산(채권, 주식 등)의 운용실적에 연계하여 투자성과를 지급하는 상품으로 연계되는 특정자산을 설정하고, 그 연계자산의 수익률에 따라 적용이율이 결정된다. 투자성과가 100% 계약자에게 귀속되는 실적배당형인 변액보험과는 달리 최저보증이율(1~2%)을 설정해 놓고, 연계자산의 수익률에 따라 추가로 이율을 보장하는 점에서 변액보험보다는 안정적이면서 일반상품보다는 높은 수익률을 기대할 수 있다는 특징을 지니고 있다.

6. 정액보상보험과 실손보상보험

(1) 정액보상보험

정액보상보험은 보험사고의 발생으로 지급되는 보험금의 액수가 보험계약 당시 확정되어 있는 보험으로 생명보험상품의 대부분이 포함된다.

(2) 실손보상보험

실손보상보험은 보험사고 시 발생하는 비용 및 손실 중 실제로 소요된 비용과 손실액만큼만 보장하는 보험으로 제3보험상품 중 실손의료보험의 주계약 및 특약이 해당된다. 실손보험의 경우 상품운용상 손해액 전부를 지급하지는 않고,

일부는 본인이 부담하는 자기부담금이 있다.

7. 갱신형 보험과 비갱신형 보험

(1) 갱신형 보험

갱신형 보험은 보험가입 후 일정기간이 경과한 후 연령이나 위험률이 변경되었을 때 보험료를 다시 산정해 갱신여부를 가입자가 결정할 수 있는 상품이다. 갱신형 상품은 위험률 변동이 너무 커 갱신 시 보험료를 조정함으로써 안정적인 보험계약 유지를 위해 도입하였으며 실손의료보험과 일부 질병보험 및 간병보험에 적용하고 있다.

(2) 비갱신형 보험

계약 당시의 보험료 및 보험금을 갱신할 수 없게 설계한 보험으로 대부분의 생명보험상품은 비갱신형이다.

8 변액보험[7]

(1) 변액보험의 정의

변액보험이란 인플레이션을 헤지하기 위해 계약자가 납입한 보험료의 전부 또는 일부를 펀드로 조성한 후 주식, 채권과 같은 유가증권 등에 투자하여 투자이익을 계약자에게 배분함으로써 보험금과 해지환급금을 변동시키는 실적배당형보험이다. 변액보험은 장기간 안정성을 추구하는 일반보험과는 달리 수익성에 큰 비중을 두고 있으며, 보험, 투자, 저축상품의 성격을 동시에 가지고 있어 법적으로 보험업법 및 자본시장과 금융투자업에 관한 법률(2009년 2월시행)을 적용받는다.

---

7) 생명보험협회(2021), 앞의 책, pp.264-268, 생명보험협회(2016), 변액보험의 이해와 판매, pp.163-205.를 인용 및 참조하여 작성되었음.

우리나라는 2001년 변액종신보험을 최초로 도입하였고, 2002년 변액연금보험, 2003년 변액종신보험에 입출금 자유를 더한 변액유니버셜보험을 판매하기 시작하였다. 변액보험은 상품내용이 복잡하고, 운용손익이 계약자에게 그대로 귀속될 뿐만 아니라 원금손실의 가능성이 있다. 그리고 예금자보호가 되지 않기 때문에 이에 대한 보험계약자의 이해가 매우 중요하므로 생명보험협회에서 실시하는 변액보험판매자격시험에 합격한 사람만이 판매할 수 있도록 하고 있다.

(2) 변액보험의 상품구조

변액보험은 [그림 5-2]와 같이 계약자가 납입한 보험료에서 위험보장을 위한 위험보험료와 회사운영을 위한 사업비를 차감한 저축보험료 부분만 펀드에 투입하고, 이렇게 투입된 보험료를 주식이나 채권 등의 유가증권에 투자하여 그 자산운영수익을 특별계정에 적립하게 하고, 적립된 금액을 매일 평가하여 계약자별로 배분하게 된다. 자산운영수익을 즉시 계약자에게 배분하기 때문에 정액보험과 관련된 운영수익과는 명확히 구분해야 하므로 분리계정인 특별계정을 설정하고 있다.

운용방법은 변액보험가입시 회사에서 상품별로 설정해 놓은 다양한 펀드 중 하나 이상을 계약자가 직접 선택하여 운용하게 하고, 보험기간 중에 계약자는 회사가 정한 방법에 따라 가입시 선택한 펀드를 다른 펀드로 변경할 수도 있다. 특별계정의 운용실적에 따라 개별 계약자별로 배분된 금액을 계약자적립금이라고 하며, 이 계약자적립금은 매일 특별계정의 운용실적을 반영하여 매일 변동될 수 있다.

그림 5-2   변액보험의 현금흐름(cash flow)

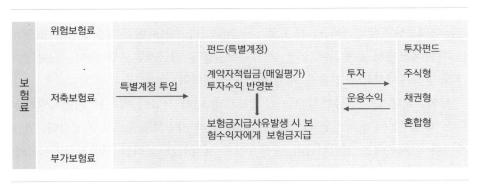

일반적으로 변액보험의 사망보험금은 최초에 계약한 기본보험계약의 기본보험금과 특별계정에서 운용되어 투자실적에 따라 변동하는 변동보험금으로 구성된다. 변액보험도 위험보장이라는 보험의 성격을 유지하기 위해 변동보험금의 크기와 관계없이 사망보험금에 대한 기본보험금의 최저보장을 설정하고 있다.

(3) 변액보험의 종류

1) 변액종신보험(종신보험 + 변액보험)

변액종신보험(variable life insurance)이란 보통의 종신보험과 같이 보장기간은 피보험자의 평생이지만, 피보험자가 사망한 경우에 지급되는 사망보험금은 고정된 것이 아니고 특별계정의 자산운용실적에 따라 매월 증감시켜 인플레이션에 대비할 수 있도록 한 상품이다. 따라서 자산운용의 실적에 따라 고수익을 얻을 수도 있지만 주가의 하락이나 환율의 변동 등으로 투자자산의 시장평가하락에 따른 투자위험도 항상 존재한다. 이들 위험은 보험계약자가 부담해야 한다. 단, 계약 시에 정한 보험금액(기본보험금액)의 수준은 보장된다. 그러나 해약환급금은 최저보증이율이 없으며, 경우에 따라 원금손실이 발생할 가능성도 있다.

변액종신보험은 연금전환특약을 이용해 특정시점의 계약자적립금을 연금지급재원으로 하여 연금으로 전환할 수 있으며, 일반종신보험으로의 전환도 가능하도록 설계되어 있다.

2) 변액연금보험(연금보험 + 변액보험)

변액연금보험(variable annuity)이란 노후생활자금 확보를 주목적으로 하는 일반연금보험과 같이 보험료를 납입하는 제1보험기간(위험보장기간)과 연금을 지급하는 제2보험기간(연금지급기간)으로 나눌 수 있다. 제1보험기간에 납입한 보험료를 특별계정에서 운용하여 얻은 계약자적립금을 연금재원으로 하여 제2보험기간의 연금개시시점에 연금을 지급하도록 설계되어 있다.

만약, 계약자가 연금개시 전 제1보험기간 내에 사망한 경우는 기본사망보험금과 특별계정에서 적립된 계약자적립금을 합쳐 사망보험금으로 지급한다. 연금지급개시 이후에는 일반연금과 마찬가지로 계약자가 선택한 연금지급방식(종신연금형, 확정연금형, 상속연금형)으로 연금이 지급된다. 그리고 연금개시시점에서 특별계정의 투자운용실적에 의한 계약자적립금이 기납입보험료보다 적은 경우 기납입보험료를 연금적립금으로 최저보장하고 있다.

3) 변액유니버셜보험(변액보험 + 유니버셜보험의 자유입출금)

변액유니버셜보험(variable universal life insurance)은 일반적인 변액보험이 저축보험료에 의한 투자를 탄력적으로 운용하여 사망보험금이나 환급금을 변동할 수 있다는 특징을 지니지만, 보험료의 납입방법은 고정적이다. 보험료가 고정적인 변액보험에 유니버셜보험의 보험료 자유입출금의 융통성을 추가함으로써 상품의 신축성을 극대화한 상품이다.

변액종신보험과 마찬가지로 보험기간은 종신이며, 펀드의 운용실적에 따라 사망보험금과 해지환급금이 변동하고, 유니버셜보험처럼 보험료를 추가납입하거나 자금 필요시 해지환급금의 일정범위 내에서 중도인출도 가능하다.

9. 유니버셜보험

유니버셜보험(universal life inurance)은 일정한 한도 내에서 보험계약자의 보험수요변화에 따라 보험금뿐만 아니라 보험료도 자유롭게 설정할 수 있고, 계약 후에도 이들 금액 및 납입기간을 변경할 수 있는 종신보험이다. 즉, 유니버셜보험은 보험료 자유입출금의 자유자재성과 사망보험금의 조정성을 동시에 지니고 있고, 자금필요시 해지환급금의 일정범위 내에서 중도인출이 가능한 보험이다.

최소한 요구되는 초회보험료를 납입한 후에 보험계약자는 보험료의 납입액과 납입시기를 조정할 수 있으며, 적립금액이 필요한 보험료수준을 넘는 경우에 보험료납입을 생략할 수도 있다. 동시에 보험계약자는 사망보험금을 비교적 쉽게 증가시키거나 감소시킬 수도 있다. 유니버셜보험은 준비금이 특별계정이 아닌 일반계정에서 운용된다는 점과 운용리스크를 보험회사에서 부담한다는 점에서 변액보험과 차이가 있다.

제20장 | 제3보험[1]

제1절 | 제3보험의 개념

I. 제3보험의 의의

제3보험(the third insurance)이란 사람(피보험자)이 재해로 인해 상해를 입거나 질병에 걸렸을 때 또는 상해나 질병이 원인이 되어 간병이 필요한 상태가 되었을 때 보험자가 보험금이나 그 밖의 급여지급을 보장하는 보험이다.

제3보험은 손해보험과 생명보험의 두 가지 성격을 모두 갖추고 있어 어느 한 분야로 분류하기 곤란하여 제3보험으로 분류하고 중간보험 또는 Gray Zone보험이라고도 한다. 예를 들어 질병보장상품의 경우 그 보험대상은 사람이므로 생명보험의 영역이고, 질병으로 인한 소득상실의 보장, 각종 질병치료비의 실손보상 등은 손해보험의 영역이다. 이 같이 두 가지 영역의 성격을 가진 보험종목을 제3보험이라고 하며, 생명보험사와 손해보험사 모두가 판매할 수 있도록 허용하고 있다.[2] 이들이 판매하고 있는 제3보험에는 건강보험의 실손의료보험, 암보험, 어린이보험, 치명적질병보험(critical illness; CI보험), 간병보험 등이 있다.

---

1) 보험연수원(2019), 제3보험과 생명보험협회(2021), 앞의 책 제4편 제3보험을 인용 및 참고하여 작성되었음.

2) 보험업법 제10조(보험업 겸영의 제한)에서 보험회사는 생명보험업과 손해보험업의 겸영을 금지하고 있으나 생명보험 및 손해보험의 전 종목에 관하여 허가를 받은 자는 제3보험업의 허가를 받은 것으로 본다. 따라서 생명보험회사나 손해보험회사 모두 제3보험상품을 판매할 수 있다. 물론 제3보험업만 허가받아 제3보험상품만 판매할 수 있다.

2. 제3보험의 구분

제3보험은 <표 5-12>와 같이 사람이 우연하고 급격한 외래의 사고[3]로 인한 신체에 입은 상해의 치료 등에 소요되는 비용을 보장하는 상해보험,[4] 신체의 내재적인 원인에 의해 질병에 걸리거나 질병으로 인해 발생되는 입원, 수술, 통원 등을 보장하는 질병보험[5] 그리고 상해, 질병으로 인한 활동불능 또는 인식불능 등 타인의 간병을 필요로 하는 상태를 보장하는 (장기)간병보험으로 구분된다.

표 5-12   제3보험의 구분

구분	보상내용
상해보험	급격한 외래의 사고로 신체에 입은 상해에 대하여 치료에 소요되는 비용 및 상해의 결과에 기인한 사망 등의 위험을 보장하는 보험(예, 교통사고로 인한 수술)
질병보험	질병 또는 질병으로 인한 입원·수술 등의 위험(질병으로 인한 사망은 제외되나 특약으로만 가능)을 주로 보장하는 보험(예, 암으로 인한 요양자금)
간병보험	치매 또는 일상생활장해 등 타인의 간병을 필요로 하는 상태 및 이로 인한 치료 등의 위험을 보장하는 보험(예, 중증치매로 인한 간병비)

제3보험은 보험업법상 생명보험이나 손해보험의 일부가 아니라 독립된 하나의 보험업으로서의 지위를 갖는다. 따라서 제3보험사업의 영위는 별도로 독립된

---

3) 우연성이란 피보험자의 의사에 기인하지 않았음을 뜻한다. 따라서 피보험자가 의도하였거나 예상할 수 있었던 사고, 즉 자해행위, 자살, 싸움 등으로 인한 상해는 상해보험의 보험사고가 아니다. 외래성은 상해발생의 원인이 피보험자 자신의 신체에 내재되어 있는 것이 아니라 외부적 요인에 기인하는 것을 의미한다. 따라서 고혈압환자가 외부의 충격으로 쓰러져 외상을 입고 사망한 경우 외래성을 인정하지 않았다. 외래성 요인은 상해와 질병을 구분하는 기준이 된다. 그리고 급격성은 결과의 발생을 피할 수 없을 정도로 급박한 상태를 의미한다. 즉, 상해를 발생시키는 사고가 완만하거나 연속적으로 발생한다면 이를 사전에 예측하여 피할 수 있게 되므로 보험사고가 될 수 없다. 따라서 신체허약, 질병 등은 상해에서 배제된다.

4) 상법 제737조(상해보험자의 책임) 상해보험계약의 보험자는 신체의 상해에 관한 보험사고가 생길 경우에 보험금액이나 기타의 급여를 지급할 책임이 있다.

5) 상법 제739조의2(질병보험자의 책임) 질병보험계약의 보험자는 피보험자의 질병에 관한 보험사고가 발생할 경우 보험금이나 그 밖의 급여를 지급할 책임이 있다.

제3보험회사를 설립하여 운영하거나 아니면 생명보험회사 및 손해보험회사로서 해당 보험업의 모든 보험종목에 대하여 허가를 받은 경우에는 제3보험 사업을 영위할 수 있다.

생명보험회사와 손해보험회사는 제3보험업의 겸영이 가능하고, 이들 보험업의 특징을 구분해 보면 <표 5−13>과 같다.

보험사고를 보면 생명보험은 사람의 생존과 사망이고, 손해보험은 재산상의 손해이며, 제3보험은 신체의 상해, 질병 및 이로 인한 간병상태이다. 보험금지급 방법은 생명보험은 원칙상 정해진 금액을 보상하는 정액보험이고, 손해보험은 재산상의 손해를 보상하는 특성상 실손보상이 원칙이며, 부정액보험이다. 제3보험은 정액보상과 실손보상이 모두 가능하다. 피보험이익의 인정(존재)여부를 보면 생명보험은 사람의 생명이나 신체를 금전적으로 평가할 수 없다는 이유로 피보험이익을 부정하고 있으며, 손해보험은 피보험이익이 필수적인 요소이므로 인정하고 있다. 제3보험의 경우 실손보상이 가능하므로 피보험이익을 부분적으로 인정하고 있다.

표 5-13 손해보험, 생명보험, 제3보험의 특성비교

구분	생명보험	손해보험	제3보험
보험사고의 대상	사람의 생존 또는 사망	재산상의 손해	사람의 신체상해, 질병, 간병
보상방법	정액보상	실손보상	정액보상, 실손보상
피보험이익	원칙적으로 부정	인정	원칙적으로 없으나 부분인정
중복보험	없음	존재	실손보상급부에 존재
피보험자	보험사고의 대상	보험금청구권자	보험사고의 대상
보험기간	장기	단기	장기

자료: 생명보험협회(2021.11), 앞의 책, p.280.

제2절	제3보험의 종류

I. 상해보험

상해보험이란 급격하고도 우연한 외래의 사고로 사람의 신체에 입은 상해로 치료에 소요되는 비용 및 상해의 결과에 기인한 사망, 후유장해, 진단, 수술, 입원, 통원 등의 위험보장을 목적으로 하는 보험이다.

상해보험에는 보장하는 내용에 따라 일반재해보장형, 교통사고보장형, 낚시, 골프 등 각종 레포츠사고보장형 등 다양한 종류가 있다. 이들 상품은 각종 선택특약의 부가로 재해로 인한 수술, 입원, 생활보조금의 지급 등 추가보장을 하고 있다. 상해보험의 주요 보장내용은 상품마다 차이가 있지만 일반적인 보장내용은 <표 5-14>와 같다.

표 5-14 상해보험의 주요 보장내용(사례)

구분	지급사유	지급금액
사망보험금/ 장해보험금	대중교통: 대중교통이용 중 교통사고	3억원/1억 5,000만원×해당장해지급률
	교통재해: 대중교통사고 이외의 교통재해	1억 5,000만원/6,000만원×해당장해지급률
	일반재해: 교통재해 이외의 재해	1억원/3,000만원×해당장해지급률
수술비	중대한 재해수술: 재해에 의한 개두수술, 개흉수술 및 개복수술	300만원(수술 1회당)
	치료목적 수술	100만원(수술 1회당)
재해골절 치료비	재해골절(치아파철 제외)	30만원(발생 1회당)

상해보험의 보험기간은 일반적으로 1년 이상이며, 가입대상 및 연령은 일부 위험직을 제외하고, 고연령자도 가능하다. 상해보험에서 상해사망의 경우 사망

보험금은 약정액이며, 질병사망은 주보험에는 부가할 수 없고, 특약을 통해서만 보장할 수 있다. 한편, 상해보험에서 보장하지 않는 원인에 의해 피보험자가 사망한 경우 예를 들어 피보험자가 암으로 사망한 경우에는 책임준비금을 지급하고 보험계약이 소멸하게 된다.

상해보험에 적용되는 위험률은 직업·직종별 위험률이고, 위험직업과 비위험 직업간에 상이한 위험률에 따라 보험요율 및 보험료가 산출·산정되므로 상해보험의 피보험자는 보험기간 중에 직업이 상대적으로 위험한 직종으로 변경된 경우, 예를 들어 사무직에서 생산직으로 또는 자가용운전자에서 영업용운전자로 변경된 경우 현저한 위험변경이므로 보험회사에 통지할 의무가 있다. 이를 위반할 경우 보험계약이 해지될 수도 있고, 보험금이 삭감될 수도 있다. 단, 변경된 직업·직종(직무)과 보험사고간의 인과관계가 없음을 보험계약자가 입증한 경우에는 보험금 전액이 지급된다.

2. 질병보험

질병보험이란 피보험자의 질병 또는 질병으로 인한 입원, 수술 등의 위험에 관하여 보험자가 보험금이나 그 밖의 급여를 지급할 것을 책임지는 보험이다(상법 제739조의2). 질병으로 인한 사망은 제외된다. 현재 암보험, CI보험, 실손의료보험 등에서 각종 질병에 관한 진단, 수술, 입원, 의료비 등을 보장한다.

(1) 암보험

암보험은 암으로 인한 치료자금을 중점적으로 보장받기 위한 보험으로 암진단 시, 수술 시, 치료 시 등의 치료자금 및 암으로 인한 요양자금을 보장하는 상품이다. 암보험의 종류는 만기환급금의 유무에 따라 순수보장형과 만기환급형으로 구분되고, 특정암(예, 3대 주요 암인 위암, 폐암, 간암 등)만을 집중적으로 보장하는 형태의 상품도 있다.

암보험의 주요 보장내용에 대한 사례를 보면 <표 5－15>와 같고, 보험계약일로부터 90일 이후 보장을 받을 수 있는 면책기간이 설정되어 있다. 또한, 보험가입 후 일정기간(일반적으로 1년) 내에 보험사고 발생 시 보험금을 삭감하여 지급하는 상품도 있다. 따라서 보험가입 시에 이 같은 사실을 계약자에게 알려 사전에 분쟁의 소지를 없애야 한다. 한편, 특약으로 사망보장이 부가될 때에는 선지급특약을 통해 사망전이라도 암사망보험금의 수령이 가능한 상품도 있다.

표 5-15 암보험의 주요 보장내용(사례)

보험금	지급사유	지급액	
암진단 보험금	보장개시일 이후 암진단확정된 경우(다만, 최초 1회에 한함)	일반암	1년 미만 1,000만원/1년 이후 2,000만원
		유방암, 전립선암	1년 미만 250만원/1년 이후 500원 유방암 180일이내 200만원
		기타피부암, 갑상선암, 제자리암, 경계성종양, 대장점막내암	1년 미만 100만원/1년 이후 200만원
암 수술비	암의 직접적인 치료를 목적으로 수술을 받은 경우(수술 1회당)	암, 대장점막내암	1년 미만 100만원/1년 이후 200만원
		갑상선암, 경계성종양	1년 미만 25만원/1년 이후 50만원
		기타피부암, 제자리암	1년 미만 15만원/1년 이후 30만원
치료 입원비	최초 1회 암진단 시	암, 대장점막내암	3만원
		갑상선암, 경계성종양, 기타피부암, 제자리암	1만원

자료: www.myAngel.co.kr

(2) 치명적질병보험(CI보험)

치명적질병보험(critical illness insurance; CI보험)은 건강보험과 종신보험의 장점이 결합된 상품으로 인구 고령화 및 건강에 대한 중요성이 커지면서 2002년 장기간병보험(long term care; LTC보험)과 함께 처음 도입되었다. CI보험은 암·심근경색·뇌졸중·말기신부전증 등 치명적인 중대한 질병 발생시 충분한 치료를 위해 보험금의 50% 또는 80%를 선지급받을 수 있고, 나머지는 사망 시 지급되도록 설계되어 있다.

의료기술의 발달로 치명적인 질병이 발병한 후에도 생존율이 증가하여 노동불능상태에서 치료비, 생활비, 간병비 및 환자의 활동을 위한 집안내부 개조비, 휠체어 등 보조기구 구입비 등으로 본인은 물론 가족들에게 육체적·경제적 고통을 초래하게 된다. 따라서 CI보험은 선지급을 통해 생존 시 고액의 치료비, 신체장해에 따른 간병비·요양비 등 환자 본인과 가족에게 필요한 생활치료자금을 보장해 주고, 사망 시에는 잔여보험금을 지급하여 유족들의 생활안정에 기여하는 상품이다. 그러나 CI보험은 회사별·상품별로 보장내용이 다르기 때문에 보험 가입전에 약관 등을 통해 보장받을 수 있는 내용을 확인한 후 가입하는 것이 필요하다.

(3) 실손의료보험(실손보험)

1) 의의와 보장범위

실손의료보험은 보장범위가 국가에서 운영하는 의무보험인 국민건강보험과 연계된 구조의 보충형 건강보험상품이다. 제2의 건강보험 또는 가입자가 실제로 지급한 돈을 보장한다는 의미에서 실손보험이라고도 한다. 보장범위는 국민건강보험과 연계되어 있지만 이와는 별개로 모든 민영보험회사(생보·손보)에서 판매 가능한 제3보험 성격의 민영보험이다. 보험가입자가 질병, 상해로 입원·통원·처방 시 [그림 5-3]에서와 같이 환자가 실제로 지급한 B + C를 보험회사가 보상하는 상품이다. 병원비(의료비) 중 국민건강보험공단 부담금(A)을 차감한 법정 본인부담금(B)과 법정비급여항목의료비인 100% 본인부담금(C)을 즉, B + C를 보상하는 상품이다. 물론 도덕적 해이를 방지하기 위해 B + C 전액을 지급하는 것이 아니라 일정률(20~30%) 또는 일정액의 자기부담금이 있고, 치료목적 이외의 미용이나 시술목적의 진료비 등은 보상하지 않는다.

그림 5-3 실손의료보험의 보장범위

병원비(의료비)의 구성		
요양급여(급여부분)		법정비급여(비급여부분)
건강보험공단 부담금(A)	법정 본인부담금(B)	100%본인부담금(C)
국민건강보험보장(A)	실손의료보험보장(B+C)	

주) 법정본인부담금(B)은 일반 환자인 경우 요양급여비용총액의 20%, 고위험임신부는 10%, 15세 이하, 제왕절개분만, 등록암환자, 등록중증화상환자, 뇌혈관질환 및 심장질환자는 5%이고, 신생아 및 자연분만은 면제이다.

2) 연혁

실손의료보험은 1963년 상해로 인한 의료비 실손보상에서 시작되었다고 할 수 있고, 1970년대 단체건강보험 또는 특약형태의 질병보험을 거쳐 1999년 상해 및 질병으로 인한 의료비 중 1977년 도입된 국민건강보험과 연계하여 본인부담 부분을 보상하는 현재의 실손의료보험과 유사한 형태로 판매되었다. 손해보험회사에서는 자기부담금 없이 자동갱신주기를 3년, 5년, 100세로 하는 상품을 출시했고, 생명보험회사에서는 자기부담금이 있으며 자동갱신주기를 3년으로 하는 상품을 출시하여 2009년 10월까지 소위 제1세대 실손보험을 판매했다. 2009년 11월부터는 생·손보사 실손보험을 표준화하여 본인부담금(B + C) 10%~20%, 자동갱신주기 3년으로 통일한 제2세대 표준화실손보험을 2017년 3월까지 판매하였다. 그 후 2017년 4월부터는 급여부분과 비급여부분을 구분하여 자기부담금을 급여부분(B)에 10%~20%, 비급여부분(C)에 20%~30%, 자동갱신주기를 1년으로 하되 보험료는 35% 저렴해졌기 때문에 착한실손보험이라는 제3세대 실손보험을 2021년 6월까지 판매하였다. 2021년 7월부터 현재는 급여부분(B)과 비급여부분(C)를 완전히 분리하여 급여부분은 자기부담금 20%, 도덕적 위험이 큰 일부 비급여부분(항목 예, 도수·체외충격파·증식치료, 신데렐라, 마늘 등 주사제, MRI검사)은 특약으로 가입해야만 보장받을 수 있고, 보장한도(도수 등 350만원, 주사료 250만원)와 보장횟수(50회) 그리고 자기부담금도 30%인 제4세대 비급여차층제실손보험을 판매하고 있다. 한편, 보험사에 따라 최근 2년 내 병원 진료를 받았거나 진단과 수술로 50만원 이상의 보험금을 받은 유병자는 가입할 수 없는 상품도 있다. 그동안 변천해 오면서 자기부담금과 가입조건은 계속 높였지만 신규가입의 보험료는 내렸다.

3) 유의사항

실손의료보험은 실손(실제 손해액)만을 보상하므로 중복가입이 불필요하다. 따라서 보험계약 체결 전 중복가입(기가입) 여부를 보험회사의 전산시스템을 이용해 반드시 확인해야 한다. 실무적으로 보험회사가 고객의 동의하에 가입정보를 조회하여 어느 보험회사든 실손의료보험관련 상품에 가입된 것이 없으면 계약체결을 진행하고, 가입된 상품이 있으면 추가가입이 필요 없음을 설명하고 종료한다.

3. 간병보험

간병보험은 피보험자가 상해, 질병 등의 사고로 인하여 더 이상 일상생활을 할 수 없게 된 상태, 즉 활동불능 또는 인식불명(식물인간상태, 치매 등)에 도달하여 항상 타인의 간병을 필요로 하는 '일상생활장해상태(활동불능상태)'[6]에 이르렀을 때 보험자가 간병비를 보장해주는 상품이다.

간병상태에는 일시적으로 필요한 간병과 장기간 필요한 장기간병이 있으며, 간병보험의 대상은 장기간병 상태이다. 그리고 간병보험은 역선택 방지를 위하여 면책기간(대기기간)과 판단기간을 두고 있다. 예를 들어 생명보험의 간병보험에서는 보험금지급 사유인 '일상생활장해상태'는 암보험과 같이 계약일로부터 90일, '중증치매상태'는 계약일로부터 2년간의 면책기간이 설정되어 있다. 단, 재해로 인한 '일상생활장해상태' 또는 '중증치매상태'는 면책기간 없이 제1회 보험료를 받은 때부터 보장한다. 한편, 손해보험의 간병보험은 면책기간 없이 보험기간 중에 '활동불능상태' 또는 '치매상태'로 해당분야 전문의의 진단이 확정되면 그

---

6) '일상생활장해상태'란 피보험자가 재해 또는 질병으로 인하여 휠체어, 목발, 의수, 의족 등 특별한 보조기구를 사용하여도 생명유지에 필요한 일상생활의 기본동작인 이동하기, 식사하기, 화장실 사용하기, 목욕하기, 옷 입기를 스스로 할 수 없는 상태로 90일 이상 계속되어 장래에 더 이상의 호전을 기대할 수 없는 상태를 말한다. 이는 생명보험약관상의 보험금지급 사유이고, 손해보험에서는 이를 '활동불능상태'라고 칭한다.

날을 포함하여 판단기간 90일 또는 180일 이상 활동불능상태 또는 치매상태가 계속되었을 때 1회에 한하여 보상한다.

장기간병보험은 미국에서는 long term care insurance, 일본에서는 개호보험으로 통칭되고 있으며, 우리나라에서는 수발보험 또는 개호보험 등의 명칭으로 사용되다가 장기간병보험(LTC)으로 통합되었다.

(1) 공적 장기간병보험(노인장기요양보험)

우리나라는 2007년 4월 「노인장기요양보험법」이 공포되어 2008.7.1부터 노인장기요양보험제도가 시행되었다. 건강보험재정에 구속되지 않고, 장기요양제도의 특성을 살릴 수 있도록 하기 위해 「국민건강보험법」과는 별도로 「노인장기요양보험법」을 제정하여 사회보험제도로서 노인장기요양보험제도를 시행하게 되었다.

장기요양보험제도는 국민건강보험과는 독립적인 형태로 설계하되 관리·운영기관은 효율성을 위해 별도로 설치하지 않고, 「국민건강보험법」에 의하여 설립된 기존의 국민건강보험공단으로 하고 있다. 장기요양보험료는 (건강보험료 × 12.27%) + 국가 및 지방자치단체 부담(장기요양보험료 예상수입액의 20% + 공적부조의 적용을 받는 의료급여수급권자의 장기요양급여비용)으로 구성하고 있다.

노인장기요양보험은 65세 이상의 노인 및 65세 미만으로 치매, 뇌혈관성질환, 파킨슨병 등 노인성 질병으로 6개월 이상의 기간 동안 일상생활을 수행하기 힘든 국민을 대상으로 시설급여(본인부담 20%) 또는 재가급여(본인부담 15%), 특별현금급여 중 한 가지를 제공하고 있다. 장기요양인정의 신청은 장기요양보험 가입자나 그 피부양자가 공단에 신청하면 공단직원이 방문조사하여 장기요양인정조사표를 작성하게 되고, 공단에서 요청한 의사소견서를 제출하게 되면 이를 근거로 장기요양등급판정위원회에서 심신의 기능 상태에 따라 장기요양인정점수를 산정하고, 이를 기준으로 1등급에서 5등급으로 등급을 판정하게 된다. 신청인은 등급에 따라 노인요양시설 등과 계약하여 요양서비스를 제공받거나 가사지원 등의 서비스를 받고 그 비용을 지원받을 수 있다.

(2) 민영 장기간병보험

최근 들어 평균수명의 연장과 초고령화로 치매, 뇌졸중 등 노인성 질환 환자가 늘어나 노인 간병비가 급증하고 있으므로 공보험만으로는 보장에 한계가 있다. 그렇기 때문에 국민 개개인이 민영보험을 통해 보충할 필요가 있다.

　민영 장기간병보험은 보험금 지급방식에 따라 정액보상형과 실손보상형으로 구분되며, 현재 우리나라에서 판매되는 장기간병보험은 정액보상형태로 2003년 8월부터 판매되었다. 상품구조에 따라 독립적인 형태의 연금형, 종신보장형, 정기보장형과 특약형태로 구분할 수 있다.

　간병보험의 보험기간은 대부분의 상품이 종신(일부 80세 만기형)이며, 가입 가능 연령은 일반적으로 30세 이후이다. 일반적으로 수발필요상태(180일 또는 90일)의 정의에 따라 보험료 차이가 발생하며, 피보험자의 사망이나 간병연금수령 종료 시 계약은 소멸된다. 현재 우리나라에서 판매되고 있는 간병보험은 위험률 산출을 위한 경험 데이터가 충분하지 않아 위험률변동(non-guaranteed)제도[7]를 채택하고 있다.

---

7) 의료기술의 발달 등으로 실제 위험발생률이 보험가입 당시 예측한 위험률과 상이한 경우 보험기간 중도에 회사가 금융위원회의 인가를 얻어 위험률의 변동에 따라 보험료를 조정하는 제도이다.

제21장 │ **사회보험**

제1절 │ 사회보험의 개념

1. 사회보험의 의의

사회보험(social insurance)이란 사회보장제도(social security system)[1]의 하나로서 우리들이 생활하는 가운데 직면하는 사회적 위험에 대응하기 위하여 보험원리를 적용해 국가가 시행하는 강제보험을 총칭한다. 국민의 질병, 상해, 고도장애, 실업, 노령, 사망 등 사회적 위험을 보험방식으로 대처함으로써 국민의 건강과 안정적인 경제생활을 보장하기 위한 제도이다. 국가의 사회안전망(social safety net)이다.

보통의 일반 국민은 위와 같은 불의의 재해를 당하게 되면 충분한 경제적 준비가 되어 있지 않기 때문에 본인은 물론 그 가족도 생활이 어려워지게 된다. 이러한 경우 생활의 안정과 노동력 회복을 위한 제도가 필요하게 되는데 사회보험은 이러한 사태에 대비하기 위한 보험이다. 사회보험이 사회정책과 보험을 융합시킨 합성체라고 불리는 것은 이 때문이다. 하지만 이 경우의 융합은 양자가 대등한 융합은 아니고, 어디까지나 사회정책을 실현하기 위해 보험의 구조와 기술을 차용하는 것뿐이다. 결국 여기서 보험적인 요소는 정책실현을 위한 수단일 뿐이며, 그 이상의 것은 아니다.

사회보험의 시작은 1883년 독일제국 총리 비스마르크(Oto Bismark 1815－1898)

---

1) 사회보장의 social security에서 security는 라틴어 'securitas'에서 기원한 것으로 se(= without; 해방) + cura(= care; 걱정, 염려)를 의미한다. 즉, 걱정에서 해방된다, 염려를 없게 한다는 의미를 가지고 있다. 따라서 social security는 사회적 불안을 제거한다는 의미와 안정된 삶을 사회가 보장한다는 뜻이다.

에 의한 질병보험이다. 독일은 영국에 이어 후발 산업국가로서 급속한 산업화 속에서 노동계급, 지주계급, 신흥자본가 사이에 계급 간 갈등이 심화되었다. 비스마르크는 노동계급의 사회주의 운동을 억압하고, 포용하기 위해 국가 주도의 사회보험 3법으로 1883년 공장 및 광산노동자를 위한 「질병보험법」, 1884년 「근로자재해보험법」, 1889년 「폐질 · 노령보험법」을 제정하였다. 이는 현재의 「건강보험법」, 「산업재해보험법」, 「연금법」의 모태가 되었다. 그리고 사회보험은 오늘날 사회보장제도의 하나이다. "사회보장은 질병, 장애, 노령, 실업, 사망 등의 사회적 위험으로부터 모든 국민을 보호하고 빈곤을 해소하며 국민 생활의 질을 향상시키기 위하여 제공되는 사회보험, 공공부조, 사회복지서비스 및 관련복지제도를 말한다(사회보장기본법 제3조)."라고 정의하고 있기 때문이다.

2. 사회보험의 구조 및 특징

사회보험은 국가의 공공기관이 보험자가 국영이나 공영으로 운영한다. 보험자인 국가가 소득의 불균형을 시정하고, 국민의 최저생활을 보장하기 위해서 법률에 의해 보험가입을 강제하며 수급권을 보장한다.[2]

가입자가 부담하는 보험료는 민영보험과는 달리 그 사람이 처한 위험과는 관계없이 대부분의 경우 그 사람의 임금 또는 소득을 기준으로 능력별 비례부담의 정률제이다. 따라서 비교적 소득이 많은 노동자가 소득이 적은 노동자보다 더 많은 보험료를 부담하게 되어 노동자 계급 간에서 소득의 재분배도 이루어진다.

사회보험은 사회보장의 중심을 이루고 있으며 국민이 건강하고 문화적인 생활수준을 유지해 가는 데에 있어 큰 역할을 완수하고 있기 때문에 국가가 이것에 관여함과 동시에 국고에서 그 비용의 일부를 부담한다. 또한, 노동자를 고용하는 사업주에게도 비용의 일부를 의무부담하게 한다. 이와 같이 사회보험은 각종 급여에 필요한 보험료 전액을 부담할 수 없는 사람도 가입할 수 있도록 가입

---

2) 사회보험에서 보험가입을 의무로 강제하고, 수급권을 보장하는 이유는 임의의 민간보험방식을 취한다면 위험이 큰 사람만 가입하는 역선택문제나 보험사도 우량위험만 인수하는 문제로 빈곤층은 더욱 빈곤해질 수 있고, 이는 다른 국민에게 피해를 줄 우려도 있으므로 보험가입을 의무화하여 위험을 전체 국민이 분담하고, 사회정의 차원에서 수급권보장을 통해 국민의 최저생활을 할 수 있도록 하여 공동체의 안정을 위한 것이다.

자와 더불어 사업주도 비용의 일부를 공동 부담한다. 예를 들어 국민건강보험에서 보험료는 근로자 소득의 6.99%를 근로자와 사업주가 각각 1/2씩 3.495%를 공동부담하고, 국가도 보험료 수입의 20%를 보조한다.

이상의 사회보험이 가진 특징과 그 이외의 구조와 특징을 민영보험과 비교하여 요약하면 <표 5-16>과 같다. 사회보험은 사람을 보험계약의 대상으로 하는 인보험(생명보험)에 한정되지만, 민영보험은 인보험뿐만 아니라 물보험이나 재산보험 등 모든 손해보험이 가능하다. 보험급여수준은 사회보험이 사회적으로 결정된 일정한 기준에 의거한 법정 균등급여를 행하는 것에 비해, 민영보험에서는 기여비례보상에 따라 차등급여한다.

표 5-16 사회보험의 구조 및 특징

구분	사회보험	민영보험
제도의 목적	최저생활보장	개인의 재산적/의료적 필요보상
보험가입	강제	임의
부양성	국가 또는 사회부양성	없음
보험보호대상	질병, 분만, 산재, 노령, 실업, 장해에 국한	발생위험률를 알 수 있는 모든 위험
수급권	법적수급권	계약수급권
공동부담여부	사용자, 피용자(개인), 정부 공동부담의 원칙	본인부담주의
재원부담	능력별(소득별)비례부담	능력무관(동액부담)
보험료부담방식	주로 정률제	주로 정액제
보험사고대상	인보험(생명보험)	인보험, 물보험 모두 가능
급여수준	균등급여	차등급여(기여비례보상)
성격	집단보험	개별보험

1. 4대 사회보험

우리나라 사회보험의 영역은 현대사회의 대표적인 사회적 위험(질병, 상해, 노령, 실업)의 영역을 대부분 포괄하고 있고, <표 5−19>와 같이 4대 사회보험으로 구성되어 있다.

4대 사회보험은 첫째, 질병이나 부상의 치료 또는 재활을 위해 1977년 도입한 국민건강보험(의료보험), 둘째, 노령으로 인한 노동능력 상실, 질병이나 각종 사고에 의한 부상으로 장애가 발생한 경우 그리고 사망으로 유족들의 소득감소에 대비하기 위한 1988년 도입한 국민연금, 셋째, 회사에 다니는 근로자를 대상으로 업무상 재해가 발생한 경우를 대비하기 위한 1964년 도입한 산업재해보상보험, 넷째, 근로자가 실직할 경우 생활안정과 구직활동 촉진, 직업능력개발 및 향상을 위해 1995년 도입한 고용보험이다. 이와 더불어 고령이나 노인성 질환(치매, 중풍 등)으로 6개월 이상 일상생활이 어려운 노인들에게 노인요양시설의 시설급여나 요양보호사에 의한 재가급여를 제공하기 위해 2008년 도입한 노인장기요양보험을 포함하여 5대 사회보험이라고도 한다.

아래 <표 5−17>은 4대 사회보험의 가입대상, 보험료 및 보험급여의 종류를 2022년 1월을 기준으로 살펴본 것이다.

표 5-17 우리나라의 4대 사회보험(2022. 1. 기준)

구분	가입대상	보험료	보험급여
국민건강보험(의료보험)	• 국내 거주 모든 국민(사업장 근로자, 공무원 및 사립학교 교직원, 농어민, 자영자 등) - 직장가입자(64%) - 지역가입자(33%)	• 직장가입자 - 근로자: 소득의 6.99%(가입자, 사용자 각각 3.495%) - 공무원: 소득의 6.99%(가입자3.495% + 국가3.495%) - 사립학교교원: 소득의 6.99%(가입자 3.495% + 사용자2.097% + 국가1.398%)	• 질병, 부상에 대한 예방·진단·치료·재활과 출산, 사망 및 건강증진 - 현물급여

		• 지역가입자 - 소득·재산·자동차·가구원수(성, 연령) 등을 종합하여 점수로 만들어 부과 • 국고보조 - 보험료수입의 20%(정부지원14%, 담배부담금6%)	- 현금급여
국민연금보험	• 사업장 가입자: 18세 이상 60세 미만의 근로자 및 사용자 • 지역가입자: 27세 이상 60세 미만의 농어민 및 도시자영자 (공무원, 군인, 사립학교교직원 및 별정우체국 직원 제외)	• 사업장 가입자: 소득의 9%(사업주, 근로자 각각4.5%씩) • 지역(임의)가입자: 소득의 9%(모두 본인부담) 참조) 공무원 및 사립학교교직원연금 • 공무원 18%(국가, 본인 각각 1/2) • 사립학교교원: 18%(가입자 + 사용자, 국가 각각 1/2)	• 노령연금 • 장애연금 • 유족연금 • 반환일시금 • 사망일시금
산업재해보상보험	사업장 근로자	• 산재보험요율 1.53%(업종별 평균 1.43% 정도, 금융 및 보험업 0.6%, 건설업 3.6% 등의 평균) + 출퇴근보험요율 0.1%(사업의 종류 구분 없음) - 사업주 100%부담	• 요양급여 • 휴업급여 • 장해급여 • 유족급여
고용보험	사업장 근로자	• 실업급여 1.8%(근로자 소득의 0.9% + 사업주 0.9%) • 고용안정·직업능력개발사업(사업주만 종업원수 150~1,000인에 따라 0.25~0.85%)	• 실업급여 • 고용안정사업 • 직업능력개발사업

주) 1. 국민건강보험료는 보수월액의 6.99%를 사업주와 근로자가 각각 1/2씩 부담하고, 장기요양보험료는 건강보험료의 12.27%이다. 2. 국민연금보험료는 기준소득월액의 9%를 근로자와 사업주가 각각 1/2씩 부담한다. 3. 산재보험료는 건설업 3.6%에서 금융 및 보험업 0.6%까지 28개 업종별 평균 1.43% 정도와 출퇴근보험요율 0.1%를 합한 1.53%를 적용하여 산정하고, 전액 사업주가 부담한다. 4. 고용보험료는 실업급여 목적으로 보수월액의 1.8%를 근로자와 사업주가 각각 1/2씩 부담한다. 고용안정 목적의 보험료는 종업원 수에 따라 0.25~0.85%를 적용하고, 사업주만 부담한다.

2. 사회보험의 형태별 관리 · 운영기관

사회보험의 형태는 법이 규율하는 사회적 위험의 내용과 가입대상자에 따라 구분하면, <표 5-18>과 같이 질병에 대비한 「국민건강보험법」, 노령에 대비한 「국민연금법」, 「공무원연금법」, 「사립학교교직원연금법」 및 「군인연금법」이 있고, 산업재해에 대비한 「산업재해보험법」, 실업에 대비한 「고용보험법」 그리고 일상생활장해상태에 의한 간병에 대비한 「노인장기요양보험법」(2007.4 공포)이 있다.

사회보험의 주관부처는 정부의 각 부처에 분산되어 있다. 국민건강보험, 국민연금 및 노인장기요양보험은 보건복지부, 공무원연금은 행정안전부, 사립학교교직원연금은 교육부, 군인연금은 국방부, 산업재해보상보험과 고용보험은 고용노동부에서 관리 · 운영하고 있다. 그리고 직접적인 보험 업무는 효율적인 운영을 위하여 공법인인 국민건강보험공단, 국민연금공단, 공무원연금공단, 사립학교교직원연금공단, 근로복지공단 등을 설치하여 위탁 관리 · 운영하고 있다. 국민건강보험공단은 2011년부터 4대 사회보험의 보험료 고지 · 징수 · 납부 · 체납관리 등 각 공단업무 중 유사, 중복성이 높은 업무를 통합관리하고 있다.

사회보험의 가입자격, 수급자격, 가입, 탈퇴, 수급시기, 급여수준 등 모든 보험관련사항이 법적으로 규정되어 있어 이들 법정사항을 신설, 변경, 폐지할 경우에는 국회의 법률개정 절차를 거쳐야 한다.

표 5-18   4대 사회보험의 관리 · 운영기관

	구분	관련법	주관부처	운영을 위한 공법인
	국민건강보험 노인장기요양보험	국민건강보험법 노인장기요양보험법	보건복지부	국민건강보험공단
연 금	국민연금	국민연금법	보건복지부	국민연금공단
	공무원연금	공무원연금법	행정안전부	공무원연금공단
	사립학교교직원연금	사립학교교직원연금법	교육부	사립학교교직원연금공단
	군인연금	군인연금법	국방부	보건복지관실 연금과
	산업재해보상보험	산업재해보상보험법	고용노동부	근로복지공단
	고용보험	고용보험법		

제3절	국민건강보험(의료보험)

국민건강보험(National Health Insurance; NHIS)은 국민들의 일상생활에서 발생하는 질병, 상해, 부상 등으로 고액의 진료비가 소요되어 가계가 파탄되는 것을 방지하기 위하여 국민들이 평소에 보험료를 내고 국민건강보험공단이 이를 관리·운영하다가 필요시 보험급여를 제공함으로써 국민 상호 간 위험을 분담하고 필요한 의료서비스를 받을 수 있도록 하는 사회보장제도이다. 국민의 질환진단, 입원 및 외래 치료, 재활치료 등을 목적으로 주로 병·의원 및 약국에서 제공하는 서비스를 급여 대상으로 하는 보험으로 의료보험 또는 건강보험이라고도 한다.

I. 운영구조

국민건강보험의 운영은 [그림 5-4]와 같이 보건복지부가 「국민건강보험법」에 근거하여 건강보험에 필요한 제도와 정책을 결정하면, 국민건강보험공단은 정책집행기관으로서 보험가입자들이 지급한 보험료와 국고보조금을 재원으로 질

그림 5-4 국민건강보험의 운영구조

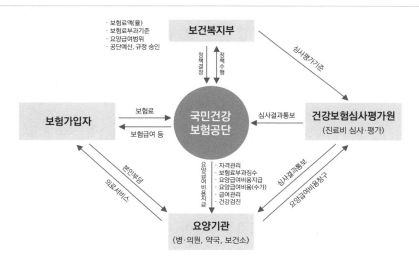

자료: http://mvkceo.blogspot.com.

병예방·치료 및 관리를 위한 다양한 지원사업을 시행하게 된다.

실무적으로 요양기관(병·의원)은 보험가입자에게 의료서비스를 제공하고, 진료비를 건강보험심사평가원에 청구하면 건강보험심사평가원은 요양기관이 청구한 진료비가 적정한지를 심사·평가하여 공단과 요양기관에 통보한다. 그러면 공단은 공단부담금인 요양급여비용을 요양기관에 지급한다. 한편, 보험가입자(환자)도 본인부담금을 의료서비스를 제공받은 의료기관에 지급하게 된다.

2. 가입자의 종류

(1) 직장가입자

모든 사업장의 근로자 및 사용자와 공무원 및 교직원은 직장가입자가 된다.

(2) 직장가입자 제외 대상

1) 고용 기간이 1개월 미만인 일용근로자
2) 「병역법」에 따른 현역병(지원에 의하지 아니하고, 임용된 하사를 포함한다), 전환복무된 사람 및 군간부후보생
3) 선거에 당선되어 취임하는 공무원으로서 매월 보수 또는 보수에 준하는 급료를 받지 아니하는 사람
4) 그 밖에 사업장의 특성, 고용 형태 및 사업의 종류 등을 고려하여 대통령령으로 정하는 사업장의 근로자 및 사용자와 공무원 및 교직원

(3) 지역가입자

지역가입자는 직장가입자와 그 피부양자를 제외한 가입자를 말한다.

(4) 임의계속가입자(실업자에 대한 특례)

임의계속가입제도는 갑작스러운 실직이나 은퇴로 직장에서 물러나 소득이 없는데도 직장가입자에서 지역가입자로 자격이 바뀌면서 건보료가 급증한 실직·은퇴자의 경제적 부담을 덜어주려는 취지에서 도입되었다.

퇴직 이전 18개월 기간 동안 사업장근무기간이 한 사업장에서든 여러 개의

사업장근무기간을 합산하든 1년 이상인 직장가입자에게 실직이나 은퇴 후 바로 지역가입자 보험료를 부과하지 않고, 최장 3년(36개월)간 재직 시 보험료 부담수준을 유지시켜 주는 제도이다.

임의계속가입자의 보험료는 다음 식에 의해 산출한 금액의 50%이다. 지역가입자로 산정한 보험료보다 많으면 포기할 수 있다. 임의계속가입 적용을 받기 위해서는 퇴직 후 지역가입자가 된 이후 최초로 받은 지역보험료 고지서 납부기한으로부터 2개월 이내에 건강보험공단에 직접 방문하거나 팩스 또는 우편으로 신청해야만 한다.

보험료 = 최근 12개월간 보수월액의 평균금액 × 직장가입자보험요율(2022년 현재 6.99%) + 소득월액보험료(월급외에 금융소득 등이 3,400만원을 초과할 경우 부과)

3. 보험급여의 종류

(1) 요양급여

요양급여란 요양기관(병·의원 등)에서 필요한 의료서비스를 받는 것이다. 가입자와 피부양자의 질병, 부상, 출산 등에 대하여 요양급여를 실시한다.

(2) 요양급여의 범위

요양급여의 범위는 다음과 같다.
1) 진찰·검사 2) 약제(藥劑)·치료재료의 지급 3) 처치·수술 및 그 밖의 치료
4) 예방·재활 5) 입원 6) 간호 7) 이송(移送)

요양급여대상에서 제외되는 사항은 요양급여의 기준을 정할 때 업무나 일상생활에 지장이 없는 질환에 대한 치료 등을 보건복지부령으로 정할 수 있다.

(3) 요양기관

요양급여(간호와 이송은 제외한다)는 다음의 요양기관에서 실시한다.
1) 「의료법」에 따라 개설된 의료기관

2) 「약사법」에 따라 등록된 약국

3) 「약사법」에 따라 설립된 한국희귀 · 필수의약품센터

4) 「지역보건법」에 따른 보건소 · 보건의료원 및 보건지소

5) 「농어촌 등 보건의료를 위한 특별조치법」에 따라 설치된 보건진료소

단, 보건복지부장관은 공익이나 국가정책에 비추어 요양기관으로 적합하지 아니한 경우 대통령령으로 정하는 의료기관 등은 요양기관에서 제외할 수 있다.

(4) 요양비

공단은 보건복지부령으로 정하는 앞 (3)의 요양기관에서 질병 · 부상 · 출산 등에 대하여 요양(현물의 의료서비스)을 받거나 요양기관이 아닌 장소에서 출산한 경우에는 그 요양급여에 상당하는 금액을 보건복지부령으로 정하는 바에 따라 가입자나 피부양자에게 요양비로 지급한다.

(5) 건강검진

공단은 가입자와 피부양자에 대하여 질병의 조기 발견과 그에 따른 요양급여를 하기 위해 건강검진을 실시한다. 건강검진의 대상 · 횟수 · 절차와 그 밖에 필요한 사항은 대통령령으로 정한다. 건강검진은 일반건강검진, 암검진 및 영유아건강검진으로 구분하여 실시한다.

1) 일반건강검진: 만 20세 이상인 지역가입자 및 만 20세 이상인 피부양자를 대상으로 2년마다 1회 이상 출생년도가 짝수면 짝수년도에 홀수면 홀수년도에 전액 공단부담으로 실시한다. 비사무직 종사자는 1년에 1회 실시한다. 검진대상질환은 비만, 시각/청각이상(운전면허 신체검사수치로도 활용), 고혈압, 신장질환, 빈혈증, 당뇨병, 간장질환, 폐결핵/흉부질환, 구강질환이다.

2) 암검진: 암종별 특성을 고려하여 검진이 필요한 자로서 검진주기는 위암, 여성암(유방암, 자궁경부암), 폐암 2년, 대장암 1년, 간암 6개월(전반기, 후반기)이다. 비용부담은 공단 90%, 수검자 10%(자궁경부암, 대장암은 전액 공단부담)이다.

3) 영유아건강검진: 생후 14개월부터 6세 미만까지 성장 · 발달이상, 청각 · 시각이상, 비만 등 총11회(구강검사 3회 포함) 공단부담으로 실시한다.

4. 보험료

(1) 직장가입자

직장가입자의 월별 보험료는 소득능력에 따라 기본의 보수월액보험료와 보수월액 이외의 종합과세소득(사업, 이자, 배당, 근로, 연금, 임대소득 등)이 연간 3,400만원을 초과(2022. 7월부터는 2,000만원 초과로 강화)하는 직장가입자의 경우 추가적으로 부담하는 소득월액보험료(월급외 보험료)로 구분된다. 종합과세소득이 연간 3,400만원 미만의 직장가입자는 보수월액보험료만을 사업자와 1/2씩 부담한다.

1) 보수월액보험료(2022년 기준)

$$보수월액보험료 = 건강보험료 + 장기요양보험료$$

여기서 건강보험료 = 보수월액 × 직장가입자보험요율(6.99%)이고, 장기요양보험료 = 건강보험료 × 장기요양보험요율(12.27%)이다. 보험료의 상한은 기업별 월 7,307,100원이고, 하한은 월 19,520원이며 가입자는 그 1/2을 부담한다.

2) 소득월액보험료(2022년 기준)

$$소득월액보험료 = (소득월액 × 소득평가율) × 직장가입자보험요율(6.99\%)$$

여기서 소득월액 = (연간보수외 소득 − 3,400만원) ÷ 12월이다. 그리고 소득평가율은 이자, 배당, 사업소득, 기타 소득은 100%이고, 근로소득, 연금소득은 30%이다.

(2) 지역가입자

지역가입자의 월별 보험료는 지역가입자가 속한 세대별로 산정하며, 건강보험료 + 장기요양보험료로 구성되지만 건강보험료의 내용은 직장가입자의 건강보험료와는 전혀 다르다.

여기서 건강보험료(2022년 기준)는 ① 소득(사업, 연금, 근로, 기타 소득의 합계액에 따라 97등급의 등급별 점수) ② 재산(토지, 건축물, 주택, 선박, 항공기의 재산세 과

세표준금액과 전·월세금액의 합계액에 따라 60등급의 등급별 점수) ③ 자동차(차종, 가격, 배기량, 연식에 따라 11등급의 등급별 점수) ④ 소득최저보험료(2022년 기준, 14,650원)로 구성된다. 구체적인 산정은 (① + ② + ③) × 205.3원(2022년 기준, 부과점수당금액) + ④(14,650원)이다. 여기에 장기요양보험료(건강보험료 × 장기요양보험요율 12.27%)를 더하여 월별 보험료가 산정되고, 이를 지역가입자가 전액 부담한다.

2022년 7월부터는 소득의 경우 등급점수 대신에 직장가입자와 같이 정률제(6.99%)로의 일원화와 자동차의 경우 가액 4,000만원 이상만 반영하여 부담을 줄일 예정이다. 하지만 피부양자 자격의 기준금액은 소득기준에서 연소득 3,400만원 → 2천만원, 재산기준에서 재산과표 5.4억원 → 3.6억원으로 인하하여 피부양자의 자격기준을 강화할 예정이다.

5. 우리나라 건강보험의 문제점과 개선방안

직장가입자(봉급생활자)는 소득(임금)과 보수외 소득만으로 보험료가 산정되어 사용자와 같이 부담하지만, 지역가입자(자영업자)는 소득, 재산 및 자동차(2022. 7월부터는 4천만원 이상만 대상)까지 포함하여 산정한 후 혼자 부담한다. 생필품에 가까운 자동차의 보유여부도 보험료 산정에 포함시킨다는 것은 불합리하다.

의사들은 행위별 수가제도[3] 때문에 환자들에게 여러 번 다시 병원에 방문하도록 권유하게 되며, 병원은 환자들로 붐비게 되고 환자 한명 당 진료시간은 짧아지게 된다. 행위별 수가제도를 개선할 수 있는 대안으로 입원의 경우 부분적으로 실시하고 있는 포괄수가제[4]를 전면적으로 확대할 필요가 있다. 장기적으로는 총액계약제[5]로 전환해 나가는 것이 진료비의 효율적 관리 측면에서 바람직하다.

---

3) 행위별 수과제는 의사가 수행하는 진료행위마다 가격을 매겨 비용을 치르게 하는 것으로 의사는 의료 서비스를 많이 제공할수록 수입이 늘어나는 구조이다.

4) 포괄수가제는 입원환자를 주 진단 및 기타 진단, 수술·처치명, 연령, 진료결과 등을 기준으로 유사한 질환군(diagnosis related groups; DRG)으로 분류하여 환자군 별로 사전에 일정한 급여액을 정하여 진료비를 정액 지불함으로 병원진료의 효율성을 제고하며, 동시에 진료비 청구 및 지불관련 행정서비스의 단순화를 기하는 제도이다. 예를 들어 맹장염 혹은 백내장수술 등 일반적으로 보편화된 질병군에 대해 입원일수, 주사 및 검사의 종류 및 회수 등과 같은 진료내용에 관계없이 미리 책정된 일정액의 진료비를 지급하는 것이다.

6. 건강보험(의료보험)제도의 국제간 유형비교

OECD 주요국가 들의 건강보험제도는 재원조성방식과 의료공급구조를 기준으로 보면 국가가 의료보장의 기본은 책임지되 다수의 조합 또는 금고가 보험자로서 징수한 보험료 재원과 일부 국가부담에 의해 의료를 보장하는 사회보험방식(Social Health Insurance; SHI), 우리나라와 같이 국가의 개입은 강하지만 지원은 일부이며, 대부분의 재원은 국민의 보험료에 의존하여 의료를 제공하는 국민건강보험방식(National Health Insurance; NHI), 일반 세금(조세)을 재원으로 무상의 의료를 제공하는 국가보건서비스방식(national health service; NHS) 등이 있다.

(1) 사회보험방식(SHI)

- 독일, 프랑스, 네덜란드, 룩셈부르크, 미국(Medicare) 등

국가가 의료보장의 전반에 대한 기본적인 책임은 지되 정부기관이 아닌 다수의 조합 또는 금고가 보험자로서 징수한 보험료와 일부 공적지원의 재원으로 의료를 지원하는 방식이다. 의료공급체계는 정부로부터 상대적으로 자율성을 지닌 사유의 의료기관(병원, 의원 등)이 국민과 보험자(조합 또는 금고) 사이에서 보험급여를 대행하는 방식이다. 독일의 비스마르크가 창시하여 비스마르크방식이라고도 한다.

(2) 국민건강보험방식(NHI)

- 한국, 일본, 대만, 스위스 등

사회연대성을 기반으로 보험재정은 수지상등의 원칙에 의한 국민의 보험료가 주 재원이고, 국가의 일부 보조와 강한 감독으로 의료를 제공하는 방식이다. 국가가 보험재정의 일부를 보조한다는 측면에서 SHI방식이나 세금방식의 NHS방식과 유사한 점은 있으나 국가 내에 보험자(의료에 대한 사회보험 관리운영기구)가 1개(예, 국민건강보험공단)라는 점에서 SHI방식과는 차이가 있다. 도덕적 위험을 줄이기 위해 자기부담금이 있는 것이 특징이며, 의료보험방식이라고도 한다.

---

5) 총액계약제는 건강보험공단이 지역별 · 의료단체별로 계약을 맺어 지불총액을 사전에 정한 뒤 계약총액의 범위 내에서 요양기관에 비용을 지불하는 제도이다.

(3) 국가보건서비스방식(national health service; NHS) 또는 세금(조세)
    방식

  – 영국, 이탈리아, 스웨덴, 노르웨이, 호주, 뉴질랜드, 캐나다, 미국(Medicaid) 등
국민의 의료문제는 국가가 모두 책임져야 한다는 관점에서 정부가 일반세금
(조세)으로 재원을 마련하여 모든 국민에게 무상으로 의료를 제공하는 방식이다.
국가가 직접적으로 의료를 관장하는 방식으로 의료기관은 대부분 사회화 내지
국유화이다. 일명 세금(조세)방식 또는 비버릿지방식이라고 한다.

  (4) 각 방식의 장단점

  SHI방식과 NHI방식의 장점은 조합원이 대표의결기구를 통해 건강보험운영
에 관한 의사결정에 참여함으로써 제도운영의 민주성을 기할 수 있다는 것과 국
민의 비용의식이 강하게 작용하여 상대적으로 양질의 의료를 제공할 수 있다는
것이다. 반면에 소득유형 등이 서로 다른 구성원에 대한 단일 보험료 부과기준
의 적용이 어렵고, 의료비 증가에 대한 억제기능이 취약한 단점이 있어 보험재
정의 안정을 위한 노력이 필요하다.

  NHS와 같은 세금(조세)방식은 재원조달이 세금으로 이루어지므로 비교적 소
득재분배효과가 강하다는 장점은 있으나 반면에 의료의 사회화로 의료에 대한
차별화가 없어 상대적으로 의료의 질을 저하시킬 소지가 있으며, 정부의 과다한
복지비용 부담이 문제가 되고 있다. 또한, 의료수용자(환자) 측의 비용의식 부족
으로 조금만 아파도 의료기관을 이용하게 됨으로써 장기간·장시간 진료대기문
제 등 부작용이 나타나고 있다.

| 제4절 | 국민연금 |

  국민연금(national pension)은 국민들이 소득이 있을 때 일정액의 보험료를 납
부하도록 하고, 노령·장해·사망 등 일정한 사유로 소득이 줄어들거나 없어졌을

때 연금을 지급하여 국민의 생활안정과 복지증진을 목적으로 하는 사회보험제도이다.

우리나라는 1960년에 공무원연금이 최초로 도입되었으며, 이후 군인연금, 사립학교교직원연금(사학연금), 국민연금의 순으로 4대 공적연금제도가 도입·운용되고 있다. 4대 공적연금의 운용기관, 적용대상, 보험요율 및 급여수준을 비교해 보면 <표 5-19>와 같다.

표 5-19 4대 공적연금의 비교(2022. 1. 기준)

구분	국민연금	특수직 연금		
		공무원연금	사학연금	군인연금
도입연도	1988	1960	1975	1963
관장기관 (집행기관)	보건복지부 (국민연금공단)	행정안전부 (공무원연금공단)	교육부 (사학연금공단)	국방부 (보건복지관실 연금과)
적용대상	18세 이상 60세 미만	국가, 지방공무원, 법관, 경찰관	사립학교교직원	하사관이상 직업군인
보험료율 (부담원칙)	기준소득 월액의 9%	기준소득월액의 18%[1] (국가, 공무원 각 1/2)	기준소득월액의 18%[2] (국가와 법인·교원 각 1/2)	보수월액의 14% (국가, 군인 각 1/2)
급여수준 (소득대체)	70/60/50/40% /40년 가입 시[3]	평균소득 × 재직연수 × 지급률[4]	평균소득 × 재직연수 × 지급률[5]	평균소득 × 재직연수 × 연금가산률(1.9%)

주) 1) 공무원연금의 공무원 본인부담 보험요율은 2016년: 8%, 2017년: 8.25%, 2018년: 8.5%, 2019년: 8.75%, 2020년부터: 9%로 적용 함. 2) 사학연금 보험요율은 공무원연금 보험요율과 같음. 3) 국민연금 소득대체율은 40년 가입 시 1988년~1998년: 70%, 1999년~2007년: 60%, 2008년부터 50%에서 매년 0.5%씩 낮아져 2028년까지 40%로 낮아짐. 4) 공무원연금 지급률은 2016년: 1.878%, 2020년: 1.79%, 2025년: 1.74%, 2035년: 1.7%로 인하됨. 5) 사학연금지급률은 공무원연금지급률과 같음.

1. 가입 대상

국내에 거주하는 국민으로서 18세 이상 60세 미만인 자는 국민연금 가입 대상이 된다. 다만, 「공무원연금법」, 「군인연금법」, 「사립학교교직원 연금법」 및 「별정우체국법」을 적용받는 공무원, 군인, 교직원 및 별정우체국 직원, 그 밖에 대통령령으로 정하는 자는 제외한다.

2. 가입자의 종류

가입자는 사업장가입자, 지역가입자, 임의가입자 및 임의계속가입자로 구분한다.

(1) 사업장가입자

사업의 종류, 근로자의 수 등을 고려하여 대통령령으로 정하는 사업장의 18세 이상 60세 미만인 근로자와 사용자는 당연히 사업장가입자가 된다. 다만, 다음에 해당하는 자는 제외한다.

1) 「공무원연금법」, 「공무원 재해보상법」, 「사립학교교직원연금법」 또는 「별정우체국법」에 따른 퇴직연금, 장해연금 또는 퇴직연금일시금이나 「군인연금법」에 따른 퇴역연금, 상이연금, 퇴역연금일시금을 받을 권리를 얻은 자. 다만, 퇴직연금 등 수급권자가 「국민연금과 직역연금의 연계에 관한 법률」에 따라 연계 신청을 한 경우에는 사업장가입자가 될 수 있다.
2) 국민연금에 가입된 사업장에 종사하는 18세 미만 근로자는 사업장가입자가 되는 것으로 본다. 다만, 본인이 원하지 아니하면 사업장가입자가 되지 아니할 수 있다.
3) 「국민기초생활 보장법」에 따른 생계급여 수급자 또는 의료급여 수급자는 본인의 희망에 따라 사업장가입자가 되지 아니할 수 있다.

(2) 지역가입자

사업장가입자가 아닌 자로서 18세 이상 60세 미만인 자는 당연히 지역가입자가 된다. 다만, 다음에 해당하는 자는 제외한다.

1) 가입자 등의 배우자로서 별도의 소득이 없는 자
2) 퇴직연금 등 수급권자. 다만, 퇴직연금 등 수급권자가 「국민연금과 직역연금의 연계에 관한 법률」에 따라 연계 신청을 한 경우에는 지역가입자가

될 수 있다.

3) 18세 이상 27세 미만인 자로서 학생이거나 군 복무 등의 이유로 소득이 없는 자(연금보험료를 납부한 사실이 있는 자는 제외한다).

4) 「국민기초생활 보장법」에 따른 생계급여 수급자 또는 의료급여 수급자

5) 1년 이상 행방불명된 자.

(3) 임의가입자

사업장가입자 또는 지역가입자가 아닌 자로서 18세 이상 60세 미만인 자는 보건복지부령으로 정하는 바에 따라 국민연금공단에 가입을 신청하면 임의가입자가 될 수 있다.

임의가입자는 보건복지부령으로 정하는 바에 따라 국민연금공단에 신청하여 탈퇴할 수 있다.

(4) 임의계속가입자

다음에 해당하는 자는 65세가 될 때까지 보건복지부령으로 정하는 바에 따라 국민연금공단에 가입을 신청하면, 임의계속가입자가 될 수 있다. 이 경우 가입 신청이 수리된 날에 그 자격을 취득한다.

1) 국민연금 가입자 또는 가입자였던 자로서 60세가 된 자.

2) 전체 국민연금 가입기간의 5분의 3 이상을 대통령령으로 정하는 직종의 근로자로 국민연금에 가입하거나 가입하였던 사람

임의계속가입자는 보건복지부령으로 정하는 바에 따라 국민연금공단에 신청하면 탈퇴할 수 있다.

3. 급여의 종류

국민연금은 나이가 들거나 장애 또는 사망으로 인해 소득이 감소할 경우 일정한 급여를 지급하여 소득을 보장하는 종신보험 성격의 사회보험으로서 급여의 종류로는 <표 5-20>과 같이 노령연금, 장애연금, 유족연금, 반환일시금, 사망일시금이 있다.

표 5-20 국민연금의 급여종류(2022. 1. 기준)

구분	종류		지급요건	지급내용
연금급여	노령연금	수급권자	가입기간 10년 이상이고, 60세부터 사망 시까지	- 가입기간 20년 이상: 기본연금액 + 부양가족연금액 - 가입기간 10년 이상 20년 미만: 기본연금액의 50% + 10년 초과 1년당 기본연금액의 5%
		지급연기와 가산	60세 이상 65세 미만인 연기 희망자	매월 노령연금액에 0.6%를 더한 금액
		조기노령연금	55세부터 60세 미만까지 (기본연금액의 일정비율)	연령 55 56 57 58 59 금액 70% 76% 82% 88% 94%
		분할연금	혼인기간 5년 이상이고, 60세 이상인 자의 이혼	배우자 노령연금 중 혼인기간에 해당하는 연금액의 1/2, 이혼 후 5년 이내 청구
	장애(인)연금		18세 이상 60세 미만 중 증장애인 중 본인과 배우자 소득과 재산 합산액이 선정기준액(배우자 없는 자 122만원, 배우자 있는 자 192.2만원) 이하인 자	기초급여: 차상위계층 30만원 부가급여: 2만원-38만원
	유족연금		- 국민연금(노령연금) 수급권자가 사망하게 되면 그 배우자, 자녀, 부모, 손자녀, 조부모 순으로 지급 - 장애등급2급 이상이거나 25세 미만	가입기간 / 연금수급액 10년 미만 / 기본연금액 40% + 부양가족연금액 10년 이상 20년 미만 / 기본연금액 50% + 부양가족연금액 20년 이상 / 기본연금액 60% + 부양가족연금액
일시금급여	반환일시금		- 60세에 도달하였지만 가입기간이 10년 미만인 자 - 사망하였지만 유족연금에 해당되지 않는 경우 - 국적상실과 국외이주	납입한 보험료 + 이자 청구기간: 5년
	사망일시금		유족연금 또는 반환일시금을 지급받을 수 없는 경우	기준소득월액의 평균액의 4배 이내

제5절	산업재해보상보험(산재보험)

산업재해보상보험(industrial accident compensation insurance)은 「근로기준법」에 따른 재해보상을 받을 권리는 있으나 사업주 등의 무자력으로 인해 재해보상을 받지 못하는 근로자를 보호하기 위해 1964년 「산업재해보상보험법」이 제정되어 [그림 5-5]와 같이 국가(고용노동부의 근로복지공단)가 사업주로부터 일정한 보험료를 징수(국민건강보험공단의 사회보험통합징수포털)하여 그 보험료로 마련된 재원으로 사업장 근로자가 업무상과 관련된 재해사고, 직업병 등으로 발생하는 산업재해를 보상하는 사회보장제도로 산재보험이라고도 한다. 2021년 7월 1일부터는 특수형태근로종사자(특고)[6]로부터 노동을 제공받는 사업주도 의무적으로 산재보험과 고용보험을 가입하도록 하였다.

그림 5-5 산업재해보상보험의 운영구조

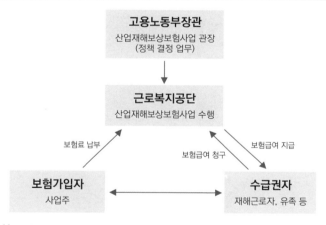

자료: http://easylaw.go.kr

---

6) 특수형태근로종사자(특고)란 근로자가 아니면서 자신이 아닌 다른 사람의 사업을 위하여 자신이 직접 노무를 제공하고 해당 사업주 또는 노무수령자로부터 일정한 대가를 지급하기로 하는 노무제공계약을 체결한 사람으로 보험설계사, 골프장 캐디, 신용카드회원모집인, 대출모집인, 학습지방문강사, 교육교구 방문강사, 택배기사, 대여제품방문점검원, 방과후학교강사, 가전제품배송설치기사, 방문판매원, 화물차주, 건설기계조종사, 퀵서비스, 대리운전자이다.

1. 업무상재해인정기준

(1) 업무상재해인정기준

업무상재해인정기준은 근로자가 사업주와 근로계약 후 사업주의 지배·관리하에서 업무수행 중 업무에 기인하여 발생된 재해이다. 업무상의 원인에 의한 부상, 질병, 신체장해 또는 사망한 경우이다.

(2) 업무상 재해의 판단기준

1) 업무수행성

근로자가 사업주의 지휘·명령하에 업무를 행하는 것을 말한다(작업 중은 물론 작업시간전후에 업무와 관련되어 발생되는 재해).

2) 업무기인성

업무상의 재해가 업무상의 행동, 작업내용 또는 작업환경과 상당한 인과관계가 인정되는 것을 말한다.

3) 판정위원회 처리절차

요양신청(개인) – 지사 접수 – 현장 조사 – 자문의의 소견 – 심의 요청 – 판정위원회 심의(20일 이내, 10일 연장 가능) – 판정결과 지사 통보 – 요양신청자에게 통보

2. 산업재해인정사고

(1) 업무수행 중의 재해사고

담당 업무를 하던 중에 일어난 재해, 화장실 또는 물 마시러 가다가 일어난 재해, 작업장 청소, 제품 정리 중 일어난 재해, 사업주의 지시로 사업장 밖에서 일어난 재해, 출장 중 재해

(2) 시설물의 결함이나 관리소홀로 발생한 사고

(3) 출퇴근 중의 재해

 1) 사업주가 제공한 교통수단을 이용하던 중 재해
 2) 출퇴근용으로 이용한 교통수단의 관리 또는 이용권이 노동자 측의 전속적
    권한에 속하지 아니할 경우의 사고를 말한다.

(4) 행사 중의 사고

운동경기, 야유회, 등산대회 등 노동자가 참가하는 것이 사회통념상 노무관리
또는 사업운영상 필요하다고 인정되는 행사 중 사고로 사업주가 참가를 지시한
경우, 사전에 사업주의 승인을 받아 참가한 경우, 사업주가 통상적, 관례적으로
행사 참가를 인정한 경우 등이다.

(5) 휴게시간 중 재해

(6) 요양 중의 사고: 요양과 관련한 의료사고, 요양 중 발생한 사고 및 질병

(7) 제3자 행위에 따른 사고

(8) 업무상 질병

 1) 업무수행 과정에서 유해, 위험 요인을 취급하거나 그에 노출되어 발생한
    질병으로 근골격계질환, 유기용제 중독증, 소음성 난청, 진폐, 뇌심혈관계
    질환, 직업성 암, 피부병, 천식 등
 2) 업무상 부상이 원인이 되어 발생한 질병 또는 개인질병이 업무로 인하여
    악화된 경우
 3) 자살(업무상 사유로 발생한 정신질환으로 치료를 받았거나 받고 있거나 산재요양
    중의 자해행위 등 업무상 사유로 인한 정신적 이상 상태에서 자해행위를 했다는
    것이 의학적으로 인정되는 경우에 인정한다. 고의의 자해나 범죄행위로 인한 재해
    또는 그것이 원인이 되어 발생한 부상·질병·장해·사망은 업무상 재해로 보지 않
    는다.)

(9) 사망추정에 의한 급여지급

사망으로 추정할 사고가 발생하면 이를 근거로 유족급여, 장의비 등의 규정을 적용

1) 사망으로 추정하는 경우: 선박의 침몰이나 항공기 추락 등으로 선박·항공기 등이 3개월간 행방불명된 경우, 선박이나 항공기 등에 타고 있던 근로자가 3개월간 행방불명된 경우, 천재지변, 화재, 기타 사고로 3개월간 행방불명된 경우 등이다.
2) 사망추정 후의 생존확인: 선의이면 받은 금액을 징수하고, 악의이면 받은 금액의 2배를 징수한다.

3. 급여종류

산재보험의 급여종류에는 <표 5−21>과 같이 요양급여, 휴업급여, 장해급여, 유족급여, 간병급여, 상병보상연금, 직업재활급여, 장의비 등이 있다.

표 5-21 산재보험의 급여종류(2022. 1. 기준)

종류	지급요건	지급내용		
요양급여	산재보험적용사업장 근로자가 업무상 부상 또는 질병으로 4일 이상 요양이 필요한 경우	치유될 때까지 요양시설 또는 지정 의료기관에서 요양을 직접 행하게 하는 현물급여, 비지정 의료기관에서 요양을 받은 경우나 자비로 실시한 요양 등에 소요된 요양비 지급, 보조기 지급, 재활치료, 간호 및 간병, 재요양비 지급		
휴업급여	산재근로자가 요양으로 인하여 근로하지 못한 기간에 대하여 지급하는 생계보호	1일당 평균임금의 70%를 지급 - 최고보상기준: 1일 226,191의 70%, 최저임금(1일 73,280원) 미달 시는 최저임금을 지급		
장해급여	산재근로자가 요양 후 치유되었으나 정신적 또는 신체적 장해(결손)가 남게 되는 경우	장해로 인한 노동력손실전보를 위하여 지급되는 보험급여로 장해보상연금 또는 일시금으로 지급		
		지급방법	장해등급	지급내용
		연금	제1급 ~ 제7급	329일분 ~ 138일분

		제1급 ~ 제3급	연금(최고 4년분 일시금)
	연금 + 일시금	제4급 ~ 제7급	연금과 일시금 중 선택, 2년분 선급
	일시금	제1급 ~ 제14급	1474일분 ~ 55일분
유족급여	업무상 사유로 사망한 근로자의 유족에게 지급	연금은 급여기초연액(평균임금 × 365)의 52%~67%, 일시금은 평균임금의 1,300일분을 지급	
간병급여	치료종결 후 장해등급 제1급~제2급에 해당되어 실제로 간병을 받는 자에게 지급	상시간병: 1일당 41,170원 수시간병: 1일당 27,450원	

상병보상 연금	2년 이상 요양 중인 재해자 중 폐질등급기준(제1급~제3급)에 해당	폐질 등급	상병보상연금 (급여액)	비고(지급률)
		제1급	평균임금의 329일분	평균임금의 90.1%
		제2급	평균임금의 291일분	평균임금의 79.7%
		제3급	평균임금의 257일분	평균임금의 70.4%

직업재활 급여	장해등급 제1급~제12급의 장해급여자	장해급여자: 직업훈련비 및 훈련수당 사업주: 직장복귀지원금, 직장적응훈련비, 재활훈련비
장의비	산업재해로 사망한 경우 그 장제에 소요되는 비용 지급	평균임금의 120일분 (최고 16,334,840원, 최저 11,729,120원)

4. 보험료

(1) 보험료의 부담

산재보험료는 사업주가 전액부담하며, 특수형태근로종사자의 경우에는 사업주와 특수형태근로종사자가 보험료의 1/2을 각각 부담한다.

(2) 보험료의 결정

산재보험료는 다음 식에 의해 산정된다.

산재보험료 = 월 평균보수액 × 산재보험요율(각 업종별 보험요율) + 출퇴근보
　　　　　　 험요율(1.0%) + 임금채권부담금 비율(0.6%) + 석면피해구제 분담
　　　　　　 금률(0.03%)

여기서 산재보험요율은 「고용보험 및 산업재해보상보험의 보험료징수 등에 관한 법률」의 "사업종류별 산재보험요율(업무상재해요율)"이고, 출퇴근보험요율은 본법의 "통상적 경로와 방법으로 출퇴근하는 중 발생한 재해에 관한 산재보험요율"이다. 2022년 현재 산재보험요율(금융 및 보험업 0.6%, 건설업 3.6% 등)의 업종별 평균은 1.43% 정도이며, 출퇴근보험요율은 사업의 종류 구분 없이 1.0/1,000(0.1%)이다.

| 제6절 | 고용보험 |

고용보험(employment insurance)은 근로자 또는 특수형태근로종사자(특고)가 실직하거나 휴직하여 수입이 없을 때 생계를 이어갈 수 있도록 하고, 퇴직 후 실업급여나 고용안정을 위한 사회보장제도의 사회보험이다. 실업급여를 위한 고용보험료(보수월액 × 1.8%, 근로자와 사업주 각각 1/2인 0.9%씩 부담)와 고용안정을 위한 고용보험료(전액 사업주 부담이며, 사업장 규모별로 임금총액의 0.25~0.85%)를 재원으로 실업급여사업, 고용안정사업, 직업능력개발훈련사업을 실시한다.

I. 실업급여

(1) 실업급여의 의의

고용보험가입 사업장의 근로자가 해고나 계약기간 만료 등으로 실업이라는 보험사고가 발생했을 때 재취업을 위한 구직활동을 적극적으로 실행할 경우에 구직급여와 취업촉진수당을 지급하는 제도이다.

(2) 실업급여의 종류

실업급여는 구직급여와 취업촉진수당으로 구분한다. 구직급여는 재취업활동을 돕기 위한 급여로 퇴직 다음날로부터 12개월이 경과하면 소정급여일수가 남아있다고 하더라도 더 이상 지급받을 수 없다. 그리고 취업하면 지급받을 수 없으므로 퇴직 즉시 신청하여야 한다. 또한, 구직급여 이후에 연장급여로서 훈련연장급여, 개별연장급여, 특별연장급여가 있다. 그리고 상병급여는 상병 등으로 취업을 할 수 없는 경우 구직급여에 갈음하여 지급한다. 한편, 취업촉진수당에는 조기재취업수당, 직업능력개발수당, 광역구직활동비, 이주비가 있다. 실업급여의 종류와 지급요건은 <표 5-22>와 같다.

표 5-22 실업급여의 종류와 지급요건(2022. 1. 기준)

구 분		요 건	지급액
구직급여		고용보험 적용 사업장에서 실직 전 18개월간 180일 이상 근무하던 근로자가 비자발적인 사유로 이직 또는 실직을 하고, 근로의 의사 및 능력을 가지고 적극적인 재취업활동(재취업활동을 하지 않는 경우 미지급)을 함에도 불구하고 취업하지 못한 상태	퇴직 전 평균임금의 60% × 소정급여일수 (66,000원~60,120원/1일)
연장급여	훈련연장급여	실업급여 수급권자로서 연령·경력 등을 고려할 때 재취업을 위해 직업안정기관장의 직업능력개발훈련 지시에 의하여 훈련을 수강하는 자	구직급여액의 100%(2년 범위 내)
	개별연장급여	취직이 특히 곤란하고 생활이 어려운 수급자로서 임금수준, 재산상황, 부양가족 여부 등을 고려하여 생계지원 등이 필요한 자	구직급여액의 70%(60일 범위 내)
	특별연장급여	실업급증 등으로 재취업이 특히 어렵다고 인정되는 경우 고용노동부장관이 일정한 기간을 정하고 동기간 내에 실업급여의 수급이 종료된 자	구직급여액의 70%(60일 범위 내)
상병급여		실업신고를 한 이후 질병·부상·출산으로 취업이 불가능하여 실업인정을 받지 못한 경우, 7일이상의 질병·부상으로 취업할 수 없는 경우 증명서를 첨부하여 청구, 출산의 경우는 출산일로부터 45일간 지급	구직급여에 갈음

취업촉진수당	조기재취업수당	대기기간이 경과하고 구직급여를 지급받을 수 있는 소정급여일수를 30일 이상 남기고, 6개월 이상 계속 고용(자영업을 영위할 것)될 것(자영업의 경우에는 1회 이상 자영업 준비 활동으로 실업인정을 받아야 함)	구직급여의 50%
	직업능력개발수당	실업기간 중 직업안정기관장이 지시한 직업능력개발 훈련을 받는 경우	교통비, 식대 등: 7,530원(1일)
	광역구직활동비	직업안정기관장의 소개로 거주지에서 50km 이상 떨어진 회사에 구직활동을 하는 경우	공무원 여비규정에 따라 실비 지급
	이주비	취업 또는 직업안정기관장이 지시한 직업능력개발 훈련을 받기 위해 그 주거를 이전하는 경우	공무원 여비규정에 따라 실비 지급

2. 출산전후(유산, 사산) 휴가급여

(1) 의의

근로기준법 제74조에 따라 사업주는 여성근로자(근로계약형태와 무관, 피보험기간 180일 충족)가 임신하였을 경우에는 출산 후에 45일(다태아 60일) 이상이 확보되도록 하여 90일(다태아 120일)간의 출산전후휴가(또는 유산, 사산휴가)를 부여하여야 하는 제도이다. 출산이 예정보다 늦어져 출산 전 휴가가 45일을 초과한 경우에도 출산 후 45일 이상이 되도록 휴가기간을 연장하여야 한다. 휴가기간 90일은 연속 사용하여야 하나 유산·사산경험이 있거나 이들 위험이 있다는 진단서를 제출한 경우 또는 만 40세 이상인 경우 분할 사용할 수 있다.

(2) 휴가기간 중의 지급액과 임금지급

출산전후 휴가기간 중 우선지원 대상기업(제조업은 500인 이하, 건설업과 정보통신업 등은 300인 이하, 도소매업이나 금융업 등은 200인 이하, 기타산업은 100인 이하 기업)은 90일분(600만원 한도, 다태아 120일분 800만원 한도)의 급여가 고용보험에서 근로기준법상 통상임금[7] 상당액을 지급한다. 통상임금이 고용보험지급액보다 많

---

7) 통상임금은 사업주가 근로자에게 정기적이고, 일률적으로 소정근로 또는 총 근로에 대하여 지급하기로

을 경우 최초 60일분(다태아 75일분)에 대하여는 그 차액을 사업주가 지급하여야 한다. 대규모 기업은 최초 60일분(다태아 75일분)은 사업주가 그 후 30일분(200만원 한도, 다태아 45일분 300만원 한도)은 고용보험에서 통상임금 상당액을 지급한다.

3. 육아휴직급여

(1) 의의

육아휴직은 임신 중이거나 근로자가 만 8세 이하 또는 초등학교 2학년 이하의 자녀(입양한 자녀를 포함)를 양육하기 위하여 신청, 사용하는 1년간의 휴직이다. 근로자의 육아부담을 해소하고, 계속 근로를 지원함으로써 근로자의 생활안정 및 고용안정을 도모함과 더불어 기업의 숙련인력 확보를 지원하는 제도이다. 육아휴직은 근로자의 권리이므로 아빠, 엄마 모두 근로자이면 자녀 1명당 1년간 각각 사용할 수 있다.

(2) 지급대상

육아휴직급여를 받기 위해서는 사업주로부터 30일 이상 육아휴직을 부여받아야 한다. 육아휴직 개시일 이전에 피보험단위기간(재직하면서 임금을 받은 기간)이 모두 합해서 180일 이상이 되어야 한다.

(3) 지급액

부모 중 한사람만 육아휴직을 사용할 경우 12개월 전 기간 월 통상임금의 100분의 80을 지급(상한액: 월 150만원, 하한액: 월 70만원)한다. 또한, 사후지급분제도로 급여 중 100분의 25를 직장복귀 6개월 후에 합산하여 일시불로 지급한다. 그리고 부모 모두가 동시 또는 순차적으로 육아휴직을 사용할 경우 <표 5−23>과 같이 '3 + 3 부모육아휴직제'에 의해 휴직기간 첫 달은 부부 각각 월 200만원, 두 번째 달은 월 250만원, 세 번째 달은 월 300만원 한도에서 육아휴직급여를 지급한다. 부모 모두의 육아휴직사용을 촉진하기 위해 함께 사용한 기간에 따라 매월

정한 시간급 금액, 일급 금액, 주급 금액, 월급 금액 또는 도급 금액을 말한다.

50만원을 상향 지원한다. 이 경우 사후지급분제도는 적용되지 않는다. 급여신청은 휴직 월 다음 달 말일까지이다. 단, 매월 신청하지 않고 기간을 적치하여 신청할 수도 있으나 휴직이 끝난 날 이후 12개월 이내에 신청해야만 한다.

표 5-23 3 + 3 부모육아휴직제 급여

육아휴직사용기간	육아휴직급여
엄마 3개월 + 아빠 3개월	각각 최대 월 300만원 지원(통상임금의 100%)
엄마 2개월 + 아빠 2개월	각각 최대 월 250만원 지원(통상임금의 100%)
엄마 1개월 + 아빠 1개월	각각 최대 월 200만원 지원(통상임금의 100%)

(4) 사업주의 조치 필요사항 및 육아휴직지원금제도

사업주는 「남녀고용평등과 일·가정양립지원에 관한 법률」에 따라 근로자가 소정요건을 갖추어 육아휴직을 신청하면 반드시 이를 허용하여야 한다. 정당한 사유 없이 허용하지 않을 경우 500만원 이하의 벌금에 처해진다. 연차유급휴가 등에서 인정되는 사용자의 시기 변경권은 인정되지 않으며, 사업주는 육아휴직을 마친 후에는 휴직전과 동일한 업무 또는 동등한 수준의 임금을 지급하는 직무에 근로자를 복귀시켜야 한다. 또한, 육아휴직기간은 퇴직금산정, 승진 및 승급 등을 위한 근속기간에 포함시켜야 한다. 그리고 사업주는 휴직기간 동안 임금을 지급할 의무는 없으나 단체협약이나 취업규칙 등에 임금의 일부 또는 전부를 지급한다는 규정이 있으면 이에 따라야 한다.

육아휴직을 허용하는 우선지원대상기업의 사업주는 월 30만원을 1년간 육아휴직지원금제도에 의해 지원받을 수 있다. 특히, 생후 12개월 이하의 자녀에 대한 육아휴직을 3개월 이상 허용하는 경우 첫 3개월간 월 200만원의 지원금을 수령할 수 있다.

4. 보험료

(1) 보험료의 부담

고용보험료는 실업급여에 대한 보험요율 1.8%를 사업주와 근로자가 1/2(0.9%)

씩 각각 부담하고, 고용안정·직업능력개발사업은 사업주가 전액 부담한다.

1) 근로자 부담보험료

$$보수총액 \times 실업급여\ 보험요율(1.8\%) \times 1/2$$

2) 사업주 부담보험료

$$보수총액 \times 실업급여\ 보험요율\{(1.8\%) \times (1/2)\} + 보수총액 \times 고용안정 \cdot$$
$$직업능력개발사업\ 보험요율(0.25\% \sim 0.65\%)$$

예를 들어 사업주가 1.15%를 부담하였다면, 실업급여 목적의 고용보험료 0.9%와 고용안정 목적의 고용보험료 0.25%를 합친 것으로 150인 미만 기업인 것이다.

3) 65세 이후에 고용되거나 자영업을 개시한 자에 대하여는 고용보험료 중 실업급여의 보험료를 징수하지 아니한다.

(2) 보험요율 결정

고용보험요율은 보험수지의 동향과 경제상황 등을 고려하여 1000분의 30의 범위에서 실업급여의 보험요율과 고용안정·직업능력개발사업의 보험요율을 구분하여 대통령령으로 정한다. 고용보험요율을 결정하거나 변경하려면 고용보험위원회의 심의를 거쳐야 한다.

참고문헌

김동훈, 보험론, 학현사, 1997.

김두철 외, 보험과 위험관리, 문영사, 1999.

김주동·이원근, 보험학원론, 형설출판사, 2000.

김창기, 보험학원론, 문우사, 2020.

김흥기, 경제생활과 보험, 박영사, 2019.

김흥기 외, 위험관리와 보험, 우용출판사, 2008.

박세민, 보험법, 박영사, 2021.

박후서, 2022 보험계약법, 미래보험교육원, 2021.

보험연수원, 보험대리점 등록교육교재 공통, 2021.

보험연수원, 보험대리점 등록교육교재 손해보험, 2021.

보험연수원, 생명보험, 2021.

보험연수원, 제3보험, 2021.

보험연수원, 손해보험, 2021.

보험연수원, 위험관리와 보험설계<상>, 2009.

보험연수원, 기업·개인보험 심사역(공통1), 2009.

생명보험협회, 생명보험이란 무엇인가?, 2021.

생명보험협회, 변액보험의 이해와 판매, 2016.

이원근 외, 최신보험학 입문, 두남, 2000.

이용석, 보험학개론, 도서출판 두남, 2012.

장덕조, 보험법, 법문사, 2016.

장동한, 보험과 리스크관리, 율곡출판사, 2014.

정홍주 외 8인 공저, 보험과 위험관리, 박영사, 2000.

최영호, 보험계약법, 보험연구원, 2020.

허연, 생활과 보험, 문영사, 2000.

龜井利明, 保險總論, 同文館出版, 2005.

堀田一吉, 保險理論と保險政策, 東洋經濟新報社, 2003.

吉川吉衛, 事故と保険の構造, 同文館, 1988.

木村榮一・高木秀卓・庭田範秋, 「保險の知識」有斐閣, 1980.

木村榮一 外, 保險入門, 有斐閣, 1993.

北出 公英외 2인, 勝者の保險リスクマネジメソト入門, 東洋經濟新報社, 2006.

上山道生, 保險入門 第2版, 中央經濟史, 2002.

水島一也, 保險經濟, 千倉書房, 1997.

申河, 保險學原理, 中國金融出版社, 2008.

安井信夫, "生命保驗の歴史" 「生命保險新實務講座第1節總說」有斐閣, 1997.

赤堀勝彦, リスクマネジメソトと保險の基礎, 經濟法令硏究會, 2003.

下和田功, はしめて學ふリスクと保險, 有斐閣, 2004.

Belth, J. K., Life Insurance: A Consumer's Handbook, 2nd ed., Indiana University Press, Bloomington, IN, 1985.

Black, Jr., Kenneth & Skipper, Jr., H. Arnould., Life Insurance. Englewood Cliffs, New Jersey: Prentice—Hall, Inc., 2000.

Dearborn Publishing Co., Life and Health Insurance, 2nd ed., Chicago, Illinois: Dearborn R & P New Kirk, 2001.

Dorfman, M.S., Introduction to Risk Management and Insurance, 8th Ed., Prentice Hall, 2005.

Goodwin, Dennis W., Life and Health Insurance Marketing, Atlanta, Georgia: LOMA, 1989.

Green, Mark R., and Trieschmann, J. S., Risk and Insurance, 6th ed., Cincinnati, Ohio: Southwestern Publishing Company, 2000.

Holton, R.E., Underwriting, 2nd ed., the National Underwriter Company, 1981.

Huebner, S. S. and Black, Kennty Jr., Life Insurance, 12th ed. Englewood Cliff, NJ: Prencice Hall, Inc., 2001.

Huggins, Kenneth and Land, Robert D., Operations of Life and Health Insurance Companies, 2nd., Atlanta, Georgia: LOMA, 1992.

Mehr, Robert I. and Cammack, Emmerson, Principle of Insurance, 7th ed., Homewood, Illinois: Richard D. Irwin, Inc., 2001.

Rejda, G. E., Principles of Insurance, 2nd ed., Glenview, Illinois: Scott, Foresman and Company, 2002.

Riegil, R. & Miller, J.S. & Williams, Jr., C. Arthur, Insurance Principles and

Principles, 6th ed., Englewood cliffs, News Jersey: Prentice—Hall, Inc., 2000.

Vaughan, E., Fundamentals of Risk and Insurance, New York, NY: John Wiley and Sons, Inc. 2001.

Scott E. Harrington, Gregory R. Niehaus, Risk Management and Insurance, The McGraw Hill Companies, Inc, 2004.

Williams, Jr., C. A. & Smith, M. L. & Young, P. C., Risk Management and Insurance, 7th ed., New York: McGraw—Hill, Inc., Cooege Custom Series, 2000.

찾아보기

저자약력

김홍기

창원대학교 무역학과 졸업
부산대학교 대학원 무역학과(경제학석사)
동아대학교 대학원 경제학과(경제학박사)
New York University 교환교수
Temple University 교환교수
중국 절강재경대학 겸임교수
중국 청도농업대학 객좌교수
한중최고경영자과정 원장
창원대학교 경영대학장/경영대학원장
창원대학교 교무처장/총장직무대리
한국보험학회 부회장
한국산업경제학회 부회장
교육부 지방대학혁신역량강화사업(NURI사업)단 단장
기획재정부 경남경제교육센터 센터장

현재
창원대학교 경영대학 글로벌비즈니스학부 금융보험트랙 교수

저서 및 논문
경제생활과 보험, 박영사, 2019.
현대생활과 보험, 창원대학교 출판부, 2001. 3.
위험관리와 보험의 이해, 우용출판사, 2003.
위험관리와 보험, 우용출판사, 2008.
사례연구 보험경영, 문영사, 2008.
보험법의 고지의무에 대한 비교법적 연구, 보험학회지, 2020. 외 다수

생활속의 보험

초판발행   2022년 3월 5일

지은이   김홍기
펴낸이   안종만·안상준

편 집   김민조
기획/마케팅   정성혁
표지디자인   Benstory
제 작   고철민·조영환

펴낸곳   (주)**박영사**
             서울특별시 금천구 가산디지털2로 53, 210호(가산동, 한라시그마밸리)
             등록 1959. 3. 11. 제300-1959-1호(倫)

전 화   02)733-6771
f a x   02)736-4818
e-mail   pys@pybook.co.kr
homepage   www.pybook.co.kr
ISBN   979-11-303-1525-6   93320

정 가   25,000원